公共管理硕士MPA系列教材
丛书主编 周志忍

Administrative Law

行政法

应松年 主编

撰稿人 应松年 杨伟东 刘 莘
莫于川 石佑启 张 红

北京大学出版社
PEKING UNIVERSITY PRESS
高等教育出版社·北京
HIGHER EDUCATION PRESS BEIJING

图书在版编目(CIP)数据

行政法/应松年主编. —北京:北京大学出版社,2010.1
(公共管理硕士系列教材)
ISBN 978-7-301-16287-3

Ⅰ. 行… Ⅱ. 应… Ⅲ. 行政法-中国-研究生-教材 Ⅳ. D922.101

中国版本图书馆 CIP 数据核字(2009)第 209433 号

书　　名:行政法
著作责任者:应松年　主编
责 任 编 辑:倪宇洁
标 准 书 号:ISBN 978-7-301-16287-3/D·2499
出 版 发 行:北京大学出版社
地　　址:北京市海淀区成府路 205 号　100871
网　　址:http://www.pup.cn
电　　话:邮购部 62752015　发行部 62750672　编辑部 62753121
　　　　出版部 62754962
电 子 邮 箱:ss@pup.pku.edu.cn
印 刷 者:北京飞达印刷有限责任公司
经 销 者:新华书店
　　　　730 毫米×980 毫米　16 开本　22 印张　352 千字
　　　　2010 年 1 月第 1 版　2016 年 9 月第 3 次印刷
定　　价:35.00 元

总　序

本套 MPA 教材筹划于三年之前,现在终于开始陆续付梓印刷。拖延日久,略有遗憾,但在我国 MPA 教育启动十周年之际开始出版发行,也有一番特殊的意义。

我把本套丛书定位于“第二代 MPA 教材”,以便与已经大量出版发行的相关教材有所区分。具体说,第二代教材力图在以下四个方面体现出自己的特色:

首先是课程的框架结构。第一代教材基本上是本科生教材的翻版,内容上追求系统全面但章节过多,没有为案例研讨留下适当的余地,不完全符合 MPA 的教学模式。第二代教材按照 MPA 主流课时模式(14 周 + 讲座)设计,共分 6 到 9 个专题,除特殊课程和一般课程的导论之外,每一专题都有对应的案例。这不仅更切合 MPA 的教学方式,而且由于总体数量的减少,每一专题可以有更大篇幅展开讨论。

其次是案例写作。第一代教材大都配有相应案例,但由于章节过多和篇幅限制,案例叙述在短小简洁的同时不得不牺牲可延展性。精短案例适合课堂上的即兴演练,却难以作为学生独立深入研讨的文本;依此为基础的案例分析也容易流于是与非、黑与白的简单价值评判,不利于培养学生分析和解决问题的能力。第二代教材在案例方面力图体现两个进步:(1) 突出案例与相关专题核心知识点的相关性。各专题作者对核心知识点和教学目标的把握最为精准,由他们编写对应案例有利于保证案例与核心知识点的相关性,从而使专题讲授和案例研讨相辅相成,相互促进。由于条件和基础的限制,目前尚难做到全部配备自编案例,但这无疑是今后新版的努力目标。(2) 突出案例本身的可延展性。通过大篇幅细致的案例叙述，为深入分析和纵深思考埋设足够的事实和线索，或者使案例分析成为针对现实问题探讨解决方案的演练。为此，有的课程将采用案例组的方式，某一专题安排一组案例，可以是国外、国内案例的组合，也可以是成功、失败案例的组合。

第三，内容和行文风格。第一代 MPA 教材注重理论知识和学理性，行文风格也接近本科生教材，对学科背景多样且以应用为主的 MPA 学生而言适用性有限。第二代教材试图更好地处理理论知识和实用性之间的关系，内容选择上突出实用性，行文风格上更适合 MPA 读者的需要。

最后是针对授课教师的配套服务。本套教材的内容和行文风格以 MPA 学生为读者对象，难以同时满足授课教师的需要。为此，本套教材统一设计了面向授课教师的参考文献和资源目录。多数现有教材也开列了参考文献，第二代教材的参考文献力图突出几点特点：(1) 参考文献针对各个专题分别开列，以增强其针对性和实用性。(2) 参考文献在系统搜集和浏览的基础上筛选，确保高质量并对主讲教师备课有切实的帮助。(3) 鉴于教材容量有限，拟采用案例目录的形式列出一些可供讨论的案例名称及其资料来源，供任课教师选择。

这样一来，每个主专题均由三大板块组成：(1) 教材内容正文；(2) 相关配套案例；(3) 参考文献和资源目录。

以上是撰写者多次交流形成的共识，也是教材撰写时的指导原则。由于种种限制，主观愿望最终转化为客观现实，还需要经历一个过程。所有作者将会为此不懈努力。

我愿在此深鞠一躬，对承担教材编写任务的教授们表示真诚的谢意！他们都在相关领域具有公认的学术地位，系统讲授过相关领域的 MPA 课程且教学效果优异，绝大多数还承担着繁重的行政工作。应该说，其中每个人组织策划类似的丛书，都有着一呼百应的号召力。就我本人而言，虽从事 MPA 教学多年，但只有在卸下行政担子之后，才得以有暇考虑和张罗此事。让我感动的是，所有教授们都欣然应允，体现出挚友间的信任和支持。我要特别感谢应松年教授，他是老师和长辈，不仅欣然承担行政法教材的主编任务，而且第一批交稿。这种对晚辈的关爱和提携，我将铭记于心。

感谢北京大学出版社的张黎明主编、耿协峰主任和倪宇洁女士，高教出版社的张冬梅女士、牛杰编辑，他们在丛书策划过程中给予了热情的帮助和指导，随后又在组织、沟通协调中付出各自的辛劳。正是大家的协同努力，本套教材得以问世。

感谢使用本教材的老师和 MPA 同学们，你们的认可是最高的奖赏，你们的批评和建议是改进完善的动力和营养。愿我们同心协力，为提高我国 MPA 教育的水平和质量，为国家繁荣和人民幸福贡献自己的力量。

周志忍

2009 年 12 月

目 录

第一章 | 行政法概述

第一节 行政法的概念

与民法、刑法等部门法不同,行政法并非某一部法律的名称,而是基于实践和学术分类研究的需要,对某一类特定性质的法律规范的概括。行政法以行政活动为调整对象,对“行政”的界定是研究行政法的起点。

一、行政与行政权

“行政”一词,英文为“administration”,德文为“Verwaltung”,日文为“行政”。在我国,现代意义的“行政”一词,清末由日本引入。

(一) 行政

1. 行政的界定

行政是行政法的核心概念。学术界对行政的界定,大致可以概括为组织意义的行政①、实质意义的行政②和形式意义的行政③三类。

---

① 组织意义的行政将行政界定为承担行政任务的组织。比如,行政指由行政主体、行政机关及其他机构所构成的行政组织整体,参见陈敏:《行政法总论》,三民书局1999年版,第1页。行政指国家与公共事务的决策、组织、管理和调控这一类职能的国家行政机关。参见罗豪才、湛中乐:《行政法学》,北京大学出版社2006年版,第1页。

② 实质意义的行政着重从国家职能的性质来界定行政,认为行政是相对于立法、司法的国家职能。从界定的方法上,可以归纳为“扣除说”、“目的说”、“特征描述说”等。“扣除说”认为“行政是指国家立法、司法以外的国家的职能。”参见罗豪才:《行政法学》(新编本),北京大学出版社1996年版,第2页。“目的说”试图从正面给行政下一个定义,如日本行政法学者南博方认为,行政是“为适应国

我们认为，行政法学研究的行政是指由一定的国家组织或社会公共组织执行国家法律和权力机关（立法机关）意志，以实现国家和社会的职能而进行的公共管理和组织的活动及其过程。行政具有如下特征：

第一，主体的特定性。行政的主体是一定的国家组织或社会公共组织。在中国，行政的主体一般是行政机关。由于行政任务的多元化和复杂化，非行政机关的组织也可以根据法律或法规的授权行使一定的管理职能，它们也是行政的主体。需要注意的是，近年来蓬勃发展的社会公共组织大量地行使着社会事务管理的职能，行政的主体呈现多元化的趋势。因而被称为公共行政。

第二，目的的公共性。行政目的的公共性主要表现在两个方面：一是行政管理的是公共事务而非私人事务；二是行政以实现国家和社会职能为目的。需要注意的是，并不是与个人有关的就不属于公共。恰恰相反，没有一种公共不涉及个人。因此，行政在追求公共目的时，必须注意私人的保护；因此而限制人民的自由权利，不能超越必要的限度。

第三，活动的整体性和能动性。虽然社会事务纷繁复杂，行政必须分成各种职能部门分别处理社会事务，但各个部门的具体活动与国家职能和政策的整体性相关联，必须在整体上保持统一性和连续性。同时，行政具有能动性，可以因法律的规定和形势的需要主动出击，以保护公共利益和个人利益。

第四，行政的过程性。行政不仅是实体的过程，也是程序的过程，具有实体与程序的统一性，不能把行政仅理解为实体活动，还必须将它视为一个过程，一套程序。

行政是现代国家权力分工体制的产物。行政与立法的本质区别在于，立法是创制法律的活动，行政是执行法律的活动；行政与司法的本质区别在于，司法是追诉犯罪、裁判纠纷的被动适用法律的活动，行政是为实现国家目的

家社会的需要具体实施公共政策的过程及行动”。参见〔日〕南博方：《日本行政法》，杨建顺、周作彩译，中国人民大学出版社 1988 年版，第 8 页。“特征描述说”以特征描述的方法取代对行政的定义。德国学者毛雷尔认为行政具有四个特征：其一，行政是一种社会塑造活动，以社会共同生活为标的，处理公共团体即团体中人群的事务；其二，行政以公益为取向；其三，行政是主动的针对将来的塑造活动；其四，行政是以具体措施规范个别事件，并使其目的于特定事务予以实现。参见：〔德〕哈特穆特·毛雷尔：《行政法学总论》，高家伟译，法律出版社 2000 年版，第 6—7 页。

③ 形式意义的行政以行使行政职能的机关来说明行政，即行政职能是行政机关的活动，由此，行政可以归结为行政机关的活动。

而主动执行法律的活动。现代行政也包括制定政策、规则的活动，但都是为执行法律实现国家目的而进行的，且此类行政大多是基于权力机关的授权而为，并非原本意义上的行政；现代行政也包括一部分制裁违法、裁决争议的活动，但这种活动不过是实现国家职能的一种方式，而且也必须得到立法授权，并非行政的固有职能，对行政裁决争议的活动不服的，当事人仍可诉诸法院，行政机关一般无最终裁决权。

近代以来，行政也是国家行政与社会公共组织的行政活动分工体制的产物。把国家行政机关不该管、管不好、管得太多的社会公共事务由社会组织管理，大大提高了行政效能，促进了社会各个方面的发展。公共行政的发展已成为近代各国行政发展的一个趋势。

2. 行政的分类[①]

第一，权力行政与非权力行政。

根据行政方式的不同，可以将其分为权力行政与非权力行政。所谓权力行政，是指依法可以通过强制性的支配力量实现行政目的的行政类型。在多数情况下，行政机关的行政活动属于权力行政。所谓非权力行政，是指通过非权力方式，诸如劝告、建议、指导、契约等实现行政目的的行政类型。非权力行政的扩张是现代行政的一个发展趋势。

需要注意的是，权力行政与非权力行政的划分与规制行政和给付行政的划分有一定的对应关系。但是，并非所有的规制行政均采用权力方式，例如交通规制中也常采用指导、劝告等非权力方式；也并非所有给付行政均采用非权力方式，例如行政机关核发执照、许可证，恰恰采用的是权力行政方式。在实践中，也将权力行政与非权力行政称为刚性行政和柔性行政。

第二，规制行政与给付行政。

根据行政性质的不同，可以将其分为规制行政与给付行政。所谓规制行政，是指以限制规范相对人的权利、自由的方式达到行政目的的行政活动，例如食品药品规制、交通规制、建筑业规制等。所谓给付行政，是指通过给予相对人利益和便利等方式实现行政目的的活动，例如政府提供社会福利、社会

---

① 参见应松年：《行政法学新论》，中国方正出版社2004年版，第5—6页。应松年：《当代中国行政法》，中国方正出版社2005年版，第6—8页。应松年：《行政法与行政诉讼法学》，法律出版社2005年版，第6—7页。

保障,设置道路、桥梁,建造公园、住房等活动。

规制行政与给付行政是近几十年来对西方国家行政职能的形象总结。当然,这种分类也不能适用于所有行政领域。以税务行政为例,从征收税金的方式角度而言,它属于规制行政,从税金的使用目的而言,它又是给付行政。

第三,负担行政与授益行政。

根据行政机关与相对人之间的权利义务关系,可以将其划分为负担行政与授益行政。所谓负担行政,又称不利行政,是指剥夺、限制公民法人等人身财产权益的行政,如税收、处罚、强制、收费等。所谓授益行政,是指给予公民法人等某种权益的行政,如提供社会补助金、实施许可、建设道路等。

负担行政与授益行政对相对人的权利义务调整方式不同,所以对之应采取不同的权力设定、程序运行等规则。

根据不同的标准,行政还可以有很多的分类。比如,根据行政机关享有和行使权力的自由度,可以划分为羁束行政与裁量行政;根据行政方式可以将其划分为公权力行政与私经济行政等等。对行政的划分,是为了把握行政的规律以对其作出明确的规范。

(二)行政权

1. 行政权的概念

行政权是指由国家行政机关或其他行政主体担当的执行法律,对行政事务实施主动、直接、连续、具体管理的权力,是国家权力的组成部分。理解行政权需要注意以下几点:

第一,行政权的主体主要是国家行政机关,现代社会还包括社会公共组织。

第二,行政权是对行政事务实施主动、直接、连续、具体管理的权力,其本质是一种执行权。现代国家的权力包括立法权、行政权和司法权。立法权与司法权都涉及行政事务,但在这三项权力的行使中,常常是相互交叉的,并不能截然分开。立法活动中有实质上属于行政、司法性质的活动。行政、司法活动也一样。

第三,行政权的法定性。在现代法治国家,行政权的设定和行使都受到法律的严格规制。对于社会公共组织而言,其公共行政权力或者基于法律、法规的明确授权,或者基于法律、法规的认可。

和立法权、司法权相比,行政权呈现以下特点:

第一,行政权对社会具有直接影响力。这种影响力是由行政权的特定作用方式决定的。行政权与立法权、司法权不同,它与相对人有着更经常、更广泛、更主动、更直接的联系。

第二,行政权具有强制性。行政权包含了直接使用和指挥军队、警察的权力,带有极强的强制色彩。

第三,行政权富有扩展性。一方面,行政权所管辖的事务愈加宽泛;另一方面,行政权日益渗透到立法领域和司法领域。委任立法(行政立法)①和委任司法(行政司法)②的兴起,就是行政权扩展性的标志。这种扩展有其正当合理的一面,但同时必须以法律划定其边界,防止滥用。

2. 行政权与公民权

在现代社会,行政权与公民权既有统一的一面,又有不一致的一面。行政权与公民权的统一表现在行政权来自于公民权,行政权对个人安全、自由的保障以及为个人的全面发展创造条件和环境,而行政权一旦被不当行使,又很容易对个人自由构成威胁,从而使行政权与公民权处于对峙状态。为了防止行政权的异化和行政权对公民权的侵害,要在机制上保障公民权对行政权的制约。行政权与公民权的关系具体表现在:

第一,行政权的设定受公民权的制约。行政权的设定受制于多种因素,但最重要的因素是源于公民个人的需要,如保障个人的安全、自由、物质和文化需求,个人的发展等。行政权与公民权的分野是一个不断探寻的过程,这个过程与经济、社会的发展状况息息相关。国家尊重和保障人权,已经为中国宪法明确规定。在这个背景下,公权力与私权利的界限,行政权与公民权的界限,更具有理论和实践意义。

第二,行政权的行使要严格遵循法定程序,其核心是公开、参与,保障人

---

① 需要注意的是,委任立法是必要的,但也是有限的,应受到严格制约。首先,委任立法的事项有限。在西方国家,征税、行政权的设定事项等不得委任立法,另外,涉及行政处罚、行政强制等对相对人影响重大的事项也很少委任立法。其次,委任立法要受严格的程序制约。再次,委托立法受立法权的监督。如在英国,委任立法要送交议会备案、批准和审议等。

② 随着社会的发展,行政权在逐渐地向司法领域渗透,表现为行政权在纠纷解决中越来越重要的作用,比如行政调解制度、行政裁决制度。必须明确的是,纠纷的行政解决机制是必要的,但不能取代司法解决机制,“司法最终”仍旧是纠纷解决的基本原则。

民的知情权、参与权、表达权、监督权的落实。

第三，公民受到来自行政权的侵害有途径获得救济。行政复议制度、行政诉讼制度以及行政赔偿制度等都是基于对公民权救济的需要。

二、行政法

（一）行政法的概念

关于行政法的概念，中外理论界有很多种定义方式。概括起来，大致有以下几种：

第一种从行政法的目的出发定义行政法。由于对行政法的目的认识不一，形成了“控权论”、“管理论”、“平衡论”和“服务论”等多种定义。“控权论”认为“行政法是控制国家行政活动的法律部门，它设置行政机构的权力，规范这些权力行使的原则，以及为那些受行政行为侵害者提供法律补救”①。“行政法定义的第一个含义就是它是关于控制政府权力的法”②。管理论认为，“行政法就是管理法”，它是“国家进行各方面管理的全部法规总称”③，其目的是维护社会公共秩序和公共利益。平衡论认为，“现代行政法实质是平衡法”④，强调在行政机关与相对方的权利义务关系中，权利义务总体上应是平衡的。此外，从目的论角度给行政法下定义的还有“服务说”，“公共利益本位说”等。

第二种根据行政法的调整对象定义行政法。有观点认为，行政法“是调整行政关系的法律规范的总称，或者说是调整国家行政机关在行使其职权过程中发生的各种社会关系的法律规范的总称”。⑤ 还有观点认为，“行政法是调整行政活动的法律规范的总称，它主要规范国家行政权力的组织、行政权力的活动以及对行政活动的后果的救济。”⑥随着行政法学研究的不断深入，有些学者对原有定义也作了修正，如《行政法学》（新编本）作者提出了行政法

---

① 〔美〕伯纳德·施瓦茨：《行政法》，徐炳译，群众出版社 1986 年版，第 1 页。

② 〔英〕威廉·韦德：《行政法》，徐炳等译，中国大百科全书出版社 1997 年版，第 5 页。

③ 张尚鷟：《行政法基本知识讲话》，群众出版社 1986 年版，第 1 页。

④ 罗豪才等：《现代行政法的理论基础——论行政机关与相对一方的权利义务平衡》，载《中国法学》1993 年第 1 期。

⑤ 罗豪才主编、应松年副主编：《行政法学》，中国政法大学出版社 1989 年版，第 2—3 页。

⑥ 张树义、方彦主编：《中国行政法学》，中国政法大学出版社 1989 年版，第 11 页。

新定义，行政法“是调整行政关系以及在此基础上产生的监督行政关系的法律规范和原则的总称。”①

第三种根据行政法包含的主要内容下定义。日本学者多采用此种方式。例如，室井力认为，“行政法是指行政组织、作用以及处理与此有关的纠纷乃至行政救济的法。”②

我们认为，行政法的作用和目的是多重的，从单一目的出发定义行政法失之偏颇；而行政法的调整对象、范围不一，以此作为定义方式也不够准确。比较而言，行政法涉及的内容则相对稳定，容易把握，以此作为定义方式更接近行政法的本质，所以，我们倾向于根据行政法包含的内容给行政法下定义。据此，我们认为：行政法是关于行政权力的授予、行使以及对行政权力进行监督和对其后果予以补救的法律规范的总称，用以调整在行政权力的授予、行使和监督过程中发生的各类社会关系。对于这一概念，可作如下理解：

第一，行政法是设定行政职权的法。这包括两部分内容：一是行政权必须授予一定的载体，并形成一定的体制，以及这些权力组织内部活动的各种规则；二是规定哪一类行政组织享有哪项行政权力、其权限如何、不同权力之间界限何在等问题。这类规范大致可以分为两部分：一是，通过组织法规定，如《地方各级人民代表大会和地方各级人民政府组织法》规定了县级以上地方各级政府的设置、体制、职权等；二是，通过单行法规定，如《行政监察法》、《矿产资源法》等单行法律规定了本领域内行使行政权力的主体及其职权，又如《行政处罚法》将行政处罚的部分设定权授予有规章制定权以上的行政机关，并明确规定了行政法规制定机关和规章制定机关在行政处罚设定权方面的范围和限制。相比较而言，设定行政权力，组织法的规定一般是静态的，比较笼统和粗线条；单行法的规定则是动态的、具体的。但这二者之间必须统一、协调。单行法的具体规定必须与组织法的规定保持一致。

第二，行政法是规范行政权力行使和运作的法。这是行政法的核心内容，包括实体规则和程序规则两部分。就实体法方面的存在形式而言，可以分为两大类：一类是分散在各个特别法、部门法中的规则，如《治安管理处罚法》、《海关法》等，分别是规范警察权力、海关权力行使的具体规则；另一类是

---

① 罗豪才主编：《行政法学》（新编本），北京大学出版社 1996 年版，第 7 页。

② 〔日〕室井力主编：《日本现代行政法》，吴微译，中国政法大学出版社 1995 年版，第 14 页。

统一规定于某一法律，由各行政机关普遍适用的规则，如《行政处罚法》、《行政复议法》等。

在程序规则方面，行政法的存在形式可以分为三大类。一类是分散在各个特别法中；另一类是统一规定于某一类型行为法中，如行政处罚程序；第三类是统一规定行政行为程序的带有法典性质的行政程序法。这是行政法的特殊性。

第三，行政法是监督行政权力的法。这也是行政法的重要组成部分。对行政权力的监督方式和途径不是单一的，因而监督规则也是多样的。中国法律对行政权力的监督已形成体系，包括权力机关的监督、行政系统内的监督和司法监督，行政监察法、审计法、行政复议法、行政诉讼法、国家赔偿法等都已齐备，但需进一步完善。

第四，行政法是对行政权力产生的后果进行补救的法。一旦发生行政权力侵犯或损害相对人合法权益的情形，就应当赋予相对人通过有关途径维护自己合法权益、制止侵权行为、获得损害赔偿的权利。《行政诉讼法》、《国家赔偿法》等均属于此类规范，具有重要的现实意义。

（二）行政法的性质

行政法的性质突出地表现为国内公法，这一性质也体现了行政法在法律体系中的地位。

第一，行政法是公法。行政法是关于行政权力的授予、行使以及对行政权力进行监督和对其后果予以补救的法，一般被公认为典型的公法。尽管随着社会福利国家的形成和给付行政的发展，公法与私法的区别日渐模糊和淡薄，出现了私法公法化和公法私法化的趋势。但是，公法与私法的相对差异依然存在。行政法当然可以借鉴私法规则，但是，不可能完全适用私法规则。行政法在性质上仍旧主要表现为公法。

第二，行政法是国内法。行政法基于国家主权制定，效力及于本国领域，所以，在性质上是国内法。中国加入 WTO 后，诸多行政领域特别是涉外经济行政领域出现了国际化的趋势，国际条约和惯例是中国行政法的形式渊源[①]，

① 一般都认为国际条约和惯例是我国行政法的形式渊源，但是，是直接适用还是间接适用尚无定论。

也并没有改变行政法的国内法性质。

三、行政法的历史发展

(一) 国外行政法的产生与发展

现代意义的行政法,最早产生于资本主义国家。资产阶级革命胜利后,掌握国家政权的资产阶级,一方面迫切要求摆脱封建势力的束缚和封建专制制度的影响,建立资产阶级的民主政治;另一方面要求政府严格按照他们的意志,用法律限制政府权力,提出了"依法行政"的要求。行政法作为资产阶级法律体系中的一个重要部分逐渐产生并发展起来。

1. 大陆法系的行政法

法国素有"行政法母国"之称。法国行政法的产生是资产阶级革命的结果,以最高行政法院的产生为标志。1790 年的法院组织法剥夺了普通法院对行政诉讼的管辖权,为行政法院的设立奠定了基础。1799 年拿破仑成立国家参事院作为行政部门的顾问,并受理行政争议,是行政法院的前身。1872 年重建最高行政法院,独立地行使行政审判权。1889 年最高行政法院对卡多案的判决,确立了行政法院对行政诉讼的直接管辖权。一切行政诉讼可以直接向最高行政法院提起,最高行政法院的判决为终审判决,不得上诉。至此,法国的现代行政法院完全定型。以独立的行政法院系统管辖行政案件也是法国行政法最显著的特点。判例法是法国行政法的另一个特点,法国的经典行政法理论都是在 19 世纪末期和 20 世纪初期根据最高行政法院的判例形成的。[①]

德国行政法的产生晚于法国。自 1863 年开始,巴登邦等德意志各邦国逐渐设立了最上级审独立于行政的近代意义上的行政法院。德国的行政法院系统与法国不同,它通过司法系统内设立的独立的行政法院解决行政争议。与之相配合,德国的法律体系产生了公、私法的区别,即普通法院管辖与私法有关的法律案件,行政法院管辖与公法有关的法律案件。

2. 英美法系的行政法

英国行政法是循着王权转移的历史沿革发展而来的,是资产阶级革命和

---

① 参见王名扬:《法国行政法》,中国政法大学出版社 1989 年版,第 32 页。

改革的产物。17 世纪时,在限制王权的斗争中,作为国王特权象征的星法院被议会废除,从此,对行政的司法控制的职能就由法院承担。19 世纪末,随着生产力的高速发展,行政管理范围迅速扩大,英国行政法发生两个明显变化:一是委任立法,即由议会委托行政制定法律以适应行政管理的技术性和专业化;二是行政裁判所的迅速发展,涉及养老金、卫生保健、社会保险、税务、专利、交通等各个方面。这两个变化,导致了司法审查制度的确立,即一切政府部门的行为是否合法,都要受普通法院管辖。有关司法审查的法律、程序规则和判例是英国行政法的重要渊源。

美国行政法深受英国行政法的影响。美国行政法的产生是同政府积极干预经济相联系的,1887 年成立的州际贸易委员会被认为是美国行政法的开始。之后,美国政府又相继设立了一些委员会,尤其是罗斯福"新政"时期,为了应付经济需要,国会通过法律批准设置各种独立管制机构,如联邦能源委员会、联邦商业委员会等。独立管制机构享有部分的立法、司法和行政权力,在美国的政治、经济、社会生活中占有及其重要的地位,是美国行政法最显著的特征。1946 年《联邦行政程序法》是美国行政法划时代的法律,全面总结过去的行政法,形成了很多重要的制度,并为美国行政法的进一步发展奠定了法律基础。其后制定的一系列行政法,如《联邦侵权行为赔偿法》、《情报自由法》、《私生活秘密法》和《阳光下的政府法》都是以其为基础逐步形成的。

(二) 中国行政法的历史发展

1. 中国古代的行政法规范①

用现代的眼光来看,中国古代行政法规范大体上可以分为两个方面。第一方面的内容是对人民管理的相关规定,其中包括土地管理、赋税的征收,商工、市场管理制度,河防水利管理,军防和警卫管理,教育管理,祭祀、仪仗、服饰、丧葬的管理,宗教寺院的管理以及关于少数民族聚居区的管理。这方面内容丰富,但各朝代变化复杂。第二方面是有关行政机构的规定,具体可以

---

① 必须明确,我们所讲的行政法是现代意义的行政法,从法律角度理解,是作为独立法律部门的行政法。我国古代诸法合体,当然谈不上有作为独立法律部门的行政法。更重要的是,我国古代虽设官分职、各司其守,却不存在现代意义上的分权,当然,对行政权力的设定、规范和监督更加无从谈起。但是,这并不能否认我国古代存在行政法规范。参见应松年:《行政法学新论》,中国方正出版社 2004 年版,第 15—17 页。关于我国古代行政法规范的介绍,可参见张晋藩、李铁:《中国行政法史》,中国政法大学出版社 1991 年版;陈国平:《明代行政法研究》,法律出版社 1998 年版。

分为以下三个部分：一是组织法，即各级各类机构的建制、职责范围、活动原则；二是官吏法，即各级各类机构人员官吏的选授、考核、品第、待遇、升迁等；三是监察法，即对机构和人员的监督。这方面的内容虽然历经变革，但总体上保持了相当的延续性，形成了一套成熟的、曾经令人称羡的行政组织和官吏制度。以《唐六典》、《明会典》、《清会典》等为代表，这套制度法典化程度相当高，在当时堪称完备。

清末民初，中国社会遭遇了千年未有之大变革。在行政管理领域，对交通、工矿、贸易、建筑的管制开始出现或者加强，财政、民政、警政、军政、教育也进行了革新。半个世纪中，晚清政府、北洋政府、南京国民政府制定和颁布了数以百计的行政法律法规。这些行政法律法规是中国近代整个法律体系的重要组成部分，也是中国传统行政法律迈向现代行政法律的开端。

2. 中国当代行政法的产生和发展[①]

自 20 世纪 80 年代以来，中国开始了一场由计划经济体制向市场经济体制转型的伟大革命，其目的不仅在于重塑市场的地位和作用，而且在于高扬法治和规则的价值和意义，呼唤法治国家的萌生和构建。法治首要的是公法之治。中国的法治国之路就是法治政府之路。中国当代行政法的产生，正是计划经济逐步瓦解、市场体制逐步建立的过程，也是依法行政、建设法治政府的法治实践的过程。

二十多年来中国当代行政法的发展主要表现在：

第一，行政法治观念与权利意识的确立和强化。其一，依法行政是行政法治的核心，是政府行为的基本准则，是依法治国的重点和核心，这是中国行政法领域发生的意识、观念上的最重大最根本性的变化。其二，依法行政的目标是建立法治政府。其三，权利是权力之本，行政权力的行使必须以民为本，执政为民正在成为对所有执政者的共同要求。其四，对公共行政的看法发生重大改变：其范围不再完全等同于国家行政，社会行政也被视作公共行政；其动作方式不再被狭隘地理解为行政处罚、行政强制、行政征用等强制性行为方式，而是包括行政奖励、行政计划、行政指导、行政合同等非强制性行政方式；其功能不再定位为消极维护社会秩序、纯粹实施公共管理，而倾向于

---

① 本部分参见应松年：《当代中国行政法》，中国方正出版社 2005 年版，导言第 1—8 页。

将生产公共物品、提供公共服务看成是公共行政的核心功能，服务行政日益发展为主导性公共行政理念。第五，行政法律制度的变迁必须与经济和社会的变化、发展同步。第六，行政权力的行使必须符合正当程序要求，正当程序是行使行政权力必须遵循的程序底线。第七，有权利必须有救济，建立完善而健全的救济体系，是对全民权利的有力保护，并保障国家、社会的安定与内部和谐。

第二，行政法律制度体系初步形成。1989 年颁布的《中华人民共和国行政诉讼法》是中国现代行政法制建设的第一块里程碑，标志着现代权利保障制度的建立，更是依法行政、建立法治政府的起点。之后，《国家赔偿法》、《行政处罚法》、《行政复议法》、《立法法》、《行政许可法》、《公务员法》等重要的行政法律相继颁布。目前，行政强制法和行政收费法正在制定，行政程序法也正在研究起草。与此同时，许多相应的涉及各行政领域的单行法，有些已经出台，有些正在制定。一个合理的、与社会主义市场经济体制和中国特色的民主政治建设基本相适应的行政法律制度体系已经基本确立。

第三，依法行政、建设法治政府的法治实践进一步迅速推进，成为社会、政治、经济发展的内在需求和实实在在的具体行动。1999 年，国务院召开了全面推进依法行政工作会议，通过了《国务院关于推进依法行政的决定》，将依法行政的要求具体化。2004 年，国务院根据推进依法行政已经取得的经验，颁布了《国务院全面推进依法行政实施纲要》，提出要在十年时间内，在中国基本建成法治政府的目标。法治政府目标的确立必然伴随着行政机关的努力。这种努力已经在各个方面取得了显著的成绩，行政机关依法行政的能力和水平都有了很大的提高。

中国当代行政法的产生和发展充分说明，行政法的发展必须同市场经济的发展相适应，与市场经济的发展保持同步。中国当代行政法循着跨越式发展的轨迹，并且在短期内取得这么巨大的成就，其客观基础就在于中国市场经济的跨越式发展。

（三）当代行政法发展的特点和趋势

第一，行政法的发展与行政权的变化密切相连，与市场经济的发展保持同步。

从行政权的变化角度来看，市场经济的发展经历了三个阶段：在自由竞争时期，社会经济由市场调节，不需要行政权过多的干预，政府扮演的是“守夜人”的角色，主要的任务是消极维持社会秩序；20 世纪初期，市场经济发展到垄断时期，资本主义内部矛盾激化，发生了严重的“市场失灵”，需要行政权的积极干预，于是，行政权不断扩张，政府也从“守夜人”发展成为社会生活特别是经济运行和发展的积极参与者，主动调整各种经济矛盾和社会矛盾，这就是从消极行政到积极行政的转变，反映在行政法上，是委任立法的发展和行政裁量权的扩张等等；行政权的扩张尤其是对经济的过度干预又引发了新的经济矛盾，为此，20 世纪 70、80 年代，西方国家又进一步反思，认为行政权并不是万能的，并提出了“政府失灵”的观念，强调行政权对经济和社会的适度干预，强调政府的经济职能是为社会经济发展和公民生活提供良好的服务。由此可见，行政法的发展是与行政权的变化密切相连的，并且与市场经济的发展保持同步。行政权的扩张及其制约，保障公民的基本权利，是当代西方国家行政法的主要特点，正是在特殊的经济条件和历史背景下逐步形成的。

第二，依法行政是当代政府普遍奉行的行使行政权力的基本准则。

依法行政原则产生于资产阶级夺取政权的过程中。英、法资产阶级夺取政权都始于议会，以议会为依托与代表封建势力的国王行政权力相斗争。为此，英、法等国都强调依法行政原则，提出“无法律即无行政”，行政权必须绝对服从和遵循议会制定的法律。随着资产阶级全面控制政府权力以及行政权力的扩张，再强调“无法律即无行政”已不能适应时代的要求，在工业和科技高度发达的社会内，议会已不可能包办制定一切法律；行政机关必须有适应经济和社会迅速发展、变化的机动能力。因此，西方国家的委任立法迅速发展。与委任立法的发展相适应，西方依法行政原则的基本内涵已演化为法律优先和法律保留原则，这两项原则既保证了人民主权和法制统一的基本精神，又适应了在复杂多变的现代社会中行政权力的适当灵活性和机动性。19 世纪以来，针对行政裁量权的扩大，西方国家又扩充了依法行政原则，强调行政程序，强调比例原则和信赖保护原则。

第二节　行政法的基本原则

一、行政法的基本原则概述

（一）行政法的基本原则的含义

对于行政法的基本原则的界定，学术界并不统一，共同之处在于，都着眼于行政法的基本原则的作用范围和应体现的价值这两个角度。我们也认为从这两个角度界定比较准确。行政法的基本原则，是指贯穿于行政法之中，体现行政法的基本价值观念，指导行政法的制定和实施等活动的基本准则。

行政法在形式上没有统一完整的实体法典以及在内容上广泛而丰富的特点，使得行政法的基本原则具有特别重要的作用。

第一，行政法的基本原则是构筑行政法律制度体系的基本框架。一方面，行政法的基本原则以行政法的基本价值观念统领行政法律规范，使行政法律制度的体系保持内在的和谐、一致，并且同国家的整个法律制度的体系相适应和协调；另一方面，行政法的基本原则指导行政法律规范的法律解释，弥补行政法律规范的漏洞，使行政法律制度同不断发展的社会现实相适应。

第二，行政法的基本原则指导行政法的实施。一方面，行政法的基本原则指导行政主体裁量权的行使，保证其符合立法精神、社会公理和国家政策；另一方面，行政法的基本原则也是法院审查行政行为的依据，尤其可以判断具体行政行为是否合理，“在这个问题上，如果没有基本原则作为标准，很难找到更为合适的标准。”[①]行政行为是否滥用职权、是否显失公正、是否违背立法目的等，也必须结合行政法基本原则予以判定和说明。

二、依法行政的内涵

依法行政原则是在资产阶级革命初期和建立市场经济的过程中提出并逐步丰富发展的。我国依法行政原则是在改革开放，逐步推进市场经济体制的过程中发展起来的，并为《全面推进依法行政实施纲要》所确认。依法行政在内涵上包括行政合法性原则、行政合理性原则、行政应急性原则、正当程

---

① 应松年：《当代中国行政法》，中国方正出版社 2005 年版，第 75 页。

序原则、诚实守信原则、行政效率原则、责任行政原则。

（一）行政合法性原则

1. 职权法定原则

行政机关的职权并不是行政机关本身所固有的，而是经人民通过法律授予的。这与公民的权利不同。公民的权利是公民本身固有的权利。从法律的角度说，公民的权利是，只有法律禁止的，公民才不得为之，凡法律没有禁止的公民皆可为之。而行政机关的职权则不同。职权法定，越权无效，这是依法行政的主要原则之一。行政机关的法定职权，一般有两种形式，一是由行政机关组织法规定，大都以概括的语言划定各机关的职责范围；二是由单行的实体法规定某一具体事项由哪一行政机关管辖。

2. 法制必须统一原则

这在行政法上称为法律优先（法律优位）原则。

法律规范在效力上是有位阶层次的。从狭义上说，法律在效力上高于任何其他法律规范。从广义上说，上位法优于下位法。各个层次的法律规范必须保持其内部的统一和谐，只有这样，国家的法制才能保持统一。

对拥有行政立法权的行政机关而言，法律优先包含下列含义：第一，在已有法律规定的情况下，行政法规、规章不得与法律相抵触，凡有抵触的，都以法律为准。法律优于行政法规、规章。同样，凡是上一位阶的法律规范已经对某一事项有了规定，下一位阶的法律规范不得与之相抵触。第二，在法律尚无规定，行政法规、规章在各自范围内作了规定时，一旦法律就此事项作出规定，其他法律规范的规定都必须服从法律。同样，在上位阶法律尚无规定时，下位阶规范可以在法定权限和范围内作出规定，一旦上位阶规范就此事项有了规定，下位阶规范就必须服从。

3. 法律保留原则

凡属宪法、法律规定只能由法律规定的事项，则或者只能由法律规定，或者必须在法律明确授权的情况下，行政机关才有权在其所制定的行政规范中作出规定。我国宪法和法律对必须由法律规定的事项已作出原则规定。[①] 需要注意的是，我国宪法和法律所规定的法律保留原则可以分为“绝对保留”和

① 《宪法》第 62 条、第 67 条，《立法法》第 8 条、第 9 条，《行政处罚法》第 9 条、第 10 条、第 11 条、第 12 条、第 13 条等。

"相对保留"。"绝对保留",就是该事项的设定权只属于法律,任何其他国家机关不得行使,也不能授权其他国家机关行使;"相对保留"是该事项的设定权原属于法律,但在某些情况下,法律可以授权国务院行使,特别需要强调的是,根据《立法法》,被授权的主体只有国务院①,也就是说即使是相对保留的立法权限,也只能授予国务院行使,而不能授予其他国家机关行使。②

(二)行政合理性原则

合理性原则是在合法性原则的基础上,对行政行为——主要是行政自由裁量的行为——的更高的要求。合理性原则亦是依法行政的要求,因为法律尽管赋予行政机关自由裁量权,但是法律仍然要求行政机关必须合理地行使自由裁量权。

《全面推进依法行政实施纲要》将合理行政作为依法行政的基本要求之一,规定行政机关实施行政管理,应当遵循公平、公正的原则。要平等对待行政管理相对人,不偏私、不歧视。行使自由裁量权应当符合法律目的,排除不相关因素的干扰;所采取的措施和手段应当必要、适当;行政机关实施行政管理可以采用多种方式实现行政目的的,应当避免采用损害当事人权益的方式。这在德国称为比例原则。

一般认为,行政法意义的比例原则包括妥当性原则、必要性原则和均衡性原则。

(三)行政应急性原则

1. 紧急状态与行政应急性原则的必要性

紧急状态有广义和狭义之分。广义的紧急状态是指具有一定危险程度的非正常的社会状态,包括战争、叛乱、政治骚乱、经济危机、严重自然灾害、重大事故灾害、突发公共卫生事件以及重大刑事犯罪等所有社会正常生活受到威胁或法律实施受到严重阻碍的情况。狭义的紧急状态通常指行政权可以加以控制的危险事态。③《突发事件应对法》将突发事件界定为,突然发生,

---

① 《立法法》第9条。

② 有学者认为法律保留原则包括宪法意义和行政法意义的。前者即为立法保留,后者即为职权法定。参见陈新民:《中国行政法学原理》,中国政法大学出版社2002年版,第35页。应松年:《当代中国行政法》,中国方正出版社2005年版,第89—93页。

③ 江必新:《紧急状态与行政法治》,载《法学研究》2004年第2期。

造成或者可能造成严重社会危害，需要采取应急处置措施予以应对的自然灾害、事故灾难、公共卫生事件和社会安全事件。

由于紧急状态的危险性、威胁性以及紧迫性，仅仅采取一般的手段或措施难于应对，必须赋予政府特殊的、比正常状态更大的行政权力——紧急行政权，从而使政府能够及时有效地组织、运用各种资源，采取强有力的措施，消除危险渡过危机，维持或恢复正常的法律秩序，确保人民的生命健康和财产安全。这就是行政应急性原则。

行政应急性原则的必要性可以从以下几个方面加以认识：第一，是国家的基本职能决定的，紧急状态出现时，国家有义务采取可能采取的措施加以应对，维持或恢复正常的法律秩序，确保人民的生命健康和财产安全；第二，是法律的性质和目的决定的，法律本身不是目的，而是为达到公共利益所运用的手段；第三，是公共利益优先决定的，紧急状态下限制某些公民权利是维护公共利益的必要手段。

2. 对行政应急性原则的法律规制

行政应急性原则决不是依法行政原则的例外。紧急行政权也必须受到法律的规制。从世界各国对于紧急行政权的法律规制来看，其行使一般要求符合以下条件：第一，存在明确无误的紧急危险；第二，只能由法定有权机关或有权机关依法委托的其他机关、组织行使，无权机关确有必要行使了紧急行政权，事后必须经由有权机关确认；第三，必须依照有关法律规定的特别程序；第四，紧急措施必须适当，对明显可以不限制或不侵犯的公民权利或自由不得加以限制或侵犯。①

在我国，经历了2003年“非典”流行、2005年局部地区禽流感疫情等突发公共卫生事件，无论在学术界还是实务界，行政应急性原则和紧急行政权都得到了极大的关注。学术界对于行政应急性原则是否应该提升到行政法的基本原则的高度，观点不一，但是，都认为行政应急性原则属于依法行政原则，紧急行政权必须纳入法治的轨道。② 实务界也通过立法规制紧急行政权，2003年“非典”流行期间，制定了《突发公共卫生事件应急条例》；2005年发生局部地区禽流感疫情，制定了《重大动物疫情应急条例》。对紧急行政权的法

---

① 金石：《行政应急性原则》，载《行政法学研究》2004年第1期。

② 参见赵颖：《对行政应急性原则研究的回顾和展望》，载《行政法学研究》2005年第4期。

律规制，不能单纯采取分散立法的方式，因为人类无法穷尽每一个可能出现危机的领域，更无法预知下一次危机会在哪里、怎样爆发。因此，需要在分散立法之上，制定统一的突发事件应对法。《突发事件应对法》已于 2007 年 8 月 30 日颁布、2007 年 11 月 1 日施行，这是我国对紧急行政权的法律规制的里程碑，更是我国行政法治建设的重大进步。

（四）正当程序原则

1．正当程序原则的渊源①

正当程序观念与自然公正原则密切相关，发轫于英国，在普通法史上有着悠久的历史。自然公正原则是英国法治的核心概念，是英国法官据以控制公共行为及行政行为的方法。自然公正原则有两个最基本的要素：第一，任何人不能作自己案件的法官，即反对偏私原则；第二，任何人的合法权益受到不利影响时，必须允许其陈述自己的意见，这些意见必须被公平地听取。

美国继承了自然公正原则，并直接规定在宪法中。美国《宪法》第 5 和第 14 修正案分别针对美国联邦政府和州政府规定，非经正当法律程序，不得剥夺任何人的生命、自由或财产。

2．正当程序原则的基本要求

我国对行政程序法的重视，始于 20 世纪 80 年代。1982 年宪法对行政程序中的公开、参与制度等作了原则规定。1989 年颁布的《行政诉讼法》将行政机关的具体行政行为是否符合法定程序作为衡量其是否合法的重要标准之一。以 1996 年颁布的《行政处罚法》为开端，我国开始通过法律对某一领域行政行为应遵循的行政程序作出明确的规定。之后的《立法法》、《行政许可法》、《治安管理处罚法》等都有明确的程序规定。目前，统一的行政程序法正在研究和起草中。

《全面推进依法行政实施纲要》规定，程序正当的基本要求包括：一、行政公开，即行政机关实施行政管理，除涉及国家秘密和依法受到保护的商业秘密、个人隐私以外，应当公开；二、听取意见，即在作出行政决定之前，应该注意听取可能受到影响的相对人、利害关系人的意见，让他们参与到行政程序

---

① 参见应松年：《行政法与行政诉讼法学》，法律出版社 2004 年版，第 41 页。应松年：《当代中国行政法》，中国方正出版社 2005 年版，第 108—112 页。

中；三、要严格遵循法定程序，依法保障相对人、利害关系人的知情权、参与权和救济权；四、回避，即行政机关工作人员履行职责，与相对人存在利害关系时，应当回避。

（五）诚实守信原则

1. 诚实守信原则是公法的基本原则

在人类的历史中，那些基于人类理性所产生的最基本的行为规范，得到一切民族和一切时代的认同。诚信便是这样的行为规范，从没有哪个时代宣称不诚信是正当的，更没有哪个社会对诚信持否定态度。

诚信是一切社会主体的行为规范，一切社会主体应该无一例外地遵守诚信，这是维持人类社会正常秩序的最基本保障。政府同样必须严守诚信。《德国行政程序法》第48条第2项明确规定，提供一次或持续金钱给付或可分物给付，或为其要件的行政行为，如受益人已信赖行为的存在，且其信赖依照公益衡量在撤销行政行为时需要保护，则不撤销。受益人已使用所提供的给付，或其财产已作出处分，使其不能或仅在遭受不合理的不利时方可解除其处分，则信赖一般需要保护。在英国等普通法国家有合法预期的观念。①

2. 诚实守信原则的基本要求

第一，行政行为具有明确性和可预测性，以便人民可以毫无疑问地理解什么是允许的，什么是禁止的，同时预见政府的行为并以此为依据安排自己的活动。

第二，行政立法不溯及既往。立法者必须诚信于民，而不能随便反悔。行政立法不溯及既往是保护人民权利、维护政府公信力所需要的，特别是负担性行政立法一般是禁止溯及既往的。

第三，行政公开。行政公开，让行政权力在阳光下运行，实现人民的知情权、参与权、表达权、监督权，是政府取信于民的重要途径。

第四，信赖保护原则。信赖保护原则，保护人民基于对行政机关的信赖而产生的“信赖利益”，也就是说“绝不能使那些受到这些行动影响的个人因为他们所具有的合法期待受挫而遭受伤害，而应该对他们因这种行动所蒙受

① 关于合法预期的详尽论述，参见余凌云：《行政法上合法预期之保护》，载《中国社会科学》2003年第3期。

的损失给予充分的补偿”①凸显了行政法的维护公民权利的价值。《行政许可法》第8条规定,“公民、法人或者其他组织依法取得的行政许可受法律保护,行政机关不得擅自改变已经生效的行政许可。行政许可所依据的法律、法规、规章修改或者废止,或者准予行政许可所依据的客观情况发生重大变化的,为了公共利益的需要,行政机关可以依法变更或者撤回已经生效的行政许可。由此给公民、法人或者其他组织造成财产损失的,行政机关应当依法给予补偿。”这是我国立法中对行政信赖保护最早、最明确的确立。《全面推进依法行政实施纲要》规定,非因法定事由并经法定程序,行政机关不得撤销、变更已经生效的行政决定;因国家利益、公共利益或者其他法定事由需要撤回或者变更行政决定的,应当依照法定权限和程序进行,并对行政管理相对人因此而受到的财产损失依法予以补偿。这是进一步把信赖保护原则推广适用到所有的行政决定领域。

（六）行政效率原则

行政机关行使行政权力,必须将提高行政效率放在重要位置,以最少的投入,耗费最少的资源取得最大的行政管理效果。长期以来,行政机关有一种误解,认为依法行政、照章办事,会导致烦琐的程序,必然影响行政效率。事实上,恰恰相反,依法行政有利于提高行政效率:行政机关依法执法,可以保证法制统一和政令畅通,避免不公、错误和违法,减少纠纷和矛盾;同时,行政机关依法律规定的程序,积极履行法定职责,也会大大提高行政效率。

《全面推进依法行政实施纲要》规定,行政机关实施行政管理,应当遵守法定时限,积极履行法定职责,提高办事效率,提供优质服务,方便公民、法人和其他组织。

但与此同时,还有一个社会公正问题。因追求效率而损害公正,显然是不可取的。这就必须摆正效率与公正的关系,兼顾效率和公正。

（七）权责一致原则

权责一致有两重含义。第一,行政机关的职权与职责是统一的。这与公民的权利不同。公民对其权利有“自由处分权”,除非法律有限制。行政机关对其职权没有自由处分权,只能依法履行,既不能失职,又不能越权。行政机

① 〔英〕弗里德利希·冯·哈耶克:《自由秩序原理》,邓正来译,三联书店1997年版,第276页。

关如不依法履行职责，损害公民权益或公共利益，就要因此而承担法律责任。有权必有责，这是权责统一的第二层意思。有权无责，将导致滥用权力；有责无权，将导致逃避责任。

第三节　行政法的渊源

一、行政法渊源的概念和类型

行政法的渊源，是指行政法律规范的具体表现形式和根本来源。

在行政法的渊源的概括上，大陆法系和英美法系并不像在其他领域那样存在显著的差别，而是大致具有基本相同的认识。总体而言，两大法系多认为行政法渊源包括成文法和不成文法两种类型。成文法渊源表现为宪法、立法机关制定的法律、行政机关根据授权制定的法规等，不成文法渊源则主要包括判例、习惯以及法的一般原则。[①]

二、我国行政法的渊源

我国学术界对行政法的渊源的概括存在显著差异。我们采取目前的通说，将行政法的渊源限定在成文法范围，主要有以下形式：

（一）宪法

宪法是国家的根本大法，规定国家基本的政治、经济和社会制度，公民的基本权利和义务以及国家机关的组织、职权和活动原则，是行政法最根本的渊源。宪法所包含的行政法规范原则性强，内容主要涉及以下几个方面：第一，国家行政权力的来源和行使的基本原则。第二，行政机关在国家机关中的法律地位和行政体制。第三，行政组织及其权限的规定。第四，公民权利与行政权力的关系及处理原则。

（二）法律

法律是指最高国家权力机关，即全国人民代表大会及其常务委员会依照

---

① 这是行政法非常特别的地方。在大陆法系，法国的行政法规范主要来源于行政法院的司法判例，德国的联邦宪法法院和行政法院的判例也构成行政法的重要渊源。在英美法系，美国的行政法领域的成文法是行政法渊源的重要组成部分，英国的行政法领域的制定法也在不断增加。

法定权限和程序制定的规范性文件，包括全国人大制定的基本法律和全国人大常委会制定的一般法律。法律所包含的行政法规范效力低于宪法，高于其他形式的行政法规范。

法律是行政法的基本形式，内容涉及行政权力的取得、行使以及对其进行的监督和补救。

（三）行政法规

行政法规是指国务院为领导和管理国家各项行政工作，根据宪法和法律的有关规定，依照法定程序制定的各类规范性文件，具体表现为“条例”、“规定”和“办法”。相对于宪法和法律而言，行政法规的内容更加具体，是一种十分重要的行政法渊源。行政法规的效力低于法律，高于地方性法规和规章。

（四）地方性法规、自治条例和单行条例

地方性法规是指省、自治区、直辖市以及省会所在地的市、国务院批准的较大的市[①]的地方人民代表大会及其常委会，根据本行政区域内的具体情况和实际需要，在不与宪法、法律、行政法规相抵触的前提下制定的规范性文件。地方性法规中有相当部分内容涉及地方国家行政机关的权力取得、行使和监督，涉及公民在行政管理中的权利和义务，成为行政法的重要渊源。

自治条例和单行条例是指民族自治地方的人民代表大会依照宪法、民族区域自治法和其他法律规定的权限，结合当地民族的政治、经济和文化特点制定的规范性文件。自治条例和单行条例在内容上常包含行政管理的内容，构成我国行政法的渊源。

在效力层级上，根据《立法法》的规定，地方性法规的效力低于行政法规，高于本级或下级地方政府制定的规章。

（五）行政规章

行政规章是指行政机关依法制定的具有普遍约束力的规范性文件，包括部门规章和地方政府规章。部门规章是指国务院各部、委员会、中国人民银行、审计署和具有行政管理职能的直属机构，根据法律和国务院的行政法规、决定、命令，在本部门权限范围内制定的规范性文件的总称。地方政府规章

① 根据《立法法》第六十三条第四款的规定，较大的市是指省、自治区的人民政府所在地的市，经济特区所在地的市和经国务院批准的较大的市。

是指省、自治区、直辖市人民政府以及较大市的人民政府,根据法律、行政法规和本省、自治区、直辖市的地方性法规制定的规范性文件的总称。

在我国,规章在行政管理过程中具有重要的地位,常常是行政机关执法的依据,其数量庞大,适用范围广泛,是其他形式的行政法的渊源无法相比的。

(六) 法律解释

法律解释是指有权机关对法律、法规所做的正式解释,包括立法解释、司法解释、行政解释和地方解释,不包括学理解释等无权解释。法律解释常涉及与行政管理有关的法律规范的适用问题,具有规范性,属于行政法的法律渊源。

(七) 国际条约和协定

我国缔结或者参加的国际条约和协定,如果内容涉及行政权力的行使以及行政管理过程中公民的权利义务,同样构成行政法的渊源。在涉外行政管理和涉外行政诉讼领域,国际条约和协定作为行政法的渊源,其规范作用十分明显。如我国和世界很多国家签订的领事条约,其中关于护照签证的颁发,同派遣国国民的联系,公证、认证等规定都涉及国家行政管理,对行政机关乃至司法机关都具有拘束作用。

(八) 其他渊源

通常把行政机关与党派、群众团体等联合发布的行政法规、规章等规范性文件,也视为行政法的渊源。

第四节 行政法律关系

一、行政法律关系的含义

行政法律关系是指由行政法律规范调整的因行政活动(包括权力活动与非权力活动)而形成或引发的各种权利义务关系。对于这一概念,需要从以下几个方面理解:

第一,行政法律关系是受法律调整或约束的一种社会关系。在这里,法律规范的调整或约束,既包括将已有的行政关系纳入法律规范的调整范围,也包括通过法律规范促进新的行政关系的形成。

第二,行政法律关系是因行政活动而形成或引发的法律关系。行政法律关系是国家在实现行政职能过程中形成的一种特殊社会关系,离开了行政活动就不可能构成行政法律关系。行政活动包括权力性的和非权力性的。行政活动本身可以直接形成行政法律关系,也可以引发行政法律关系。前者如行政处罚关系、行政许可关系,后者如行政复议关系。

第三,行政法律关系是一种行政法上的权利义务关系。因行政活动产生的各种社会关系受到行政法律规范调整便形成行政法律关系,关系的当事人便有了明确的权利和义务。因此,行政法律关系是一种肯定、明确的权利义务关系。同时,由于行政法律关系是受到行政法律规范调整而形成的权利义务关系,所以只能是一种行政法上的权利义务关系。

二、行政法律关系的特征

行政法律关系除了具有法律关系的一般特征外,还具有自身的特征:

第一,主体的恒定性。主体的恒定性有两方面的表现:一是,行政法律关系的主体中,必有一方是行政主体,这是其他法律关系所不具有的特征;二是,行政主体与行政相对人的地位不能互换,双方的法律地位和法律角色是确定的。

第二,权利义务的不对等性。行政法律关系中,主体双方的权利义务是不对等的,具体表现为:一是,主体双方权利义务的性质完全不同,行政主体行使的是行政职权,履行的是行政职责;二是,主体双方权利义务的不对等,且一方所具有的权利义务是另一方不可能具有的。行政主体的活动是为了实现公共利益,因此,法律往往要赋予其相应的职权;与之相对应的是,为保证依法行政和保障处于弱者地位的相对人的合法权益,法律在为行政主体设定特定的义务(更多地表现为程序义务),并同时赋予相对人特定的权利(主要表现为程序权利和救济权利)。

第三,权利义务的法定性。行政法律关系中的权利义务往往涉及国家利益、社会利益,因而行政法律关系主体的权利义务,都是由法律预先设定的,当事人不能自由约定。更要强调的是,行政主体的职权和职责是统一的,既不能自由处分,也不能放弃,否则,就要承担不履行或违法履行法定职责的法律责任。

三、行政法律关系的分类

根据不同的标准，行政法律关系可以做出不同的分类，其中具有重要理论价值和实际意义的包括：

（一）权力关系与非权力关系

根据产生行政法律关系的是权力行政或非权力行政，将行政法律关系划分为权力关系与非权力关系。权力行政产生的法律关系是权力关系，如税务行政、警察行政中的行政法律关系；非权力行政产生的法律关系是非权力关系，比如行政指导中的行政法律关系。

在德国和日本，传统学说往往将权力关系分为一般权力关系和特别权力关系。一般权力关系是指自然人服从国家或公共团体的一般统治权而形成的一般统治关系；特别权力关系是指不是依据一般统治关系而是根据特别的法律原因而发生的权利义务关系。特别权力关系理论是19世纪末德意志立宪君主国的理论产物。最初用来说明公务员担任公职而对国君具有的忠诚与服从的关系，后来由奥托·迈耶扩张到其他领域，用以涵盖公务员关系、军人关系、学生与学校、犯人与监狱等关系以及公法上之特别监督关系。特别权力关系排除法律保留原则的使用，行政主体具有命令权，相对人只有忠实服从的义务并且没有救济途径。二战以后，随着人权理念在现代行政法中的凸现，特别权力关系理论的合法性及妥当性开始遭到批判并在实务上得到回应。德国确立了军人权益的法律保留原则，并于1972年通过联邦宪法法院的"刑事执行判决"确认法律进入特别权力关系领域，标志着传统的特别权力关系理论的消亡。乌勒教授的基础关系与管理关系理论作为替代性的理论产生。乌勒教授将特别权力关系分为"基础关系"和"管理关系"。"基础关系"是指有关特别权力关系产生、变更及消灭的事项，如公务员资格的取得、丧失、降级、撤职等。"管理关系"是指为了达到行政目的由权力主体所做的一切内部管理措施，如学校对学生的成绩评定、宿舍管理等。对于基础关系事项，应当视为行政决定，适用法律保留原则，相对人有权提起司法救济。对于管理关系事项，应视为行政内部指示，而不应视为行政决定，无须严格遵循法律保留原则，相对人无权提起司法救济。乌勒教授的理论兼顾了人权保障与行政管理这两大目的，但是在界分"基础关系"和"管理关系"上存在很大困难。为此,德国联邦宪法法院进一步提出了“重要性”理论。“重要性”理论不注重从形式上界分“基础关系”与“管理关系”,而是强调从实质上分析某一特定的行政事项对相对人权利的影响程度,凡是涉及相对人基本权利的即视为“重要事项”,都必须由立法者以立法方式限制,不得由权利人自行决定,相对人亦可获得司法救济途径。①

在我国,行政法理论中没有特别权力关系理论,但是,从国家公务员、军人和学生三种最典型的特别权力关系相对人的法律地位可以看出,在实践中存在着事实的“特别权力关系”。② 从人权保障的角度和法治国的角度,我们应当对于特别权力关系中相对人的基本权利给予必要的关注。历史证明,传统特别权力关系理论已经渐趋没落,不合时宜。如何从务实的角度借鉴大陆法系晚近的理论成果,建构符合中国国情的相关理论将是我国公法学者未来的一个努力方向。

(二)行政实体法律关系与行政程序法律关系

根据调整行政活动的行政法律规范是实体法规范或程序法规范,将行政法律关系划分为行政实体法律关系与行政程序法律关系。从权利义务的角度看,实体法规范虽也规定公民的权利和行政机关的义务,但以规定行政机关的职权和公民的义务为主;而程序法规范则主要规定行政机关的程序义务和公民的程序权利。同时,在多数情况下,由于行政行为是实体行为与程序行为的统一,所以,行政法律关系也常常是行政实体法律关系与行政程序法律关系的统一。

(三)内部行政法律关系与外部行政法律关系

根据行政活动的作用范围不同,将行政法律关系划分为内部行政法律关系与外部行政法律关系。内部行政法律关系,是指行政活动只作用于行政主

---

① 关于特别权力关系问题的详尽论述,参见陈新民:《中国行政法学原理》,中国政法大学出版社 2002 年版,第 63—72 页。应松年:《当代中国行政法》,中国方正出版社 2005 年版,第 155—160 页。

② 根据《公务员法》、《行政诉讼法》相关的司法解释,行政机关作出的涉及公务员权利义务的决定,被排除在行政诉讼范围之外。此外,军人的纪律处分也被排除在行政诉讼的范围之外。至于学生对学校管理行为的诉讼救济,《行政诉讼法》没有涉及,《教育法》持否定的立场。尽管,在实务中,已经有“田勇诉北京科技大学案”、“刘燕文诉北大案”等判决,承认学生可以就学校的学位授予行为等管理行为提起行政诉讼。但是,判例并不构成我国行政法的渊源,学生对学校的管理行为的行政诉讼仍旧缺乏普遍的法院支持。

体及其行政公务人员系统内部而发生的各种行政法律关系，包括上下级行政机关之间、行政机关内部机构之间、行政机关与其所属公务人员之间、法律法规授权的组织与其公务人员之间、委托行政机关与受委托组织之间发生的种种行政法律关系。外部行政法律关系，是指行政活动作用于行政系统之外而在行政主体与相对人之间形成的行政法律关系，包括行政机关或法律、法规授权的组织与公民、法人或者其他组织之间发生的行政法律关系。

四、行政法律关系的要素

（一）行政法律关系的主体

行政法律关系主体，又称行政法律关系的当事人，指行政法律关系的实际参加者，一般包括行政主体、行政相对人。[①]

行政主体是具有行政权能，并能以自己的名义运用公共行政权力，独立承担相应法律效果的社会组织。[②] 在我国，行政主体包括行政机关和法律、法规授权的组织。公务员不是行政主体，只能以其所属的行政主体的名义实施行政行为，该行政行为的法律后果也由其所属的行政主体承担。受行政机关委托的组织也不是行政主体，只能以委托机关的名义行使行政权，由此产生的法律效果由委托机关承担。

行政相对人是与行政主体相对应的，受行政权力作用的一方当事人。行政相对人包括内部行政相对人和外部行政相对人。内部行政相对人是与行政主体具有隶属关系，代表行政主体执行公务的国家公务员。外部行政相对人是与行政主体具有一般行政管理关系而不具有隶属关系的自然人、法人和其他组织。

（二）行政法律关系的内容

行政法律关系内容，指行政法律关系主体双方的权利和义务。行政法律关系的各方主体，都是一定权利的享有者和一定义务的承担者。概括地说，

① 有学者认为行政第三人也是行政法律关系的主体，指与已作出的行政行为有间接利害关系的，受行政权间接作用或约束的、行政法律关系中潜在的或暗示的公民、法人或其他组织。参见应松年：《当代中国行政法》，中国方正出版社 2005 年版，第 145—146 页。

② 有学者主张应对行政主体作更广义的认识，即认为行政主体应指“行使行政职权的组织及其个人”，并在此基础上将行政主体划分为名义行政主体、过渡行政主体和实际行政主体三种类型。参见杨解君：《行政主体及其类型的理论界定与探索》，载《法学评论》1999 年第 3 期。

行政主体的权力就是行政职权，主要有规范创制权、行政命令权、行政处理权、行政检查权、行政强制权、行政裁判权等等；行政主体的义务就是行政职责，核心是依法行政，为社会和行政相对一方提供服务。行政相对人的权利主要有知情权、参与权、表达权和监督权、获得政府服务等；义务主要有守法的义务、服从行政管理的义务和协助义务等。

(三) 行政法律关系的客体

行政法律关系的客体，指行政法律关系主体的权利义务所指向的对象。从本质而言，可以作为行政法律关系客体的是体现一定利益的载体，包括物（包括有形物和无形物）、行为（包括作为和不作为）和人身（包括人身自由、资格等）。

五、行政法律关系的变化

(一) 行政法律关系的变化条件

行政法律关系并不是静止不变的，而是处于动态的变化中。行政法律关系的变化，必须具备一定的前提和条件，其中最主要的条件有两个：一是，行政法律规范的规定；二是，行政法律事实的出现。

行政法律规范的规定是行政法律关系形成的法律依据和前提条件。但是，行政法律规范规定的只是一般的普遍性的或抽象的权利义务模式，并不是现实具体的行政法律关系。还必须要有一定事件发生或人们的实际活动，才能使抽象的权利义务模式变成具体的法律关系。

行政法律事实就是行政法律规范规定的，能够引起行政法律关系产生、变更和消灭的具体条件和事实根据。法律事实一般可以分为两类：一是法律事件，二是法律行为或事实行为。法律事件是能够引起行政法律关系产生、变更和消灭的客观事件，包括地震、洪水等自然灾害和人的出生或死亡、战争等社会事件。法律行为是能够产生法律效果的行为，无论是行政主体的行为还是行政相对人的行为，是作为还是不作为，是合法行为还是违法行为。事实行为同样也会导致行政法律关系的产生、变更或消灭，如非法拘禁、殴打、非法扣押财物等，也可以引发某些行政法律关系、行政诉讼关系和行政赔偿关系的形成。

（二）行政法律关系的变化形态

行政法律关系的变化形态有产生、变更和消灭三种。

1. 行政法律关系的产生

行政法律关系的产生，是指行政主体和行政相对人之间形成特定的权利义务关系。如税务机关依法发布征收税收的行政命令，行政相对人与税务机关就产生了征税纳税方面的行政法律关系。

2. 行政法律关系的变更

行政法律关系的变更，是指行政法律关系在存续期间所发生的变化，包括行政法律关系主体的变更、权利义务的变更和客体的变更。

一般情况下，行政法律关系的主体不得变更，但是，在例外情况下，主体变更并不影响与行政法律关系的同一性，如行政主体发生了合并或分离，由合并或分离后行政主体行使原行政法律关系中的权利义务。就行政相对人的变更而言，一般只发生在金钱给付或财产价格为主要性质的行政法律关系中，如纳税义务可因继承而移转。

内容变更一般只限于内容指向对象的数量和行为的变更。前者如税收数额的增减。后者如，某公民有拆除违章建筑的义务，该公民不履行此项义务，有权行政机关采用代执行的强制措施，代为拆除，由义务人给付拆除费用，此时，该行政法律关系的主体没有变化，但是拆除行为变化了。

客体变更是指客体发生了不影响与原行政法律关系保持同一性的变化。能发生变更的客体一般是与特定人的人身没有联系的物质利益。如在行政罚款法律关系中，客体是被罚的款项，但在受罚人没有足额的款项时，可以相应数额的实物替代，由行政主体将实物变卖后充作罚款，此时，该行政法律关系的客体已由罚款改变为实物。如果客体与特定人的人身密不可分，如著作权、发明权、继承权等精神利益，不能由他人的他物替代，不能变化。

3. 行政法律关系的消灭

行政法律关系的消灭，是指原有行政法律关系主体之间权利义务关系的终结，主要来自三个方面的情况：

第一，主体消灭而使行政法律关系归于消灭。如果行政法律关系的主体消灭，没有或者不能有承接主体，则行政法律关系随之消灭。如果行政法律关系的主体消灭，有新的主体承接原主体的权利义务，则行政法律关系发生变更。

第二，设定权利义务的法律规范或行政行为消灭而使行政法律关系归于消灭。设定权利义务的法律规范被修改或废除，必然会导致相应行政法律关系的消灭。设定权利义务的行政行为消灭即权利已实现和义务已履行，或行政行为被撤销、废止等，也会引起行政法律关系的消灭。

第三，客体的消灭而使行政法律关系归于消灭。客体的消灭不一定必然导致行政法律关系的消灭。如果客体消灭后，能以其他客体代替原客体，则行政法律关系只是变更。

附录：

一、相关案例

1. 汇丰实业公司诉哈尔滨市规划局案

1993年4月，哈尔滨市同利实业公司（以下简称“同利公司”）向哈尔滨市规划土地管理局（1995年10月份机构改革分立为规划局和土地管理局）申请翻扩建其所有的、位于哈尔滨市道里区中央大街108号（原138号）院内的两层楼房。（院内原有两栋楼房，其中，临中央大街一栋为地下1层、地上3层；院内一栋为地下1层、地上2层。）同年6月17日，同利公司与汇丰实业发展有限责任公司（以下简称“汇丰公司”）达成房屋买卖协议，签订了《房屋产权有偿转让协议书》，汇丰公司付清了1000万元房款，交纳了房屋买卖有关契税费用，领取了房屋产权证。同年12月7日，哈尔滨市规划土地管理局颁发93（地）字246号建设用地规划许可证，同意同利公司翻建108号楼，用地面积339.20平方米。1994年1月6日，哈尔滨市规划土地管理局以“哈规土（94拨）字第2号”建设用地许可证批准建设用地211.54平方米，建筑面积680平方米的3层建筑。同年5月9日，哈尔滨市规划土地管理局核发给同利公司“94（审）1004号”《建设工程规划许可证》，批准建筑面积588平方米。同年6月24日，同利公司与汇丰公司共同向规划土地管理局申请扩建改造中央大街108号楼。申请增建4层，面积为1200平方米。在尚未得到哈尔滨市规划土地管理局答复的情况下，汇丰公司依据同利公司取得的《建设工程规划许可证》，于1994年7月末开始组织施工。至哈尔滨市规划局作出处罚决定前（1996年8月12日），汇丰公司将中央大街108号院内原有2层建筑（建筑面积 303.76 平方米)拆除,建成地下 1 层、地面 9 层(建筑面积 3800 平方米)的建筑物,将中央大街 108 号临街原有 3 层建筑(建筑面积 1678.21 平方米)拆除,建成地下 1 层、地面临中央大街为 6 层、后退 2.2 米为 7、8 层、从 8 层再后退 4.4 米为 9 层(建筑面积 6164 平方米)的建筑物,两建筑物连为一体。1996 年 8 月 12 日,哈尔滨市规划局作出“哈规罚决字(1996)第 1 号”行政处罚决定,责令汇丰公司:1. 拆除临街部分的 5 至 9 层,并罚款 192000 元。2. 拆除 108 号院内地面 8 至 9 层,并罚款 182400 元。汇丰公司不服上述处罚决定,向黑龙江省高级人民法院提起行政诉讼。

黑龙江省高级人民法院经审理后认定,哈尔滨市规划局处罚显失公正,对市规划局的具体行政行为予以变更,减少了拆除面积,变更了罚款数量。具体判决内容为:1. 撤销哈尔滨市规划局“哈规罚字(1996)第 1 号”行政处罚决定中第一部分第 1 项和第 2 项的罚款部分;撤销第二部分第 1 项和第 2 项的罚款部分。2. 维持哈尔滨市规划局“哈规罚字(1996)第 1 号”行政处罚决定第一部分第 2 项的保留部分;维持第二部分第 2 项的保留部分。3. 变更哈尔滨市规划局“哈规罚字(1996)第 1 号”行政处罚决定对该楼的拆除部分,变更部分为:该楼第七层由中央大街方向向后平行拆至 3/2 支撑柱;第八层从中央大街方向向后拆至 4 支撑柱;第七、八、九层电梯间予以保留,电梯间门前保留一个柱距面积通行道。对该违法建筑罚款 398480 元。

市规划局不服一审判决,向中华人民共和国最高人民法院提起上诉。最高人民判决驳回上诉,维持原判。

本案引人注目之处不仅仅在于标的大、审判级别高,更重要的是在于审理该案的两级法院,特别是作为终审法院的最高人民法院的判决书中,阐述的判决理由明确表达了比例原则,被认为是我国行政法制引进比例原则的标志。

2. 个性化车牌风波

2002 年 8 月 12 日公安部在北京等地推出“2002”式个性化机动车车牌。但好景不长,个性化车牌发放了 10 天之后,北京市车管所贴出告示暂停 2002 式车牌的发放。什么原因导致个性化车牌昙花一现呢?对此,车管所给出的解释是技术原因。但舆论认为,在短短几个工作日的时间里,个性化车牌遭受了强大的争议声浪,正是因为这样的背景,人们大多认为在“技术原因”的背后，或许还有更多个性车牌暂停的理由。事实上，在个性化车牌发放期间，许多另类的车牌号不断涌现。例如，有使用驰名商标或注册名称的 IBM、163-COM、BMW 等；有取国家名称或著名组织的英文缩写的，如 CHN、NSA、FBI 和 WTO 等；有利用某些国家或地区灾难性事件的，如 USA-911；有的使用的车牌号涉嫌有伤风化，如 SEX 等。根据公安部“(2002)85 号”《关于开展启用“2002”式机动车号牌试点工作的通知》的规定，上述现象并未明文禁止。上述个性化车牌，严重地违反了公序良俗，被认为是主管部门对“个性化车牌”紧急叫停的主要原因。值得讨论的是，这种对公序良俗的尊重，是否意味着公序良俗本身可以成为行政法的非制定法源？

二、重点推荐阅读材料

1. 〔英〕威廉·韦德：《行政法》，徐炳等译，中国大百科全书出版社 1997 年版。

2. 〔德〕奥托·迈耶：《德国行政法》，刘飞译，商务印书馆 2002 年版。

3. 王名扬：《法国行政法》，中国政法大学出版社 1988 年版。

4. 应松年：《行政法学新论》，中国方正出版社 2004 年版。

5. 周佑勇：《行政法基本原则研究》，武汉大学出版社 2005 年版。

6. 余凌云：《行政法上合法预期之保护》，载《中国社会科学》2003 年第 3 期。

7. 江必新：《紧急状态与行政法治》，载《法学研究》2004 年第 2 期。

8. 张千帆：《“法律普遍原则”的司法适用——以欧洲行政法为视角》，载《行政法学研究》2007 年第 3 期。

9. 王名扬：《英国行政法》，中国政法大学出版社 1987 年版。

10. 王名扬：《美国行政法》，中国政法大学出版社 1997 年版。

11. 王名扬：《比较行政法》，北京大学出版社 2006 年版。

12. 应松年：《四国行政法》，中国政法大学出版社 2005 年版。

13. 〔德〕哈穆雷特·毛雷尔：《行政法学总论》，高家伟译，法律出版社 2000 年版。

14. 〔日〕盐野宏：《行政法》，杨建顺译，法律出版社 1999 年版。

15. 〔英〕莱兰、安东尼：《英国行政法教科书(第五版)》，杨伟东译，北京大学出版社 2007 年版。

第二章 ｜ 行政组织法律制度

第一节 行政组织法概述

一、行政组织

组织是对人和事物按照一定的任务和形式进行有效的组合。组织可以划分为自然组织和社会组织两大类。行政组织属于社会组织的一种。目前对行政组织没有明确界定,学术界常从不同角度使用这一概念。在国外,行政组织通常被认为是行政主体的组织。[①] 中国传统行政法观念认为,对社会公共事务进行管理的职能仅属于国家所有,即“公共行政”局限于“国家行政”,国家行政机关(或行政机构)是唯一的行政组织。[②] 按照这种观念,行政组织主要是指由国家设定、依法从事国家和社会行政事务管理的国家组织,是行政机关和行政机构的合称。而在有的西方国家,公共行政可以分为政府的公共行政和社会的公共行政。政府的公共行政是指政府(行政机关)代表国家行使行政权、管理公共事务;社会的公共行政是指政府以外的民间组织即非政府组织,对一定范围公共事务进行的管理。相应的,行政组织包括政府组织与非政府组织。

---

① 这里的行政主体是指德国、法国、日本等国法律创设的主体。主要包括三类:国家、地方团体和公务法人。行政主体普遍存在于西方国家,是一种以公务分权、地方自治为核心,以法律规范,以法院救济为保障的行政组织法律制度。

② 参见罗豪才:《行政法与依法行政》,载《国家行政学院学报》2000 年第 1 期。

在中国，随着社会主义市场经济的发展和政府职能的转变，一些原先由政府及其工作部门管理的公共事务特别是行业性、专业性事务，逐步转移、交给或还给某些社会团体、社会中介组织管理。这些社会组织经法律、法规授权或按照经政府批准的章程、规约等管理某些社会公共事务，被称为“行政机关以外的行政组织”。这样一来，行政组织既包括国家行政组织（政府组织），又包括社会公行政组织（非政府组织）。因此，现代意义的行政组织，是指行使行政权、管理公共行政事务的国家行政机关，以及依据法律、法规授权或者按照政府批准的章程和规约，管理社会公共事务的行政机关以外的其他社会组织。不过，行政机关仍然是最典型、最主要的行政组织。

我国行政法学界在 20 世纪 80 年代初，非常重视对行政机关或行政组织的研究，当时是以行政机关或行政组织为基点和线索，统领有关行政管理主体及行政组织法律规范的研究，并由此拓展至整个行政法学体系，包括对行政行为、行政法律责任及监督行政制度的研究，都建立在行政机关或行政组织术语之上。[①] 到了 20 世纪 90 年代，我国行政法学开始转向对行政主体的研究，忽视了对行政组织的研究。而到了 20 世纪 90 年代末，学者们发掘行政主体理论存在的不足，认为对行政主体的研究无法取代对行政组织的研究，于是，重新研究行政组织的趋势又开始高涨。

二、行政主体

（一）行政主体的概念与特征

行政主体，是指行政法律关系中与行政相对人互有权利义务的另一方当事人，是享有行政权，能以自己的名义行使行政权，并能独立承担由此产生的法律责任的组织。

行政主体具有以下几个特征：

1. 行政主体是行政法律关系中与行政相对人有对应权利义务的另一方当事人。这表明了行政主体与行政相对人之间的关系，他们都是行政法律关系的主体，二者是相互依存的，离开行政相对人，行政主体的存在是没有意义的。同时，没有行政主体，就不可能形成行政法律关系，行政主体是行政法律

① 参见沈岿：《重构行政主体范式的尝试》，载《法律科学》2000 年第 6 期。

关系中恒定的一方当事人。

2. 行政主体是一种组织,个人不能成为行政主体。尽管一个组织的管理行为大多由其工作人员实施,但工作人员都是以组织的名义而不是以个人的名义进行。

3. 行政主体是享有行政权,并能以自己的名义行使行政权的组织。这是体现行政主体法律地位的一个重要特征。并不是所有的组织都能成为行政主体,只有享有行政权并能以自己的名义行使行政权的组织,才能成为行政主体。能否以自己的名义行使行政权,反映了某一组织是否具有独立的法律人格,是判断该组织能否成为行政主体的重要标准。[①] 行政机关的内部机构,除得到法律、法规的明确授权外,不能以自己的名义对外行使行政权,因此,不能成为行政主体。

4. 行政主体是能独立承担自己行为所产生法律责任的组织。能否独立承担自己行为所产生的法律责任,是判断某一组织能否成为行政主体的一个关键性条件。某一组织只是行使行政权,实施行政管理活动,但不承担由此而产生的法律责任,如受委托的组织,则不是行政主体。

为进一步理解行政主体的概念,我们还应将其与一些相关概念区别开来:

1. 行政主体与行政法主体。行政法主体泛指受行政法调整、承担行政法规定的权利和义务的当事人。行政法主体包括行政主体和行政相对人。因此,行政主体只是行政法主体中的一部分,而不是全部。

2. 行政主体与行政组织。行政组织与行政主体之间有着密切的关系,在行政法学理论中,行政组织和行政主体都是非常重要的内容,只是侧重点有所不同。行政组织理论侧重从整体对行政组织涉及的法律问题进行研究,以确保行政组织建立在理性的基础上,对行政组织整体予以法律规范和控制;行政主体理论则从行政职权出发,研究行政行为的对外效力,侧重于解决哪些行政组织具有以自己的名义对外进行管理的权力,具有独立的法律地位和主体资格。二者各有所长,只有将二者结合起来研究,才能解决行政法中的许多问题。[②]

3. 行政主体与行政机关。行政机关是指为实现行政目的而依照宪法、组

---

① 参见胡建淼:《行政法学》,法律出版社 2004 年版,第 69 页。

② 参见孟鸿志等:《中国行政组织法通论》,中国政法大学出版社 2001 年版,第 5 页。

织法的规定而设置的具有行政职能的国家机关。它是一个法律术语,而行政主体则是一个法学概念。行政机关是最主要的行政主体,但它并不等于行政主体。一方面,行政主体不限于行政机关,行政主体除了包括行政机关外,还包括法律、法规授权的组织等;另一方面,行政机关并非在任何时候都是行政主体,行政机关具有多重身份,它既可以是行政法上的行政主体,也可以是民法上的民事主体(机关法人),还可以是行政法律关系中的行政相对人。行政机关能否成为行政主体,不仅要静止地看其是否享有行政权,而且还要看其从事某种活动时是否运用行政权,即以何种身份出现。

4. 行政主体与行政公务人员。尽管行政主体离不开行政公务人员,但行政公务人员不是行政主体。行政主体是由一定数量的行政公务人员组成的一个整体,是一种组织;而行政公务人员是个人。行政主体的公务活动要由行政公务人员代表其实施,行政主体与行政公务人员之间是一种公务委托关系,行政公务人员代表行政主体执行公务活动,其行为后果归属于行政主体。

(二) 行政主体的范围

在实践中,行政主体的范围十分广泛。概括地说,行政主体包括国家行政机关、法定授权的组织和社会公行政组织三大类。具有行政主体资格的行政机关有:(1) 国务院;(2) 国务院组成部门;(3) 国务院直属机构;(4) 国务院部、委管理的国家局;(6) 地方各级人民政府;(6) 地方各级人民政府的职能部门;(7) 县级以上地方各级人民政府的派出机关。具有行政主体资格的法定授权组织有:(1) 经法律、法规授权的行政机关的内部机构、临时机构;(2) 经法律、法规授权的行政机关的派出机构;(3) 经法律、法规授权的企事业单位、社会团体、基层群众性自治组织等。具有行政主体资格的社会公行政组织有:社区组织和基层群众自治性组织(如居民委员会、村民委员会等);行业组织(主要包括行业协会和专业协会两种,如律师协会、医师协会、注册会计师协会等);公共事业单位(如公立学校、公立医院、研究院所等)。社会公行政组织是在公共行政背景下出现的一类新的行政主体,它既不属于国家行政机关系列,也不同于法律、法规授权的组织,而是依照组织的章程、规约等进行自律性管理、行使自治权的组织。这种自治权属于一种公权力,这类组织进行的管理活动不属于国家行政,但属于社会公行政,是行政职能社会化的表现。

（三）行政主体的种类

根据不同的标准，可以对行政主体作不同的分类。现主要介绍以下几类：

1. 职权行政主体、授权行政主体与自治行政主体。这是根据行政职权来源的不同所作的划分。职权行政主体是依据宪法和组织法的规定，在其成立时应具有行政职权并取得行政主体资格的组织。如中央和地方各级人民政府及其工作部门。授权行政主体是因宪法、组织法以外的法律、法规的规定而获得行政职权、取得行政主体资格的组织，如行政机关的内部机构、派出机构，以及经法律、法规授权的企事业单位等。自治行政主体则是依据组成主体的章程、规约等的规定行使社会公共行政权的社会组织，如行业协会、高等院校、基层群众自治组织等。

职权行政主体、授权行政主体和自治行政主体的区别在于：（1）职权行政主体取得行政主体资格的依据是宪法和组织法，授权行政主体取得行政主体资格的依据是宪法和组织法以外的单行法律和法规，自治行政主体取得行政主体资格的依据是某一社会公行政组织的章程、决议和规约。（2）职权行政主体的组织形式是国家行政机关；授权行政主体的组织形式或者为行政机关的内部机构、临时机构和派出机构，或者为行政机关以外的社会组织，如企事业单位、社会团体等；而自治行政主体的组织形式为社会公行政组织，它既不包括行政机关的内部机构和派出机构，也不包括企业单位，而是包括行业协会、专业协会、公立学校、研究院所、基层群众自治性组织等。（3）职权行政主体与自治性行政主体自成立之日起就取得行政主体资格；而授权行政主体通常是在成立之后，经法律、法规授权才成为行政主体。[①]

2. 中央行政主体和地方行政主体。这是在行政机关作为行政主体的条件下，根据管辖范围的不同所作的划分。中央行政主体是指行使职权的范围及于全国的组织。如国务院、国务院各部门等。地方行政主体是指行使行政职权的范围及于本行政区域的组织。如地方各级人民政府及其工作部门等。需要注意，地方行政主体不仅仅代表地方进行管理，在更多的时候是代表国家行使行政职权。

区分中央行政主体和地方行政主体的意义有两个方面：（1）明确各类行

---

① 参见应松年主编：《行政法与行政诉讼法》，中国政法大学出版社 2008 年版，第 51—52 页。

政主体的管辖范围,有利于确定行政行为的有效性;(2) 明确行政主体各自的职权范围及相互关系,有利于行政的统一和协调。

3. 外部行政主体和内部行政主体。这是根据行政主体行使行政职权时与行政相对人是否存有隶属关系所作的划分。外部行政主体有权按地域或公务内容对社会上的相对人实施行政管理;而内部行政主体则限于按隶属关系对内部行政相对人进行管理,如政府机关事务管理局。某些行政主体在不同的行政法律关系中,既可以是外部行政主体,又可以是内部行政主体。如地方各级人民政府,它有权对地域管辖范围内的行政相对人实施管理,此时它是外部行政主体;同时它有权对隶属于它的政府工作部门实施领导和监督,此时它是内部行政主体。

外部行政主体与内部行政主体划分的意义在于:(1) 有利于确定行政行为的有效性。没有获得法定授权,内部行政主体一般不能实施外部行政行为。(2) 有利于确定行政救济的途径。(3) 有利于确定行政诉讼中的被告。

(四) 行政主体的行政职权与职责

1. 行政主体的行政职权

行政职权是行政主体依法享有的对某个领域或者某方面行政事务进行组织与管理的权力。行政职权是行政权的具体转化形式,行政职权只属于行政主体,行政相对人不拥有行政职权。行政主体所拥有的行政职权的内容十分广泛,不同层级和类型的行政主体其行政职权也不相同。总体来讲,行政主体的行政职权主要包括以下几类:

(1) 行政立法权。它是指特定的国家行政机关依法制定行政法规和行政规章的权力。

(2) 行政命令权。它是指行政主体向行政相对人发布命令,要求其作出某种行为或不作出某种行为的权力。行政命令有多种形式,如通告、布告、通令、规定、通知、决定、命令和责令等。

(3) 行政许可权。它是指行政主体应行政相对人的申请,经审查,依法准许其从事某种活动的权力。

(4) 行政确认权。它是指行政主体对某种法律事实或法律关系加以确定、认可或证明的权力。

(5) 行政给付权。它是指行政主体在公民失业、年老、疾病或者丧失劳动能力等情况或其他特殊情况下，依法赋予其一定的物质利益或与物质利益有关的权益的权力。

(6) 行政奖励权。它是指行政主体依照法定的条件和程序，对为国家和社会作出重大贡献或者模范地遵纪守法的单位和个人，给予物质和精神等方面的奖赏与鼓励的权力。

(7) 行政征收、征用权。它是指行政主体基于公共利益的需要，依法强制取得行政相对人的财产所有权或使用权的权力。

(8) 行政检查权。它是指行政主体为保证行政管理目标的实现而对行政相对人守法和履行法定义务的情况进行监督检查的权力。

(9) 行政强制权。它包括行政强制措施权和行政强制执行权两种。所谓行政强制措施权，是指行政主体为预防或制止违法行为的发生或发展，或者为了保全证据，保障案件查处工作的顺利进行而对相对人的人身自由或财产流通强行加以限制的权力。所谓行政强制执行权，是指在行政主体对拒不履行法定义务的行政相对人依法采取强制执行措施，迫使其履行法定义务的权力。

(10) 行政制裁权。它包括行政处罚权和行政处分权两种。行政处罚权是指行政主体基于行政管辖关系依法对违反行政法规范的相对人实施制裁的权力。行政处分权是指行政主体基于行政隶属关系依法对有违法违纪行为的行政公务人员实施制裁的权力。

(11) 行政合同权。它是指行政主体为履行行政职能和实现社会公共利益的需要，与行政相对人在意思表示一致的基础上签订协议的权力。

(12) 行政司法权。它主要包括行政裁决权与行政复议权等。行政裁决权是指行政主体依法对与其行政管理事项有密切联系的民事纠纷进行裁决的权力。行政复议权是指行政机关根据行政相对人的申请，依法对具体行政行为的合法性与适当性进行审查并作出复议决定的权力。

2. 行政主体的行政职责

行政职责是行政主体依法应当履行的义务。法律赋予行政主体管理行政事务的权力，规定了权力的用途、大小和运用方式，同时也就确立了行政主体最基本的义务——这就是依法有效地行使行政权力。在多数情况下，行政主体行使权力与履行职责具有同一性，即行使权力与履行职责相伴而生，不易明确区分开来，只是认识问题的角度不同而已。行政主体实施某种行政行为，从一个方面看是在行使权力，从另一个方面看是在履行职责。例如，税务机关对纳税义务人实施的征税行为，从一个方面讲是在行使权力，而从另一个方面讲又是在履行职责；再如，行政主体向行政相对人发放抚恤金，从一个方面讲是在履行义务，而从另一个方面讲又是在行使权力，即行使管理、发放抚恤金的权力。行政职责是一种义务，行政主体对其不能任意抛弃或违反，否则将承担不利的法律后果。行政职责的核心是依法行政，基本要求是合法行政、合理行政、程序正当、违法必究。[①] 行政职责的内容很丰富，不同的行政主体，其依法应当履行的行政职责也有所不同。概括地讲，行政主体的行政职责主要有：

（1）在法定的权限范围内积极地行使职权、履行职务，不越权、不失职、不滥用权力。

（2）正确地适用法律，严格按法定程序与正当程序办事。

（3）合理行政、避免失当。

（4）接受各种法律监督和社会监督。

（5）对违法行政行为承担法律责任。

三、行政机关

（一）行政机关的概念与特征

行政机关是指依照宪法和组织法的规定设立、行使国家行政权力，对国家各项行政事务进行组织和管理的国家机关，是国家权力机关的执行机关。其特征有[②]：

1. 执行性。我国的一切权力属于人民，人民通过人民代表大会即国家权力机关行使权力。行政机关由权力机关产生，执行权力机关制定的法律、决议和决定，对权力机关负责并接受权力机关的监督。

2. 法定性与相对独立性。行政机关一经依宪法、组织法设立后，为保证其有效地执行权力机关的法律和决议，完成行政管理任务，则必须赋予行政机关专门的行政权力。行政机关虽然从属于权力机关，而且行政权力受到司

---

① 参见胡建淼主编：《行政法学》，复旦大学出版社 2003 年版，第 89 页。

② 参见罗豪才主编：《行政法学》，北京大学出版社 1996 年版，第 64—67 页。

法监督，但它仍拥有自身组织系统上的独立性和行政机关依法行使行政职权的独立性，其依法行使职权的行为受国家强制力保障，不受其他国家机关、社会团体和个人的非法干预。

3. 统一性与层级性。行政机关在组织体系上实行统一领导、分工负责的层级管理的体制，即上下级行政机关之间是领导关系，下级服从上级，向上级负责并报告工作。这是行政机关在组织体系上的特征。行政机关从中央到地方均分为若干层级，一方面共同受最高国家行政机关即国务院的统一领导，另一方面又在行政机关之间逐级分工，逐级领导。行政管理活动的执行性和事务性，要求行政机关具有高效率，能有效进行管理，及时服务于民，维护社会稳定与促进社会发展。因此，行政机关在组织体系上实行统一领导、分工负责的层级管理体制是恰当的。行政机关的这一特征有别于国家权力机关和国家司法机关。

4. 公共性和服务性。行政机关具有管理公共事务的职能，其执行公务必须立足于“公共利益”，为社会和民众提供公共产品和福利，而不能利用行政职权，假公济私，寻求私人利益或部门、集团利益。同时，行政公务涉及范围广泛，行政机关必须对经济、科技、文化教育、交通、卫生、电讯、资源与环境保护、社会保障等领域的公共事务进行有效管理，提供优质、高效服务。

（二）行政机关的种类

我国行政机关的体制是一个纵横交错、布局有致的完整系统，纵向上有从中央到地方各级行政机关，如国务院，省、自治区、直辖市的行政机关，设区的市、自治州的行政机关，县、自治县、市辖区和不设区的市的行政机关，乡、民族乡、镇的行政机关；横向上有县级以上各级政府的职能部门，如公安部门、工商部门、财政部门、民政部门、卫生部门等。从与行政主体资格相联系来讲，行政机关的种类有：

1. 中央行政机关。中央行政机关是指活动范围及管辖事项涉及全国的行政机关，它是领导全国和各地行政工作的最高行政机关，是一国行政机关体系中的核心。

(1) 国务院。国务院，即中央人民政府，是最高国家行政机关，也是最高权力机关的执行机关。它依法享有领导和管理全国性行政事务的职权，可以制定行政法规、采取行政措施、发布决定和命令；领导并监督各部、委的行政工作和地方各级行政机关的行政工作,改变或者撤销它们不适当的命令、指示、规章和决定;领导和管理全国各项行政工作;国家最高权力机关授予的其他职权。

根据宪法和组织法的规定,国务院作为最高国家权力机关的执行机关,由全国人民代表大会产生,对全国人民代表大会负责,受全国人民代表大会及其常务委员会监督。国务院由总理、副总理、国务委员、各部部长、各委员会主任、审计长、中国人民银行行长和秘书长组成。国务院总理由国家主席提名,经全国人大以全体代表过半数通过决定,由国家主席任命。其他成员由总理提名,以相同方式决定和任命。国务院实行总理负责制,总理负责领导国务院的工作,副总理、国务委员协助总理工作。国务院工作中的重大问题,必须经国务院全体会议或国务院常务会议讨论决定。国务院全体会议由国务院全体组成人员参加,常务会议由总理、副总理、国务委员、秘书长参加。总理召集和主持国务院全体会议和常务会议。国务院发布的决定、命令和行政法规,以及向全国人大常委会提出的议案,任免人员,均由总理签署。

(2)国务院各部委。国务院各部委是国务院的工作部门,如公安部、司法部、财政部、交通部、人力资源与社会保障部、国家发展和改革委员会、中国人民银行、审计署等。国务院各部委负责国家行政管理某一方面或某一类的行政事务,具有全国范围内的行政管理权限。一般来讲,各部管理比较专业的行政事务,而各委员会管辖的行政事务具有综合性。部委的设立经总理提出,由全国人民代表大会决定,在全国人民代表大会闭会期间,由全国人大常委会决定。各部委实行部长、主任负责制,由各部部长、各委员会主任领导本部门的工作,召集和主持部务会议、委务会议和委员会会议。

国务院各部委作为国务院的工作部门,受国务院的领导和监督,执行国务院的决定、命令并向国务院汇报工作。同时,各部委都有其职权范围,独立负责某一方面的行政管理事务,有权在自己的职权范围内依照法律、行政法规制定规章和采取行政措施。各部、委上报国务院的重要请示、报告和下达的命令、指示由部长、主任签署。

(3)国务院直属机构。根据宪法和组织法的规定,国务院可以根据工作需要和精简原则设立若干直属机构,主管各项专门业务。如国家工商行政管理局、海关总署、国家统计局、国家税务局等。直属机构的法律地位低于各部

单位、企业单位和社会团体等。

2. 法定授权组织的权力来源于法律、法规的明文规定。只有法律、法规才能授予某一社会组织以某项或某一方面的行政职权，该组织行使职权必须以法律、法规的明文规定为依据。

3. 法定授权组织依法享有行政职权和履行行政职责，具有行政主体资格。即基于法律、法规的授权引起行政职权和职责的同时转移。被授权的组织不仅应依法行使行政职权和履行行政职责，而且也应依法独立承担由此而产生的法律责任，即意味着法定授权组织取得了行政主体资格。

（二）法定授权组织与行政委托组织的区别

行政委托组织是指接受行政机关的委托而代替行政机关行使部分行政职权的组织。行政委托组织也被称为“受委托的组织”。行政委托组织与法定授权组织的区别主要有：

1. 权力来源不同。法定授权组织的权力来源于法律、法规的明确授予。法定授权组织通过法律、法规的明确授权而取得并行使某些行政权力；而行政委托组织的权力来源于行政机关的委托行为。行政机关可以根据行政管理工作的实际需要，依法将一部分行政职权委托给有关行政机关、社会组织行使，而受委托的组织则基于行政机关的委托而行使一定的行政权力。

2. 法律地位不同。法定授权组织基于法律、法规的明确授权而取得了行政职权，并取得了以自己的名义行使权力及独立承担法律责任的能力。这表明，法定授权组织具有行政主体资格，能够成为行政复议的被申请人和行政诉讼的被告；而行政委托组织并没有因行政机关的委托行为而获得法定的职权职责，即行政机关的委托行为并不引起行政职权和职责的同时转移，被委托的组织只能在委托的范围内以委托的行政机关的名义来行使行政职权，并由委托的行政机关来承担该行为引起的法律责任。这表明，行政委托组织不具有行政主体资格，不能成为行政复议的被申请人和行政诉讼的被告。

3. 组织形态不同。法定授权组织包括被授权的行政机关的内部机构、临时机构、派出机构和某些社会组织，行政委托组织包括受委托的有关行政机关和某些社会组织。可见，法定授权组织不包括行政机关，行政机关自成立时起就取得了行政主体资格，属于职权性行政主体。

（三）授权的条件

1. 授权主体。授权是对国家行政权力进行配置的活动，授权主体必须是有权的国家机关而不能是任何组织和个人。依照法律的规定，授权主体主要有：(1) 有权制定法律的全国人民代表大会及其常务委员会。(2) 有权制定行政法规的国务院。(3) 有权制定地方性法规的地方权力机关，如省、自治区、直辖市的人民代表大会及其常务委员会，较大市的人民代表大会及其常务委员会。

2. 授权方式。不同授权主体其授权的方式和授权的内容都有所不同，授权必须以规范的方式进行，即通过法律、行政法规、地方性法规的形式授权，以保障授权的法定性和稳定性。

3. 授权对象。授权对象是指被授权的组织。被授权的组织应当具备某些条件，以使其有资格和能力接受授权并行使被授予的行政权力。一般来讲，这些条件包括：(1) 被授权组织自身的活动与授权的内容有某种联系，使之有条件行使行政权力并管理相应的公共事务。(2) 必须具有熟悉有关法律、法规、规章和业务的工作人员。(3) 必须具有与承担的行政职务相应的技术及设备条件。(4) 能独立承担因自己的行为而引起的法律责任。

（四）法定授权组织的类型

根据我国现行法律、法规授权的情况，法定授权组织的类型有：

1. 行政机构

行政机构是具有行政主体资格的各级人民政府及其职能部门根据行政管理工作的需要而在该机关内部设立的、具体处理和承办各项行政事务的内部工作机构。行政机构与行政机关的概念有一定联系也有区别。行政机构只是行政机关的内部组成单位，行政机关由各内部机构集合而成。

行政机构不具有独立的编制和独立的财政经费预算，一般不具有独立的法人资格，通常只能以其所属的行政机关的名义而不能以自己的名义对外行使行政职权进行行政管理，因此，行政机构一般不具有行政主体资格。但是在特定情况下，行政机构可因法律、法规的明确授权而成为行政主体。由于行政管理事务的专业性、技术性及复杂性日益增强，为提高行政效率，有效维护公共利益和社会秩序，在法律、法规明确授权的情况下，行政机构可以自己的名义在授权范围内行使一定的行政职权，并承担相应的法律责任，即行政机构经法律、法规的明确授权而取得行政主体资格。当然，行政机构依法律、法规授权而取得行政主体资格并不意味着它同时取得法律上的其他权利能力和行为能力。因为行政机构只是行政机关的内部机构，在经法律、法规授权后，只表明它在授权范围内具有法定主体资格，而在其他管理事项上它仍须以其所在机关的名义来进行管理，即它仍然不具有一般性的主体资格。根据我国现行法律、法规的有关规定，取得行政主体资格的行政机构主要有：

（1）行政机关中专门设立的行政机构。这类机构也叫专门行政机构。对某些专业性、技术性很强的行政事务，法律、法规往往明确规定行政机关内应设立一定的专门管理机构，并授予其相应的职权与职责，履行某项行政事务的管理职能，从而使该专门行政机构取得了行政主体资格。如《商标法》第2条第2款规定："国务院工商行政管理部门设立商标评审委员会，负责处理商标争议事宜。"商标评审委员会是处理商标争议的专门机构，行使对商标行政争议的复议权，具有行政主体资格。

（2）行政机关的某些内部机构。行政机关的内部机构既包括各级人民政府所属的内部机构及临时设置的机构，也包括政府职能部门的内部机构。但目前依法取得行政主体资格的，主要是政府职能部门的某些内部机构。[1] 例如，根据《道路交通安全法实施条例》第5条的规定，初次申领机动车号牌、行驶证的，应当向机动车所有人住所地的公安机关交通管理部门申请注册登记。据此，公安机关交通管理部门就取得了行政主体资格。

（3）政府职能部门的某些派出机构。派出机构是指由政府职能部门根据工作需要而在一定区域内设置的代表该职能部门管理某项或某方面行政事务的工作机构。如县（区）公安局设立的公安派出所、县（区）工商局设立的工商所、县（区）税务局设立的税务所等。从机构性质和法律地位上讲，派出机构和政府职能部门所设的内部机构处于相同的地位，其本身并不具有行政法上的主体资格，但经过法律、法规的明确授权，就取得了行政主体资格。例如，《治安管理处罚法》第91条规定："治安管理处罚由县级以上人民政府公安机关决定；其中警告、500元以下的罚款可以由公安派出所决定。"据此，公安派出所取得了行政主体资格。再如，《税收征收管理法》第74条规定："本

① 参见王连昌、马怀德主编：《行政法学》，中国政法大学出版社2002年版，第64—65页。

法规定的行政处罚，罚款额在 2000 元以下的，可以由税务所决定。”据此，税务所取得了行政主体资格。

派出机构与派出机关不同，主要区别在于：(1) 设立的主体不同。派出机关是由各级人民政府设立的；而派出机构则是由各级人民政府的职能部门设立的。(2) 职能范围不同。派出机关的职能、权限是多方面、综合性的，是对该行政区域内的各种行政事务进行管理；而派出机构的职能、权限则是某一方面的、专门性的，它只对该行政领域内的某项专门行政事务进行管理。(3) 法律地位不同。派出机关自其成立时起即取得行政主体资格；而派出机构在成立之时一般并无行政主体资格，而是要根据法律、法规的明文规定，才能判断其是否能成为行政主体。当然，派出机构只能在法定授权的范围内才具有行政主体资格，在授权范围之外，其仍然应以派出它的职能部门的名义进行行政管理。

2. 社会组织

经法律、法规的明确授权，某些事业单位、企业单位、社会团体等社会组织，也可以取得某项或某方面行政职权而成为行政主体。这些社会组织在得到法定授权前，只是一个普通的法人组织，只有在得到法律、法规明确授权以后，才取得行政主体资格。同时，这些社会组织在取得行政主体资格后，其原来所拥有的法人资格、能力及活动范围，并未受到影响或改变。目前，经法律、法规授权而取得行政主体资格的社会组织主要有以下几类：

(1) 经授权的事业单位。事业单位是指不以营利为目的从事某种专业性活动的组织，如学校、科研机构、专业技术机构等。事业单位经法律、法规授权可以取得行政主体资格。例如，《学位条例》第 8 条授予高等院校颁发毕业证书、学位证书的职权，从而使高等学校成为行使这一职权的行政主体。法律、法规授权的事业单位的成分较为复杂，有的除了行政管理职能外没有其他职能，有的还有其他职能。

(2) 经授权的企业单位。这主要是一些公用企业，如自来水公司、煤气公司、铁路运输部门、邮电部门等，这些企业根据法律、法规的规定，能够获得一定的行政职权，具有行政主体资格。此外，一些在体制改革过程中产生的行政性公司，在从事经济活动的同时，依据法规的授权，也承担着一定的行政管理职能。

（3）经授权的社会团体。社会团体是社会成员根据自愿原则，依照团体章程经法定程序成立的集合体。主要有各种学术团体、宗教团体、公益团体等。其中，公益团体常常成为法律、法规授权的对象。[1] 例如，《注册会计师法》第 4 条规定："注册会计师协会是由注册会计师组成的社会团体。中国注册会计师协会是注册会计师的全国组织，省、自治区、直辖市注册会计师协会是注册会计师的地方组织。"该法第二章"考试和注册"有关条文规定，中国注册会计师协会组织实施注册会计师全国统一考试，省、自治区、直辖市注册会计师协会负责注册会计师的注册工作。再如，《消费者权益保护法》第 32 条授予消费者协会对商品和服务的监督、检查和受理消费者投诉并对投诉事项进行调查、调解等职权。

（4）经授权的其他社会组织。其他社会组织，如基层群众性自治组织，经过授权，可以成为行政主体。1998 年 11 月 4 日第九届全国人大常委会第五次会议通过的《村民委员会组织法》授权村民委员会办理本村的公共事务和公益事业，调解民间纠纷，协助维护社会治安，协助乡、民族乡、镇人民政府开展工作。

五、社会公行政组织

在现代，随着改革政府运动在世界各国的广泛兴起和深入开展，国家行政的疆域逐渐收缩，社会公行政得以兴起，部分国家行政权开始向社会转移，呈现出权力结构调整和权力多中心化的发展趋势。权力结构的调整与权力的多中心化势必带来行政主体的多元化。这无疑会突破传统行政主体理论的预设框架，突破人们在通常意义上将行政主体局限于国家行政机关和法律、法规授权组织这一范围。为回应现代公共行政发展的需要，必须赋予行政主体新的内涵。尽管我们仍可以将行政主体的概念表述为享有行政权，以自己的名义实施行政管理活动，并能独立承担自己行为所产生的法律责任的组织。但这里的"行政权"，已不仅仅指国家行政权力，除了国家行政权力外，还包括社会公行政权力；这里的"行政管理活动"，不仅指国家行政管理活动，还包括社会公行政管理活动。这样一来，行政主体的范围就不

---

① 胡建淼主编：《行政法学》，复旦大学出版社 2003 年版，第 60 页。

仅包括作为国家行政主体的行政机关和法律、法规授权的组织，而且包括作为社会公行政主体的社会公行政组织，又称为非政府公共组织或其他行使公权力的组织。它是行政主体的一种特殊类型，也属于行政法学研究的一个新课题。

（一）社会公行政组织的概念与特征

所谓社会公行政组织是依照组织的章程、规约等进行自律性管理、行使自治权的组织。这种自治权属于一种公权力，这类组织进行的管理活动不属于国家行政，但属于社会公行政。社会公行政组织的诞生是国家向社会分权的结果。社会公行政组织在其职能范围内从事着有关公共事务的管理，为社会提供公共产品和公共服务，成为现代公共行政不可或缺的主体。

社会公行政组织具有以下特征：

1. 从设立目的来看，社会公行政组织并非以追求自身利润最大化为目的，而是具有增进社会公平、维护公共利益的目的。其要对一定范围内的公共事务进行组织、管理与调控，配合政府实现一定的行政目标。社会公行政组织是伴随社会转型中政府职能向社会转移而出现的，它们对公共事务的管理具有自治性，与国家行政主体的职能相配合，是对国家行政管理有益的配合和延伸。

2. 从权力的性质来看，社会公行政组织行使的权力并非为国家行政权力，但也不是单纯的作为法人或非法人组织的“私权利”。它是一种不属于国家权力的社会公权力。同时，从社会公行政组织与其涉及的一定范围内的社会成员的关系来看，它们之间并不是一种对等的关系，而在很大程度上具有管理与被管理的性质。社会公行政组织可以按照章程、规约的有关规定对这些成员进行管理，并作出相应的处理决定。从权力的这种公共性质及其管理性讲，它与国家行政主体也有相似之处。

3. 从权力的来源来看，社会公行政组织行使的权力并非由国家法律、法规的授予，而是来自于这些组织的章程与规约，当然，社会公行政组织的章程与规约不能违反国家的宪法与法律，而是要得到国家法律的认可。

（二）社会公行政组织与国家行政机关及法定授权组织的区别

社会公行政组织与国家行政机关及法定授权组织的区别实质上就是国家行政主体与社会公行政主体的区别，主要体现为：

1. 权力的来源不同

国家行政机关和法定授权组织的权力来源于国家法律，但社会公行政组织的权力不是来源于国家法律，而是来源于一定范围成员的让渡或授予，这种让渡或授予的权力通常通过章程、决议或规约的形式固定下来。可见，社会公行政组织的权力既不是来自于国家法律的授予，也不是来自于国家行政机关的赋予，而是来自于一定范围内社会成员的让渡并经组织章程与规约授予。国家法律只是承认和确认了这种被授予的权力的有效性。

2. 权力的性质不同

国家行政机关和法定授权组织行使的是国家行政权，国家行政权属于国家权力；而社会公行政组织行使的是社会公行政权力，社会公行政的权力属于社会自治权。社会自治权尽管要受到国家权力的监控，但它具有独立性，它不是国家权力的延伸或附庸，不属于国家权力的组成部分。[①] 从历史过程来考察，社会公行政的权力作为一种社会公权力，它先于国家行政权而产生，自有人类共同体以来就存在社会公权力，在国家产生后，绝大部分公共行政权转化为国家行政权，有时，国家行政权甚至吞噬了社会公权力。随着社会的发展，国家最终会消亡，国家权力也会随之消失，但社会公权力仍将存在。在现代社会的政治国家中，社会公行政权有两种表现形式或渊源：一是国家行政权转化为社会公行政权力，是政府向社会还权、分权的结果；二是原初意义的社会公权力，即国家行政权产生之前就存在的以及随着社会发展而新生的社会公行政权力。

3. 管理的事务不同

随着社会转型，政府向社会放权，国家行政职能向社会转移是一种历史发展趋势，但在目前和今后一个较长的时期内，国家行政在公共行政中不可避免地仍占主导地位。国防、外交、社会治安、经济的宏观调控等行政职能只能由国家行政机关行使，对于其中的某些职能，如社会治安，社会公行政组织虽可协助行使，但基本的行政主体只能是国家行政机关。国家转移给社会的只能是部分公共行政管理职能而不可能是全部或主要的公共行政管理职能。[②] 因此，政府虽已不是公共行政的唯一主体，但它仍是公共行政的核心主

---

① 石佑启：《论公共行政与行政法学范式转换》，北京大学出版社 2005 年版，第 151 页。

② 姜明安：《新世纪行政法发展的走向》，载《中国法学》2002 年第 1 期。

体。目前,相对于政府来讲,社会公行政组织只是起到拾遗补缺的作用。但随着社会公行政组织发育程度的提高和自治能力的增强,其管理的公共事务的范围会越来越大。在管理公共事务的职能分工上,一般地说,宏观方面的管理职能或全局性的关键事务的管理,更多地应由政府来承担,特别是国防、外交、重大法规、规章与政策的制定,只能由政府来完成。微观方面的管理事务,政府可以承担一部分,但更多的可以交给社会公行政组织来做。愈是接近基层方面的公共事务,愈可让相关的社会公行政组织来完成。

4. 责任的归属不同

行政机关和法定授权组织享有国家行政权,以自己的名义实施行政管理活动,并承担自己行为所产生的法律责任。但值得注意的是,在我国,行政机关和法定授权组织代表国家行使行政权,可以参加行政诉讼并成为行政诉讼的被告,但它所承担的是一种形式意义而不是实质意义上的责任,行政机关的经费均来自国家财政,其本身无独立的财产,我国法律规定,承担行政赔偿责任的主体是国家,赔偿费用由国家承担,列入各级财政预算。行政机关或法定授权组织违法行使职权侵犯相对人合法权益而引起国家赔偿的,其只作为赔偿义务机关代表国家履行赔偿义务。

而社会公行政组织这类新型行政主体以自己的名义行使公权力并承担相应的法律后果。其行使社会公权力从事自主性的管理活动,引起纠纷时,可以作为行政诉讼的被告,并可以成为行政赔偿的赔偿义务机关。但社会公行政组织进行自治管理,其行使的不是国家行政权,引起赔偿时,不能由国家承担赔偿责任,赔偿费用不能由国库开支。从理论上讲,社会公行政组织应以自己独立的财产和经费履行赔偿义务,承担赔偿责任。从现实状况来看,社会公行政组织作为社会公行政主体,其经费来源比较复杂,有的是国家资助,有的是成员缴纳,有的是因开展服务活动获取的收入,也有的是兼而有之。[1]

---

① 石佑启:《论公共行政之发展与行政主体多元化》,载《法学评论》2003 年第 4 期。

六、行政组织法

（一）行政组织法的概念

行政组织法，简而言之，就是规范和控制行政组织的法。因人们对行政组织范围理解的不同，对行政组织法的含义，就形成狭义、广义和最广义之说。狭义的行政组织法，仅指行政机关组织法，是有关规定行政机关的结构、组成、职责与权限等的法律规范的总称。

广义的行政组织法，是指国家行政组织法，它除了行政机关组织法外，还包括构成行政组织的人的要素即国家公务员的法和供行政目的使用的物的要素即公物的法。日本学者认为，行政组织法是关于国家、地方公共团体及其他公共团体等行政主体的组织及构成行政主体的一切人的要素（公务员）和物的要素（公物）的法的总称。① 中国行政法学界已经形成的通说多倾向于广义的行政组织法概念，认为行政组织法主要包括：行政机关组织法（解决行政组织的设立及其职责职权）、行政机关编制法（解决行政组织的规模大小及其人员定额与结构比例）和公务员法（解决行政组织的组成人员）这三大块。

最广义的行政组织法，既包括国家行政组织法，也包括社会公行政组织法。这是现代行政组织法的一个引人注目的发展趋势。随着社会的发展，现代公共事务日益增多，一些公共事务特别是社会性、专业性较强的公共事务，逐渐由国家行政机关转移或下放给各种社会团体、社会中介组织或群众自治组织等进行管理，公共行政主体发生了一定的变化，学者们逐步将非政府组织纳入研究视野。行政组织法的范围逐步由国家行政机关组织法拓展到社会公行政组织法。社会公行政组织法律问题也逐步成为行政组织法的研究对象。

本书主要研究广义上的行政组织法。行政组织法是行政法的基本组成部分，在行政法体系中占有重要地位，构成行政法学研究的重要内容之一。

（二）行政组织法的基本内容

行政组织法的基本内容即行政组织法应当解决的基本问题，以及行政组

---

① 〔日〕田中二郎：《简明行政法》（新版），弘文堂 1983 年版，第 43 页。转引自杨建顺：《日本行政法通论》，中国法制出版社 1998 年版，第 213 页。

织法的框架体系如何建构。行政组织法的基本内容应当包括以下几个方面[①]：

1. 行政组织的权限。对行政组织的权限,行政组织法应当就以下两个方面作出规定:① 行政权的范围。行政权包括两个要素:一是对某类事务的管辖权,或者叫做事权,如国家对教育、卫生方面的管理权;二是对某类事务进行管理时的具体权限,如行政许可权、行政监督检查权及行政处罚权等。② 行政组织享有的其他权力。在我国,行政组织除了享有行政权外,部分行政机关以及行政机构还享有一定的立法权和司法权。行政组织法需要对行政机关立法的事项、具体权限以及行政机关解决纠纷的范围、权限等作出原则规定,为其他法律法规的制定提供依据。

2. 中央与地方的权力分配及相互关系。中央与地方的权力分配虽然部分涉及立法权问题,但主要是行政事权及具体权限的划分,因而属行政组织法的范畴。

3. 行政机构的设置。为规范行政机构的设置、合理配置权力,并确保行政机构设置的科学性和民主性,行政组织法中有必要明确行政机构设置法定原则,并制定各行政机构设置法对各行政机构的事权和具体权限明确加以规定。

4. 行政编制管理制度。行政编制管理在行政管理中占有重要地位,其好坏直接影响到行政组织的整体结构及功能的发挥,并对行政效率产生重大的影响。长期以来,我国虽然重视编制管理的作用,但编制方面仍缺乏法律的硬性约束,管理层次过多、机构重叠、人员增长失控的状态没有从根本上得到解决,因而急需通过健全行政组织法,制定行政机构编制法,对行政编制加以全面规范。

5. 公务员管理制度。公务员管理制度,简称为公务员制度,是指国家遵循民主、平等、公平、优化等原则,在科学分类的基础上建立的一整套公务员的考试、录用、任免、培训、晋升、奖惩、退休退职等制度。

6. 对行政管理的主体形式。行政组织法应当就行政机关及行政机构对外管理的资格要件;行政授权的主体、对象、标准;行政委托的条件、标准以及

① 参见应松年、薛刚凌:《行政组织法与依法行政》,载《行政法学研究》1998 年第 1 期。

行政协助的方式、责任、条件等问题作出统一明确的规定。

（三）行政组织法的功能[①]

行政组织法的功能是指完备的行政组织法能够发挥的作用。在很大程度上，行政组织法的功能是由其基本内容和法律固有的规范性、强制性等特点所决定的。行政组织法主要具有下列功能：

1. 权力配置的功能。这一功能表现在：第一，设定权力。即行政组织法可以对行政组织的权限作出统一明确的规定。第二，分配权力。即行政组织法可以通过其第二级立法，如制定《中央与地方关系法》、《国务院组织法》、中央各行政机构设置法等对行政组织的权限合理进行分配。第三，调整权力，即行政组织法可以根据社会经济发展的需要、政府职能的转变，赋予行政组织新的权力，或取消原有的一些权力，还可以对行政权重新进行分配。

2. 规范管理功能。行政组织法在规范和管理行政组织方面具有明显的功能：首先，有利于行政组织方面的术语的统一和明确，例如，何谓行政组织、行政机关、行政机构、公务员、行政编制等，都需要行政组织法统一加以规定。其次，有利于规范行政机构的设置。行政组织法可以对行政机构的设置规定统一标准，确立行政机构设置法定原则，以真正起到约束的作用。再次，规范行政机关的外部管理主体形式，如行政授权、行政委托、行政协助等。最后，有利于规范行政编制管理及公务员管理。行政编制管理与公务员管理，如果没有法律的保障，很难取得实质性进展。

3. 保障功能。这一功能主要表现在以下几个方面：第一，保障公民行政参与权的实现，例如公民通过公开竞争考试参加到公务员序列进行管理；在行政机构的设置过程中以及在确定行政权力的过程中表达自己的意见。第二，保障对行政组织的管理符合客观规律，行政组织法可以将行政学研究的成果、实践中好的经验肯定下来，如公务员制度，管理层次、管理幅度与行政效率的关系等。第三，保障行政机构的设置、权限适应市场经济发展的需要。行政组织立法要从客观上对市场经济中所涉及的行政事项进行分解、汇总，并合理分工，以真正为市场经济的发展创造条件。第四，保障行政改革的顺利进行。行政改革的目标就是要使行政组织发挥最大效能，适应社会发展的

---

① 参见应松年、薛刚凌：《行政组织法与依法行政》，载《行政法学研究》1998 年第 1 期。

需要。以往我国也曾进行过行政改革(以机构改革为中心),并取得了一定的成绩,但始终没有达到预期目的。其中原因之一就是改革的成果没有用法律加以巩固,没有法律的保障。

4. 控制功能。这是行政组织法最重要的一项功能。具体表现在:第一,行政组织法可以对行政组织权力加以限定,控制行政组织权力的自我膨胀。第二,行政组织法可以从实体和程序两方面对行政机构、人员的总体规模进行控制。在这方面日本的经验值得借鉴,为控制行政人员的增长,日本于20世纪60年代制定了总定员法,并取得显著的成效。

第二节 行政机关组织法

一、行政机关组织法的概念与体系

行政机关组织法是行政组织法的重要组成部分,是规定行政机关的性质与地位、职能与权限、相互关系、基本工作制度和法律责任等的法律规范的总称。其核心内容是关于行政机关职能与权限的规定。

行政机关是由不同层次、级别的机构组织而成的,形成一个大系统。不同层次和级别的行政机关本身又由若干层次和级别的行政机关组织而成,形成若干系统。与行政机关这种层次性和级别性相适应,行政机关组织法也应该由不同层次和级别的机关组织法所组成,形成一个行政机关组织法的系统。不但要有国务院组织法,还要有各部、各委员会和各直属机构的组织法,也要有省、市、自治区、地区、自治州、市、县、自治县等组织法,形成一个以宪法为统帅、以《国务院组织法》和《地方政府组织法》两个基本法律为主干、以地方各类别政府组织通则(法律)和国务院各部委办局组织简则(行政法规)为辅翼的行政组织法律体系。[①]

二、行政机关组织法的基本内容

行政组织法的基本内容,也即行政机关组织法的基本事项,取决于各政府组织管理的对象和管理的方法。总体上说,行政组织法的基本内容包括:

---

① 参见应松年:《试论行政机关组织法》,载《政法论坛》1986年第1期。

(1) 行政机关的性质与任务;(2) 行政机关的隶属关系;(3) 行政机关的职位组成;(4) 行政机关的职责与权限;(5) 行政机关的活动原则与方式;(6) 行政机关建立、变更与撤销的程序。有学者认为,除了上述内容外,行政机关组织法的内容还应包括会议制度、工作程序、机构和编制等。[①] 还有学者认为,从我国已有的行政机关组织法看,应规定下列内容:(1) 法律依据;(2) 机构性质;(3) 隶属关系;(4) 机构设置;(5) 职责权限;(6) 任职期限;(7) 工作原则;(8) 副职设置;(9) 设置、变更或撤销的程序;(10) 法律责任等等。[②]

三、行政机关组织法的历史发展与现状

我国关于行政组织的法律规范古已有之,而且远较其他法律规范完备。自秦汉以来,古代中央政府为适应自然经济条件下国家行政管理的需要,一直建有吏部、户部、礼部、兵部、刑部、工部等“六部”,并设置 3—4 级地方政府管理地方行政事务。《唐六典》、《明会典》等就是中国古代行政组织法律规范的集大成者,其详尽、细密、完备程度,在世界古代史上是罕见的。新中国成立后,国家十分重视行政组织法建设。从 1949 年到 1950 年,在不到两年的时间里,先后颁布了《中央人民政府组织法》、《政务院及所属各机关组织通则》、《大行政区人民政府委员会组织通则》、《省人民政府组织通则》、《市人民政府组织通则》、《县人民政府组织通则》、《大城市区人民政府组织通则》、《区人民政府及区公所组织通则》、《乡(行政区)人民政府组织通则》等政府组织法规和《政务院人民政府委员会试行组织条例》、《省、市劳动局暂行组织通则》、《华侨事务委员会试行组织条例》等部门组织法规。1954 年宪法颁布后,又先后颁布了《国务院组织法》、《地方各级人民代表大会和地方各级人民委员会组织法》等政府组织法,同时批准颁布了《国家计划委员会暂行工作条例》、《劳动部组织简则》、《体育运动委员会组织简则》、《监察部组织简则》、《国务院人事局组织简则》、《国务院秘书厅组织简则》、《国务院法制局组织简则》、《国务院机关事务管理局组织简则》、《城市街道办事处组织条例》、《公安派出所组织条例》、《国务院关于各省人民委员会设置工作部门和办公机构的决定》等一系列组织法规,初步建立了从中央到地方、从政府到各部门、直属机

---

① 姜明安:《行政法概论》,北京大学出版社 1989 年版,第 40—43 页。

② 任建新主编:《社会主义法制建设基本知识读本》,法律出版社 1996 年版,第 126—127 页。

构、办事机构、派出机构的组织法律体系。但20世纪50年代后期,由于受法律虚无主义影响,关于行政组织的法律法规很少制定了,特别是到了1966年开始的十年动乱期间,我国的国家机构体系受到很大冲击,国家机构包括国家行政组织法制建设遭到严重破坏。1979年以后,为加强我国的行政组织法制建设,针对改革开放的新形势和要求,我国于1982年制定了《国务院组织法》;于1979年制定了《地方各级人民代表大会和地方各级人民政府组织法》(以下简称《地方组织法》),其后又于1982年、1986年、1995年,对《地方组织法》作了三次修正。这两部组织法对我国中央和地方各级国家行政机关的性质、组成、机构设置、职责权限、活动原则和方式以及建立、变更和撤销程序等作了原则性规定。但从总体上看,我国行政机关组织立法仍不尽健全和完善,主要体现在:

1. 行政机关组织立法不够系统、完备。在中央行政组织立法方面,除了《国务院组织法》外,缺乏对国务院各组成部门、直属机构、办事机构、派出机构、国务院议事协调机构、国务院组成部门管理的国家局、国务院直属的特设机构等的法律规定。在宪法或有关法律中尚缺乏中央政府与地方政府之间组织和职权的规范,使有关中央政府与地方政府组织的设定和职权的划分与行使缺乏严格的依据。在地方行政机关组织立法方面,除了《地方组织法》外,缺乏对地方各级人民政府的工作部门的职能配置、机构设置和人员编制等的法律规定。

2. 已有的行政机关组织立法不够完善。现有的行政组织立法未能按建立现代政府体制的要求和政府机构改革的运作架构,对中央到地方各级政府的职能权限、机构设置、人员编制和运行原则作出明确的、科学的法律界定。有的立法的内容过于简单、粗疏:如现行的《国务院组织法》共11条,其中涉及国务院职权的规定仅有一条,而且这一条本身也没有任何实质性的内容,只规定了"国务院行使宪法第八十九条规定的职权"。这不利于推进和保障国务院职能的转变。有的立法的内容过于庞杂:如现行《地方组织法》将地方各级人民代表大会和地方各级人民政府合而为一,使地方各级人民代表大会和地方各级人民政府这两种不同性质的地方国家机关在立法内容上显得过于庞杂。有的立法不尽正式,且缺乏应有的法律效力:如国务院各组成部门、直属机构等以定职能、定机构、定编制为内容的"三定"规定,从名称、内容到制定程序均不够正式,缺乏应有的规范性、稳定性和权威性。有的立法缺乏有效的监督条款,导致行政组织的职能配置、内设机构和人员编制方面的有法不依现象,违法者不必承担法律责任,也没有相应机构进行监督。有的规定不够科学、规范:如1982年《宪法》和1995年《地方组织法》均将国务院和地方各级人民政府的职能和权限笼统规定在一条中,使"职能"和"权限"这两种不同性质的问题混为一谈,容易导致职能不清和权限不明。

3. 行政机关组织立法尚不能适应建立市场经济体制、依法治国的需要和政治文明建设、政府机构改革的要求。现行的《国务院组织法》是1982年制定的,一些规定特别是有关职权的规定未能充分反映现代市场经济的要求和政府机构改革的运作构架;《地方组织法》虽然修改了多次,但仍存在着一些问题,主要是对地方各级人民政府职权的行使缺乏科学的职能配置和严格的程序规定;对地方各级人民政府的职权规定得极其宽泛,且与中央政府的许多职能大致相同,形成"条块分割",导致许多地方政府机构对应设置,这不利于政府职能的转变。此外,由于目前我国正处于向市场经济转轨的时期,同时由于地方政府的层次不同,不同层级地方人民政府之间的情况、特点和问题不同。因此,不同层级地方人民政府之间的管理职能的内容和范围,应允许有较大的差异,而现行的《地方组织法》只是笼统地规定了"县级以上地方各级人民政府"的职权,使县级以上地方各级人民政府在职权上没有区别。[①]

四、行政机关组织法的完善

完善行政机关组织法是巩固我国行政管理体制和机构改革成果的需要,是规范和保障政府职能转变的需要,是促进行政机关依法行政的需要。我国应当在经济体制改革、政治体制改革与行政管理体制改革不断走向深入的有利条件下,积极完善行政机关组织法,主要从下列方面着手:

1. 完善现行宪法中关于国务院和地方各级人民政府组成、职权的规定。如规定国务院组成人员包括中国人民银行行长,规定国务院组成部门包括中国人民银行;增加第六节"地方各级人民政府",对地方各级人民政府的性质、地位、组成、任期、职权等作另行规定。同时,在修改宪法时,适当增加中央和

---

① 参见任进:《我国行政组织立法的健全与完善》,载《法学家》1998年第6期。

地方关系的内容,明确规定中央与地方关系的原则、中央与地方各自的权力及共有的权力,规定行政权力冲突的解决机制,以及中央政府对地方政府的监督、控制和地方政府对中央政府的参与、支持,加强对中央与地方关系的宪法和法律调整。

2. 修订、完善《国务院组织法》。国务院组织法应在总结历次国务院机构改革成果和经验的基础上加以完善。在法律体例方面可采用总则、分则和附则的形式。法律规范应具体明确,具有可操作性,改变过去"宜粗不宜细"的立法指导思想,规定国务院组成人员的范围;规定国务院组成部门的种类或名称;规定国务院任免和奖惩人员的范围和培训、考核人员的机构;规定国务院副总理、国务委员的职数和分工;规定国务院组成部门设立、撤销或合并的程序;特别是对国务院的职能、权力与责任,应尽可能作出详细具体规定。政府职能和行政权力的配置是紧密相关甚至是相对应的。现行《宪法》和《国务院组织法》对国务院的职能没有明确规定。建议《国务院组织法》对国务院的职能与权力配置,包括行政职能范围、权力来源与权限、行使方式等作出明确规定;完善国务院的领导体制和工作方式。现行《宪法》规定国务院的领导体制是总理负责制,但是又规定"重大问题,必须经国务院常务会议或者国务院全体会议讨论决定",对总理负责制和集体讨论决定的关系没有理顺,将行政领导体制与党委集体领导体制混淆,导致总理负责制无法落实,个人责任为集体领导所涵盖,最终无人负责。所以,《国务院组织法》应当进一步明确总理负责制的内涵,相应的领导方式由会议方式改为直接领导方式,从而落实总理负责制。①

3. 制定国务院组成部门、直属机构、办事机构、国务院组成部门管理的国家局、议事协调机构、派出机构和直属特设机构的组织通则。1988 年、1993 年机构改革中,国务院直属机构、办事机构、国务院组成部门管理的国家局及议事协调机构的职能配置、内设机构、人员编制,是以"三定"方案形式经国务院批准后付诸实施的,1998 年政府机构改革中,上述国务院机构采用了"三定"规定形式。这些"三定"方案或"三定"规定缺乏应有的法律效力,且有的本身就不很完善。从实现行政组织机构、职能、编制法定化、规范化的高度上看,

---

① 参见石佑启等:《论行政体制改革与行政法治》,北京大学出版社 2009 年版,第 215—216 页。

还是应制定单独的国务院组成部门、直属机构、办事机构、国务院组成部门管理的国家局、议事协调机构、派出机构和直属特设机构的职能配置、内设机构、人员编制的组织通则。当前,应当结合我国横向行政组织实行"大部制"和横向行政权力实行相对集中的改革实践,在这些行政部门组织法中,分别对国务院各部委、直属机构、办事机构等的设置、组成、工作制度、职权职责、各部门权力冲突或争执的解决机制作出明确规定,使其作为《国务院组织法》的重要配套规定。

4. 修改《地方组织法》或制定单独的《地方各级人民政府组织法》。因地方各级人民代表大会和各级人民政府这两类国家机关权力的来源、产生方式、活动原则、工作程序等各有不同,我们认为应当改变这种混合立法模式,实行单独立法以更好地发挥两类不同国家机关的职能和作用。所以,在立法体例上,建议制定单独的《地方各级人民政府组织法》,并在《地方各级人民政府组织法》外,分别制定《省人民政府组织通则》、《市人民政府组织通则》、《民族自治地方人民政府组织通则》、《县人民政府组织通则》、《乡镇人民政府组织通则》。《地方各级人民政府组织法》规定各级地方政府设置、组成、职能与权力配置、撤销、法律责任等共性内容,由全国人民代表大会通过;地方各类政府组织通则规定各类别政府设置、组成、职能与权力配置、撤销、法律责任等个性内容,并可考虑再根据管辖人口、土地面积、经济发达程度等不同情况,对各类别政府分别作出不同的规定,例如,同是县级人民政府,由于上述诸因素不同,其副县长人数、组成部门数目和工作人员编制等均应有所不同,该类组织通则可由全国人民代表大会常务委员会通过。

第三节 行政机关编制法

一、行政机关编制法的概念

所谓编制,是指一个单位或系统内部的机构设置、各类人员的定员及结构比例等。行政机关编制是国家机关编制的重要组成部分,是指行政机关内部机构的设置及工作人员的定员和结构比例等。行政机关编制法有广义和狭义之分。广义的行政机关编制法是调整行政机关内部机构设置及其职责权限、人员结构比例及定额的法律规范。狭义的行政机关编制法仅指行政机关内部人员数量定额和人员结构比例的法律规范。[1] 我们倾向于从广义上界定行政机关编制法，认为行政机关编制法是规范行政机关内部机构设置及其人员的数量定额和结构比例的法律规范的总称，其目的是控制行政机关的内部机构和人员膨胀，建立机构编制管理与财政预算管理等相互配套协调的约束机制。行政机关编制法与行政机关组织法是密切相关的，行政机关组织法以定职能、定权限为核心，是行政机关编制法的前提；行政机关编制法则以定机构、定人员为核心，是行政机关组织法的延伸。通常，在行政机关组织法中，也会规定行政机关编制法的内容。有学者认为，从本质上讲，行政机关编制法应属于行政机关组织法的范畴，是行政机关组织法的一个有机组成部分。由于我国行政机关组织法的内容过于简约，一些必要的机构编制管理问题没有加以规定。如果在行政机关组织法之外制定一部行政机关编制法，则是对行政机关组织法中有关机构编制管理规范的进一步细化、发展与补充。[2]

新中国成立以来，我国的行政编制始终处于失控状态，虽经多次改革，但始终跳不出“精简——膨胀——再精简——再膨胀”的怪圈。由此产生行政效率低下，官僚主义泛滥，财政负担沉重等痼疾，严重影响了经济和各项事业的发展。[3] 纵观世界各国，控制编制的手段，无非就是财政与法律，而财政手段最终也要通过法律才能起到约束作用。早在1975年7月，邓小平同志就提出了编制的法定化问题。他严肃地指出：“这一次编制要严格搞，要切实遵守编制。可以说编制就是法律。”1980年3月，他又进一步深化了这一思想，指出：“制度化以后，编制就不会臃肿，该用一个人就是一个人，该用几个人就是几个人。总之，这一套制度要建立起来。”“这一套制度”就是编制法律制度。1987年党的十三大作出了“制定行政机关编制法”的科学决策，要求从财政和法律两方面来控制编制，将编制管理纳入法制轨道。要实现行政机关内部机构设置和人员数量与结构的法定化，防止机构设置和人员配备的随意性，增强编制管理的透明度，就必须建立和完善行政编制法律制度。

---

① 参见孟鸿志等：《中国行政组织法通论》，中国政法大学出版社2001年版，第137页。

② 参见顾家麒：《关于行政机关机构编制立法的若干思考》，载《行政法学研究》1993年第1期。

③ 参见应松年：《行政机关编制法的法律地位》，载《行政法学研究》1993年第1期。

二、行政机关编制法的立法模式

行政机关编制法的立法模式有三种选择:第一,制定一部《行政机关编制法》,以法律形式系统规定编制管理的有关程序及其他内容,为机构编制管理提供法律依据;第二,补充完善现有的行政机关组织法,加入一些必要的机构编制管理的规定,增强操作性;第三,维持现有法律格局不变,在行政法规、部门规章或政策性规定方面制定和补充行政机构编制管理的具体规范,以解决机构编制管理规范不足之弊。

选择第一种立法模式具有鲜明的创造性,使我国创制出世界上第一部真正意义上的行政机关编制法,且这种以法律规范行政机关编制管理的立法形式效力强、层次高,客观上对机构编制管理工作会起到巨大的推动作用。这将是我国立法工作和行政管理工作的一个重大举措。但这项工作在立法理论及立法实践方面均存在困惑。从理论上看,极力主张将机构编制管理单独立法,极易造成人们对我国行政机关组织法律体系总体弊端的忽略,也不利于人们对我国行政管理、行政体制当中更深刻的问题的认识。从实践层面看,作为层次较高的"行政机关编制法"究竟能写入多少较为实在、可操作的内容?在国外立法实践中没有发现可比拟的行政机关编制法的事实。[①] 机构编制管理作为行政机关自我管理的一种功能,其法律化的程度是否已达到足够的水准?人们对机构编制管理从理论到实践的认识是否已较为清晰?如此等等障碍,均给立法造成了相当大的困难。

选择第二种模式显然较符合各国通行的立法例,且可以对我国行政机关组织法的发展起到重要的推动作用。这项工作应是相互衔接的几项内容的结合。第一是对行政机关组织法中的有关机构编制管理的内容进行细化;第二是对行政机关组织法中的其他有关内容也做同等程度的细化与补充。这两项活动可以使我国行政机关组织法内容丰富而且具有一定的操作性,又可

① 在被认为行政机关编制立法较为完善的日本,所谓的行政机关编制法,一是指《行政机关职员定员法》,该法规定了中央政府部门的文职官员和职员最高限额是 506507 人;二是指在这个最高限额内,日本政府一定时期发布的《行政机关职员定员令》,它规定了政府各机关的人员定额,值得注意的是,这两个法规的全部内容仅在于规定行政人员总数和各部门行政人员数,并没有关于机构设置、编制核定的实体和程序等方面的规定。因此,日本的行政机关定员法及定员令虽有编制法之名,但并不是我们所企求有所借鉴的立法例。

避免另搞一套行政机关编制法之巨大的理论与实施障碍。第三是将部门组织法的制定提上日程，解决各部门的职责、内设机构等的法制化问题，以与行政机关组织法相辅相成，为依法行政和保持行政机构设置依法进行、避免随意变动提供依据。这种选择的缺点在于，对行政机关组织法的修改虽可充实若干必要的机构编制管理的程序性规范，但因其受到诸多限制，内容欲比较详备也较难做到，这样，恐难以实现行政机关编制立法的初衷。

选择第三种模式的核心内容是制定行政机关编制管理条例，即由国务院发布行政法规，然后再向下修改或完善有关的部门规章和政策性规定。制定行政法规意在充分利用行政机关组织法的内容依据，较系统地单独规定有关机构编制管理的具体原则、程序、法律责任等。这样做的好处在于，既可解决机构编制管理领域法律规定匮乏、现有的政策性规定权威不高的问题，又可暂不去触动与行政机关组织法相关的法律规定，在立法程序上也较之制定《行政机关编制法》简易而现实可行。其不足之处在于，这个行政法规很有可能要突破现行行政机关组织法中的某些规定，因而又反过来要求对组织法进行修改。

有学者认为，单独地选择任何一种立法模式都会有许多困难不易排除。但是，如果综合上述第二种和第三种选择的核心内容，似乎又可以找到一种相对完满的立法思路。那就是，对现行行政机关组织法进行小修小补，而不是大的修改，同时制定行政机关编制管理条例，使经过修改的行政机关组织法与拟将制定的行政机关编制管理条例相配套，内容相互衔接。前者成为后者的立法依据，后者成为前者的具体化和细化。这样，不但操作上较易实现，而且也可初步解决机构编制管理的法制化管理问题。①

1997 年 8 月 3 日，国务院颁布了《国务院行政机构设置和编制管理条例》。该条例的颁布虽然满足了编制管理的需要，但也存在明显的不足：一是该条例仅从程序上规定了如何设置行政机构，没有解决实体问题，如各行政机构之间的权限分工、事权和具体权限等都没有明确的法律依据；二是该条例未对编制的申报、审查、论证、批准等各项程序作出具体而严格的规定，不利于从程序上加强对编制的严格控制；三是该条例的法律责任条款尚不够细

① 顾家麒：《关于行政机关机构编制立法的若干思考》，载《行政法学研究》1993 年第 1 期。

密、有力，不利于条例的严格实施。有学者提出，为了有利于对行政机关的组织、职能和编制进行统一规范，同时也提高编制法律规范的立法层次，建议在修改《国务院组织法》和《地方组织法》时，列专章规定行政编制管理问题。在该章中，要突出对行政编制的实体和程序双重控制，要加大违法者的法律责任。在行政组织法之外，可不再制定单独的行政编制法，但可以借鉴日本的做法，以《国家公务员定员法》（法律）的形式规定中央政府公务员的最高限额，以《国家公务员定员令》（行政法规）的形式规定中央政府各部门公务员的定额；后者由中央政府在一定时期内发布，人员总数不得突破中央政府总人员限额，但可根据行政职能的变化在各政府部门之间灵活配置与调剂。按照这样的立法设想，就可以形成以行政组织法规定行政编制实体与程序控制法律规范，以公务员定员法和定员令规定行政编制人数的总量守恒与"动态"调节相结合的、完备的行政编制法律规范体系。①

三、行政机关编制法的主要内容

无论是单独制定行政机关编制法，还是修改《国务院组织法》和《地方政府组织法》时，设专章规定行政编制管理问题，都要科学设定行政机关编制管理的内容，保障其作用的发挥。根据我国在行政编制方面长期存在的问题，行政机关编制法主要应规定下列内容②：

（一）行政机关内部机构的设置

行政机关内部机构的设置涉及的内容较多，包括机构设置的规模、级别及其审批程序等。由于行政事物十分复杂，各行政机关内部机构的设置不可能一致，但设定基本标准是可行的。总的说来，职能越强，担负的事物越多，规模就越大；所需要的权威就越高，应当赋予的级别也就越高。机构的设置还必须遵循严格的审批程序。审批程序取决于编制管理体制，如果实行以行业领导为主、地方领导为辅的双重领导体制，那么被管理机关的申请经同级编制管理机关批准后，应依次交所属人民政府和上级编制管理机关逐一审批。审批的主要事项：一是否有必要设立该行政机构，这取决于行政事务的

① 参见应松年：《试论行政机关组织法》，载《政法论坛》1986 年第 1 期。

② 参见周佑勇：《行政法原论》，中国方正出版社 2002 年版，第 138—141 页；孟鸿志等：《中国行政组织法通论》，中国政法大学出版社 2001 年版，第 145—151 页。

需要;二是申请的规模和级别与实际应有的规模和级别是否一致。

(二) 行政机关人员的定额与结构比例

行政机关人员定额的多少取决于行政事务的多少,两者成正比。行政机关的职能确定后,即可按照职位分类的程序和标准,核定该行政机关所需的职位数量和结构。每个职位设公务员 1 人,一般不得兼职。因此,人员定额与职位定额的数量大致相同。

人员结构包括副职设置(正副职比例)、职级结构和职种结构。副职的设置有数额的限制,如《国务院组织法》第 9 条规定:“各部设部长一人,副部长二至四人。各委员会设主任一人,副主任二至四人,委员五至十人。”目前,对于地方各级人民政府职能部门的副职领导人的设置,尚未有法律的明确规定,一般受领导控制幅度来决定。职种结构即指不同工作类别公务员的数量比例。职级结构是指相同职种之内因工作繁简、难易程度不同和资历不同形成职位高低结构。正确核定人员结构有助于公务员之间取长补短,形成良好的工作关系。

(三) 行政编制管理机关及其权限

行政编制管理机关是行政机关编制法实施的主体。要理顺编制管理体制,必须在县级以上人民政府设立专门的行政编制管理机关,明确该机关的法律地位及职能权限。在组织形式上,中央一级设独立的国家编制管理委员会,县级以上的地方人民政府也都应设置独立的编制管理机关。在领导体制上,地方各级编制管理机关应同时受上级编制管理机关的领导。

行政编制管理机关的权限主要有三项:一是宏观管理权,即中央编制管理委员会有权研究行政编制管理的方针、政策,起草法规,制定规章,拟定行政机构改革的总体方案、实施细则等。二是具体执法权,即负责行政机关编制法的实施和管理的常规性工作,例如对机构变动、人员增减的审查等。三是监督检查权,这也是一项重要职权,一切违反编制规定的行为,编制管理机关都有权进行调查并作出相应的处理。

(四) 行政编制管理的程序

编制管理的程序是行政机关编制法的重要内容。世界各国的法律实践表明,使编制趋于科学、加强对编制控制的重要途径是程序,一套科学设计的、具有法律权威的、得到严格执行的程序,是实现编制管理科学化、法制化的根本保障,也是促使编制真正具有法律约束力的首要前提。一套完善的机构编制管理程序应含有以下内容:① 主管机构的运行程序和工作制度;② 各类机构设置的申请、审查、论证、批准、公布、备案等程序;③ 编制核定的程序;④ 领导职数确定和变更的程序;⑤ 监督检查机构编制管理工作和追究有关违法行为的程序。这套程序必须覆盖机构编制管理工作的整个过程,使得管理中的任何一个环节、任何一个方面都在法律的规范下进行运转。

(五) 违反行政编制管理的法律责任

行政机关编制法应明确规定违反行政编制管理的法律责任。从法理上讲,没有法律责任就没有编制法。违反行政编制管理的法律责任包括对编制违法行为涉及的主体及客体所作的处理:对编制违法行为客体,即违法设立的机构、扩充的人员等的处理,包括对违法设立的机构予以撤销、宣告其无效,对违法扩充的人员予以清退等;对编制违法主体的处理,则主要是对违反编制管理的机关负责人或主要责任人员给予相应的制裁。

法律责任确定后,原则上由原来处理机关负责监督执行。但是编制管理机关和被管理机关都是国家行政机关。当被管理机关拒不执行处理决定时,不能适用有关自然人的强制执行措施。在被管理机关拒不执行处理决定时,处理机关可以采取下列执行措施:一是以编制管理建议书的形式向被管理机关的上级机关或监察部门、人事部门提出建议,由后者负责监督处理决定的执行并处分责任人员;二是从拒不执行之日起,扣除法定编制以外的行政经费,迫使被处理机关守法;三是向司法机关移送有关材料,建议追究有关人员的刑事责任。

第四节 公务员法

一、公务员与公务员法的概念

(一) 公务员的概念

由于政治、历史等原因,在不同的国家,甚至在同一国家的不同历史时期,公务员的内涵和外延都可能是不同的。在我国,根据 1993 年 8 月 14 日国务院公布的《国家公务员暂行条例》①第 3 条的规定，公务员是指各级国家行政机关中除工勤人员以外的工作人员。而依照 2005 年 4 月 27 日第十届全国人民代表大会常务委员会第十五次会议通过的《中华人民共和国公务员法》（以下简称《公务员法》）第 2 条的规定，公务员是指依法履行公职、纳入国家行政编制、由国家财政负担工资福利的工作人员。可见，我国公务员的概念也是在发展变化的。根据《公务员法》的规定，公务员的范围包括在国家权力机关、行政机关、审判机关、检察机关、执政党机关、人民政协、民主党派机关中任职的除工勤人员以外的工作人员。国家行政机关公务员只是国家公务员的一部分。

公务员不同于行政公务人员，行政公务人员，是指依法享有职权或受行政主体委托，能以行政主体的名义进行管理，其行为后果归属于行政主体的个人。行政公务人员主要包括国家行政机关公务员和其他行政公务人员两部分。国家行政机关公务员是指依法在国家行政机关中任职，行使国家行政权、执行国家行政公务的工作人员。其他行政公务人员，是指在社会公行政组织或受行政机关委托的组织中行使职权、执行公务的人员。

（二）公务员法的概念

公务员法是对公务员进行管理的一整套法律规范，是调整国家职务关系的法律规范的总称。对这一概念的理解，应注意把握以下几点：

1. 公务员法的调整对象是国家职务关系。所谓国家职务关系就是公务员基于其职务而与国家构成的权利和义务关系。

2. 公务员法的内容比较广泛，通常包括：（1）公务员法的立法宗旨、依据、基本原则和适用范围；（2）公务员的条件、义务与权利；（3）公务员的职位分类；（4）公务员的考试录用、考核、职务任免、职务升降、奖励、惩戒、培训、交流、回避、工资福利保险、辞职辞退、退休、申诉和控告、职位聘任等具体管理制度；（5）公务员的管理机构及其职责权限；（6）违反公务员法的法律责任等。

3. 公务员法是各种有关公务员管理的法律规范的总称。因此，它有广义

① 该《暂行条例》自 1993 年 10 月 1 日起施行，至 2006 年 1 月 1 日《中华人民共和国公务员法》施行时废止。

和狭义两种含义。广义的公务员法是指国家机关制定或认可的有关公务员管理的各种法律规范的总和。狭义的公务员法是指一个国家单独制定的有关公务员管理的基本法律文件,如我国的《公务员法》。

4. 公务员法既非单纯的实体法,又非单纯的程序法,而是既有实体性规范,又有程序性规范的混合体。如我国的《公务员法》在规定公务员的义务、权利和各项管理制度的同时,也对公务员的录用、考核、晋升和奖惩等方面的程序进行了规定,且程序方面的规范占有相当大的比重。[①]

二、公务员的权利与义务

公务员的法律地位主要是通过其法定的权利和义务体现出来的。公务员的权利和义务包含两个层次:一是作为普通公民所具有的权利和义务;二是作为公务人员基于其职务而具有的权利和义务。《公务员法》对公务员的权利和义务作了明确规定。

(一) 公务员的权利

公务员的权利,是指国家法律对公务员可以享有某种利益或者可以作出某种行为的许可和保障。根据《公务员法》第 13 条的规定,公务员享有下列权利:(1) 获得履行职责应当具有的工作条件;(2) 非因法定事由、非经法定程序,不被免职、降职、辞退或者处分;(3) 获得工资报酬,享受福利、保险待遇;(4) 参加培训;(5) 对机关工作和领导人员提出批评和建议;(6) 提出申诉和控告;(7) 申请辞职;(8) 法律规定的其他权利。

(二) 公务员的义务

公务员的义务,是指国家法律对公务员对国家和社会必须作出一定行为或不得作出一定行为的约束和限制。根据《公务员法》第 12 条的规定,公务员应当履行下列义务:(1) 模范遵守宪法和法律;(2) 按照规定的权限和程序认真履行职责,努力提高工作效率;(3) 全心全意为人民服务,接受人民监督;(4) 维护国家的安全、荣誉和利益;(5) 忠于职守,勤勉尽责,服从和执行上级依法作出的决定和命令;(6) 保守国家秘密和工作秘密;(7) 遵守纪律,恪守职业道德,模范遵守社会公德;(8) 清正廉洁,公道正派;(9) 法律规定的其他义务。

---

① 参见徐银华、石佑启、杨勇萍:《公务员法新论》,北京大学出版社 2005 年版,第 7—8 页。

三、公务员的职位分类

(一) 职位分类的含义

职位分类(Position Classification)是相对与品位分类(Rank Classification)[①]而言的,它是一种以"事"为中心进行的人事分类制度,它由"职位"和"分类"两个概念组成。所谓职位,是以一定的职务和责任为要素的工作岗位,是职务与责任的集合体。所谓分类,是指将国家行政机关中相同的职位分为不同的类别和等级的一种程序和方法。确定职位是进行分类的基础,通过职位调查和品评,达到分类归级的目的。总体而言,职位分类是将适合分类的各种职位,按照工作性质、难易程度、责任大小和所需人员的任职资格条件而进行的职位类别和等级系列的划分。

(二) 职位分类的意义

职位分类只是一种方法而不是目的,但它却是各项人事管理的起点和基础,在整个人事管理中占有十分重要的地位,并起着决定性的作用。我国在借鉴国外分类管理经验的基础上,建立了适合我国国情的公务员职位分类制度。职位分类制度的建立,适应了经济体制改革与政治体制改革的需要,有助于消除以前干部人事制度的弊端,对实现干部人事管理的科学化、法制化和现代化起着积极的作用。具体来说,其意义在于:

1. 职位分类有利于做到因事设职,从而提高机构设置的科学性和编制定员的合理性,克服在品位分类制度中机构臃肿、人浮于事的种种弊端。

2. 职位分类有利于实现职责统一,提高行政效率。职位分类制度要求对每一个工作职位的任务、责任、权利规定得清清楚楚,这就使得公务员必须做到在其位,谋其政,负其责,从而避免相互扯皮、相互推诿的现象,以提高行政效率。

3. 职位分类为公务员管理提供了客观依据,有助于克服主观随意性。由于职位分类制度确立了每个职位所需要的资格条件和工作职责,规定了明确的工作标准,并载入职位说明书之中,这就为公务员的录用、考核、培训、职务

---

① 品位分类是指以"人"为中心进行的古老的人事分类制度,是以公务员的个人资格条件(如学历、资历)为标准所进行的分类。目前,职位分类和品位分类呈现融合和互补的发展趋势。

升降及确定其工资福利待遇等提供了客观科学的依据。

（三）职位分类的主要步骤

1．开展职位调查

职位调查是进行职位分类的首要环节，也是职位分类的基础性工作。它通过对拟实行职位分类的部门和单位现有的工作内容与职责权限的实际状况进行调查，尽可能全面收集有关资料，掌握实际情况，以为划分职位类别和职位等级提供依据。其主要调查项目包括职位的工作性质、繁简难易、责任大小、工作强度、工作环境以及本职位所需资格和条件等。

2．进行职位设置

根据《公务员法》第 18 条的规定，各机关依照确定的职能、规格、编制限额、职数以及结构比例，设置本机关公务员的具体职位。据此，设置具体职位需要考虑以下几个因素：一是机关的职能；二是机关的规格；三是机关的编制限额；四是职数及其结构比例。职位设置是否科学合理，首先要评价职位设置的必要性。要按照最低职位数量原则，使组织机构的职位数量限制在最有效地完成任务所需的最低数，达到最少投入、最小花费，获得最大效益和最高效率。第二，各职位之间的职能不应有交叉重复，能合并的职位应尽量合并。第三，职位设置的层次应当适当，职位设置应当就“就低不就高”，能设较低的职位就不设较高的职位。①

3．制定职位说明书

各机关在职位设置的基础上，确定各职位的工作职责和任职资格条件，并制定职位说明书，以作为公务员录用、考核、培训、晋升等的依据。职位说明书是说明每个职位的工作内容、职责、工作标准以及有关事项的书面文件。其主要内容包括：(1) 职位名称。(2) 职位代号。(3) 工作项目。(4) 工作概述。(5) 所需知识能力。(6) 转任和升迁的方向。(7) 工作标准。

4．进行职位的后续管理

职位分类工作完成后，应尽量保持其稳定性，不能随意变化。但由于会发生机关职能增减的情况，因而必然会引起职位增减或职位的职责内容的变更。因此，为了适应不断发展变化的实际需要，必须适时地对职位分类进行

---

① 胡光宝、张春生主编：《〈中华人民共和国公务员法〉释解》，群众出版社 2005 年版，第 86 页。

调整。在增减或变更职位时,应按设置职位的整套程序,明确新职位的职责任务和任职条件,重新制定职位说明书。

(四)公务员的职位类别

根据《公务员法》第14条第2款的规定,我国公务员的职位类别按照公务员职位的性质、特点和管理需要,划分为综合管理类、专业技术类和行政执法类等类别。这一分类的指导思想,主要是从实际管理需要出发,改变单一的职务设置,为公务员提供多样化的职业发展阶梯,强化公务员激励机制。

四、公务员的管理制度

(一)公务员的录用

公务员的录用,是指机关为补充担任主任科员以下及其他相当职务层次的非领导职务的公务员,依照法定的条件和程序,通过公开考试、严格考核、平等竞争、择优录取的办法,按照德才兼备的标准,将不具有公务员身份的人员,录用为国家公务员的一种人事制度。

录用公务员,必须在规定的编制限额内,并有相应的职位空缺。录用公务员,应当发布招考公告,招考公告应当载明招考的职位、名额、报考资格条件、报考需要提交的申请材料以及其他报考须知事项。公务员录用考试采取笔试和面试的方式进行,考试内容根据公务员应当具备的基本能力和不同职位类别分别设置。招录机关根据考试成绩确定考察人选,并对其进行报考资格复审、考察和体检。招录机关根据考试成绩、考察情况和体检结果,提出拟录用人员名单,并予以公示。公示期满,中央一级招录机关将拟录用人员名单报中央公务员主管部门备案;地方各级招录机关将拟录用人员名单报省级或者设区的市级公务员主管部门审批。录用特殊职位的公务员,经省级以上公务员主管部门批准,可以简化程序或者采用其他测评办法。新录用的公务员试用期为一年。试用期满合格的,予以任职;不合格的,取消录用。

(二)公务员的考核

公务员的考核,就是指主管机关依据有关法律法规的规定,按照管理权限,对公务员的思想品德、工作能力、工作态度与工作业绩等进行考察和评价,以此作为对公务员进行奖惩、培训、辞退以及调整职务、级别和工资福利待遇等的依据的制度。

对公务员的考核，按照管理权限，全面考核公务员的德、能、勤、绩、廉，重点考核工作实绩。公务员的考核分为平时考核和定期考核，定期考核以平时考核为基础。定期考核的结果分为优秀、称职、基本称职和不称职四个等次，并应当以书面形式通知公务员本人。定期考核的结果作为调整公务员职务、级别、工资以及公务员奖励、培训、辞退的依据。

（三）公务员的职务任免

公务员的职务任免是公务员任职和免职的总称。公务员的任职，是指有任免权的机关根据有关的法律规定和任职条件，在其权限范围内，依照法定的程序任用公务员担任某一职务。公务员的免职是指有任免权的机关根据有关的法律规定和免职条件，在其任免权限范围内，通过法定的程序免去公务员担任的某一职务。免职既包括程序性免职，即在任用公务员担任某一新职务的同时，免去其原来所任职务；也包括以免除公务员现任职务为目的的单纯性免职，如公务员退休，长期离职学习或由于健康原因不能坚持正常工作，以及因机构调整等不再留任而进行的免职。

我国公务员职务实行选任制和委任制。选任制公务员在选举结果生效时即任当选职务；任期届满不再连任，或者任期内辞职、被罢免、被撤职的，其所任职务即终止。委任制公务员遇有试用期满考核合格、职务发生变化、不再担任公务员职务以及其他情形需要任免职务的，应当按照管理权限和规定的程序任免其职务。公务员任职必须在规定的编制限额和职数内进行，并有相应的职位空缺。

（四）公务员职务升降

公务员的职务升降，是指公务员职务的晋升和降低，简称为晋职和降职。

公务员的职务晋升，即公务员职位的升迁，是指公务员管理机关按照国家有关法律、法规的规定，根据工作需要和公务员本人的德才表现与工作业绩，提高公务员职务与级别的活动。它意味着公务员在职位结构中地位的上升、职权的扩大和责任的加重，同时也伴随着工资、福利等方面待遇的提高。公务员的降职，是指公务员管理机关按照国家有关法律、法规的规定，根据工作需要和量才适用原则，将由于各种原因不能胜任现职的公务员，改任较低职务的一种活动，它一般意味着公务员在职位结构中所处地位的降低、职权和责任范围的缩小，以及工资、福利等方面待遇的相应减少。根据《公务员法》第43条的规定,公务员职务晋升,应当具备拟任职务所要求的思想政治素质、工作能力、文化程度和任职经历等方面的条件和资格。公务员晋升职务,应当逐级晋升。特别优秀的或者工作特殊需要的,可以按照规定破格或者越一级晋升职务。根据《公务员法》第47条的规定,公务员在定期考核中被确定为不称职的,按照规定程序降低一个职务层次任职。

(五)公务员的奖励

公务员的奖励是指对工作表现突出,有显著成绩和贡献,或者有其他突出事迹的公务员或者公务员集体,给予的奖赏与鼓励。公务员的奖励坚持精神奖励与物质奖励相结合、以精神奖励为主的原则。根据《公务员法》第49条的规定,公务员或者公务员集体有下列情形之一的,给予奖励:(1)忠于职守,积极工作,成绩显著的;(2)遵守纪律,廉洁奉公,作风正派,办事公道,模范作用突出的;(3)在工作中有发明创造或者提出合理化建议,取得显著经济效益或者社会效益的;(4)为增进民族团结、维护社会稳定作出突出贡献的;(5)爱护公共财产,节约国家资财有突出成绩的;(6)防止或者消除事故有功,使国家和人民群众利益免受或者减少损失的;(7)在抢险、救灾等特定环境中奋不顾身,作出贡献的;(8)同违法违纪行为作斗争有功绩的;(9)在对外交往中为国家争得荣誉和利益的;(10)有其他突出功绩的。奖励分为:嘉奖、记三等功、记二等功、记一等功、授予荣誉称号。对受奖励的公务员或者公务员集体予以表彰,并给予一次性奖金或者其他待遇。

(六)公务员的惩戒

公务员的惩戒,又称公务员的处分,是指具有法定权限的机关对有违法违纪行为的公务员依法实施的一种制裁,是公务员依法应承担的法律责任。《公务员法》第55条规定:“公务员违法违纪应当承担法律责任的,依照本法给予处分;违纪行为情节轻微,经过批评教育后改正的,可以免予处分。”公务员的处分分为:警告、记过、记大过、降级、撤职和开除。

对公务员的处分,应当事实清楚、证据确凿、定性准确、处理恰当、程序合法、手续完备。公务员在受处分期间不得晋升职务和级别,其中受记过、记大过、降级、撤职处分的,不得晋升工资档次。公务员受处分的期间为:警告,六个月;记过,十二个月;记大过,十八个月;降级、撤职,二十四个月。公务员受撤职处分的,按照规定降低级别。公务员受开除以外的处分,在受处分期间有悔改表现，并且没有再发生违纪行为的，处分期满后，由处分决定机关解除处分并以书面形式通知本人。解除处分后，晋升工资档次、级别和职务不再受原处分的影响。但是，解除降级、撤职处分的，不视为恢复原级别、原职务。

（七）公务员的培训

公务员的培训，是指机关根据经济、社会发展的需要，按照职位要求和有关规定，有计划、有组织地对公务员进行的以提高其政治素质和业务能力为主要目的的培养和训练。根据《公务员法》第 60 条、第 61 条的规定，机关根据公务员工作职责的要求和提高公务员素质的需要，对公务员进行分级分类培训。机关对新录用人员应当在试用期内进行初任培训；对晋升领导职务的公务员应当在任职前或者任职后一年内进行任职培训；对从事专项工作的公务员应当进行专门业务培训；对全体公务员应当进行更新知识、提高工作能力的在职培训，其中对担任专业技术职务的公务员，应当按照专业技术人员继续教育的要求，进行专业技术培训。国家有计划地加强对后备领导人员的培训。公务员培训情况、学习成绩作为公务员考核的内容和任职、晋升的依据之一。

（八）公务员的交流与回避

公务员的交流，是指机关根据工作需要或公务员个人愿望，通过调任、转任和挂职锻炼等形式变换公务员的工作岗位，从而产生、变更或消灭公务员职务关系的活动和制度。公务员可以在公务员队伍内部交流，也可以与国有企业事业单位、人民团体和群众团体中从事公务的人员交流，交流的方式包括调任、转任和挂职锻炼。

公务员的回避，是指为了保证公务员不因亲属关系等因素对公务活动产生不良影响，而在法律上对公务员在任职和执行公务等方面作出限制性规定的制度。根据《公务员法》的规定，公务员的回避包括任职回避、公务回避和地区回避三类。任职回避是对公务员在任用上作出的限制。根据《公务员法》第 68 条的规定，公务员之间有夫妻关系、直系血亲关系、三代以内旁系血亲关系以及近姻亲关系的，不得在同一机关担任双方直接隶属于同一领导人员的职务或者有直接上下级领导关系的职务，也不得在其中一方担任领导职务的机关从事组织、人事、纪检、监察、审计和财务工作。因地域或者工作性质特殊，需要变通执行任职回避的，由省级以上公务员主管部门规定。公务回避是指为防止与某一公务有利害关系的公务员直接或间接参与处理该公务,或者施加影响,而对其执行公务活动所作的限制。根据《公务员法》第70条的规定,公务员执行公务时,有下列情形之一的,应当回避:(1) 涉及本人利害关系的;(2) 涉及与本人有本法第68条第1款所列亲属关系人员的利害关系的;(3) 其他可能影响公正执行公务的。地区回避是指一定层次的担任领导职务的公务员不得在自己的原籍、原地区担任公职。根据《公务员法》第69条的规定,公务员担任乡级机关、县级机关及其有关部门主要领导职务的,应当实行地域回避,法律另有规定的除外。

（九）公务员的工资、福利与保险

公务员的工资,是指国家根据按劳分配原则,分配给公务员个人消费品的货币表现。公务员实行国家统一的职务与级别相结合的工资制度。公务员工资包括基本工资、津贴、补贴和奖金。公务员的工资水平应当与国民经济发展相协调、与社会进步相适应。

公务员的福利是指机关为改善和提高公务员的物质文化生活水平而采取的一些措施或提供的待遇。如公务员实行国家规定的工时制度,按照国家规定享受休假;公务员在法定工作日之外加班的,应当给予相应的补休。

公务员保险属于劳动保险的一种,是国家对因生育、年老、疾病、伤残和死亡等原因,暂时或永久丧失劳动能力的公务员给予物质保障的制度。《公务员法》第77条规定:"国家建立公务员保险制度,保障公务员在退休、患病、工伤、生育、失业等情况下获得帮助和补偿。公务员因公致残的,享受国家规定的伤残待遇。公务员因公牺牲、因公死亡或者病故的,其亲属享受国家规定的抚恤和优待。"

（十）公务员的辞职辞退

公务员辞职分为辞去公职和辞去领导职务两种。公务员辞去公职,是指公务员依照法律、法规的规定,自愿申请终止其与所任职的机关的任用关系。辞去公职的申请一旦获得任免机关的批准,则公务员必须离开所任职的机关,消灭公务员法律关系,丧失公务员的身份。根据《公务员法》第80条的规定,公务员辞去公职,应当向任免机关提出书面申请。任免机关应当自接到申请之日起30日内予以审批,其中对领导成员辞去公职的申请,应当自接到申请之日起90日内予以审批。《公务员法》第81条的规定:公务员有下列情形之一的,不得辞去公职:(1) 未满国家规定的最低服务年限的;(2) 在涉及国家秘密等特殊职位任职或者离开上述职位不满国家规定的脱密期限的;(3) 重要公务尚未处理完毕,且须由本人继续处理的;(4) 正在接受审计、纪律审查,或者涉嫌犯罪,司法程序尚未终结的;(5) 法律、行政法规规定的其他不得辞去公职的情形。公务员的辞去领导职务,是指担任领导职务的公务员依照法律、法规的规定,自愿申请辞去或者因其他法定事由而被迫辞去所担任的领导职务。辞去领导职务后,担任领导职务的公务员并不一定丧失公务员身份,也并不一定离开其所任职的机关。根据《公务员法》第 82 条的规定,担任领导职务的公务员,因工作变动依照法律规定需要辞去现任职务的,应当履行辞职手续。担任领导职务的公务员,因个人或者其他原因,可以自愿提出辞去领导职务。领导成员因工作严重失误、失职造成重大损失或者恶劣社会影响的,或者对重大事故负有领导责任的,应当引咎辞去领导职务。领导成员应当引咎辞职或者因其他原因不再适合担任现任领导职务,本人不提出辞职的,应当责令其辞去领导职务。

公务员的辞退,是指机关依照法律、法规规定的条件和程序,在法定的管理权限内作出的解除其同公务员之间任用关系的活动。根据《公务员法》第 83 条的规定,公务员具有下列情形之一的,予以辞退:(1) 在年度考核中,连续两年被确定为不称职的;(2) 不胜任现职工作,又不接受其他安排的;(3) 因所在机关调整、撤销、合并或者缩减编制员额需要调整工作,本人拒绝合理安排的;(4) 不履行公务员义务,不遵守公务员纪律,经教育仍无转变,不适合继续在机关工作,又不宜给予开除处分的;(5) 旷工或者因公外出、请假期满无正当理由逾期不归连续超过 15 天,或者一年内累计超过 30 天的。辞退公务员,按照管理权限决定,辞退决定应当以书面形式通知被辞退的公务员。为了保护公务员的合法权益,《公务员法》第 84 条的规定,对有下列情形之一的公务员,不得辞退:(1) 因公致残,被确认丧失或者部分丧失工作能力的;(2) 患病或者负伤,在规定的医疗期内的;(3) 女性公务员在孕期、产假、哺乳期内的;(4) 法律、行政法规规定的其他不得辞退的情形。

(十一) 公务员的退休

公务员的退休,是指公务员达到一定的年龄和工龄,或因丧失工作能力而根据法律规定办理手续,离开工作岗位,享受一定数额的退休金和其他待遇,安度晚年的行为。退休既是公务员的权利,也是公务员的义务。公务员退休的方式可以分为强制退休和自愿退休两种。强制退休和自愿退休都有相应的适用条件。《公务员法》第 87 条规定:“公务员达到国家规定的退休年龄或者完全丧失工作能力的,应当退休。”据此,达到国家规定的退休年龄或者完全丧失工作能力即是公务员强制退休的条件。《公务员法》第 88 条规定:“公务员符合下列条件之一的,本人自愿提出申请,经任免机关批准,可以提前退休:(一)工作年限满三十年的;(二)距国家规定的退休年龄不足五年,且工作年限满二十年的;(三)符合国家规定可以提前退休的其他情形的。”这些即是公务员自愿退休的条件。

(十二)公务员的申诉与控告

公务员的申诉是指公务员对机关做出的涉及本人权益的人事处理决定不服,依法向原处理机关、同级公务员主管部门、作出该人事处理的机关的上一级机关或者行政监察机关提出重新处理的请求,由受理机关重新进行处理的活动和制度。《公务员法》第 90 条规定:“公务员对涉及本人的下列人事处理不服的,可以自知道该人事处理之日起 30 日内向原处理机关申请复核;对复核结果不服的,可以自接到复核决定之日起 15 日内,按照规定向同级公务员主管部门或者作出该人事处理的机关的上一级机关提出申诉;也可以不经复核,自知道该人事处理之日起 30 日内直接提出申诉:(一)处分;(二)辞退或者取消录用;(三)降职;(四)定期考核定为不称职;(五)免职;(六)申请辞职、提前退休未予批准;(七)未按规定确定或者扣减工资、福利、保险待遇;(八)法律、法规规定可以申诉的其他情形。对省级以下机关作出的申诉处理决定不服的,可以向作出处理决定的上一级机关提出再申诉。行政机关公务员对处分不服向行政监察机关申诉的,按照《中华人民共和国行政监察法》的规定办理。”原处理机关应当自接到复核申请书后的 30 日内作出复核决定。受理公务员申诉的机关应当自受理之日起 60 日内作出处理决定;案情复杂的,可以适当延长,但是延长时间不得超过 30 日。复核、申诉期间不停止人事处理的执行。公务员申诉的受理机关审查认定人事处理有错误的,原处理机关应当及时予以纠正。

公务员的控告,是指公务员对机关及其领导人员的失职渎职、打击报复、栽赃陷害、以权谋私以及其他侵害自己合法权益的违法乱纪行为,依法向上级行政机关或者有关的专门机关提出指控，要求其进行处理的活动和制度。根据《公务员法》第93条的规定，公务员认为机关及其领导人员侵犯其合法权益的，可以依法向上级机关或者有关的专门机关提出控告。受理控告的机关应当按照规定及时处理。

（十三）公务员的职位聘任

公务员的职位聘任，是指机关根据工作需要，经省级以上公务员主管部门批准，对专业性较强的职位和辅助性职位采用公开招聘或从符合条件的人员中直接选聘来任用公务员的一种方式。公务员聘任的范围，主要包括两类职位：一是专业性较强的职位；二是辅助性职位。但涉及国家秘密的专业性较强的职位和辅助性职位，不实行聘任制。公务员职位聘任的方式包括公开招聘和直接选聘两种。机关聘任公务员应当在规定的编制限额和工资经费限额内进行，并应当按照平等自愿、协商一致的原则，签订书面的聘任合同，确定机关与所聘公务员双方的权利、义务。聘任合同应当具备合同期限，职位及其职责要求，工资、福利、保险待遇，违约责任等条款。国家建立人事争议仲裁制度，聘任制公务员与所在机关之间因履行聘任合同发生争议的，可以自争议发生之日起60日内向人事争议仲裁委员会申请仲裁。当事人对仲裁裁决不服的，可以自接到仲裁裁决书之日起15日内向人民法院提起诉讼。仲裁裁决生效后，一方当事人不履行的，另一方当事人可以申请人民法院执行。

附录：

一、相关案例

1. 长春亚泰足球俱乐部有限公司诉中国足球协会行政处罚决定案[①]

2002年1月7日，长春亚泰足球俱乐部有限公司（以下简称亚泰足球俱乐部），因不服中国足球协会2001年10月16日作出“足纪字（2001）14号”《关于对四川绵阳、成都五牛、长春亚泰、江苏舜吴和浙江绿城俱乐部足球队处理的决定》（以下简称“第14号处理决定”）中涉及对亚泰足球俱乐部及其

① 应松年、王成栋主编：《行政法与行政诉讼法案例教程》，中国法制出版社2003年版，第59—60页。

教练和球员的处罚,向北京市第二中级人民法院正式提起两起行政诉讼。原告在起诉书中称:“2001 年,中国足球协会组织全国足球甲级联赛并实施管理,原告依据有关规则参加了全国足球甲级 B 组联赛。在联赛中,原告发扬体育拼搏精神,终于在 2001 年 10 月 6 日的第二十二轮与浙江绿城足球队的比赛中,净胜 6 球,在整个赛季中排名甲 B 第二。按照中国足球协会发布的《全国足球甲级联赛规则》第 9 条的有关规定,长春亚泰足球队应升入甲 A 足球队之列。但是,中国足球协会在联赛后的 2001 年 10 月 16 日,突然作出‘足纪字(2001)14 号’《关于对四川绵阳、成都五牛、长春亚泰、江苏舜吴和浙江绿城俱乐部足球队处理的决定》,该决定第一项处罚是取消原告升入甲 A 资格,第四项处罚是取消原告足球队 2002 年、2003 年甲乙级足球联赛引进国内球员的资格,第七项是限原告 3 个月内进行内部整顿。原告不服中国足球协会的第 14 号处理决定,于 2001 年 10 月 19 日两次向中国足球协会提出申诉状,但中国足球协会未能在法定时间内答复,原告认为该决定为法律授权的组织作出的行政处罚行为,该行为没有事实依据,也无法律依据,依据《行政诉讼法》应予撤销。”亚泰足球俱乐部请求法院依法撤销中国足协对亚泰足球俱乐部、球队、教练员和球员的处罚,恢复主教练及受到处罚球员的工作和参赛权利,恢复亚泰足球俱乐部及其球队应该享有的其他合法权利,并要求中国足协赔偿因处罚给俱乐部造成的经济损失人民币 300 万元。北京市第二中级人民法院对上述两案进行审查后,认为两案的起诉不符合《中华人民共和国行政诉讼法》有关规定的受理条件。据此,于 1 月 23 日作出不予受理的裁定。亚泰足球俱乐部不服,于 1 月 28 日向北京市高级人民法院提起上诉,请求裁定撤销北京市第二中级人民法院(2002)“二中行政审字第 37 号”行政裁定书,依法受理上诉人对被上诉人(中国足球协会)的处理决定提起的行政诉讼。

2. 赵某不服某地区公安处行政拘留决定案①

山东省某县为了加强社会治安综合治理,1990 年从县直、企业、事业单位抽调部分人员成立治安巡逻大队。原告赵某被抽调为该队队员,由县公安局发了公安局的工作证、配备了手铐等械具。治安巡逻队的任务是维持县城集

① 参见应松年、王成栋主编:《行政法与行政诉讼法案例教程》,中国法制出版社 2003 年版,第 82—85 页。

市贸易区、居民区的社会治安秩序，夜间巡逻，查禁迷信、赌博等活动。同年6月18日晚间9时许，赵某根据领导的安排，带领治安巡逻队员曹某等4人执行巡逻查夜任务。当行至县五金公司家属院时，发现有人赌博，即进入家属院周某家。周某正与同院邻居刘某等4人玩麻将(彩头为0.20元)。赵某盘查时，周某要赵某出示证件。赵某即亮出工作证。因赵某认定周某等人玩麻将是赌博行为，双方发生争吵。赵某欲带周去治安巡逻队处理，周某不肯随去，并拿小椅子欲砸队员，赵某等巡逻队员强行给周某戴上手铐，带往治安队处理。路上遇见县人民政府通讯员王某，王某对赵某说："周某是某县公安局民警，你们咋铐他？"赵某听罢，随即为周某去掉手铐，一同到治安办公室，交治安大队长王某、指导员梁某和分队长王某进行处理。周某当场承认赌博不对，拿小椅子欲砸治安队员也不对。赵某等人也向周某道歉说："不认识你，误会了，请今后多指教。"赵某以为此事至此已了结。但事后，县公安局依据《中华人民共和国治安管理处罚条例》第22条第2项的规定，以擅自使用械具非法限制他人人身自由为由，给予赵某行政拘留15天的处罚。赵某不服，于6月23日向某地区公安处提出申诉。某地区公安处于6月28日作出维持县公安局的裁决。赵某仍不服，于7月1日向人民法院起诉。

二、重点推荐阅读材料

1. 应松年、薛刚凌：《行政组织法研究》，北京：法律出版社2002年版。

2. 孟鸿志等：《中国行政组织法通论》，北京：中国政法大学出版社2001年版。

3. 任进：《政府组织与非政府组织》，山东大学出版社2003年版。

4. 应松年、薛刚凌：《行政组织法与依法行政》，载《行政法学研究》1998年第1期。

5. 姜明安、沈岿：《法治原则与公共行政组织——论加强和完善我国行政组织法的意义和途径》，载《行政法学研究》1998年第4期。

6. 沈岿：《公共行政组织建构的合法化进路》，载《法学研究》2005年第4期。

7. 石佑启：《论公共行政之发展与行政主体多元化》，载《法学评论》2003年第4期。

8. 应松年、宋世明、仲崇东：《公务员法释义》，国家行政学院出版社2005

年版。

9. 徐银华、石佑启、杨勇萍:《公务员法新论》,北京大学出版社 2005 年版。

10. 应松年主编:《行政法与行政诉讼法》,中国政法大学出版社 2008 年版。

第三章 | 行政行为法(一)

第一节 行政行为概述

一、行政行为的概念

"行政行为"一词是从国外引进的概念,最早可追溯到法国行政法学中的"Acte Administratif"一词,用以表明行政机关根据法律如同法院作出判决那样处理具体事务。其在本质上表现为相对人必须服从主权者单方面的决定或命令。

1826 年,这一概念被引入德国,德国行政法学界对其做了大量阐释。最初,行政行为被解释为公共行政机关按照公法或私法所采取的一切行政措施。后来,其范围渐渐被限定于依据公法所做出的行政措施。德国"行政法学之父"奥托·迈耶(Otto Mayer)在所著的《德国行政法》一书中将其定义为:"行政行为是行政机关针对特定主体的权利所做的具体的权威性的意思表示。"该定义以命令性和强制性为特征,是对 19 世纪警察国家行政活动特征的总结,即国家和公民之间,不存在以私法形式进行管理的模式。奥托·迈耶以行政行为作为中心线索建立了德国行政法学体系,为以后的行政法学理论和实践勾勒了重要的理论框架。此后,德国于 1976 年颁布的《联邦行政程序法》第 35 条第 1 款规定:"行政行为是行政机关为调整公法领域的具体事件而采取的,对外直接产生法律效果的命令、决定或其他主权措施。"这一定义进一步对大陆法系的行政行为理论产生了深远影响,为大陆法系诸多国家和地区所吸收借鉴。

“行政行为”一词最初也是作为学理概念进入我国的。1983 年王珉灿先生主编的《行政法概要》是建国后我国正式出版的第一本行政法教材，最早使用了“行政行为”一词，并将其定义为：“行政行为，是国家行政机关实施行政管理活动的总称，它是国际公认的研究行政法学的专用词，实际上是行政管理活动的代称。”①在此之后出版的行政法学教科书或专著等都沿用了这一概念。90 年代后，随着德国行政法译著的出现，随着承受德国公法思想的台湾行政法论著被大量介绍进入大陆，我国大陆行政法学界在行政行为概念、特征、效力等方面的研究也越来越多地受到德国公法理论的影响。

20 世纪 80 年代，由于行政行为只是学理概念，学者们对行政行为的定义也是各取所需，众说纷纭，先后形成了“最广义说”、“广义说”、“狭义说”、“最狭义说”等诸多定义。“最广义说”的行政行为即将一切与行政管理有关的行为统称为行政行为，行政行为成了行政机关活动的代称；“广义说”的行政行为是指国家行政机关所做的一切法律行为，虽然强调了行政行为是法律行为，但是其中含有行政机关以民事主体身份从事的民事行为；“狭义说”的行政行为是指国家行政机关行使行政职权中所做的具有法律意义的行为，这种行政行为的概念已经将行政机关的民事行为排除在外了；“最狭义说”的行政行为是指国家行政机关对外采取具体行政措施的行为，这种意义上的行政行为与德国、中国台湾、日本当今的行政行为概念很接近了。

以 1989 年 4 月全国人大通过并颁布《中华人民共和国行政诉讼法》为标志，“行政行为”从学理概念正式成为法律概念。因而也影响到对行政行为的定义。“狭义说”渐渐成为目前我国行政法学界关于行政行为定义的通说。当然，《行政诉讼法》使用的是“具体行政行为”概念。具体行政行为的概念范围，是在其后实践发展和不断地吸取德国法营养的过程中演化的，最终变得与行政行为对接了起来。

关于具体行政行为的内涵，最高人民法院 1991 年 6 月 11 日发布的《关于贯彻执行〈中华人民共和国行政诉讼法〉若干问题的意见（试行）》（以下简称“意见”），首次对其作出了明确解释。“意见”第 1 条规定：“具体行政行为是

① 王珉灿主编：《行政法概要》，法律出版社 1983 年版，第 97 页。

指国家行政机关和行政机关工作人员、法律法规授权的组织、行政机关委托的组织或者个人在行政管理活动中行使行政职权，针对特定的公民、法人或者其他组织，就特定的具体事项，作出的有关该公民、法人或者其他组织权利义务的单方行为。”但该条定义式规定也引发了学界诸多争论[①]，批评者认为该规定大大限制了行政诉讼的受案范围，不利于保护行政相对人的合法权益。作为一种回应，最高人民法院在2000年3月8日发布的《关于执行〈中华人民共和国行政诉讼法〉若干问题的解释》（以下简称“解释”）中又对此重新做出说明。“解释”第1条没有再尝试对具体行政行为概念进行界定，而是笼统地使用了“行政行为”一词，其意图显然在于扩大其内涵，进而拓展行政诉讼的受案范围以满足司法实践的需要。这一努力使得从实践层面上，具体行政行为与行政行为似乎变成可以通用的概念了。

从上述行政行为概念的演变来看，我国现行的行政法律制度基本是在行政行为理论指导下构建起来的，例如行政复议制度、行政诉讼制度与行政赔偿制度等。对于行政管理实践来说，行政机关所作出的行为是否为行政行为，是否为合法有效的行政行为，无论对行政主体还是相对方都具有十分重要的意义。[②] 但作为法律术语，现行司法解释却没有给出行政行为的明确定义，使得司法实践的可操作性大打折扣；而面对不断涌现的诸如行政合同、行政指导等新型行政管理手段，学界普遍认可的传统行政行为定义却又不能为司法实践提供与时俱进的理论指导。这一矛盾的存在使得我们必须对传统行政行为的定义重新进行诠释，使其能够包容所有可能出现的行政手段，为司法审判实践提供科学的理论支持。

为了避免传统行政行为定义可能带来的诸多不便，解决理论与实践之间相互脱节的矛盾，最高人民法院行政审判庭对行政行为的定义做了学理界定，即“具有国家行政职权的机关、组织及其工作人员，与行使国家职权有关

① 有学者认为，第一，仅对外部具体行政行为作出解释，忽视了内部具体行政行为；第二，将具体行政行为仅视为行政主体行使职权所作的行为，忽略了行政主体履行职责所作的行为和未履行职责的不作为行为；第三，仅限于单方行为，将行政合同等排除在外。参见方世荣：《论具体行政行为》，武汉大学出版社1996年版，第6—12页。

② 罗豪才、湛中乐主编：《行政法学》，北京大学出版社2008年第2版，第108页。

的，对公民、法人或其他组织的权益产生实际影响的行为以及相应的不作为。”[①]此定义在内涵和外延上介于前述的广义说和狭义说之间，虽非正式的法律概念，但在很大程度上显现出司法实务界对于理论指导实践的重视，也预示着行政行为理论在实定法中的未来走向。

本书赞同此定义的观点。其优点是，行政行为概念的外延被极大扩大，不仅包括法律行为，也包括事实行为，不仅包括单方行为，也包括双方行为，不仅包括作为行为，也包括不作为行为等。实际上，围绕行政诉讼制度构建行政行为理论不仅是大陆法系国家的历史传统，在我国也一直占据着主流地位。因此，该定义可以说能较好地贴近行政诉讼实践的需要，使得行政诉讼受案范围大大拓宽，更好地实现了行政诉讼保障相对人权益的目的。同时，在行政法学研究中，也可在此概念之下，分门别类地对行政行为进行构建和解释，灵活地对它们各自特点和构成要素等进行分析和阐述，避免了传统定义下以偏概全的不足。

二、行政行为的分类及效力

从上述的行政概念演变史可以看出，行政活动内容纷繁，很难被整合到单一概念之下。从各国行政法的发展史来看，行政活动的形态也经历了由单一化向多样化不断演进的过程，随着大量新型行政活动方式的涌现，传统的行政行为概念已无法对之作出合理解释，如行政契约、行政指导、行政计划等，在效力、法律控制手段等方面都与传统行政行为极为不同。因此，按照不同标准对行政行为进行分类，揭示其不同特征和规律，既可以为立法者在规范行政行为时建立符合各自特点的制度，也能为行政主体在实施行政行为和司法机关审查行政行为时掌握规律提供充分的理论支持。

目前学界对行政行为的分类标准有二十多个。除了得到普遍认可的抽象行政行为与具体行政行为，羁束行政行为与裁量行政行为，内部行政行为与外部行政行为等分类外，还有要式行政行为与非要式行政行为，作为行政行为与不作为行政行为，授益行政行为与负担行政行为，终局行政行为与非终局行政行为等分类。这些分类都从某一个角度揭示了行政行为的特征或

---

① 最高人民法院行政审判庭编：《行政执法与行政审判参考》，法律出版社 2000 年版，第 185—186 页。

规律，但如果按照每个行政行为在实践中所呈现出来的特点去分类，无疑会使行政分类陷入为分类而分类的怪圈，失去其应有的辨义、归纳之效。此外，现有的分类能否都并列置于行政行为这个大概念之下进行分析尚值得商榷，如单方与双方行政行为之分类就被认为不能涵盖行政立法等行为的特点。而行政行为分类对于实践而言，最大意义即其是否属于法律保留事项、程序的不同以及效力的区别。基于上述考虑，本书对于行政行为的分类上尝试采用与学界传统分类不同的分类体系。当然，在进行分类的时候，"行政行为"不能简单地和具体行政行为画等号。

（一）行政行为的分类

1. 以是否产生法律效力，可将行政行为区分为行政法律行为与行政事实行为。行政法律行为是能够产生行政法效力的行政行为，即具有公定力、确定力、拘束力和执行力。行政事实行为，也称事实行为，是一种不产生法律效果的行政活动，但它的产生与行政职权有关，具有法律上的意义，因而能够造成一定具有法律意义的事实后果，根据依法行政原则它也要符合合法性要求。但是，行政主体实施这种行为时，既没有效力上的意思表示，而且在结果上也不产生实际的行政法效力，即没有所谓公定力、确定力、拘束力和执行力。

行政法律行为与行政事实行为区分的意义在于判断行政行为的效力。因为与行政法律行为相比，行政事实行为的构成要件、行为效力和裁判方式与其有很大差别。

2. 以行政行为对象是否特定为标准可将行政行为分为抽象行政行为与具体行政行为，由于行政诉讼法最先用具体行政行为界定人民法院受理行政案件的范围，区分两者具有重大的实践意义，因而成为实务界和学界关注的焦点，成为目前公认的行政行为最基本的分类。

抽象行政行为，是指行政机关针对不特定对象，制定具有普遍约束力的规范性文件的行为。抽象行政行为包括两类：一是行政立法行为，如有权行政机关制定行政法规和行政规章的行为；二是制定行政规范文件的行为，即有权行政机关制定或规定的具有普遍约束力的其他规范性文件的行为，如一般市、县人民政府及其工作部门发布的决定、命令。

具体行政行为，是指行政主体在行政管理过程中，针对特定的对象就特定事项采取具体措施的行为。具体行政行为的内容和结果将直接影响某一个人或组织的权益,其最突出的特点就是行为对象的特定性和具体化。具体行政行为包括行政许可、行政确认、行政处罚、行政强制、行政裁决等。

抽象行政行为与具体行政行为有以下区别:

(1) 针对的对象(人)范围不同。抽象行政行为针对的是不特定的对象,如应急条例,并不是针对张三、李四或者其他具体人,而是针对在规定情形出现时应当作为或禁止其行为的所有人。而具体行政行为针对的是特定的对象,即是为了处分、形成、或者改变特定对象的权利义务或法律地位。

(2) 法律效力不同。抽象行政行为通常针对某类对象产生效力,具有普遍的约束力,可以多次被援引作为处分他人权利义务的依据,具有反复适用的效力特点;而具体行政行为只针对特定的对象发生一次效力,离开了特定的对象,具体行政行为将丧失存在的意义,对被管理者的权利义务的处分或法律地位的改变一旦实现,其效力即归于消灭。

(3) 法律后果不同。抽象行政行为不直接改变相对人的权利义务或法律地位,通常需要通过具体行政行为才能对相对人产生影响,如关于不动产登记的行政立法要通过行政部门的具体登记行为才与相对人发生联系;抽象行为有时候甚至是通过民事活动才使规范与具体受影响的人发生关系的,如作为行政机关的铁道部发布调价通知,是由各个铁路局及其下属售票窗口售票这种民事活动,使做调价火车的人与该通知发生关系的。因而抽象行政行为对相对人的权利义务的实质影响是间接的。具体行政行为的载体是书面决定,这种书面决定的内容已经具体地表明相对人应当履行什么义务,或者表明相对人获得了何种活动的资格。可见,具体行政行为直接影响相对人的权利义务。

(4) 行为程序不同。抽象行为目的是制定规则或规范,其程序接近于立法程序,应当尽可能多的反映民意,以公正、公平为核心;而具体行政行为着眼于解决具体问题,程序设计往往是以效率为中心。

划分抽象行政行为与具体行政行为具有重要的理论意义和实践意义。它对确定和判断行政复议和行政诉讼的受案范围具有重要作用。部分抽象行政行为可以被申请行政复议,由有权机关审查这些抽象行政行为的合法性,其他抽象行政行为虽然不能被申请复议,但行政复议机关发现问题是可以主动审查的;而具体行政行为一般都可以作为复议对象直接进入行政复议程序。另外,我国行政诉讼制度设计只针对具体行政行为,抽象行政行为是不可诉的。

在具体行政行为这个二级概念之下,还可以对其进一步分类,主要包括:

(1) 羁束行政行为与裁量行政行为

现实生活中,行政法律关系错综复杂,具体行政行为的涉及范围极为广泛,行政对象众多,在制定行政法律的时候难以完全涵盖或预料到各种可能发生的情况,因此法律一般会赋予行政机关一定程度和范围内的自由裁量权,由行政机关在其职权范围内、通过自己的判断做出决定。以具体行政行为受法律规范拘束的程度为标准,可分为羁束行政行为和裁量行政行为。

羁束行政行为,是指法律规范对行政机关适用法律的范围、条件、标准、形式、程序等作了详细、明确规定,行政主体必须严格按照法律规定做出的行政行为。该行为的特点是行政主体在作出行政行为时,没有任何选择的余地,法律怎样规定,行政主体就只能怎样执行。例如,税务机关征收各种税款的行为,就是一种典型的羁束行政行为。税务机关只能根据国家规定的税种、税率计算应当征缴的税额。

裁量行政行为,是指行政法律规范对行为的条件、范围、方式、幅度等的规定留有一定余地,或只规定了一定范围和幅度甚至于只是原则规定,行政主体可以在法定范围内或根据原则来选择实施的行政行为。例如,《治安管理处罚法》规定,行政机关可以对违法公民处以警告、罚款、拘留等行政处罚,至于行政机关具体适用何种处罚,则由行政机关根据相对人的违法情节而定。由于现代行政管理的内容日益复杂、丰富,行政主体根据实际情况灵活处置的情况越来越多,导致在行政管理过程中,行政主体的自由裁量领域越来越大。

羁束行政行为与裁量行政行为的划分的意义在于:

① 两者的划分决定人民法院监督行政行为的程度和深度。人民法院审理行政案件是对具体行政行为的合法性进行审查,而对行为是否适当,原则上不予审理。对于羁束行为,法院的司法审查全部是合法性审查;而对于裁量行为,人民法院一般仅对行为是否合法进行审查,只是在狭小的范围即行政处罚显失公正的前提下,人民法院才会对合理性问题进行审查。

② 区分羁束行政行为与裁量行政行为还决定了行政赔偿的范围。目前

的行政赔偿适用违法赔偿原则，对于羁束行政行为违法造成的损失应予以赔偿；对于裁量行政行为，违法的应当予以赔偿，但因合理性问题引起的损失，国家不承担赔偿责任，只承担补偿责任。

（2）单方行政行为与双方行政行为

这种分类是以行政行为成立时相对人是否决定性地参与意思表示为标准的，行政行为是行政机关自身决定的，即为单方行政行为，行政行为是行政机关与对方当事人共同决定的即为双方行政行为。

单方行政行为指依行政主体单方意思表示决定，无须征得相对方同意即可成立的行政行为。例如，行政处罚、行政征收等。值得注意的是，当两个以上的行政主体联合作出某个行政行为时，两个行政主体共同构成一方，所以该行为仍然是单方行政行为，在相对人寻求分类救济时，由他们作共同被申请人或共同被告，从而共同承担相应的责任。

双方行政行为指为实现公务目的，行政主体之间或行政主体与行政相对方之间协商达成一致而成立的行政行为，典型的如行政合同。行政合同是由行政主体作为一方当事人，为实现行政管理目的，与相对人经协商一致后而签订的合同。这种合同具有行政性和合约性，即行政权力的运用、行政目的的实现以及相对人同意各因素的结合。

划分单方与双方行政行为的意义在于：

① 有助于实践中的制度构建和理论研究的方便。单方行政行为是最典型的行政行为，且是传统命令型的行政行为，而双方行政行为，结合了公法私法两种活动特征，是行政活动减少命令色彩的产物。

② 明确不同行为的成立要件。单方行政行为和双方行政行为所表现出来的不同特征，使其各自在成立时所应遵守的行为规则不同，单方行政行为中有行政主体单方意思表示即可成立，双方行政行为必须有相对人一方的同意或认可才能成立。

3. 以行为的适用范围与效力范围为标准可以分为内部行政行为与外部行政行为

内部行政行为，是指行政主体在内部行政组织管理过程中所作的只对行政组织内部产生法律效力而并不影响公民权利义务的行政行为。就是说内部行为所针对的人或事是内部的人或事，故发生的法律效力也没有超出行政组织体。如行政处分及上级机关对下级机关所下达的行政命令、指示、批复等。

外部行政行为，也称作公共行政行为，是指行政主体在对社会实施行政管理活动过程中针对公民、法人或其他组织所作出直接影响公民权利义务的行政行为。如行政许可行为、行政处罚行为等。

划分内部行政行为与外部行政行为的意义在于：

① 二者适用的规范不同。内部行政行为适用内部行政规范，因而也只能用法定的内部手段和方式去调整；而外部行政行为适用于社会行政等外部行政法规范，因而能够采用相应的法律、法规所规定的各种手段和方式去进行。

② 二者救济途径不同。目前在我国，内部行政行为不适用《行政复议法》、《行政诉讼法》和《国家赔偿法》的规定，不能提起行政复议和行政诉讼；而外部行政行为中的具体行政行为在符合条件的情形下则适用上述法律规定。有些外部抽象行政行为虽然不能直接对之提起诉讼，但可以在复议中申请一并审查，复议机关和法院在审查具体行政行为同时也可以对其间接审查。需要指出的是，有些内部行为如涉及公务员的福利、工资、待遇，是以劳动关系而非行政职务关系寻求法律救济的。

4. 以是否有强制性可将行政行为分为强制性行政行为和非强制性行政行为

行政行为是一种以国家名义实施的行为，故其以国家强制力作为实施的保障。行政主体在行使行政管理职能的过程中，必须具有相应的管理权力和管理手段，如果行政主体遇到障碍，可以运用行政权力和多种行政手段，或者依法借助其他国家机关的强制手段来消除障碍，进而保证行政目标的实现。常见的强制性行政行为包括行政处罚、行政许可、行政征用等。

但现代行政为了实现其行政目的，除了采用传统的强制性权力行为形式外，正越来越多地采用非权力行为形式，比如行政指导、行政计划、行政调查等柔性行政手段的使用。有学者指出："权力色彩较弱的行政手段的采用，既对传统的行政法理论提出了挑战，也为新的行政法理论的创立提供了例证。"[①]总的来看，随着现代行政过程民主性的增强，强制性行政行为的使用范

① 罗豪才主编：《现代行政法的平衡理论》，北京大学出版社 1997 年版，第 21—22 页。

围会越来越小，一般在能够采用非强制性行为实现行政目的的情况下，行政主体不应当再去使用强制性行政行为，这有助于降低行政成本，减少行政管理者与行政管理相对人之间的对抗性。

（二）行政行为的效力

行政行为的效力是行政行为的生命，一个没有效力的行政行为会被视为自始无效或不成立。行政行为的效力是指行政主体的行政行为在公共管理过程中符合法定的条件，并在实际生活中发生的法律效力。我国行政行为效力理论的大部分观点源自德国、日本、台湾地区的效力理论。1983 年我国第一本行政法教科书《行政法概要》首次提出三效力说，将行政措施的效力归纳为拘束力、确定力、执行力。90 年代后期，大陆行政法学界开始关注行政行为的公定力理论，逐渐形成四效力说。此后，理论界对行政行为效力理论的研究也更加精细化，更加关注各种效力内容之间的关系，又出现了五效力说，认为行政行为的效力应包括先定力、公定力、拘束力、确定力、执行力。自 2000 年以后，对行政行为效力理论的关注和研究进入了一个新的阶段。最高法院颁布的《关于执行〈中华人民共和国行政诉讼法〉若干问题解释》中有一系列条款涉及行政行为的效力问题，法院所作的裁判不但可能撤销、变更行政行为，甚至可以确认行政行为无效。此前的《行政处罚法》更是直接在法条中规定了行政处罚不成立和行政处罚无效的情形。

本书采用目前学界关于行政行为效力的通说，认为行政行为的效力主要包括公定力、确定力、拘束力和执行力。①

1. 公定力

公定力是指行政行为一经成立，不论是否合法，均具有被推定为合法而要求所有的机关、组织或者个人予以尊重的一种法律效力。公定力并不意味着行政行为的真正合法，而是预先推定或假定行政行为合法。行政行为除非明显、重大违法，在经法定程序由法定机关使之丧失效力前，为了保持

① 也有学者认为，由于行政行为种类庞杂，行政行为的内涵与其效力界定并不一致，不同的行为种类可能具有各自特殊的效力，要将诸多效力的本质属性归于同一概念下进行分析较为困难，目前通说主要是针对具体行政行为效力的归纳，不宜界定为所有行政行为的效力。本书认为此观点不可取。比如行政指导因其不具强制性，而被认为不存在执行力，这是把“强制执行力”与“自行执行力”混淆了，行政指导的执行力是对于行政指导方来说的，被指导方没有执行义务不等于其自身也没有执行义务。

法秩序的安定性，维持行政活动的连续性，将其推定为合法。公定力的效力范围，并不限于行政主体和行政相对人双方，而是一种对世的法律效力。它要求一切机关、组织或个人对行政主体所作行政行为表示尊重，不能任意予以否认。

2. 确定力

确定力是指已经生效的行政行为对行政主体和行政相对人所具有的不受任意改变的法律效力。确定力是一种不可改变力。这里的改变，既包括撤销、重作，也包括变更。它既包括对事实认定和法律适用的改变，也包括对权利、义务的改变。不可改变即维持一种状态的持续，因此，“确定力”又可以称作“存续力”。

确定力是一种对行政主体和行政相对人双方而言的法律效力。对行政主体的确定力，称为实质确定力。它要求行政主体不得任意改变自己的行政行为，否则应承担相应的法律责任。这是因为，行政行为是行政主体向行政相对人所作的设定、变更或消灭权利、义务的一种承诺。行政主体有义务信守和兑现自己的承诺，否则就损害了行政相对人对这种承诺的信任。对行政相对人的确定力，称为形式确定力。它要求行政相对人不得任意改变已生效的行政行为，否则其请求将不被视为有效请求，而不予受理。

确定力是相对的。行政主体如果发现自己的行政行为确实具有违法情形，可依法予以改变，行政机关的上级机关也有权改变或撤销下级行政机关“不适当的”具体行政行为，但这种改变或撤销均应遵循法定的程序和形式要求，且对受损害的行政相对人应依法承担相应的法律责任。行政相对人也可以在法定期限内，按照法定程序向法定国家机关请求改变。可见，确定力是指未经法定程序，此行为不可变更，相反，经过法定程序，行政行为是可以改变的，所以说确定力是相对的。

3. 拘束力

拘束力是指具体行政行为的内容约束行政机关和行政管理相对人，使其遵守和服从该具体行政行为实质内容的法律效力。这里的“行政管理相对人”包括具体行政法律关系的对方当事人，也包括利害关系人。虽然，具体行政行为的法律效力包括拘束力和其他效力，但通常所称具体行政行为的效力，仅指拘束力而言。这是因为公定力只是推定具体行政行为合法，并不涉及具体行政行为的内容，这种效力尚未与相对人的实体权利义务联系起来；确定力、执行力则是晚于拘束力发生的效力，所以对于相对人而言，拘束力是该具体行政行为生效的标志。

拘束力发生的时间，因对相对人的拘束力和对行政机关的拘束力而有所不同。在法国、西班牙、葡萄牙，由于具体行政行为作出即生效，所以对行政机关来说，具体行政行为的拘束力与该行为成立的时间相同，即具体行政行为一经作出，行政机关就有遵守的义务；而对相对方而言，具体行政行为的拘束力在该行为被书面送达时方才生效。可见，拘束力对内发生效力早于其对外发生效力。当然，在有的国家或地区，其行政程序法规定行政行为自通知或公告之日生效，其拘束力不论对内或对外均以通知或公告之时日为生效之时日。从有利于相对人一方而言，凡对相对人不利的具体行政行为，似应以相对人受领该具体行政行为作为生效的时点。如此一来，行政行为的成立（对内产生拘束力）与行政行为的生效（对外产生拘束力）就应当有所区分了，下详述。

4. 执行力

执行力是指已生效的行政行为要求行政主体和行政相对人对其内容予以实现的法律效力。执行力是对行政主体和行政相对人双方主体的一种法律效力。当该行为为行政相对人设定义务时，行政主体具有要求行政相对人履行义务的权利。当该行为为行政相对人设定权利即为行政主体设定义务时，行政相对人具有要求行政主体履行义务的权利，行政主体负有履行义务的义务。

执行力有自行执行和强制执行两种实现方式，其中，对行政相对人的强制执行，行政主体可依法直接强制执行或申请人民法院强制执行；对行政主体的强制执行通常应由行政相对人通过行政复议或行政诉讼实现。因此，执行力也可以相应分为自执行力和强制执行力。

我国《行政诉讼法》第四十四条规定："诉讼期间，不停止具体行政行为的执行，但有下列情形之一的，停止具体行为的执行：被告认为需要停止执行的；原告申请停止执行，人民法院认为该具体行政行为的执行会造成难以弥补的损失，并且停止执行不损害社会公共利益，裁定停止执行的；法律、法规规定停止执行的。"不停止执行被诉行政行为，是行政行为具有执行力的表现。其理论依据是公定力，也就是说，既然行政行为推定合法，当然应当执行，不因当事人申请复议或者提起行政诉讼而停止执行。但是事实上，由于多数情形下行政机关没有自行强制执行的权限，在相对人不履行行政行为规定义务而提起行政诉讼时，人民法院为了避免自相矛盾，司法解释规定，此时若行政机关申请人民法院强制执行，人民法院不予强制执行。因此，在提起行政诉讼的案件中，多数案件实际上是停止了执行。不停止执行原则与现实中矛盾一直是人们期望修改《行政诉讼法》时予以修正的部分。也许借鉴德国行政诉讼相关制度，撤销之诉适用起诉停止执行，而其他种类的诉讼适用不停止执行，是不错的选择。

三、行政行为的成立、生效、撤销及废止

行政行为的成立、生效、撤销及废止等原理，应该是行政行为内涵的具体演绎和制度确认。在我国行政法学上，这些方面也被置于抽象行政行为和具体行政行为的上位概念行政行为之下进行解释。但实际上，有学者认为，目前已有的关于行政行为的成立、生效、撤销及废止等内容，也只能适用于具体行政行为而不适用于诸如抽象行政行为等其他类型的行政行为。鉴于目前大部分行政行为是以具体行政行为的形式出现，同时为统一编写体例起见，下文将仍使用行政行为的名称来介绍这些方面的内容。

（一）行政行为的成立及生效

1. 行政行为的成立

行政行为的成立是指行政行为应当具备哪些要件，才能构成行政行为，进而具有法律效力。行政行为从开始实施到完成是一个过程，在这个过程中，何时具体行政行为才算完成，或者具备何种条件该行政行为才能成立，是一个需要明确的问题。即说“成立”是行政行为完成的标志。一般来说，行政行为的成立需具备以下要件：

（1）主体要件。法律行为须具备主体，即意思表示须具有确定的主体，行政行为是行政主体的行为。从形式上考察，如果行政主体不具有行政主体的资格，则其行为不可能是行政行为，也就谈不上成立。因此，行为主体具有行政主体资格是行政行为成立的第一要件。

与民事活动有所不同，行政行为都是由一个组织实施。因此，就行为主

体而言，首先应该是由行政机关实施。行政行为必须表现为在行政机关的名义下实施的行为。如果非行政机关依法律规定以行政机关的身份处理某些事务时，也可以视为行政行为。如《行政许可法》第二十三条规定："法律、法规授权的具有公共管理职能的组织，在法定授权范围内，以自己的名义实施行政许可。被授权的组织适用本法有关行政机关的规定。"

（2）意思要件。一个行政机关作出的法律行为往往是一个行政决定，决定首先是对某人某事的意思表示。如处罚决定书的内容表达出的意思是确认某人行为违法予以制裁。意思表示一般可采用明示与默示两种方式。明示的意思表示，指以书面或语言等表意方式进行表达的情形。默示的意思表示，可以是行动，也可以是沉默，但皆应可以间接推知其外在意思。如行政机关对相对人的复议申请在法定5日内不予答复，推定为受理了该复议申请。

意思表示可以是书面，也可以是口头，通常情况下应当以书面形式作出。如果行政行为采用书面形式，应当加盖行政机关公章；如果不采用书面形式，应当由行政机关工作人员实施。

意思表示是公法上的意思表示，应当具有行政管理的内容，或行使行政权力的内容。如果具备行政主体资格的行政机关虽然有所活动，但是这种活动并没有行政管理的内容，无干行政权力行使，就不是行政行为，如与某建筑公司签订一个建家属宿舍楼的合同。

2. 行政行为的生效

行政行为的生效是指行政行为成立后，对相对人发生的法律效力。行政行为成立只是对行政机关产生拘束力，对相对人还不能产生效力。行政行为对相对人产生效力，是在其生效之后。

行政行为的内容、所针对的对象不同，其生效方式也有所不同。大致有以下几种生效方式：

（1）即时生效。即时生效是指行政行为一经作出就具有法律效力，对相对人立即生效。即时生效的行政行为一般表现为行政机关采取某种强制措施或者紧急处理的行为，此种行政行为的作出（成立）与其生效在时间上是同一的。如《行政处罚法》所规定的简易程序中的当场处罚，即属此类。

（2）公告生效。是指行政机关将行政行为的内容采取公告或宣告等有效形式，足以使相对人知悉、明了行政行为的内容，该行政行为对相对人才能开始发生效力。

公告方式所针对的是相对人难以具体确定的情况，包括针对的是不特定的多数相对人，或者相对人虽然明确，但所在地不明确，而使行政行为的内容难以具体告知。

(3) 送达生效。行政行为采用行政决定或者其他书面形式作出时，应当送达给相对人才发生效力，例如行政处罚决定书只有送达给被处罚人才生效。

根据有关司法解释，行政行为在作出后，相对人一直不知道行政行为和内容的，最长起诉期限为行政行为作出之日起5年。

另一种情形是，既没有送达，也没有行为载体，却经过一定期限，推定已经产生了一种行为。实际上相当于被视为一种行为发生效力。这里主要指行政机关的"不作为"。行政机关在法定期限内没有作出答复，或者应当作出决定而未作出决定，逾越此期限后，相对人就可以行政机关"不作为"为由，申请复议或者提起行政诉讼。

(二) 行政行为的变更及效力终止

行政行为生效后，未经法定程序不可变更或终止其效力。由于法律、法规的变化，或者由于情势变更，为了公共利益，行政行为需要变更的，经过法定程序，可以变更。由于变更之前该行政行为已经实施，例如BOT方式建设的过江桥，政府在合同中承诺对方收费十五年后收该桥梁为国有，但是情势变更，政府通知此江上所有过江桥均取消收费，故事实上变更了此合同条款，那么由此给对方造成的损失，政府应当承担补偿责任。之所以是补偿责任，是因为这种变更不属于违法，但是当事人信赖政府投资建桥应得利益却受到损害，基于公平负担原则，不能让个别人为公共利益承担损失，而由国家实际上是受益的多数人也负担这种损失，用财政的钱补偿相对人。

除了变更有受益人的行政行为，行政机关也可能变更的是负担性或者侵益性的行政行为如收费改为不收费、收多改为收少，将较重的处罚改为较轻的处罚等。这类变更只要未损害公共利益，应当是允许的。由于这种变更对相对人有利，故不存在补偿责任。

"撤回"从广义言之，也是变更，是一种根本性变更。撤回与撤销的区别在于，撤销是针对违法行政行为的，撤回并不是说该行政行为违法，而是情况发生变化，基于公共利益而撤回该合法行为。撤回对受益人而言，可能是有损害的，如上所述，第一要基于公共利益，第二要给补偿。正像许可法第8条规定的：行政许可一经合法核发不得变更和撤回，除非为了公共利益要变更或撤回的，但是要给许可持有人以补偿。

撤回，实际上是原来行政行为效力终止。终止效力是从撤回决定生效之时起。这也是撤回与撤销的不同。

效力终止还有其他形式，如注销、废止。效力终止最多的情况是，该行政行为的内容已经实现，如行政处罚决定已经执行完毕，该行为完成其预定目标，这一行为在以后不发生效力了。

（三）行政行为的无效和撤销

虽然行政行为效力丧失或未曾产生效力看似相近，但行政行为的无效与行政行为的撤销产生原因不同，在效力起止上就不一样。一般来说，行政行为无效，是行为明显、重大瑕疵所致，行为自始至终不产生法律效力。行政行为撤销，是因为行政行为违法或不当所致，根据行政行为违法、不当的情形，撤销可使行政行为自作出之日起即失去效力。

1. 行政行为的无效

无效本是自始无效，意味着在法律上没有这个东西。既然无效何来行政行为？但是不如此讲，我们就无法谈这一问题；另外，即使无效，有些时候相对人不知道其无效仍然服从或履行了相关义务，制度上需要先将其视为“有”这样一个行为，进而再确认其无效。

行政行为无效事关法律秩序的形成和法律秩序的安定性，不是任何文件都可以对此作出规定，必须由法律规定。对此最具示范效应的是德国行政程序法，非常妥帖地表明了两点：第一，无效问题需要法律保留，第二，用行政程序法来规定行政行为无效。我国目前没有一部法律专门对行政行为无效作出统一规定，散见于若干法律规定之中。这些规定用语并不统一，有的直接说无效，有的是说不能成立，有的规定可以拒绝（行政行为）等，但对无效的效果却语焉不详。概括言之，如果有下述情形之一的，应为无效：

（1）具有特别重大的违法情形或具有明显的违法情形。重大、明显都是强调普通人易于辨识其无效的性质。例如，《农业法》规定超出农民5%负担总额的收费或收税，农民有权拒绝。这里虽然没用无效的字样，但其意思表明了该收费或收税行为无效。

(2) 行政主体不明确或明显超越相应行政主体职权的行政行为。例如,工商机关要对人实施拘禁,无论是拘留这种行政处罚权,还是短期限制人身自由的行政强制权,显然并不是工商机关的法定职权,当属无效行为。

(3) 实施行政行为将导致犯罪。例如,某县政府为了吸引外资在该地经济技术开发区大量投资,命令村民捕杀若干国家保护的珍稀动物以招待外商食用。因捕杀此类珍稀动物的行为属犯罪行为,故该县政府的命令是无效行政行为。

(4) 内容不可能实施的行政行为。如要求位于江中的超员船只立即卸载人员。

(5) 行政行为的内容违反善良风俗或常理。如违反计划生育怀孕的妇女离开家乡躲避计划生育的强制措施,行政机关将其亲属扣留为人质,或者将其房屋拆掉以示警告等。

行政行为无效的法律后果有:(1) 行政相对方可不受该行为拘束,不履行该行为为之确定的任何义务,并且对此种不履行不承担法律责任。(2) 行政相对方可在任何时候请求有权国家机关,如行为机关、行为机关的上级机关、人民法院宣布该行为无效。(3) 有权国家机关可在任何时候宣布相应行政行为无效。因为无效法律行为不具有确定力。(4) 行政行为被宣布无效后,行政主体通过该行为从行政相对方处所获取的一切(如罚没款物)均应返还相对方;所加予相对方的一切义务均应取消;对相对方所造成的一切实际损失,均应赔偿。总之,行政行为被宣布无效后,被行政行为改变的状态应尽可能恢复到行为以前的状态。

可见,无效与可撤销在两个方面有重要区别。第一,无效既然无需经过法定程序即可断定无效,所以当事人可以抵抗——不服从该行政行为。可撤销的行政行为虽有违法,但是却需要经过法定程序确认并予以撤销,因而它首先是发生了法律效力,是后来被撤销了法律效力,当然撤销本身具有追溯力,是从其作出之日起撤销其效力。第二,当事人如果不知道某一行为无效而服从了该行为所设定的义务,事后当然是可以寻求救济的,但因为"无效"是自始无效,所以不受诉讼时效或诉讼期限的限制。如不拥有土地使用权的单位,将其暂时使用的某一地块登记为本单位的土地使用权,真正拥有此地土地使用权的单位一直不知道这一情况，当拥有使用权的单位发现权利被侵犯时已经超出了行政诉讼法规定的起诉期限，显然有无效制度才能帮助该单位得到法律救济。

2. 行政行为的撤销

行政行为撤销的条件为：(1) 行政行为缺少合法要件。合法的行政行为必须具备三个要件：主体合法、内容合法、程序合法。某种行政行为如果缺损其中一个或一个以上要件，该行政行为就是可被撤销的行政行为。(2) 行政行为不适当。所谓“不适当”，是指相应行为具有不合理、不公正、不符合现行政策、不合时宜、不合乎有关善良风俗习惯等情形。

行政行为一旦被撤销，具有以下法律效果：

(1) 行政行为撤销是该行为自始失去法律效力；

(2) 如果行政行为的撤销是因行政主体方面的违法失当引起的，由此造成相对方的实际损失应由行政主体予以赔偿。对此有两点说明。第一，行政行为的撤销是由行政主体与相对方的共同违法所引起的，如相对人弄虚作假申请许可，行政机关负责审查核发许可的公务员因为受人之托明知有些情况虚假却核发了许可证。这时虽然撤销了许可证，行政机关却不赔偿基于许可取得的利益。这是许可法第 69 条第 3 款的规定。但是许可法却没有规定在这种情形下，相对人为实施许可证允许的活动所进行的投资投入是否也不予赔偿。笔者认为法制社会中，每个行为主体都要对自己的行为负责，这种共同违法造成的结果当然应当由双方来承担，只不过按照因果关系来确定各方责任大小，行政机关还是应当赔偿自己行为引起的后果那部分损失的。第二，如果行政行为的撤销完全是行政相对方的责任，行政机关的公务员合理注意却不能发现相对人的违法或者申请虚假，撤销该行政行为，应当是既不赔偿基于许可取得的利益，也不赔偿为实施许可所作投资或投入。当然后一种情形很少，因为相对人的违法或弄虚作假，行政机关一般是完全可以识破或发现的，违法的行政行为被撤销完全豁免行政机关的赔偿责任是非常有限的。

第二节 行政立法和其他规范性文件

一、行政立法的产生、概念及效力

(一) 行政立法的产生

顾名思义,行政立法属于立法范畴,是实施立法权的形式之一。立法权的概念和形式起源于西方,但最初的立法权行政机关是不享有的。按照法国思想家洛克、孟德斯鸠、卢梭等人提出的"三权分立"原则,在一个国家中,立法、行政、司法三权分立制衡,相互监督制约,形成了对于社会权力的基本配置。近代欧洲资产阶级革命在国家主权形式上确立了人民主权原则,立法权作为一种最能代表主权的权能,主要是代表公意制定社会成员所普遍遵守的法律规范,接受人民委托成立的议会是行使立法权的唯一主体,而行政部门则负责执行这些法律规范,司法部门则对其进行监督。

然而,自 19 世纪末、20 世纪初开始,自由资本主义开始进入国家垄断资本主义阶段,社会事务分工精细化程度加快,国家权力也在迅速扩张,传统意义上的议会立法已不能满足社会管理日益膨胀的需求。相比之下,行政部门在专业领域立法上的优势进一步显现,行政的效能和对立法的需求是其承担立法任务的强大动力。在此背景下,立法机关开始逐渐将立法权委托或授权给行政机关或其他组织行使,行政立法由此而生。时至今日,行政立法在数量上远已超过议会等代议机关的立法数量,成为政府管理社会事务不可或缺的重要形式。

长期以来,我国的立法理论和实践一直认为只能由国家最高权力机关来行使立法权,在 1954 年宪法中就规定,立法权只能由全国人民代表大会行使。随着改革开放的深入发展,原有的立法原则和观念受到了重大挑战。1982 年制定的《宪法》突破了原有的诸多立法权主体方面的局限性,首次规定了国务院有制定行政法规的权力,国务院各部委有制定行政规章的权力。① 但是由于宪法第五十八条所规定的"全国人民代表大会和全国人民代表大会常务委员会行使国家立法权",而我们单一制国家传统上是将地方也看成是中央的

① 参见《中华人民共和国宪法》第 89、90 条。

组成部分,所以引起了到底立法权是"一级"还是"二级"的争论。

《立法法》[①]也把行政法规和规章纳入调整范围,首次在法律上承认行政法规和规章的制定也属于立法活动,从而最终确立了"行政立法"在现实中的地位,法学界近几年来关于是否只有全国人大及其常委会才能立法的争论也基本宣告结束。我国行政法学上的"行政立法"概念也从此有了法律根据。

（二）行政立法的概念

行政立法不是法律用语,而是一个学理概念。关于什么是行政立法,目前学界主要有四种概念:一是指制定行政性法律,即由全国人大及其常委会制定的法律(狭义),有些时候还包括地方性法规制定主体的地方人大及其常委会制定的涉及行政的地方性法规。其与民事立法、刑事立法或经济立法相对应。

第二种行政立法概念,是指制定行政法,即指人民代表大会和行政机关制定有关行政管理的法律规范的活动,甚至包括司法机关制定的涉及行政的规范活动等。这一定义从立法的内容来界定行政立法,即是关于行政的立法。这是最宽泛的定义。

第三种行政立法概念是指所有行政机关制定行政规范性文件的活动。这是以制定主体来为行政立法下定义的。这个意义上的行政立法与现在学理上讲的行政抽象行为可以画等号。

行政机关制定规范性文件的活动分为两类,一类是拥有行政法规和规章制定权的行政机关制定规范性文件的活动,即行政立法活动。另一类是没有行政立法权的行政机关制定规范性文件的活动,即其他抽象行政行为,其形成的结果常常被称为"行政规范文件"或"其他行政规范文件"。

第四种行政立法概念是指享有制定行政法规或规章权力的行政主体,依法定职权或授权以及法定程序制定规范性文件的活动。这一概念强调的是制定主体的立法权限是宪法以及宪法位阶的法律授予的。从立法的文件形式、名称到程序都是很严格的,是行政机关比较正式的立法活动。行政机关其他非正式的立法活动统归于"行政规范文件"或者"其他行政规范文件"之类中去了。

---

① 2000年7月1日《立法法》生效实施。

为了研究的方便起见，本书采用第四种概念，即以正式形式进行的行政立法为研讨对象。至于其他行政规范文件，在实践当中，如按照《规章制定程序条例》的规定，是“参照本条例规定的程序执行”；从理论上，许多关于我们所说的行政立法的言说很大程度上是可以适用于其他行政规范文件的。在此说明后不赘述。

（三）行政立法的效力

《立法法》第82条、第83条明确规定了各个位阶的法律规范的效力等级和法律适用规则，主要有：上位法优于下位法；同位阶的法律规范具有同等效力并在制定机关各自权限范围内行使；特别规定优于一般规定；新法优于旧法；法律不溯及既往。根据这些确定法律规范效力的原则，我国的立法体制可以分为以下几个层次：

首先，处于效力位阶最高层的是宪法。宪法具有高于法律、法规的效力，任何法律、法规规定不得与宪法规定相冲突。

其次是法律，法律的制定主体是全国人大及其常委会。

第三个层次是行政法规。在我国，行政法规的制定主体是国务院，制定行政法规遵循的是“根据”原则，即“根据宪法和法律”制定行政法规，见下“行政立法的性质”。

第四个层次是地方性法规。地方性法规包括两个层次。省级地方性法规的层级效力高于较大市的地方性法规和该省地方政府的规章。问题是，地方性法规与部门规章的效力关系是怎样的？两种法规范文件是由两种不同性质的机关制定的，一个是权力机关但其规范文件效力限于该行政区域；一个是中央行政机关，其对所管辖的行政事务的规范文件效力及于全国。两者层次效力高低不好判断。只能说原则上，地方性法规应当规定地方性事务，对全国统一的事项不宜做地方规定，部门规章是管本机关行政权限范围内的事项，对其他非权限范围内的事项不宜作出规定。如果两者有矛盾冲突，由国务院裁定。

第五个层次是规章，包括国务院部门规章和地方政府规章。部门规章之间、部门规章和地方政府规章之间具有同等效力，在各自权力范围内实施。地方规章也是两个层次，省级人民政府的规章效力高于本行政区域内较大的市的人民政府制定的规章。例如郑州市政府的规章在制定时要把河南省政府的规章作为“根据”，不能与之相违背。显然，河南省政府的规章层级效力高于郑州市政府的规章。

《立法法》还对不同位阶或同一位阶的行政法规或规章之间出现不一致时的解决规则作了规定。①

除了说明行政立法在我国法体系中所处位置及其层级效力外，我们还应当注意，行政立法与行政立法主体制定的其他行政规范文件的效力差别。如国务院制定行政法规，同时还更大量的颁布其他行政规范文件，两者之间效力不是同等的。因为同等效力就意味着，其他行政规范文件可以修改行政法规。但是行政法规是依很规范、很正式的程序制定的，是正式的行政立法文件，其层级效力比同一主体用非正式方式制定的规范文件要高。高多少呢？鉴于宪法、法律规定的国务院在行政上统领全国政府和行政机关的领导地位，以及规章不仅要依据法律、行政法规制定，还可能依据国务院的指示、命令制定②，因此，国务院的规范文件要比规章的层级效力高，却又比行政法规的层级效力低。

二、行政立法的性质和分类

（一）行政立法的性质

从传统的观念看，行政是国家对社会的组织管理活动。有人认为行政机关的活动只包括行使行政职权、履行行政职能的行政行为，而不包括立法行为。首先，行政立法所体现的是国家行政机关作为公共利益的代表者与公共利益的享有者或被代表者（即不特定公众）之间的关系。这种关系是一种宪政关系而不是直接的、现实的行政关系。其次，行政立法也具备了立法行为的种种特征。

但更多的学者有不同的看法，认为行政立法是行政行为。行政立法是行政主体运用行政权为实现行政职能所实施的行政行为，并且是一种抽象行政行为。

本书认为，就我国的行政立法现状而言，行政立法既是行政行为又是立法行为。理由如下，行政立法主体是特定的国家行政机关，行政立法所调整

① 详见《中华人民共和国立法法》第85、86条。

② 见《宪法》第90条、107条等。

的对象主要是行政管理事务及与行政管理密切相关的事务，行政立法的根本目的是实施和执行权力机关制定的法律，实现行政管理职能。因此，行政立法有别于权力机关制定法律的行为，它本质上是一种行政行为。但是这种行政行为与其他行政行为又有很大区别：

首先它是特定行政机关以国家名义制定人们必须普遍遵守的行为规则的活动，这些行为规则具有法的基本特征，即普遍性、规范性、强制性等。

其次，这些行为规则的制定必须遵守规定的程序。行政机关制定行政法规及规章必须经过起草、审查、签署公布等立法程序。因此，行政立法行为与行政机关直接执行法律规范、处理行政事务的具体行政行为有着明显区别。

1. 行政立法具有立法的性质，却是一种从属性立法，即从属于宪法法律不得与其相抵触。与权力机关的立法相比，二者之间区别在于：

（1）立法主体不同：权力机关立法的主体是全体人民选举出的人民代表，行政立法的主体是行政机关。

（2）立法客体不同：权力机关立法的客体一般是有关国家政治经济文化生活的基础性的、重大的事项，行政立法的客体一般是执行前者立法结果、实施具体的社会管理方面的事项。

（3）立法效力不同：权力机关所立之法律有仅次于宪法的效力，行政立法所立之行政法规和规章其效力要低于法律，不得与法律相抵触。地方政府规章还不得与地方性法规相抵触。

（4）立法程序不同：权力机关的立法是表决方式通过，是多数决；而行政立法虽然大多数情形下会通过会议形式决定，但是实际上实行的是首长负责制。

（5）立法形式不同：权力机关的立法一般以法典的形式颁布，名称一般冠以“中华人民共和国某某法”，以国家主席令的形式颁布。行政法规以国务院令的形式颁布，一般冠以条例、规定或办法等名称；部门规章则以部令、委员会令或者某某局令的形式颁布，地方规章是以地方政府首长令的形式颁布，如市长令、省长令、自治区主席令颁布，名称一般冠以规定、办法等。

2. 行政立法虽然具有行政的性质，但它与其他具体行政行为之间又存在着明显的区别：

（1）行为主体不同：享有行政立法权的行政机关是宪法、法律特别规定的，并不是所有的行政机关都享有行政立法权，但所有行政机关都有权实施一定的具体行政行为，无须法律特别规定。

（2）行为对象不同：行政立法的对象是抽象的，适用的对象是不特定的。

（3）行为的时间效力不同：行政立法结果可以反复、多次适用，在没有被撤销或被废止之前，视为有效，行政机关和行政管理相对人必须遵照执行，而具体行政行为的效力通常是一次性适用的，不能多次反复适用。

（4）行为的程序不同：行政立法的程序比较正式严格，形式也比较规范；而具体行政行为的程序比较简单灵活，形式多样，更注重效率。

（二）行政立法的分类

行政立法按照不同的标准可以作不同的分类。主要的分类方法是：

1. 根据行政机关立法权的取得方式可分为职权立法和授权立法。

职权立法：在英美法系国家，行政主体的行政立法都来自于法律的授权，而在我国，除了授权立法外，行政机关还可以直接根据宪法和法律所赋予的职权制定和发布行政法规和规章，称之为“职权立法”，这一点和法国行政立法性质相似。这种行政主体基于宪法和法律规定而享有的立法权是行政权的固有组成部分。它有以下特点：

第一，职权立法是行政机关根据宪法和组织法所享有的固有职权，它同相应的行政权同时产生、同时存在。

第二，职权立法受制于法律保留，凡属法律保留事项，职权立法不能涉足。职权立法只能就法律保留之外的事项，在法律空白的情形下行使。在法律保留范围内，行政立法不创设新的权利义务，只将法律规定的权利义务规定进一步具体化。如人身自由的限制是法律保留事项，行政立法不能创设新的对人身自由予以限制的权利义务规定，但是如果法律已有的规定，行政机关在一定限度内——即按照法律优先原则，可以细化其规定。

授权立法又有专门授权立法与法条授权立法之分。专门授权立法指权力机关或上级行政机关通过专门决议把应由自己行使的立法权交由行政机关去行使，行政机关根据这种特别的授权所进行的立法活动。行政机关根据特别授权制定行政法规或规章时可以创设新的权利和义务。如按照《立法法》第 9 条的规定，法律相对保留事项中尚未制定法律的，全国人民代表大会及其常务委员会有权作出决定，授权国务院可以根据实际需要先制定行政法规。法条授权立法是指行政机关根据法律法规中的法条授权而制定相应的实施细则、实施办法的活动。如《物权法》第 10 条规定："不动产登记，由不动产所在地的登记机构办理。""国家对不动产实行统一登记制度。统一登记的范围、登记机构和登记办法，由法律、行政法规规定。"

当然无论是授权立法还是职权立法，凡是法律保留的事项都不能擅自作出决定。

2. 根据立法权的主体不同，行政立法可以分为中央行政立法与地方行政立法。

中央行政立法是指中央国家机关，包括国务院各部、各委员会、审计署、中国人民银行以及其他具有行政管理职能的直属机构依法制定行政法规和规章的活动。地方行政立法是指地方行政机关，包括各省、自治区、直辖市和较大的市的人民政府依法制定地方政府规章的行为。我国《立法法》对较大的市作了规定，主要有三类：省、自治区人民政府所在地的市，经国务院批准的较大市①和经济特区所在地的市。②

3. 根据功能不同可以分为执行性立法和创制性立法等。执行性立法是指行政机关为执行法律或法规而进行的立法。执行性立法不能创设新的法律上的权利义务、不能增加或减少所要执行的法律和法规的内容。创制性立法是行政机关为了填补法律、法规的空白，或者补充法律、法规的有关规定而进行的立法活动。

三、行政立法的基本原则

行政机关为什么要立法？立法要达到什么样的预期目的？应怎样立法？这些问题反映出行政立法应秉持何种立法原则。行政立法的基本原则既要反映和体现行政行为的性质和特点，又要符合立法行为的一般规律。

（一）行政法治原则

行政立法作为行政机关的活动，当然要依法进行，也就是说在法律要求范围内活动。具体要求包括：

---

① 包括齐齐哈尔、吉林、抚顺、鞍山、大连、唐山、邯郸、大同、包头、青岛、淄博、淮南、无锡、宁波等 14 个城市。

② 包括深圳、珠海、汕头、厦门等 4 个城市。

1. 立法主体合法,即只有特定的行政机关才是行政立法的主体。

2. 立法权限合法。行政立法权限是行政立法主体行使行政立法权力的范围和程度。它既涉及权力机关与行政机关之间的立法权限,也涉及中央和地方行政机关之间的立法权限。

就行政立法权限而言,有两个公认的原则构成对行政立法权限的制约,即法律优先和法律保留原则。

现代法治的核心是依法行政,即行政权依据法律而行使,而法律优先原则和法律保留原则是依法行政的重要内容,也是确定行政立法权限的原则。有学者认为,法律优先具有以下含义:第一,在已有法律规定的情况下,任何其他法律规范,包括行政法规、地方性法规和规章,都不得与法律相抵触,凡有抵触,都以法律为准。凡是上一位阶的法律规范已经对某一事项作出规定,下一位阶的法律规范不得与之相抵触。第二,在法律尚未规定,其他法律规范作了规定时,一旦法律就此事项作出规定,法律优先,其他法律规范都必须服从法律。同样,在上位规范尚无规定,下位规范作了规定时,一旦上位规范就此事项作出规定,下位规范必须服从①。法律优先和法律保留是依法行政的两项核心原则,但如前所述,法律优先主要从消极方面来限制立法权限,行政立法只要不抵触法律即可,在法律没有规定的情况下,法律优先原则就会失去作用。而法律保留原则却不同,是从积极意义上来规范行政立法权限,也就是说,行政立法必须具有法律依据,且重要的事项应由法律规定,未经法律授权,行政机关不得以行政立法代为规定。

《立法法》第 8 条、第 9 条规定了法律保留原则,其中,第 8 条规定了相对保留事项,第 9 条规定了绝对保留事项,而第 10、第 11 条也与法律保留原则相关。第 8 条规定:“下列事项只能制定法律:(一) 国家主权的事项;(二) 各级人民代表大会、人民政府、人民法院和人民检察院的产生、组织和职权;(三) 民族区域自治制度、特别行政区制度、基层群众自治制度;(四) 犯罪和刑罚;(五) 对公民政治权利的剥夺、限制人身自由的强制措施和处罚;(六) 对非国有财产的征收;(七) 民事基本制度;(八) 基本经济制度以及财政、税收、海关、金融和外贸的基本制度;(九) 诉讼和仲裁制度;(十) 必须由

---

① 参见应松年主编:《行政法学新论》,中国方正出版社 1999 年版,第 45—46 页。

全国人民代表大会及其常务委员会制定法律的其他事项。”第 9 条规定:“本法第 8 条规定的事项尚未制定法律的,全国人民代表大会及其常务委员会有权作出决定,授权国务院可以根据实际需要,对其中的部分事项先制定行政法规,但是有关犯罪和刑罚、对公民政治权利的剥夺和限制人身自由的强制措施和处罚、司法制度等事项除外。”

3. 立法程序合法。程序法定是行政法规和规章有效的一个前提条件,违背法定程序的行政立法应予以改变或撤销。国务院根据《宪法》、《立法法》和《国务院组织法》的相关规定,分别制定了《行政法规制定程序条例》、《规章制定程序条例》,对行政立法的程序作了详细规定。

(二) 民主立法原则

民主立法原则是指行政立法应该体现人民的意志,通过行政相对人对行政立法的民主参与,使公众有机会表达自己的意愿,形成某种共识(这种共识的结果就是公共利益的体现)。另一方面,行政相对人通过民主参与,对行政立法过程进行监督,使得行政机关真正为公共利益而立法。在这里民主参与又成为制约行政立法权的必备手段和保证立法内容客观、公正的必要前提。我国《立法法》第 5 条规定:“立法应当体现人民的意志、发扬社会主义民主,保障人民通过多种途径参与立法活动。”

(三) 科学立法原则

科学立法原则要求遵循科学规律,运用科学方法,反映法律调整社会关系的内在逻辑。科学立法原则要求对立法的可行性和必要性进行考量。在是否动用立法手段这一问题上,要考虑各方面的因素,如是否具有实施该法的社会基础,经济基础等,要科学地规范公权力与私权力、公权力之间的权利和义务关系。我国《立法法》第 6 条规定:“立法应当从实际出发,科学合理地规定公民、法人和其他组织的权利与义务、国家机关的权力与责任。”

例如,在立法活动中实施立法成本效益分析和立法后评估。立法成本效益分析是指在立法中要考量立法投入和立法产出两个因素,目的在于用最小的立法成本实现最大的社会效益。后者则是及时清理法规规章的重要根据。

四、行政立法权限

行政立法的权限是指享有行政立法权的行政主体制定行政法规、规章的权力边界。宪法和相关组织法规定,制定行政法规和规章要以法律和其他上位法为根据,实际上,这就是对行政立法权限范围的原则界定。《立法法》进一步对行政立法的主体、基本程序、监督机制等都作了明确规定。

(一)行政立法主体

根据《宪法》第89条、《立法法》第56条规定,国务院享有行政法规立法权。根据《立法法》第71条和第72条中的规定,其他行政立法主体还包括国务院各部、委员会、中国人民银行、审计署和具有行政管理职能的直属机构(如证监会、银监会、电监会等),省、自治区、直辖市和较大的市的人民政府,他们可以根据法律和国务院的行政法规、决定、命令,在本部门权限范围内,制定规章。根据宪法和有关法律,特别是《立法法》的规定,国务院各部门的下属部门以及县、市人民政府没有规章制定权。

(二)行政立法权限

就授权立法而言,只要授权法对授权立法的事项、范围、目的等已做出了明确规定,授权对象的立法活动须依规定进行,违背授权法规定的目的、内容、范围所制定的规范性文件将不产生法律效力。就职权性立法而言,《立法法》从排除式和肯定式列举两方面对行政立法权限范围作出了统一规定,明确了行政立法主要是执行性立法的性质。

1. 全国人大及其常委会的专属立法权

《立法法》第8条明确规定了必须由全国人民代表大会及其常务委员会制定法律的事项,这些事项包括:(1)国家主权的事项;(2)各级人民代表大会、人民政府、人民法院和人民检察院的产生、组织和职权;(3)民族区域自治制度、特别行政区制度和基层群众自治制度;(4)犯罪和刑罚;(5)对公民政治权利的剥夺、限制人身自由的强制措施和处罚;(6)对非国有财产的征收;(7)民事基本制度;(8)基本经济制度以及财政、税收、海关、金融和外贸的基本制度;(9)诉讼和仲裁制度;(10)必须由全国人大及其常委会制定法律的其他事项。根据第8条的规定,对上列事项尚未制定法律的,全国人大及其常委会有权授权国务院根据实际需要,对其中的部分事项先制定法规,但是有关犯罪和刑罚、对公民政治权利的剥夺和限制人身自由的强制措施和处罚、司法制度等事项,不可以授权。通过明确全国人及其常委会的立法权限范围,也间接排除了行政机关在这些领域的立法权。

2. 国务院的行政立法权限

根据《宪法》第 89 条规定,国务院根据宪法和法律制定行政法规。在《立法法》制定以前,对于如何准确理解宪法规定的"根据"原则,存在"职权说"和"依据说"两种不同意见。"职权说"认为,国务院除了根据宪法和法律的具体授权以及为了对既有法律加以具体化而制定行政法规外,在不同宪法和法律相抵触的前提下,也可以在宪法和法律赋予的行政管理职权范围内,根据实际需要制定行政法规;因为制定行政法规是国务院行使行政管理职权的方式之一,凡法律未禁止的,或者不属于宪法或法律明确规定由法律调整的事项,国务院在其职权范围内都可以通过制定行政法规来行使职权。"依据说"则认为,国务院制定行政法规应当有直接的法律依据或明确的授权,否则不能制定行政法规;因为制定行政法规不是国务院固有的权力,也不是国务院行使职权的当然形式。

《立法法》的实施使两种意见之争暂时有了结论。第 56 条对国务院制定行政法规的权限范围作了明确规定:"国务院根据宪法和法律,制定行政法规。可以就下列事项作出规定:(一) 为执行法律的规定需要制定行政法规的事项;(二) 宪法第八十九条规定的国务院行政管理职权的事项。应当由全国人民代表大会及其常务委员会制定法律的事项,国务院根据全国人民代表大会及其常务委员会的授权决定先制定的行政法规,经过实践检验,制定法律的条件成熟时,国务院应当及时提请全国人民代表大会及其常务委员会制定法律。"

根据第 56 条的规定,应该说《立法法》主要采取了"职权说"的观点,即原则上属于国务院行政管理职权的事项,国务院均可以自主制定行政法规,而不需要必须有明确的法律依据,也不需要有法律的具体权范围内的事项,即使国务院具有行政管理职权,也只能在全国人大及其常委会作出明确的授权决定时才能制定行政法规。

3. 国务院各部门的行政立法权限

根据《宪法》第 90 条的规定,国务院各部委可以根据法律和国务院的行政法规、决议、命令,在本部门权限内发布命令、指示和规章。《国务院组织法》第10条对此作了进一步规定。

《立法法》对部门规章立法主体的立法权限作了明确界定,这些规定相对明确地勾画出了国务院部门制定规章的权限范围。第71条第1款规定:"国务院各部、委员会、中国人民银行、审计署和具有行政管理职能的直属机构,可以根据法律和国务院的行政法规、决定、命令,在本部门的权限范围内,制定规章。"第71条第2款规定:"部门规章规定的事项应当属于执行法律或者国务院的行政法规、决定、命令的事项。"因此,部门规章必须在法律、国务院的行政法规、决定或命令规定的事项范围内制定,这与国务院可以自主制定行政法规的权限范围不同。根据《立法法》第72条规定,涉及两个以上国务院部门职权范围的事项,应当提请国务院制定行政法规或者由国务院有关部门联合制定规章。

4. 地方人民政府的行政立法权限

根据《地方组织法》第51条、《立法法》第73条的规定,省、自治区、直辖市以及省、自治区的人民政府所在地的市、经济特区所在地的市、经国务院批准的较大的市,可以根据法律、行政法规和本省、自治区、直辖市的地方性法规,制定规章。地方人民政府行使的行政立法权限范围主要是:(1)为执行法律、行政法规、地方性法规的规定需要制定规章的事项;(2)属于本行政区域的具体行政管理事项。而国务院各部门、直属机构只能制定执行性规章。地方政府规章仅适用于其所辖行政区域,在效力上地方政府规章不得与行政法规、地方性法规相抵触。

五、行政立法程序

立法是一项对社会产生深远影响的活动,其制定出来的法律规范会对行政机关的权限义务、对行政管理相对人的权利义务产生重大的影响,故在立法过程中必须反复斟酌,充分征求并反映社会各阶层的意愿,以使相关各方的利益保持最大平衡。下面主要以我国的行政法规制定过程为例,介绍行政立法过程,规章的制定过程与此相似,可参照理解。

(一)立项

立项属于行政法规制定的第一阶段,可以使立法更趋于科学合理,减少立法的盲目性和随意性,集中调整某一阶段执政者所关注的社会矛盾。但立项不是一个行政法规制定过程的必经阶段。但实践中,很多立法活动并不是当年立法规划中确立的项目。

根据《立法法》规定,行政法规立法建议权与启动权由国务院享有立法权的部门实施。为了使行政立法工作避免各自为战的局面、政府法制机构组织协调各行政机关制定本年度政府立法规划。编制立法计划应当确定重点,区分轻重缓急,根据社会需要有所侧重地进行立法。

(二) 起草

起草法案的方式有部门自行起草、委托部门以外的专家、学者、组织等起草和合作起草等三种基本方式。在起草阶段,要进行实际调查研究,充分征求受立法重大影响的相对人的意见。起草的法规直接涉及公民、法人或其他组织切身利益的,或者有关公民、法人或其他组织对其有重大意见分歧的,应当征求公众意见。起草完成后,由起草部门向国务院报送行政法规送审稿。

(三) 审查和审议

行政法规送审稿由国务院法制机构(目前为国务院法制办公室)负责审查。审查是行政立法过程最重要的一环,在这一环节需要对立法草案进行论证,广泛征求相关方的意见,以提高立法质量。审查机构主要审查送审稿是否符合上位法的规定以及国家的方针政策;是否符合起草形式要求等。如果制定行政法规的条件尚未成熟,或有关部门对行政法规中规定的主要制度存在较大争议的,或者送审稿不符合相关规定的,国务院法制机构可以缓办或将送审稿退回起草部门重新起草。行政法规经国务院法制机构审查后,认为草案比较成熟的,将草案提交国务院常务会议审议或由国务院审批。

(四) 发布与实施

国务院法制机构根据国务院对行政法规草案的审议意见,对草案进行修改,形成草案修改稿,报国务院总理批准以国务院令的形式发布。行政法规签署公布后,应当及时在国务院公报以及全国范围内发行的报刊上刊登。行政法规应当在公布之日起30日后施行;但涉及国家安全、外汇汇率、货币政策的确定以及公布后不立即施行将有碍行政法规施行的,可以自公布之日起实施。

（五）备案与解释

行政法规应当自公布之日起30日内，依照《立法法》和《法规规章备案条例》的规定向有关机关备案：（一）地方性法规、自治州和自治县的自治条例和单行条例由省、自治区、直辖市的人民代表大会常务委员会报国务院备案；（二）部门规章由国务院部门报国务院备案，两个或者两个以上部门联合制定的规章，由主办的部门报国务院备案；（三）省、自治区、直辖市人民政府规章由省、自治区、直辖市人民政府报国务院备案；（四）较大的市的人民政府规章由较大的市的人民政府报国务院备案，同时报省、自治区人民政府备案；（五）经济特区法规由经济特区所在地的省、市的人民代表大会常务委员会报国务院备案。

国务院各部门和省、自治区、直辖市人民政府可以向国务院提出行政法规的解释要求。行政法规条文需要进一步明确界限或者作出规定的，由国务院解释。国务院法制机构研究拟定行政法规解释草案，报国务院同意后，由国务院公布或者由国务院授权有关部门公布。行政法规的解释与行政法规具有同等效力。

（六）修改和废止

行政法规实施后，由于社会环境变化、主管部门变更、上位法变更等原因，需要及时对行政法规进行修改或者废止。行政法规的修改和废止与制定相同，必须由行政立法主体根据其行政立法权限进行。

六、行政立法的监督

立法监督则是提高立法质量最有效的手段之一。加强对行政立法的监督，积极清理、废除不一致的法律规定，可以有效维护社会主义法制统一。

行政立法监督的客体是立法活动，主要解决是行政法律规范之间相互冲突"打架"的问题，包括：一是下位法同上位法冲突；二是相同位阶的法律规范之间相互冲突；三是地方与部门法律规范之间冲突；四是立法程序有瑕疵。

行政立法监督的主要途径有：

（一）权力机关的监督

1. 备案审查。除部门规章外，其他行政立法结果都要向权力机关备案，即行政法规向全国人大常委会备案,地方政府规章向本级人大常委会备案,较大的市的政府规章还应报省、自治区人大常委会备案。权力机关有权对行政立法进行实质和形式审查。[①] 权力机关经过审查后,认为行政法规同宪法和法律相抵触的或者规章不适当的,有权予以撤销,但不能改变。

2. 适用裁决。适用裁决是指行政立法在适用中与其他法律规范出现不一致的情形时,权力机关依法对该适用问题作出裁决的制度。[②]

（二）行政机关的监督

1. 备案审查。根据《法规规章备案条例》规定,所有的地方性法规、部门规章和地方政府规章都必须报国务院备案,其中,较大的市的政府规章还应当报省、自治区政府备案。

2. 适用裁决。根据《立法法》的规定,在适用过程中,地方性法规和部门规章之间对同一事项规定不一致的,或部门规章之间、部门规章与地方政府规章之间对同一事项相抵触的,由国务院裁决。

3. 行政复议的审查监督功能。《行政复议法》第 27 条规定,行政复议机关在对被申请人作出的具体行政行为进行审查时,认为其依据不合法,本机关有权处理的,可以在复议过程中处理;无权处理的,可以转送有权机关处理。这里的"依据"包括行政法规和规章。

4. 法规、规章清理制度。法规、规章清理是指有权国家机关对法规规章进行清理审查,以重新确认其法律效力的活动。

（三）司法机关的监督

根据我国《宪法》规定,对行政法规和规章的撤销或改变属于权力机关和上级行政机关的权力,法院无权撤销或改变行政法规和规章。《行政诉讼法》更是明确将行政法规和规章排除在法院的受案范围之外。但这并不等于说法院对于行政法规和规章没有任何的审查监督权。根据《行政诉讼法》第 53 条规定,法院可以适用"参照规章"原则审理案件。"参照规章"实际上就是承认了法院对规章享有一定的审查权[③]。

---

① 参见《立法法》第 87 条。

② 参见《立法法》第 86 条。

③ 因篇幅所限,关于"参照规章"原则的分析此处不再详述。可参见应松年主编:《当代中国行政法》,中国方正出版社 2004 年版,第 590—592 页。

（四）社会公众的监督

除国家机关外，社会团体、企事业单位以及公民认为行政法规和规章同上位法相抵触的，可以向权力机关或国务院提出审查建议，权力机关或国务院在审查后有权作出相关处理决定。

七、其他行政规范性文件的制定

（一）行政规范性文件的概念

除行政法规、规章外，行政机关还制定大量的措施、决定和命令等，这些文件俗称“红头文件”，还有人称之为“规章以下行政规范性文件”，“行政规定”，“行政立法之外的抽象行政行为”等等，不一而足。我国宪法和法律中未对此类文件作出统一规定和命名，《宪法》里用的是“规定行政措施，制定行政法规发布决定和命令”[①]的用语。《行政复议法》则称其为“规定”[②]。《行政处罚法》和《行政许可法》用的是“其他规范性文件”。[③]《行政诉讼法》用的是“具有普遍约束力的决定和命令”的称谓。[④] 一般认为，“行政规范性文件”这一称谓可以较为明确全面地指代此类措施、决定和命令等。行政规范性文件通常采用下列名称：命令，决定，公告、通告、批复、意见、函等。[⑤]

《立法法》对行政规范性文件没有进行明确规定，一般认为其不属于行政立法范畴。但由于其在实践中数量远远超出行政立法活动，且在行政管理领域实际上发挥着巨大的作用，是大量行政行为的直接依据，因此，本节将规范性文件列出一并介绍。

在学理上，行政规范性文件的定义众多，代表性的有三种：最广义的解释是指一切国家机关制定法律、行政法规、规章之外的具有普遍约束力的决定、命令和行政措施。广义的解释是指各类国家行政机关制定的除法规、规章之外的具有普遍约束力的决定、命令和行政措施等。狭义的解释是指没有行政立法权的国家行政机关为实施法律、行政法规、规章而制定的具有普遍约束

① 参见《宪法》第 89 条。
② 参见《行政复议法》第 7 条。
③ 参见《行政处罚法》第 14 条、《行政许可法》第 17 条。
④ 参见《行政诉讼法》第 12 条。
⑤ 参见国务院 2000 年 8 月 24 日发布的《国家行政机关公文处理办法》相关规定。

力的决定、命令和行政措施。本文采用广义的解释。

(二) 与行政立法的区别

行政规范性文件与行政立法虽然都属于抽象行政行为,都具有规范性、普遍约束力和反复适用性等共同特征,但二者仍存在一些区别,主要表现在:

1. 制定主体不同

行政立法活动主体较窄,仅限于享有行政法规和规章制定权的行政机关;行政规范性文件制定主体则较为广泛,从中央到地方各级行政机关都可以制定行政规范性文件。

2. 规范效力不同

一般来说,行政立法的效力比行政规范性文件要高,后者不能同前者相抵触。但如果法律、法规有特别规定,从其规定。同时行政规范性文件的效力本身也具有从地方到中央的金字塔式的层级性。

3. 规范内容不同

行政立法可以在法定权限范围内创设行政主体和行政相对人的某些权利义务,行政法规和规章可规定的内容在《立法法》中有明确规定。行政规范性文件则只能使行政法规和规章规定的内容进一步细化明确,其内容无法律明文规定。一般来讲,凡是与行政管理相关的事项,行政规范性文件都可以依据法律、行政法规、规章等作出具体规定。

4. 制定程序不同

行政立法的程序在《立法法》中有较为明确的规定,相对严格,而对行政规范性文件制定程序没有明确规定,较为简单、灵活,更有效率。但目前,鉴于行政规范性文件制定的杂乱无序,学界对用法定程序规范行政规范性文件制定的呼声渐高。

(三) 行政规范性文件的监督

除了权力机关、行政机关、司法机关的监督以外,需要特别关注的是,《行政复议法》规定了对行政规范性文件的附带审查。该法第 7 条第一款规定,“公民、法人或者其他组织认为行政机关的具体行政行为所依据的下列规定不合法,在对具体行政行为申请行政复议时,可以一并向行政复议机关提出对该规定的审查申请:(一) 国务院部门的规定;(二) 县级以上地方各级人民政府及其工作部门的规定;(三) 乡、镇人民政府的规定。”这一规定首次将行政规范性文件纳入到行政复议审查范围，强化了行政机关对于规范性文件的监督。但这一规定在适用上依旧存在很多限制，使得这一行政内部监督制度只能作为间接附带审查制度发挥作用，存在较大局限性，需要进一步完善。

第三节　行政许可与行政确认

一、行政许可

（一）行政许可的概念

行政许可的概念有广义和狭义之分：广义的行政许可既包括对行政系统内部低层行政机关向高层行政机关请求行为的审批，又包括对行政相对人向行政主体请求获得某种权益的行为之审批；狭义的行政许可仅指特定行政相对人向行政主体请求获得某种权益的行为。[①]《行政许可法》所称的行政许可采取了狭义的概念，是指行政机关根据公民、法人或者其他组织等行政相对人的申请，经依法审查，准予其从事某种特定活动的行为。

我们可以从以下几个方面来把握行政许可的含义：

第一，行政许可是一种具体行政行为。行政许可是一种针对特定的公民、法人或其他组织作出的行政行为，故而它是一种具体行政行为而非抽象行政行为，属于行政执法行为的范畴。

第二，行政许可是一种依申请的行政行为。行政许可是一种由行政相对人提出申请才能实施的具体行政行为，相对人的申请是行政许可行为作出的必经程序和条件，没有相对人的申请，行政机关就不能实施该行为。行政机关不能因相对人准备从事某种特定活动而主动颁发许可证。相对人的申请是颁发许可证的前提条件，但这并不等于行政许可是双方性质的法律行为。

第三，行政许可是一种要式行政行为。行政许可机关除应遵循一定的法定程序外，还应以正规的文书、格式、日期、印章等形式作出许可。行政机关作出准予行政许可的决定后，需要颁发行政许可证件的，应当向申请人颁发加盖印章的许可证、执照、资格证、资质证或者其他合格证书。行政许可没有口头形式。

① 关保英、黄学贤主编：《行政许可法教程》，中国政法大学出版社 2004 年版，第 1 页。

第四，行政许可是一种需经依法审查的行政行为。行政机关应当根据事前公布的标准和条件对申请人的申请进行审查，从而作出是否准予许可的决定。这种审查的结果是给予或者不给予行政许可。行政机关接到行政许可申请之后，首先审查决定是否受理。受理之后，根据法定条件和标准，按照法定程序进行审查，决定是否准予申请人的申请。审查应当公开、公平和公正，依照法定的权限、条件和程序，以保证行政许可的合法性。

第五，行政许可是一种授益性的（或赋权性）的行政行为。行政许可与行政处罚、行政强制等行政行为不同，后两者属于损益行政，对行政相对人的权益进行剥夺和限制；前者属于授益行政，是赋予行政相对人某种权利和资格，准予其从事某种特定活动的行为。

（二）行政许可的性质

关于行政许可的性质，理论界存在着不同看法，大体有四种主流观点，即赋权说、解禁说、折中说。

“赋权说”认为，行政许可是行政机关允许相对人从事某种活动，授予其某种权利和资格的行为，即赋权行为。相对人本来并没有某种权利，只是因为行政机关的允诺和赋予，相对人才获得了该项一般人不能享有的权利。赋权说最初盛行于英美法系国家。根据英美普通法，行政许可渊源于英王的特许权，后来随着英王行政权力的逐步缩小，特许权不断减少，但政府在行政管理中却广泛地借鉴了许可的管理方式。根据赋权说，当事人获得的并不是一种先在的“权利”（right），而仅仅是一种“特权”（privilege）。特权的恩赐并不意味着权利的授予。特权可以任意收回，并且不受正当法律程序的保护。英美法院的早期判例均持这种态度。由于赋权说把行政许可视为行政机关恩赐的一种特权，这与现代社会自由、民主的宪政理念相冲突。因此，赋权说在英美国家日渐式微。到20世纪六七十年代，英美国家逐渐抛弃了传统的特权理论，承认当事人获得的也是一种实在的权利。

在我国行政法学上，仍有部分学者采纳赋权说。当然，这是一种经过改造的赋权说，认为相对人获得的是从事某种活动的法律资格或者实施某种行为的法律权利。尽管如此，仍然有批评者指出，权利的形成主要是通过立法过程（宪法、法律的规定）来完成的，而不是通过行政机关的许可行为使相对人获得某种权利。

“解禁说”认为，行政许可是建立在普遍禁止基础上的解禁行为。行政许可的内容是国家普遍禁止的活动，但为了适应社会生活和生产的需要，对符合一定条件者解除禁止，允许其从事某种特定活动，享有某种特定权利和资格。根据解禁说，行政许可是对禁止的解除，而不是权利的授予。应受许可的事项，在法律没有禁止以前，是任何人都可以自由从事的行为，但由于法律规定的结果，自由受到了限制，而许可正是对自由的恢复。所以解禁说又被称为“权利恢复说”。解禁说是目前多数国家行政法学奉行的学说。这一理论与民主社会的权利观念相契合，有利于打破行政许可是政府施予“恩惠”的错误观念，有利于增强行政机关的责任意识。但是解禁说也存在理论上的缺陷。根据解禁说，许可的前提是禁止的存在。而许多被许可的行为是对社会有益的行为，法律却要加以普遍禁止，这在理论上说不通。因此，除了我国行政法学部分早期著作单纯采纳解禁说以外，越来越多的学者开始倾向于采纳“赋权加解禁”的折中说。

折中说认为，赋权说和解禁说两种观点并非截然对立，它们的差异只是认识角度不同而造成的。从表面上看，许可的确表现为政府赋予相对人某种权利，称之为赋权行为未尝不可；但从根本上说，许可不仅是行政机关行使行政职权的形式，而且是对原属于公民的某种权利自由的恢复，是对特定人解除普遍禁止的行为。折中说试图弥补赋权说和解禁说两种观点的缺陷，但如同大多数调和性的理论一样，该说并没有对行政许可的性质给出一个清楚的答案。

上述几种观点都是从法律上权利义务关系的角度去认识行政许可的性质，这也是法学研究中常用的一般方法。这种研究方法固然有助于厘清行政许可法律关系中当事人各方的权利义务，但也难免由于视野的狭窄而带有很大的局限性。我们赞同，应当跳出法律上权利义务关系的窠臼，从行政许可作为一种现代社会世界各国所广泛采用的具有制度创新性质的政府管理方式的角度，并透过行政许可具有的调节经济与社会发展的特殊功能去分析、把握行政许可的内在特征。①

第一，行政许可是政府对社会秩序的一种事前监管，是行政机关在管理

① 参见周佑勇主编：《行政许可理论与实务》，武汉大学出版社 2004 年版，第 34 页。

经济事务和社会事务中的一种事先控制手段，从政府行政的角度来看是一种有效预防危害社会行为的行权方式。

第二，行政许可是行政机关在公共利益的维护与行政相对人个体利益实现手段之间进行选择与衡量，确定是否允许相对人行使权利以实现个体利益的一种具体行政行为。

（三）行政许可的类型

在学理上，依行政许可的决定权和表现形式不同，可以将行政许可分为法律性行政许可与行政性行政许可；依行政许可的法理基础不同，可将行政许可分为禁止性行政许可与许可性行政许可；依许可的享有程度不同，可将行政许可分为排他性许可和非排他性许可等。

《行政许可法》对行政许可分类并没有明确的界定，但依据该法第 12 条的规定，按照行政许可的性质、功能、适用条件的不同，我们可以将行政许可分为以下五类：

一是普通许可。普通许可是由行政机关确认自然人、法人或者其他组织是否具备从事特定活动的条件。它是运用最广泛的一种行政许可，适用于直接关系国家安全、公共利益、人身健康、生命财产安全的事项。

二是特许。特许是由行政机关代表国家向被许可人授予某种权利，主要适用于有限自然资源的开发利用、有限公共资源的配置、直接关系公共利益的垄断性企业的市场准入等。

三是认可。认可是由行政机关对申请人是否具备特定技能的认定，主要适用于为公众提供服务、直接关系公共利益并且要求具备特殊信誉、特殊条件或者特殊技能的资格、资质。认可的主要功能是提高从业水平或者某种技能、信誉，没有数量控制。

四是核准。核准是由行政机关对某些事项是否达到特定技术标准、经济技术规范的判断、确定，主要适用于直接关系公共安全、人身健康、生命财产安全的重要设施设备的设计、建造、安装和使用，直接关系人身健康、生命财产安全的特定产品、物品的检验、检疫。

五是登记。登记是由行政机关确立个人、企业或者其他组织的特定主体资格。登记的主要功能是确立申请人的市场主体资格，没有数量控制。

（四）行政许可的原则

行政许可的原则是《行政许可法》的基本精神之所在，也是其所要解决的一个核心问题。根据《行政许可法》的规定，我国行政许可的基本原则包括以下四项：

1．许可法定原则

许可法定原则是指有权机关履行行政许可职责应当遵循合法性原则，必须严格按照宪法和法律、法规、规章规定的职责权限、范围、条件和程序设定行政许可，规范行使许可设定权，并以法律、法规、规章所确定的内容和程序，实施行政许可。《行政许可法》第4条规定："设定和实施行政许可，应当依照法定的权限、范围、条件和程序。"该项原则有以下几个方面的要求：第一，许可权限法定。行政许可的设定和实施必须依照法定的权限进行。第二，行政许可范围法定。一方面，行政许可只能由法律、法规来规定；另一方面，当法律、法规明确了具体的范围之后，这一范围便不得随意被破坏。第三，行政许可条件法定。当事人提出行政许可申请，只是行政许可的启动程序，其最终能否获得行政许可，还取决于一定的条件。这些条件应当是由法律、法规预先设定的，不能由行政机关随意设定。第四，行政许可程序法定。行政许可法明确规定设定和实施行政许可，必须遵守法定的程序。

2．许可公开、公平、公正原则

《行政许可法》第5条规定："设定和实施行政许可，应当遵循公开、公平、公正原则。有关行政许可的规定应当公布；未经公布的，不得作为实施行政许可的依据。行政许可的实施和结果，除涉及国家秘密、商业秘密或者个人隐私的外，应当公开。符合法定条件、标准的，申请人有依法取得行政许可的平等权利，行政机关不得歧视。"由于行政许可往往涉及到多方利害关系人的切身利益，因而行政许可机关必须公平地对待每一位申请人和有关利害关系人。同时，为了保障许可的公平和公正，不仅行政许可的过程、结果要向社会公开，而且行政许可的法律依据、条件、收费标准等一切有关事项都应该公开。

3．许可便民、效率原则

《行政许可法》第6条规定："实施行政许可，应当遵循便民的原则，提高办事效率，提供优质服务。"行政许可的便民、效率原则的主要要求有：一是除依法应当由申请人到行政机关办公场所提出行政许可申请的外，申请人可以委托代理人提出行政许可申请。二是行政机关应当将法律、法规、规章规定的有关行政许可事项、依据、条件、数量、程序、期限以及需要提交的全部材料的目录和申请书示范文本等在办公场所公示。三是行政许可需要行政机关内设的多个机构办理的,应当确定一个机构统一受理行政许可申请,统一送达行政许可决定。

4. 保障被许可人合法权益原则

根据《行政许可法》第 7 条的规定,在行政许可过程中,被许可人享有陈述权、申辩权、申请行政复议或者提起行政诉讼、行政赔偿及补偿请求权等。尤其值得一提的是,我国《行政许可法》第 8 条明确规定:“公民、法人或者其他组织依法取得的行政许可受法律保护,行政机关不得擅自改变已经生效的行政许可。行政许可所依据的法律、法规、规章修改或者废止,或者准予行政许可所依据的客观情况发生重大变化的,为了公共利益的需要,行政机关可以依法变更或者撤回已经生效的行政许可。由此给公民、法人或者其他组织造成财产损失的,行政机关应当依法给予补偿。”这一规定使学界大力推崇的信赖利益保护原则已经上升为行政许可的一项基本原则,具有重要的现实意义。

(五) 行政许可的设定

关于行政许可的设定问题,《行政许可法》主要是从可以设定的事项及具体的设定权限两个方面加以规定的。

1. 行政许可的设定原则

(1) 设定行政许可应当遵循经济和社会发展规律。凡是市场竞争机制能够有效调节、行业组织或者中介机构能够自行管理的事项,不得设定行政许可。只有市场、社会自行解决不了的问题,政府才能通过设定行政许可进行干预。

(2) 设定行政许可应当有利于发挥公民、法人或者其他组织的积极性、主动性,维护公共利益和社会秩序。公民、法人或者其他组织能够自主决定的不应设定行政许可。只有当公民、法人或者其他组织行使这些民事权利可能对他人利益或者公共利益造成损害,并且这种损害难以通过事后赔偿加以弥补、补救时,才能设定行政许可。

(3) 设定行政许可应当有利于促进经济、社会和生态环境协调发展。设定行政许可，不能仅仅考虑当前和眼下的利益，而应当统筹经济发展与社会事业及生态环境的协调，保持可持续发展。

2. 行政许可的设定事项

根据《行政许可法》规定，下列事项可以设定行政许可：

（1）直接涉及国家安全、公共安全、经济宏观调控、生态环境保护以及直接关系人身健康、生命财产安全等特定活动，需要按照法定条件予以批准的事项；

（2）有限自然资源开发利用、公共资源配置以及直接关系公共利益的特定行业的市场准入等，需要赋予特定权利的事项；

（3）提供公众服务并且直接关系公共利益的职业、行业，需要确定具备特殊信誉、特殊条件或者特殊技能等资格、资质的事项；

（4）直接关系公共安全、人身健康、生命财产安全的重要设备、设施、产品、物品，需要按照技术标准、技术规范，通过检验、检测、检疫等方式进行审定的事项；

（5）企业或者其他组织的设立等，需要确定主体资格的事项；

（6）法律、行政法规规定可以设定行政许可的其他事项。

上述事项通过下列方式能够予以规范解决的，可以不设行政许可：

（1）公民、法人或者其他组织能够自主决定的；

（2）市场竞争机制能够有效调节的；

（3）行业组织或者中介机构能够自律管理的；

（4）行政机关采用事后监督等其他行政管理方式能够解决的。

3. 行政许可设定权的分配

行政许可的设定权分配是指各种主要法律渊源形式在设定行政许可上的权力配置。

（1）法律的行政许可设定权。法律可以在行政许可法规定的设定行政许可的事项范围以外设定其他行政许可。

（2）行政法规的行政许可设定权。行政法规设定行政许可的权限比法律以外的其他法律规范大，但在法律已经设定行政许可时，行政法规只能作出具体规定，不能增设行政许可。

（3）国务院决定的行政许可设定权。必要时，国务院可以采用发布决定的方式设定行政许可。但在实施后,除临时性行政许可因条件、情况发生变化而废止以外,国务院决定设定的其他行政许可在条件成熟时,国务院应当适时提请全国人大及其常委会制定法律加以设定,或者自行制定行政法规加以设定。

(4) 地方性法规的行政许可设定权。地方性法规可以设定行政许可,但法律、行政法规已经对有关事项设定行政许可的,地方性法规只能作出具体规定,不得增设行政许可。

(5) 省级政府规章的行政许可设定权。尚未制定法律、行政法规和地方性法规的,因行政管理的需要,确需立即实施行政许可的,省、自治区、直辖市人民政府规章可以设定临时性的行政许可。临时性的行政许可实施满一年需要继续执行的,应当提请本级人大及其常务委员会制定地方性法规。

(6) 地方性法规和省级政府规章不得设定行政许可的事项。地方性法规和省、自治区、直辖市人民政府规章,不得设定应当由国家统一确定的公民、法人或者其他组织的资格、资质的行政许可;不得设定企业或者其他组织的设立登记及其前置性许可。其设定的行政许可不得限制其他地区的个人或者企业到本地区从事生产经营和提供服务,不得限制其他地区的商品进入本地区市场。

(7) 其他规范性文件一律不得设定行政许可。

(六) 行政许可的实施主体

行政许可实施主体是指行使行政许可权并承担相应责任的行政机关和法律、法规授权的具有管理公共事务职能的组织。

行政许可的实施主体主要有三种:

1. 法定的行政机关。行政许可一般由具有行政许可权的行政机关在其法定职权范围内实施。

2. 被授权的具有管理公共事务职能的组织。法律、法规授权的具有管理公共事务职能的组织,在法定授权范围内,以自己的名义实施行政许可。

被授权实施行政许可的具有管理公共事务职能的组织应当具备下列条件:第一,该组织必须是依法成立的;第二,被授权实施的行政许可事项应当与该组织管理公共事务的职能相关联;第三,该组织应当具有熟悉与被授权实施的行政许可有关的法律、法规和专业的正式工作人员;第四,该组织应当具备实施被授权实施的行政许可所必需的技术、装备条件等；第五，该组织能对实施被授权实施的行政许可引起的法律后果独立地承担责任。

3. 被委托的行政机关。行政机关在其法定职权范围内，依照法律、法规、规章的规定，可以委托其他行政机关实施行政许可。受委托行政机关在委托范围内，以委托行政机关的名义实施行政许可。

委托实施行政许可必须遵循以下规则：(1) 委托主体只能在其法定职权范围内委托实施行政许可；(2) 委托实施行政许可的依据是法律、法规和规章；(3) 委托机关应当对被委托行政机关实施行政许可的行为负责监督，并对被委托机关的行政许可行为的后果承担法律责任；(4) 被委托实施行政许可的行政机关不得将行政许可实施权再转委托给其他组织或者个人；(5) 委托行政机关应当将被委托行政机关和被委托实施行政许可的内容予以公告。

(七) 行政许可的实施程序

行政许可的实施通常应当按照以下程序和要求进行：

1. 申请与受理。公民、法人或者其他组织从事特定活动，依法需要取得行政许可的，应当向行政机关提出申请，如实向行政机关提交有关材料和反映真实情况。申请人可以委托代理人提出行政许可申请，但依法应当由申请人到行政机关办公场所提出的除外。行政机关应当将法律、法规、规章规定的有关行政许可的事项、依据、条件、数量、程序、期限以及需要提交的全部材料的目录和申请书示范文本等在办公场所公示，并应申请人的要求对公示内容予以说明、解释。行政机关对申请人提出的行政许可申请应当根据不同情况分别作出受理或不受理的处理，并出具加盖本行政机关专用印章和注明日期的书面凭证。

2. 审查与决定。行政机关应当对申请人提交的申请材料进行审查。申请人提交的申请材料齐全、符合法定形式，行政机关能够当场作出决定的，应当当场作出书面的行政许可决定；不能当场作出行政许可决定的，应当在法定期限内按照规定程序作出行政许可决定。根据法定条件和程序，需要对申请材料的实质内容进行核实的，行政机关应当指派两名以上工作人员进行核查。行政机关对行政许可申请进行审查时，发现行政许可事项直接关系他人重大利益的，应当告知该利害关系人。申请人、利害关系人有权进行陈述和申辩。行政机关应当听取申请人、利害关系人的意见。

对申请人的行政许可申请进行审查后，行政机关应当依法作出准予行政许可或不予行政许可的书面决定。准予行政许可，需要颁发行政许可证件的，应当向申请人颁发相应的加盖本行政机关印章的行政许可证件。不予行政许可的，应当说明理由，并告知申请人享有依法申请行政复议或者提起行政诉讼的权利。准予行政许可的决定应当公开，公众有权查阅。

3. 期限。除当场作出行政许可决定的外，行政机关应当自受理行政许可申请之日起20日内作出行政许可决定。20日内不能作出决定的，经本行政机关负责人批准，可以延长10日，并将延长期限的理由告知申请人。法律、法规另有规定的，依照其规定。行政许可采取统一办理或者联合办理、集中办理的，办理的时间不得超过45日；45日内不能办结的，经本级人民政府负责人批准，可以延长15日，并将延长期限的理由告知申请人。依法需要听证、招标、拍卖、检验、检测、检疫、鉴定和专家评审的，所需时间不计算在规定的期限内，但行政机关应将所需时间书面告知申请人。

行政机关作出准予行政许可的决定，应当自作出决定之日起10日内向申请人颁发、送达行政许可证件，或者加贴标签、加盖检验、检测、检疫印章。

4. 听证。法律、法规、规章规定实施行政许可应当听证的事项，或者行政机关认为需要听证的其他涉及公共利益的重大行政许可事项，行政机关应当向社会公告，并举行听证。

5. 变更与延续。被许可人要求变更行政许可事项的，应当向作出行政许可决定的行政机关提出申请；符合法定条件、标准的，行政机关应当依法办理变更手续。需要延续依法取得的行政许可的有效期的，应当在该行政许可有效期届满30日前向作出行政许可决定的行政机关提出申请（法律、法规、规章另有规定的，依照其规定）。行政机关应当根据被许可人的申请，在该行政许可有效期届满前作出是否准予延续的决定；逾期未作决定的，视为准予延续。

（八）行政许可的监督检查

1. 行政许可监督检查的种类

行政许可监督主要包括行政机关内部的层级监督和行政机关对被许可人的监督两种：

（1）行政机关内部的层级监督检查。即上级行政机关基于行政隶属关系对下级行政机关实行的监督。

（2）行政机关对被许可人的监督检查。主要包括以下几种：① 书面检查；② 抽样检查、检验、检测与实地检查；③ 被许可人的自检；④ 对取得特许权的被许可人的监督检查。

2. 行政许可的撤销与注销

（1）行政许可的撤销。行政机关违法作出行政许可决定，应当撤销其作出的行政许可决定。对违法的行政许可事项，基于保护公共利益的需要，该撤销的，行政机关应当予以撤销；撤销可能对公共利益造成重大损害的，不予撤销；既可撤销也可不撤销的，行政机关应当衡量各种利益后决定是否行使撤销权。行政许可决定被撤销时，行政机关应当赔偿被许可人因此受到的损害。

（2）行政许可的注销。指基于特定事实的出现，由行政机关依据法定程序收回行政许可证件或者公告行政许可失去效力。应当注销行政许可的情形有以下六种：① 行政许可有效期届满未延续的；② 赋予公民特定资格的行政许可，该公民死亡或者丧失行为能力的；③ 法人或者其他组织依法终止的；④ 行政许可依法被撤销、撤回，或者行政许可证件依法被吊销的；⑤ 因不可抗力导致行政许可事项无法实施的；⑥ 法律、法规规定的应当注销行政许可的其他情形。

（九）行政许可中的法律责任

1. 行政许可机关及其工作人员的法律责任

（1）行政法律责任。应当承担行政法律责任的几种违法行为包括：① 规范性文件违法设定行政许可；② 行政许可实施机关及其工作人员违反法定的程序实施行政许可；③ 行政许可实施机关违反法定条件实施行政许可的行为；④ 行政许可实施机关实施行政许可擅自收费或者不按照法定项目和标准收费的行为；行政许可实施机关及其工作人员截留、挪用、私分或者变相私分实施行政许可依法收取的费用的行为；⑤ 行政机关不依法履行监督职责或者监督不力的行为；⑥ 行政机关工作人员办理行政许可、实施监督检查，索取或者收受他人财物或者谋取其他利益的行为。

行政机关及其工作人员承担行政法律责任的具体形式是：

① 有关机关责令设定行政许可的机关改正，或者依法予以撤销；

② 上级行政机关或者监察机关责令改正；

③ 直接负责的主管人员和其他直接责任人员所在单位、上级机关或者监察机关给予行政处分；

④ 行政赔偿。

(2) 刑事法律责任。行政机关工作人员办理行政许可、实施监督检查，索取、收受他人财物或者谋取其他利益，情节严重构成犯罪的，或者实施行政许可滥用职权、玩忽职守构成犯罪的，或者截留、挪用、私分或者变相私分实施行政许可依法收取的费用构成犯罪的，应当依法给予刑事处罚。

2. 行政许可申请人及被许可人的法律责任

行政许可申请人及被许可人的法律责任分为两个幅度，程度较轻者予以行政处罚或者限制申请资格，较重者予以刑事处罚。其中，行政处罚是原则，限制申请资格和刑罚是例外。

(1) 行政法律责任。包括两种，即行政处罚和限制申请人申请资格。

行政处罚主要适用于以下几种情况：第一，行政许可申请人隐瞒有关情况或者提供虚假材料申请行政许可的；第二，被许可人以欺骗、贿赂等不正当手段取得行政许可的；第三，有下列情形且违法程度较轻的：① 涂改、倒卖、出租、出借行政许可证件，或者以其他形式非法转让行政许可的；② 超越行政许可范围进行活动的；③ 向负责监督检查的行政机关隐瞒有关情况、提供虚假材料或者拒绝提供反映其活动情况的真实材料的；④ 法律、法规、规章规定的其他违法行为。第四，公民、法人或者其他组织未经行政许可，擅自从事依法应当取得行政许可的活动的。

限制申请人申请资格的情形主要包括两种：第一，申请人隐瞒有关情况或者提供虚假材料申请属于直接关系公共安全、人身健康、生命财产安全事项的行政许可的，行政机关不予受理或者不予行政许可，并给予警告；申请人在 1 年内不得再次申请该行政许可。第二，被许可人以欺骗、贿赂等不正当手段取得属于直接关系公共安全、人身健康、生命财产安全事项的行政许可的，行政机关应当依法给予行政处罚；申请人在 3 年内不得再次申请该行政许可。

(2) 刑事法律责任。被许可人违法从事行政许可活动，情节严重构成犯罪的，依法追究其刑事责任。

二、行政确认

（一）行政确认的概念与特征

行政确认是指行政主体对行政相对人的法律关系、法律地位或有关的法律事实进行甄别，依法给予确定、认可、证明的一种相对独立的行政活动。行政确认不同于司法确认，也不同于民间确认，它是依法享有行政确认权的特定行政主体遵照法定程序和职权做出的一种具有较强公信力的事实认定。

行政确认具有以下特征：

1. 行政确认是一种相对独立的行政活动。在其他类型的行政活动中，如行政处罚、行政许可，行政机关在做出具体行政行为之前必须确认有法定情形存在，然后才能据此做出具体行政行为，但这种确认是一种附属性的，与后续的处罚或许可行为密切相关，没有独立的研究意义。我们所研究的行政确认是一种相对独立的活动，随着该行为的做出，行为的目标就已经实现，并不必然带来后续行政行为。如结婚登记、产品质量鉴定、房屋所有权登记、医疗事故鉴定等。

2. 行政确认的主体是依法享有行政确认权的特定行政主体。遵照职权法定原则，并非所有的行政主体都能进行行政确认，只有法律法规明确授权的主体才能为之。如《道路交通安全法》第73条规定："公安机关交通管理部门应当根据交通事故现场勘验、检查、调查情况和有关的检验、鉴定结论，及时制作交通事故认定书，作为处理交通事故的证据。"因此，在交通事故责任认定中，公安机关交通管理部门是行政确认主体。

3. 行政确认的目的是对特定的法律关系、法律地位或法律事实予以权威性的证明。行政确认并不直接改变相对人的权利义务关系，只是对现状依照法定程序做一个客观的描述。行政机关可能会据此后续行政行为，但这并不是行政确认的目的，行政确认的目的仅是做出一种权威性的判定，利用行政主体的公信力，免去相对人费时费力的追寻事实的负担，方便相对人的生活。如在房屋所有权登记中，当事人根据行政机关所做的登记就可以放心地交易，而不用担心对方是否真正享有所有权，免去信息不对称的困扰。

4. 行政确认是羁束行政行为。行政确认的目的是对特定法律事实、法律地位或法律关系是否存在做一权威性判定，而该事项的存在与否取决于客观事实和法律的规定。因此，行政主体的确认行为必须严格按照法律规定进行，不能依照主观臆断自由裁量。

5. 行政确认是要式行政行为。行政确认的结果具有很强的公信力，相对人可以据此对日后的生活做出安排，因此行政确认必须遵照法定程序和要求做出，并采用一定的形式为相对人所获知，是一种要式行政行为。

（二）行政确认的分类

依照不同的标准可以将行政确认分为不同的种类：

1. 依照是否需要相对人申请，可以分为依申请的行政确认和依职权的行政确认。依申请的行政确认是指必须由相对人提出申请，行政主体才能进行确认，如婚姻登记、工商登记；依职权的行政确认是指无须相对人申请，行政主体就可以进行确认，如审计鉴定、计量鉴定。行政确认中多数属于依申请的行政确认。

2. 依照行政确认对象的不同，可以分为对法律地位的确认、对法律关系的确认和对法律事实的确认。对法律地位的确认是指对法律上是否具有某种资格予以确认，如户籍登记；对法律关系的确认是指对特定权利义务关系的存在与否予以判定，如对收养关系的确认；对法律事实的确认是指对影响当事人权利义务的特定事件或行为存在与否进行判定，如交通责任认定。

3. 依照行政确认发生领域的不同可以分为公安领域的确认，如交通事故等级的认定；民政领域的确认，如烈士的认定；卫生领域的确认，如食品卫生状况的检查；经济领域的确认，如产品质量认证；劳动领域的认证，如工伤认定。

（三）行政确认的形式

行政确认的主要形式有以下几种：

1. 确认。它是指行政主体对相对人法律地位和权利义务的确定，如颁发宅基地使用证、房屋产权证书。

2. 认定。它是指行政主体对相对人现有法律地位、权利义务的承认和判定，如道路交通责任事故的认定、非法出版物的认定、产品质量检测等。

3. 证明。它是指行政主体对相对人现有地位、资格及相关法律事实的肯定和证明，如核发居民身份证、颁发硕士学位证书、公证等。

4. 登记。它是指行政主体对与相对人有关的事项予以记载的行为，如婚姻登记、工商登记、户口登记等。

5. 鉴证。它是指行政主体对一定关系的合法性进行审查以确认其效力的行为，如对出版物合法性的鉴证。

6. 检验检疫。它是指行政主体对特定商品是否符合法定标准所做的判定，如进出口商品检验部门对商品的检验以及动植物检疫机关对进出境动植物和动植物产品进行的检疫。

7. 认证。它是指行政主体对相关事项是否达到特定标准所做的判定，如依法对企业进行 ISO9002 质量认证。

（四）行政确认的程序

目前我们还没有《行政程序法》，统一的行政程序在全国范围内暂时不可能实现，但这并不代表程序不重要，相反，程序在依法行政的过程中具有十分重要的作用。程序不仅可以控制行政权的恣意，保护相对人的合法权益，还具有实现正义的独立价值。同样，探讨行政确认也离不开对其程序的分析。行政确认大致包括以下步骤：

1. 程序的启动。行政确认程序的启动有两种方式，即相对人依申请为之和行政主体依职权主动进行。

2. 受理。程序启动后，行政主体必须在法定期限做出回应，决定是否受理，不管受理与否都必须做出书面决定。受理时只是对申请是否符合法律规定进行形式审查，并不对申请的真实性进行考量，只要申请符合法定形式就应该受理，如果申请不符合法定形式应当允许当事人进行补正。

3. 调查核实。行政主体应当全面调查收集相关的证据材料，对申请事项的真实性进行调查核实。调查搜集证据可以通过现场勘验、技术鉴定、听取证人证言、调取书证、物证、视听资料等方式进行，调查核实主要围绕书面材料与实际情况是否一致展开。

4. 决定。根据调查核实的证据依照法定程序做出确认与否的书面决定，并及时通知相对人。如果相对人对该决定不服，应该有相应的救济途径。

（五）行政确认的原则

行政确认制度的建立与完善离不开行政确认原则的指导，行政确认的原则是贯穿于行政确认相关立法和执法之中的基本准则。行政确认的原则主要包括：

1. 依法确认原则。这是行政合法性原则在行政确认领域的具体体现,也是依法行政和法治国家的基本要求。依法确认要求行政主体必须严格依照法定职权和程序行使权力,不得代行其他部门的权力,也不得超越权限行使权力。只有做到了依法确认,才能保障确认行为的公信力,保障行为的公信力有助于维护相对人的合法权益。

2. 客观原则。行政确认是对法律地位、法律关系或有关法律事实的真实性进行甄别,这种事实是否存在不以行政主体的主观意志为转移,是由客观现实决定的,没有自由裁量的空间。离开了客观性原则,行政确认行为就失去了合法性基础,也会危及其公信力。缺失了公信力,行政确认制度就没有存在的必要,因此,行政确认必须遵循客观原则。

3. 信赖保护原则。行政确认最重要的一个目的就是提供公信力,因此在行政确认中必须保持相对的稳定性,不能朝令夕改。除非有相反的确凿证据并依照法定程序,否则不能更改确认结果。对于因行政主体的过失造成确认结果与实际情况不符,行政主体必须承担相应的责任。

（六）行政确认与相关概念的区分

1. 行政许可与行政确认

行政许可过程中常常伴随着对相对人某种资格的确认,但这种确认并不是独立意义上的行政确认,两者有着本质的区别:

首先,两者的性质不同。行政许可是一种自由裁量行政行为,是否赋予相对人某种法律资格行政主体可以自由裁量;而行政确认则是一种羁束行政行为,是否进行确认必须依照法律规定和客观事实情况,行政主体没有自由裁量的空间。

其次,两者的后果不同。行政许可赋予了相对人某种权利,直接改变了相对人的权利义务状态;而行政确认只是对相对人的法律地位、法律关系及有关的法律事实做一客观公正的描述判断,并不直接改变相对人的权利义务状态。

最后,两者的目的不同。行政许可的目的在于将可能危及社会公共安全、经济秩序及公民合法权益的活动纳入国家统一管理,控制危险,避免危害产生;而行政确认的目的在于利用特定机构的公信力为社会提供权威性证明,方便相对人的生活。

2. 行政裁决与行政确认

行政裁决中必须首先判明事实真相,然后根据客观事实和法律规定做出裁决,判明真相做出裁决的过程也是确认权利义务的过程,但行政裁决不等于行政确认,两者的区别在于:

第一,两者发生的前提不同。行政裁决发生的前提是当事人双方产生了争执,相持不下,需要一个中立的机构评判是非还原事实真相,经相对人申请而发生;而行政确认的提起不需要相对人双方发生了纠纷,只要相对人认为必要就可以提起确认申请,行政主体也可以依职权提起。

第二,行政主体的地位不同。行政裁决是一种准司法程序,行政主体处于裁判者的地位,必须中立、被动,不告不理,享有一定的自由裁量权;而行政确认仅仅是一种行政程序,行政主体可以主动作为,也可以等相对人提起后再有所作为,没有自由裁量权。

第三,两者的后果不同。行政裁决是对纠纷做出评判,必定直接改变双方的权利义务状态;而行政确认只是对现状加以肯定,不改变相对人的权利义务。

附录:

一、相关案例

1. 农户割玉米须办“砍伐证”?

贵州德江县为支持“扶阳古城”旅游开发,出台“红头文件”,要求全县干部职工去旅游;江西南昌红谷滩新区出台“窗帘红头文件”,要求所有临街建筑物外露窗帘必须用纯白色;河南漯河裴城镇政府发布“玉米红头文件”,要求农户收割玉米须先缴费办“砍伐证”和准运证……

2008 年 12 月 26 日,人民日报举行“规范性文件监督管理暨人民日报《红头文件评点》栏目研讨会”。据介绍,全国已有八成以上市县政府建立规范性文件备案审查制度;加大“红头文件”规范,已列入国务院法制办明年工作重点。有关专家呼吁,除了“红头文件”备案审查制度外,还应出台行政法规,从制定到出台、从实体到程序,对“红头文件”全程严控。

行政规范性文件作为行政机关制发的法规规章以外的具有普遍约束力的行政决定、命令,既是行政决策的结果,又是行政管理的依据,把好这一关非常重要。如果一个领导、一项决定有问题,只会引发个别问题;如果一个文件有问题,伤害的就是一大片、一个时期。要推进依法行政,建设法治政府,真正实现执政为民,必然要求行政机关不断加强对规范性文件的监督管理。各级政府应当进一步明确规范性文件备案范围和要求,建立相应的备案登记通报等制度,形成完备的备案管理流程。要加大对备案审查中发现问题的处理力度,采取建议制定机关自行修改、暂停执行,撤销等多种方式,灵活处理行政规范性文件制定中出现的问题。

2. 取水权纠纷

2001年4月,某省甲县A村与乙县B村因对一条自然水源的取水权产生纠纷,A村认为该水源源头在甲县境内,历史上该村村民均在此取水,且此水源一直作为该村的人畜饮水及灌溉用水,故应由其对此水源享有取水权。B村认为该水源流经乙县境内,本村人口多于对方,且A村还有其他水源可取水,因此取水权应属于B。双方互不相让进而发生冲突。管理甲、乙县的市人民政府经调查后对此作出处理决定:双方对该水源均享有取水权。A村、B村对此决定皆不服,均向省政府提出行政复议申请。复议机关经审理后查明,争执水源为自然河流,依据省政府对甲、乙两县行政区域界线的勘定,该水源是甲、乙两县的界河,根据水法及其他有关规定,双方均有取水权。故被申请人作出的该水事纠纷处理决定程序合法,适用依据正确,内容适当,依法作出了维持的行政复议最终裁决决定。

二、重点推荐阅读材料

1. 叶必丰:《行政行为的效力研究》,中国人民大学出版社2002年版。

2. 刘莘:《行政立法研究》,法律出版社2003年版。

3. 周旺生主编:《立法法》,法律出版社2000年版。

4. 马怀德主编:《中国立法体制、程序与监督》,中国法制出版社1999年版。

5. 杨伟东:《行政行为的司法审查强度研究》,中国人民大学出版社2003年版。

6. 应松年主编:《当代中国行政法》,中国方正出版社2004年版。

7. 傅思明:《行政审批制度改革与法制化》,中共中央党校出版社2003年版。

8. 周佑勇主编:《行政许可理论与实务》,武汉大学出版社 2004 年版。
9. 应松年、杨解君主编:《行政许可法的理论与制度解读》,北京大学出版社 2004 年版。

第四章 | 行政行为法(二)

第一节 行政检查、行政处罚与行政强制

行政检查、行政处罚、行政强制等具有强制性的、目前常见的行政行为方式,是实现行政管理秩序目标的强有力手段,但也易于给行政相对方带来权利伤害,必须加以有效控制。

一、行政检查

(一) 行政检查的概念及特征

所谓行政检查,是指行政主体基于行政职权依法对公民、法人或其他组织是否遵守法律、法规及规章等方面情况进行了解的行为。行政检查包含以下几层内涵:(1) 从检查主体来看,执行行政检查的具体行为者只能是行政主体;(2) 从检查对象来看,被检查的是行政相对人,也即公民、法人和其他组织;(3) 从检查内容来看,包括是否遵守法律、法规和规章,是否执行行政决定、命令,以及行政规划、行政计划的执行情况等等;(4) 从检查程序来看,检查者实施行政检查必须依法进行。

行政检查的特征如下:首先,行政检查的目的主要在于保障法律、法规、规章的实施和行政目标的实现,正如有学者所指出的:“行政检查既是执法的措施和活动,又是检验法的实践活动,还是制定法、认可法和变动法的重要的

信息来源，具有推动法制建设，完善社会主义立法的积极作用”①；其次，行政检查是一种具体行政行为，是针对特定的行政相对人做出的，并对行政相对人的权利义务关系产生实际影响②；再次，行政检查是一种外部行政行为，是针对外部的处于被管理地位的管理对象做出的，这不同于行政主体内部的“自查自纠”行为；复次，作为行政职权，行政检查具有强制力，行政相对人有义务接受行政主体依法进行的监督检查，否则有关行政主体有权采取某种强制措施或给予行政处罚；最后，行政检查具有法定性，即行政检查要按照法定的条件以及程序性要求行事，不能突破法律的界限。另外，如果行政主体在检查中发现行政相对人有违法的事实和证据，就可以引出另外一个行政处罚行为。由此可见，行政检查既可以是独立的行为，也可以是其他行政行为的过程行为。

（二）行政检查的分类

1. 根据行政检查对象是否确定和具体，可分为一般行政检查和特定行政检查。所谓一般行政检查，是指行政主体对不确定的一般公民、法人或其他组织是否遵守法律、法规所作的检查。而特定行政检查，是指行政主体对特定公民、法人或其他组织进行检查。

2. 根据行政检查权的来源，可以分为依职权的行政检查、依授权的行政检查和依委托的行政检查。依职权的行政检查是指行政主体依据其成立时组织法规定的行政检查权而进行的检查；依授权的行政检查是指某一行政主体依据法律、法规、规章的授权规定而进行的行政检查；依委托的行政检查是指行使行政检查权的行政主体将其行政检查权依法委托给其他行政机关或其他组织、个人行使，受托者依此进行的检查。

3. 根据行政检查实施的时间区段不同，可以分为事前行政检查、事中行政检查和事后行政检查。事前检查是指行政检查的实施在行政相对人某一

---

① 杨生、孙秀君：《行政执法行为》，中国法制出版社2003年版，第619页。

② 对此也有不同的看法。否定意见认为，行政检查并不对相对人的权利义务产生影响，例如在行政检查之后，如果没有后续的行政行为，相对人的权利义务还是原先那样多。但我们认为，行政检查完全可能对相对人的权利义务产生实际影响。例如，行政机关派出执法人员去某个企业进行检查，这对该企业来说，其社会评价有可能受到负面影响，其工作人员为了协助行政检查（陪同、答问、提供所需资料）而搁置、耽误本职工作，这些都会产生额外成本问题，致使行政相对人的权利和利益受到损害、发生变化。

行为开始之前;事中行政检查是指行政检查的实施存在于行政相对人行为开始之后尚未完成之前;事后行政检查是指相对人的行为已经完成,行政主体对这一行为或这一行为后果进行的检查。

4. 根据行政主体是否亲自到行政相对人的活动场所进行检查为标准,可以分为书面检查和实地检查。书面检查是指行政主体通过查阅书面材料对行政相对人的守法状况进行的检查;实地检查是指行政主体的工作人员或者其他公务人员代表其行政主体直接到检查对象所在地对其守法情况进行现场检查。

(三) 行政检查的程序

在实践操作中,我国行政机关的检查权被认为是与生俱来的权力,并不像其他权力那样强调法律尤其是组织的授权。而且我国尚且没有一部统一行政程序法典,更没有一部行政检查法律规范。目前有关行政检查程序的规定,散见于各单行法中,而且程序规定很不一致。学术界对此也是各家各说,尚无定论。[①] 可见行政检查缺乏立法上的程序制约,存在着滥用行政检查权,借检查之名,行处罚之实,侵害公民自由和权利的现象。在某些地方,"乱检查"甚至成为"乱摊派、乱收费、乱罚款"以外的又一"乱",企业和公民苦不堪言。[②] 为此我们特就行政检查程序方面的理论问题进行如下探讨和建议。

1. 事先通知

事先通知是指通常情况下在进行行政检查前,行政检查主体应当依照法定期限、途径及其方式告知行政相对人即将开始的行政检查事项。通知的内容包括行政检查的对象、目的、依据,行政检查的时间、地点,行政检查拟采取的手段、方式及其内容。需要注意的是,有些行政检查是比较特殊的,具有一定的突发性或者应急性,无法或者不能事前通知。我国《海关稽查条例》第10条规定:"海关进行稽查时,应当在实施稽查的3日前,书面通知被稽查企业、单位(以下简称被稽查人)。在特殊情况下,经海关关长批准,海关可以不经事先通知进行稽查。"另外,该条例进一步指出,财政部门实施财政检查,一般

---

① 参见崔卓兰:《新编行政法学》,科学出版社2004年版,第168—170页。参见应松年:《行政法学新论》,中国方正出版社1998年版,第303—304页。参见杨生、孙君秀:《行政执法行为》,中国法制出版社2003年版,第652—659页。

② 参见杨海坤:《行政检查也需要有法可依》,载《法制日报》1999年9月13日。

应于3个工作日前向被检查人送达财政检查通知书。财政部门认为实施财政检查的3个工作日前向被检查人送达检查通知书对检查工作有不利影响时，经财政部门负责人批准，检查通知书可在实施财政检查前适当时间下达。财政检查通知书的内容包括：被检查人的名称，检查的依据、范围、内容、方式和时间，对被检查人配合检查工作的具体要求，检查组组长及检查人员名单、联系方式，财政部门公章及签发日期。

2. 表明身份

行政检查人员既是“公务员”，又是一个普通“公民”。以“公务员”身份出现，且利用了职权时，他的行为属于职务行为，行为后果由所属行政主体承担；而以“公民”身份行为时，其行为则属于个人行为，由其自身承担相应责任。可见行政检查人员的身份至关重要，直接决定了行为的性质及其责任。因此在行政检查过程中，“表明身份”就显得尤为重要和必要了，也是必须要履行的程序之一。但是以什么方式来表明身份，有关立法并不统一。

一是检查人员的工作证件。《中华人民共和国统计法》第23条第2款要求，统计人员执行职务，依法对统计调查对象进行统计调查时，应当出示县级以上人民政府统计机构颁发的工作证件。

二是执法证件。《中华人民共和国港口法》第42条第4款规定，“监督检查人员实施监督检查时，应当出示执法证件。”

三是检查证。《中华人民共和国土地管理法》第68条指出，“土地管理监督检查人员履行职责，需要进入现场进行勘测、要求有关单位或者个人提供文件、资料和作出说明的，应当出示土地管理监督检查证件。”

四是工作证和检查证明文件。《中华人民共和国治安管理处罚法》第87条第1款规定：“公安机关对与违反治安管理行为有关的场所、物品、人身可以进行检查。检查时，人民警察不得少于二人，并应当出示工作证件和县级以上人民政府公安机关开具的检查证明文件。对于确有必要立即进行检查的，人民警察经出示工作证件，可以当场检查，但检查公民住所应当出示县级以上人民政府公安机关开具的检查证明文件。”

五是检查证和检查通知书。《中华人民共和国税收征收管理法》第59条明确：税务机关派出的人员进行税务检查时，应当出示税务检查证和税务检查通知书，并有责任为被检查人保守秘密；未出示税务检查证和税务检查通知书的,被检查人有权拒绝检查。

六是合法证件。《中华人民共和国证券投资基金法》第78条规定:国务院证券监督管理机构工作人员依法履行职责,进行调查或者检查时,不得少于二人,并应当出示合法证件;对调查或者检查中知悉的商业秘密负有保密的义务。

我们认为,“表明身份”是一个非常严肃而且意义重大的程序,因此表明的方式应该是严谨而且正式的。相比较而言,出示检查证和检查通知书的方式是比较适宜的,一则检查证能够表明检查人员的身份,能够证明检查人员是具有检查的资格和权力的;二则检查通知书能够证明检查是行政主体的行为,而非检查人员的个人行为。通过这“一证一书”的出示,能够完整地证明行政检查的前提是合法的,进而征得行政相对人的信任和接受。

3. 说明理由并告知权利

本着对行政相对人的尊重精神,同时按照民主与法治的要求,行政检查机关应当在正式检查前简要说明行政检查的目的和理由,从而避免对立情绪的产生,力求行政相对人的积极配合。同时还应该明确行政相对人在检查过程中所享有的陈述权和申辩权,即相对人有权充分介绍相关情况并表达自己的意见,对此检查人员必须给予其上述权利的保障并耐心听取。

4. 实施检查

说明理由并告知权利之后,行政检查人员就可以正式开始检查了。在实施行政检查时,行政检查主体应当严格遵守法律规定,采取合法的手段和方式进行检查,不得超越职权,不得滥用职权。而且要尊重行政相对人的合法权益,对在检查中知晓的相关秘密赋有保密的义务。同时,在检查的过程中应当做好相应的记录,即要有客观翔实的现场检查笔录,以为日后的检查结论提供基础性材料。另一方面,行政相对人应当主动提供有关资料,如实回答行政检查过程中的询问,并为行政检查提供便利。《海关稽查条例》规定,实施财政检查时,检查人员可以运用查账、盘点、查询及函证、计算、分析性复核等方法。检查人员可以要求被检查人提供有关资料,并可以对有关资料进行复制。而且检查人员还可以向被检查人询问有关情况,被检查人应当予以配合,如实回答询问、反映情况。询问应当制作笔录,并由被检查人签字或盖章。

5. 作出检查结论

行政检查是一种特殊的行政行为,行政检查完毕,通常会有两种结果,一是检查没有发现问题,行政行为至此终止,做出检查结论即可;一是检查发现问题,在做出检查结论的基础上,将做出进一步的行政行为,如行政处罚或者行政强制等。但无论是哪种结果,行政检查结论都是必要的,而且是导致两种不同结果的前提条件。因此必须认真及时地做出行政检查结论,以固定检查成果。同时为可能存在的进一步行为,打下坚实基础。具体来说,检查结论应当依据现场检查笔录,客观分析实际情况,综合考虑相关因素,在充分理解有关法律精神的基础上依法做出。

6. 送达检查结论并告知救济权利

行政检查主体在做出行政检查结论后,应当及时将书面检查结论送达给行政相对人,以明确行政检查成果。同时应当向行政相对人告知有关救济权利及其途径,包括对检查行为及其结论不服,申请行政复议或者提起行政诉讼以及请求行政赔偿的权利。

此外,在行政检查过程中,行政机关可以采取进入场所、调阅账表、扣押、查封、登记保存等多种手段。在这些措施侵害行政相对人合法权益时,行政相对人亦可以采取上述救济方式寻求帮助,维护自身合法权益。

二、行政处罚

(一) 行政处罚的概念与特征

行政处罚是指行政主体依照法定权限和程序对违反行政法律规范但尚未构成犯罪的行政相对人给予行政制裁的具体行政行为。

行政处罚的特征包括:

第一,从性质上看,行政处罚是一种以惩戒违法为目的具有制裁性的具体行政行为。这种制裁性体现在对违法相对人权益的限制、剥夺,或对其科以新的义务。

第二,行政处罚的前提是相对人实施了违反行政法律规范的行为。也就是说,只有相对人实施了违反行政法律规范的行为,才能给予行政处罚,而且只有法律、法规、规章规定必须处罚的行为才可以处罚,否则不能处罚。

第三,行政处罚的主体是行政机关或法律、法规授权的其他行政主体。

应当注意两点:(1) 某一特定行政机关是否拥有处罚权和拥有何种、多大范围内的处罚权,都由法律、法规予以明确的规定;(2) 虽然行政处罚权主要是属于行政机关的,但如果经由法律授权或行政机关委托,行政处罚权的实施权亦可由被授权、被委托的组织行使。

第四,行政处罚的对象是作为相对人的公民、法人或其他组织。这一点使之区别于行政机关基于行政隶属关系或监察机关依职权对公务员所作出的行政处分。就此而言,行政处罚是外部行政行为,行政处分是内部行政行为。

(二) 行政处罚的原则

1. 处罚法定原则

它是行政合法性原则(或依法行政原则)在行政处罚中的具体体现和要求,指行政处罚必须依法进行。处罚法定原则包含:(1) 实施处罚的主体必须是法定的行政主体。(2) 处罚的依据是法定的,即实施处罚必须有法律、法规、规章的明确规定。法律可以设定各种类型的行政处罚。行政法规、地方性法规和规章在设定行政处罚时受到不同程度的限制。(3) 行政处罚的程序合法。处罚法定原则不仅要求实体合法,也要求程序合法,即应遵循法定程序。

2. 过罚相当原则

过罚相当原则是指行政主体对违法行为人适用行政处罚,所科处罚种类和处罚幅度要与违法行为人的违法过错程度相适应,既不轻过重罚,也不重过轻罚,避免畸轻畸重的不合理、不公正的情况。

3. 公正、公开原则

所谓公正就是公平、正直,没有偏私。公正原则是处罚法定原则的必要补充,是指在实施行政处罚时不仅要求形式是合法的,是在自由裁量的法定幅度的范围内实施的,而且要求在内容上合法,符合立法目的。所谓公开就是处罚过程要公开,要有相对人的参与和了解,以提高公民对行政机关及其实施的行政处罚的信任度,同时监督行政机关及其公务员依法、公正地行使职权,保障相对人的合法权益。

4. 处罚与教育相结合的原则

它是指行政处罚不仅是制裁违法行为的手段,而且也具有教育的作用,是教育人们遵守法律规范的一种形式。行政处罚的目的不仅是“惩”已然的违法行为,而且是“戒”未然的、潜在的违法行为。通过惩罚与教育,使人们认识到违法行为的危害,从而培养自觉守法的意识。但是,对于已然的违法行为,教育必须以处罚为后盾,不能简单地以教育全盘代替处罚。对应受行政处罚的违法者在给予处罚的同时,予以鞭策教育,二者不可偏废,从而达到制止、预防违法的目的。

5. 一事不再罚原则

《行政处罚法》第 24 条规定:“对当事人的同一个违法行为,不得给予两次以上罚款的行政处罚”,可以说是一事不再罚原则的具体体现。正确理解这一含义应当注意:(1) 行为人的一个行为,同时违反了两个以上法律、法规的规定,可以给予两次以上的处罚,但如果处罚是罚款,则只能罚一次,另一次处罚可以是依法吊销营业执照或许可证,也可以是责令停产停业,还可以是没收财产等,但不能再罚款。(2) 行为人的一个行为,违反一个法律、法规规定,该法律、法规同时规定施罚机关可以并处两种处罚,如可以没收并处罚款,罚款并处吊销营业执照等,这种并处不违背一事不再罚原则。(3) 违法行为性质严重已构成犯罪的,依法追究其刑事责任的同时,依法应予行政处罚的仍可适用行政处罚,但拘留的行政处罚应与拘役或有期徒刑的刑罚相折抵,罚款的行政处罚应与罚金的刑罚相折抵。

6. 处罚救济原则

该原则又称法律救济原则或无救济即无处罚原则。指行政主体对相对人实施行政处罚时,必须保证相对人有救济途径,否则不能实施行政处罚。处罚救济原则是保证行政处罚合法、公正行使的事后补救措施。

(三) 行政处罚的种类与形式

行政处罚可以根据不同的标准进行分类。若以行政处罚的性质为标准,行政处罚可分为限制或剥夺权利性的处罚、科以义务性的处罚、影响声誉的处罚;以行政处罚的内容为标准,其可分为人身自由罚、声誉罚(申诫罚、精神罚)、财产罚、行为罚四类。每一类处罚中又各有具体的处罚形式。

1. 人身自由罚

人身自由罚是指行政机关实施的在短期内限制或剥夺公民人身自由的行政处罚。它是行政处罚中最为严厉的处罚种类。目前,我国法律、法规规定的人身自由罚有两种形式:行政拘留和劳动教养①。但《行政处罚法》只规定了“行政拘留”这种形式,并在第9条中明确规定了“限制人身自由的行政处罚只能由法律设定”。目前有关劳动教养方面的法律(有的称之为违法行为矫正法)正在制定中。现行适用的是1957年《国务院关于劳动教养问题的决定》②、1979年《国务院关于劳动教养问题的补充决定》③以及1982年公安部制定、国务院批转的《劳动教养试行办法》④等。随着《行政处罚法》和《立法法》的实施,劳动教养制度的立法进程必将大大加快。

2. 行为罚

行为罚是限制和剥夺违法相对人某种行为能力或资格的处罚措施,有时也称能力罚、资格罚。行为罚的主要表现形式有:责令停产停业,吊销或暂扣许可证和执照等。责令停产停业是限制违法相对人从事生产、经营活动的处罚形式。吊销或暂扣许可证和执照,是永久性或暂时性地禁止相对人从事某种被许可行为的处罚,它是指行政主体依法收回或暂扣违法者已获得的从事某种活动的权利或资格的证书。

3. 财产罚

财产罚是指使被处罚人的财产权利和利益受到损害的行政处罚。财产罚的具体形式主要有:罚款、没收财物(没收非法财物、没收违法所得)。

4. 声誉罚

声誉罚是指行政主体对违法者的名誉、荣誉、信誉或精神上的利益造成一定损害以示警戒的行政处罚,故又称申诫罚或精神罚。声誉罚既适用于个人也适用于组织,其主要形式有警告、通报批评等。

---

① 关于劳动教养的性质,目前还存在一些争议。学界大多数人认为应属于行政处罚。1991年10月国务院新闻办公室发表的《中国的人权状况》指出,劳动教养是一种行政处罚。也有一部分学者和实务部门的同志认为劳动教养是一种行政强制措施。

② 《国务院关于劳动教养问题的决定》于1957年8月1日经全国人民代表大会常务委员会第78次会议批准,1957年8月3日国务院公布。共计5条。

③ 《国务院关于劳动教养问题的补充决定》于1979年11月29日第五届全国人大常委会第12次会议批准,1979年12月5日,国务院“国发[1979]289号”文件发布。共计5条。

④ 《劳动教养试行办法》系公安部制定,1982年1月21日国务院“国发[1982]第17号”文件转发,共计11章69条。

（四）行政处罚的实施

1. 行政处罚的实施主体

行政处罚的实施主体包括两类，一类是行政机关，一类是被授权组织。行政机关实施处罚又包括两种情况：一是一般行政机关的实施，二是综合执法机关的实施。一般行政机关，可以在其职权范围内实施行政许可。综合执法机关，即集中行使行政处罚权的行政机关。按照《行政处罚法》第16条的规定，国务院或者经国务院授权的省级人民政府，可以决定由一个行政机关行使多个行政机关的处罚权，但限制人身自由的行政处罚权和中央垂直领导部门的行政处罚权除外。

此外，法律、法规授权的具有管理公共事务职能的组织，可以在其授权范围内实施行政处罚。对此需要注意，只有法律、法规授权的组织才有处罚实施权，也就是说，规章不得授权社会组织实施行政许可，如果“授权”，也应当被推定为委托，其实施行政处罚的法律后果应归属于“授权者”。

在特殊情况下，有权的行政主体，可以依照法律、法规、规章的规定，在其法定权限内委托具备一定条件的社会组织实施行政处罚，这就是行政处罚的委托实施。基于行政委托的原理，受委托组织并非法律上的实施主体，其实施行政处罚的法律后果只能归属于委托者。对于委托实施行政处罚的情况，还需要注意几个问题：(1) 受委托组织必须以委托者的名义实施行政处罚，且不得将处罚事项转委托于他人。(2) 受委托组织必须具备若干条件，即它应当是依法成立的管理公共事务的事业组织，具有熟悉有关法律、法规、规章和业务的工作人员，如需对违法行为进行技术检查或者技术鉴定的，还应当有条件组织进行相应的技术检查或技术鉴定。(3) 行政主体不能委托个人实施行政处罚。[①]

2. 行政处罚的管辖规则

(1) 级别管辖。行政处罚由县级以上地方人民政府具有行政处罚权的行政机关管辖，但法律、行政法规另有规定的除外。根据这一规定，国务院的下属部门、乡镇人民政府、各种内设机构与派出机构，一般就不具备行政处罚

① 有的观点认为，实际生活中存在着个人接受委托实施行政处罚的情况，如轮船上的船长、列车上的乘务员等，且允许这些个人接受行政委托实施处罚是完全必要的。我们认为这种观点也有其合理性。

权，除非法律与行政法规对此做出了特别规定，如《治安管理处罚法》规定派出所可以行使部分处罚权。

(2) 地域管辖。原则上，行政处罚由违法行为发生地的行政机关管辖。至于何谓“违法行为发生地”，应作广义理解，不但包括主要违法行为实施地，还包括其相关行为的实施地，以及直接违法结果的发生地。

(3) 指定管辖。指定管辖适用于多个行政机关对处罚案件发生争议的情况。管辖争议包括积极争议与消极争议两个方面，积极争议指的是多个机关争夺管辖权，消极争议指的是多个机关推诿管辖权。此时，均应由争议机关报请其共同的上一级行政机关指定管辖。

3. 行政处罚的简易程序

行政处罚的简易程序又称当场处罚程序，是一种简单易行的行政处罚程序，指在具备某些条件的情况下，由执法人员当场作出行政处罚的决定，并且当场送达的步骤、方式、时限、形式等过程。适用简易程序的条件是：(1) 违法事实确凿；(2) 有法定依据；(3) 较小数额罚款或者警告的行政处罚。所谓较小数额的罚款，一般是指对公民处以 50 元以下、对法人或者其他组织处以 1000 元以下罚款。[①]

行政主体的行政执法人员在进行当场处罚时，应遵循下列程序：(1) 表明身份。它是表明处罚主体是否合法的必要手续，执法人员应向当事人出示执法身份证件或委托书。(2) 说明处罚理由。执法人员应主动向当事人说明其违法行为的事实，说明其违反的法律规范和给予行政处罚的理由和依据。(3) 给予当事人陈述和申辩的机会。当事人可以口头申辩，执法人员要予以正确、全面地口头答辩，使当事人心服口服，而不得因当事人的申辩而加重处罚。(4) 制作笔录。执法人员对当事人的违法行为的客观状态当场制作笔录。(5) 当场制作并送达处罚决定书。当场处罚决定书应是由有管辖权的行政机关或组织统一制作的有格式、有编号的两联处罚决定书，由执法人员填写。当场处罚决定书应载明：被处罚人姓名或单位名称，违法事实，行政处罚

---

① 参见《行政处罚法》第 33 条。但 2004 年施行的《道路交通安全法》第 107 条规定了对道路交通违法行为人予以警告、200 元以下罚款，交通警察可以当场作出行政处罚决定，并出具行政处罚决定书；2006 年施行的《治安管理处罚法》第 100 条规定违反治安管理行为事实清楚，证据确凿，处警告或者 200 元以下罚款的，可以当场作出治安管理处罚决定。

的种类或处罚数额，处罚依据，时间地点，告知复议权利和诉讼权利及期限，处罚的机关或组织名称，执法人员的签名或盖章。当场处罚决定书制作后，应当场交付被处罚人。（6）备案。执法人员当场作出的行政处罚决定，必须向所属行政机关备案，以便接受监督和检查。

4．行政处罚的一般程序

行政处罚的一般程序又称普通程序，是行政处罚中的一个基本程序。行政处罚一般程序的特点有：（1）适用范围广。除了法律特别规定应当适用简易程序和听证程序的两种情形，其他情况下均适用一般程序。（2）较之简易程序严格、复杂。在时间顺序、证据取舍、当事人参与权利以及对公众公开等方面更为严格。（3）同时作为听证程序的前提程序。听证程序适用于案情复杂、争议较大、可能导致较重处罚的案件，但适用听证程序的案件在举行听证前，一般必须首先经过一般程序的有关步骤。所以可以说一般程序也是听证程序的前提程序，听证程序是一般程序的特别程序。

行政处罚的一般程序包括以下几个步骤：（1）立案，即是行政处罚的启动程序，应通过一定的法律形式表现出来；（2）调查取证，即行政主体应客观全面公正地调查收集有关证据；（3）说明理由并告知权利，即行政主体在作出行政处罚决定之前，应当告知当事人作出行政处罚决定的事实、理由与依据以及当事人应当享有的权利；（4）听取当事人陈述与申辩。

5．行政处罚的听证程序

行政处罚中的听证程序，不是一种与简易程序和普通程序并列的独立、完整的行政处罚程序，而只是普通程序中的一道特殊环节，它是指对重大行政处罚决定做出之前，在违法案件调查承办人员一方和当事人一方的参加下，由行政机关专门人员主持听取当事人申辩、质证和意见，进一步核实和查清事实，以保证处理结果合法、公正的一种程序。

根据《行政处罚法》第42条的规定，在行政处罚程序中，行政机关为了查明案件事实，公正、合理地实施行政处罚，在作出责令停产停业、吊销许可证或者执照、较大数额的罚款等行政处罚决定之前，应当事人要求，须公开举行有利害关系人参加的听证会，在质证和辩论的基础上作出行政处罚决定。行政处罚的听证程序为：

（1）听证的申请与决定。当事人要求听证的，应当在行政机关告知后3

日内提出。此外,行政机关认为确有必要时也可主动组织听证。

(2) 听证通知。组织听证的行政机关在作出有关组织听证的决定后,应当在听证开始的7日前,以书面形式通知当事人举行听证的时间、地点和其他有关事项,以便当事人作充分准备在听证会上申辩与质证。

(3) 听证的形式。除涉及个人隐私、商业秘密、国家秘密外,听证会一律公开举行。

(4) 举行听证会。听证会由行政主体指定非本案调查取证的和与本案无利害关系的人员主持。要求听证的被调查人可以亲自参加听证,也可以委托1—2名代理人出席或与代理人同时出席。当事人认为主持人与本案有直接利害关系的,有权申请回避。举行听证时,首先由主持人宣布听证会开始、听证事项及其他有关事项,然后由调查取证人员提出当事人违法的事实、证据和行政处罚建议;针对被指控的事实及相关问题,当事人进行申辩和质证;经过调查取证人员与当事人相互辩论,由听证主持人宣布辩论结束后,当事人有最后陈述的权利。最后由听证主持人宣布听证会结束。

(5) 制作听证笔录。对在听证会中出示的材料、当事人的陈述以及辩论等过程,应当制作笔录,交付当事人、证人等有关参加人阅读或向他们宣读。如有遗漏或差错的应予补正或改正。经核审无误后,当事人应在笔录上签名或盖章。听证结束后经主持人审阅后,由主持人和记录人分别签名或盖章。听证笔录是行政处罚的重要依据,应与有关证据材料一起入档封卷,上交行政机关首长。

(6) 听证费用。行政机关组织听证,目的在于充分听取当事人的意见,全面、客观、公正地调查取证,从而保障行政处罚权的正确行使。因此,当事人不承担行政机关组织听证的费用。

(7) 行政处罚决定。听证程序只是一般程序中的一种特殊的调查处理程序,并不涵盖行政处罚程序的全过程。与一般程序中的调查取证程序相比,只是对比较重大的处罚案件适用特殊方式的调查取证,仍应按照一般程序的有关规定作出行政处罚决定。听证结束后,行政机关依照有关一般程序的规定作出处理决定。从这个意义上讲,在我国适用听证程序的案件的最后决定权在行政机关而非主持听证的工作人员。

6. 行政处罚决定

行政主体通过调查、取证,且听取了被指控人的申辩后,如审查确认违法事实确实存在,且事实清楚,证据确凿,即可依法根据情节轻重及具体情况作出处罚决定;对于情节复杂或者重大违法行为给予较重的行政处罚,行政主体的负责人员应当集体讨论决定;如认为违法行为不存在或被指控的事实不能成立的则不得给予行政处罚,而应作出撤销案件的决定;如被指控人确实有违法行为,但情节显著轻微,依法可不予行政处罚的,可作出免予行政处罚的决定;如认为被控人不仅有违法行为,且该行为已构成犯罪的,则应将有关材料移送司法机关处理。

（五）行政处罚的执行

《行政处罚法》中所规定的"行政处罚的执行",实际上包括了两个部分的内容,一部分是当事人对行政处罚的履行,另一部分才是对行政处罚的强制执行。

1. 行政处罚的履行

由于各种类型的行政处罚具有不同的自然属性,因此其权利义务内容的实现方式呈现出明显不同。行政拘留涉及对公民人身自由的限制,只能由承担警察职能的行政机关实施与执行;责令停产停业、暂扣或者吊销许可证和执照的处罚,由行政机关直接执行即可,基本上不存在当事人的履行问题;警告的处罚一经行政机关做出就达到其效果,也不存在当事人履行的问题。因此,存在当事人履行问题的处罚,主要就是财产罚,尤其是罚款。所以,《行政处罚法》中所规定的行政处罚的履行,实际上就是围绕罚款的收缴展开的。罚款的收缴,主要包括两个方面的制度,一是职权分离原则,二是当场收缴制度。

（1）职权分离原则,即在罚款的收缴过程中,罚款的决定者、收缴者、所有者三者的分离。这三者的分离是罚款收缴的基本原则,其中所有者(例如国家)与其他二者的分离是绝对的,而决定者与收缴者的分离则是相对的,在特殊的情况下可能出现决定者自己收缴的例外。

（2）当场收缴制度,它是职权分离原则的例外,在当场收缴的情况下,行政处罚的决定者与收缴者是重合的。由于当场收缴制度是法律出于客观情况的需要而对职权分离原则的变通,因此受到了严格限制,仅适用于以下两种情况:适用简易程序的当场收缴;在特殊地区罚款的当场收缴,如行政机关在边远、水上、交通不便地区做出罚款决定,且当事人向指定银行缴纳罚款确有困难的,经当事人提出,行政机关及其执法人员可以当场收缴罚款。

2. 行政处罚的强制执行

行政处罚的强制执行,就是在当事人逾期不履行行政处罚决定的情况下,国家通过强制手段强行实现处罚决定所确定权利义务的行为。《行政处罚法》中所规定的强制措施,主要也是针对罚款而言的,包括如下几项:

(1) 执行罚。执行罚是一种间接的强制执行措施,是通过对不履行义务的当事人按日加处一定强制金或者加处其他义务,以迫使其尽快履行义务的强制措施。《行政处罚法》所规定的执行罚为每日加处罚款数额的百分之三。

(2) 直接强制。即行政机关直接通过强制力实现处罚决定所设定的权利义务,主要表现为将查封、扣押的财物拍卖,或者将冻结的存款划拨用于抵缴罚款。能够采用直接强制方式的,必须是依法具有直接强制执行权的行政机关,目前主要包括县级以上人民政府,以及公安、国安、税务、海关、工商等行政机关。

(3) 申请非诉执行。即申请人民法院强制执行处罚决定,由法院采用直接强制方法实现有关权利义务,这主要适用于依法不具备直接强制执行权的普通行政机关。

三、行政强制

(一) 行政强制的概念与特征

行政强制是指行政主体为了保障行政管理的顺利进行,通过依法采取强制手段迫使拒不履行行政法义务的相对人履行义务或达到与履行义务相同的状态;或者出于维护社会秩序或保护公民人身健康、安全的需要,对相对人的人身或财产采取紧急性、即时性强制措施的具体行政行为的总称。从这一定义可以看出,行政强制具有以下几个主要特征:

1. 行政强制的主体是作为行政主体的行政机关或法律、法规授权的组织。适用行政强制的行政主体,应有严格的条件限制,都必须由法律、法规予以明确规定。行政机关或法律、法规授权的组织在其本身没有直接采取行政强制措施权力的情况下,它们可以依法申请人民法院实施强制。①

2. 行政强制的对象是拒不履行行政法义务的行政相对人,或对社会秩序及他人人身健康和安全可能构成危害或其本身正处在或将处在某种危险状态下的行政相对人。行政强制并非适用所有违反行政法律规范的相对人,但相对人必须是违反了特定的法律、法规,符合适用行政强制的条件。

3. 行政强制的目的是保证法定义务的彻底实现,维护正常的社会秩序,保障社会安全,保护公民的人身权、财产权免受侵害。

4. 行政强制行为的法律性质是一种具有可诉性的具体行政行为。行政强制属于单方行政行为,由行政主体单方面作出,无需相对人同意。相对人不服行政强制,可以依法向人民法院提起诉讼或申请行政复议。②

(二) 行政强制的原则

由于我国尚未出台《行政强制法》,关于行政强制措施的程序规定散见于各种法律、法规、规章之中,缺口很多且比较混乱。鉴于《行政强制法》即将出台,今后行政强制措施的程序将更加明确化和规范化,已经公布的《行政强制法》的草案(全国人大常委会第一次审议稿)中规定了行政机关实施行政强制措施的一般程序,在一定程度上反映了今后的立法趋势,值得行政执法部门充分重视。行政机关在实施行政强制的时候,应坚持以下几方面的原则:

1. 行政强制法定原则。这一原则要求行政强制的执行机关必须合法,执行活动必须有法律依据,执行必须依照法定程序进行。

2. 说服教育和强制相结合的原则。行政机关在采取行政强制措施前,必须告诫当事人,通过说服教育工作,给予当事人依法自觉履行法定义务的机会,在说服教育后当事人仍不自觉履行法定义务时,才实行强制执行。

3. 及时、准确、手段正当的原则。在法律、法规规定了行政强制的期限时,行政强制就必须在法定期限内进行,不得逾期,以保障效率;在法律、法规没有就时限作出规定时,行政强制的实施机关应当在不使相对人隐藏、转移、

---

① 有观点认为,行政机关申请人民法院强制执行不属于行政强制的范畴,而应属于司法强制。也有学者认为行政机关申请人民法院强制执行,实质上是行政权的延伸,故应归入行政强制。

② 行政强制行为在一定情况下是独立的具体行政行为,如预防性、制止性的行政强制措施大多如此。但在多数情况下,行政强制行为是从属性的具体行政行为,如执行性行政强制措施大多是从属性的具体行政行为。另外,个别的行政强制措施既可以是独立性的具体行政行为,也可能成为从属性的具体行政行为,如盘问、收审等。

变卖、毁损强制执行标的物或不使其拒不履行的行为发展成违法犯罪行为的适当期限内，采取强制措施。行政强制必须准确、证据确凿、执行手段公平合理适当。

4. 执行标的有限的原则。对财产和金钱给付的强制执行，要有一定的范围和限度，不得超出被执行人应当履行的义务范围，应当保留被执行人及其扶养的家属的生活必需费用和生活必需品。

5. 保护当事人合法权益的原则。在查封、扣押财产或者在强制迁出房屋、强制拆除违章建筑、强制退出土地时，应当通知被执行人或其成年家属到场，应赋予被执行人陈述、申辩的权利，必要时应举行听证。

(三) 行政强制的类型

根据不同标准，可以对行政强制做出不同分类，这里我们介绍最主要的两种分类。

1. 对人身的强制措施与对财产的强制措施

行政强制行为以其调整的内容为标准，可分为对人身的强制措施和对财产的强制措施。

(1) 对人身的强制措施

对人身的强制措施，主要是指公安、海关、国家安全、医疗卫生等行政机关，对那些对社会有现实威胁或拒不接受有权机关作出的人身处罚，拒不履行法定义务的相对人采取的限制其人身自由或迫使其履行人身义务的强制措施。

根据目前我国有关法律、法规的规定，对人身自由的强制措施主要有以下几种：强制拘留、强制扣留、限期出境、驱逐出境、强制约束、强制遣返、强制隔离、强制治疗、强制戒毒、强制传唤、强制履行等。

(2) 对财产的强制措施

对财产的行政强制措施，主要是指行政主体对负有履行法定财产义务却拒不履行义务的相对人，所采取的迫使其履行义务或达到与履行义务相同状态的强制措施。主要有：冻结、扣押、查封、划拨、扣缴、强行拆除、强制销毁、强制检定、强制许可、变价出售、强制抵缴、强制退还等。

2. 即时性强制措施和执行性强制措施

行政强制行为以其适用的目的和程序为标准，又可分为即时性强制措施和执行性强制措施,也称为行政强制措施和行政强制执行。这是最主要的分类方法。

即时性强制措施,是指遇有严重影响国家、集体或公民利益的人或物,行政机关为了维护社会秩序的稳定,依照法定职权,对违法行为人的财产或人身自由采取紧急措施予以限制的行政行为,这是法律赋予某些特定行政机关的一种紧急处置权。即时性强制措施主要有下述形式:(1) 强制带离现场、盘问;(2) 约束、扣留;(3) 收容审查;(4) 使用警械、武器;(5) 强制检疫、强制治疗。

执行性强制措施,是指行政主体为了保证法律、法规、规章和其他行政规范性文件以及行政主体本身作出的行政决定所确定的行政相对人的义务得以实现,采取一定的强制措施,迫使拒不履行相应义务的相对人履行义务或通过其他法定方式使相应义务得以实现。执行性强制措施包括查封、扣押、冻结、划拨、扣缴、强制收购、限价出售等直接强制执行措施和执行罚、代履行(代执行)等间接强制执行措施。

执行性强制措施主要包括下述形式:

(1) 代履行①

代履行是指行政主体雇人代替不履行行政法义务的相对人履行义务而强制义务人缴付劳务费用的行政强制方式。

代履行是一种比较广泛使用的间接强制执行方法,相对人拒不履行的义务凡能为他人代为履行的,均可适用代履行的方法。例如,相对人拒绝执行行政机关搬迁房屋、拆除违章建筑、退出多占住房、清除妨碍交通物等处理决定,行政机关都可以对之适用代履行的强制方法。但是相对人拒不履行的义务,也有些不能为他人代为履行而只能由义务人亲自履行的。在这种情况下,行政机关通常首先对之适用执行罚,如执行罚尚不能促使其履行,则再对之适用直接强制措施。例如,相对人不履行服兵役的义务,不履行退出多占集体耕地或国家土地的义务等,行政机关就不能对之适用代履行,而只能适用执行罚或直接强制执行的方法。

---

① 过去我国学术界一直使用"代执行"概念,是援用日本、我国台湾地区学者的用法。如果从行政主体执行的角度说,虽有一定道理,但若从这一概念的内容讲,宜使用"代履行",这样可能更为贴切。

适用代履行的要件有:第一,须有相对人应当承担的合法义务,并且相对人不愿履行;第二,代履行的义务一般都是作为义务,并且是可以请人代为履行的义务,不以义务人自为为必要;第三,代履行的义务可由行政主体代为履行,也可委托第三人代为履行,并向相对人征收履行费用。

(2)执行罚[①]

执行罚是指行政主体对拒不履行行政法义务的相对人科处一定数额的金钱给付义务,以促使其履行义务的行政强制方法。相对人在被科处金钱给付义务后如仍不履行,可再次科处,直至其履行。

适用执行罚的要件有:第一,存在法律、法规赋予义务人的合法义务或行政机关作出的合法的行政处理决定;第二,法定义务人拒不履行无法由他人代为履行的义务(大多是作为义务,但也有不作为义务);第三,必须按法定数额实施执行罚。

第二节 行政征收

行政征收既是提供国家机器存在的物质条件,但同时又是对公民、法人或者其他组织不利影响的一类行政行为。

一、行政征收的概念

行政征收是指行政主体凭借国家行政权,根据国家和社会公共利益的需要,依法向行政相对人强制地、无偿地征集一定数额金钱或实物的具体行政行为。

在此需要分析一下行政征用与行政征收的区别。行政征用是与行政征收密切相关的一个行政法概念。它是指行政主体为了公共利益的需要,依照法定程序强行使用相对人财产或劳务的一种具体行政行为。例如,在战争状态时,征用相对人的房屋、土地,作为军队驻扎或修建军营之用;在发生严重自然灾害时,征用相对人的机动车辆运输救灾物资。征用的对象,包括动产

① 也有学者称执行罚为“罚缴强制金”或“罚锾”。

和不动产。① 在危机应对结束或者财产使用完毕之后,如果被征用的财产还存在,应将原物返还被征用人,如果原物已经毁损,则应照价赔偿。行政征用与行政征收的主要区别是:(1) 从法律后果看,行政征用的结果是行政主体暂时取得了被征用方财产的使用权,不发生财产所有权的转移,而行政征收的结果是财产所有权从相对人转归国家;(2) 从行为的标的看,行政征用的标的除财物外还可能包括劳务,而行政征收的标的一般限于财物;(3) 从能否取得补偿来看,行政征用一般是有偿的,行政主体应当给予被征用方以相应的经济补偿,而行政征收是无偿的。

行政征收的特征包括:

1. 法定性。行政征收直接指向行政相对人的财产权益,影响其经济利益,具有某种侵害性。为了确保行政相对人的合法权益不受违法行政征收行为的侵害,必须确立行政征收法定原则。将行政征收的整个过程纳入法律调整的范围,使具体的行政征收行为受相对稳定的法律的支配,使行政征收项目、行政征收金额、行政征收程序都具有法律上的明确依据,这是现代行政的必然要求。

2. 特定性。在行政征收的法律关系当中,征收主体与征收对象都是特定的。行政征收只能由享有法定征收权力的行政主体实施,而且行政征收的实施必须以相对人负有行政法上的缴纳义务为前提,换言之,行政征收只能指向在行政法上负有缴纳义务的特定相对人。

3. 强制性。行政征收机关实施行政征收行为,实质上是履行国家赋予的征收权,这种权力具有强制他人服从的效力。因此,实施行政征收行为,无需征得行政相对人的同意,甚至可在违背行政相对人意志的情况下进行。行政相对人必须服从行政征收命令,否则将承担一定的法律后果。

4. 无偿性。国家为了完成其职能,维护其统治,必须耗用一定的物质资财,而作为管理机构的国家行政机关,本身并不直接从事生产,因而只有凭借国家行政权力,通过行政征收,不需要支付对价地无偿获得所需物质资财。行政相对人的财产一经国家征收,其所有权就转移为国家所有,成为国家财产的一部分,由国家负责分配和使用,以保证国家财政开支的需要。

---

① 例如,意大利民法典第 835 条规定:“在发生公共事务、军事、民事的重大紧急需求的情况下,可以对动产或者不动产进行征调。”其中的“征调”,即是“征用”。

二、行政征收的种类

目前我国的行政征收体制主要由税和费组成。

1. 税,亦称税收,是国家税收机关凭借其行政权力,依法强制地、无偿地取得财政收入的一种手段。税收只能由国家特定的行政机关——税务机关及海关负责征收。税收一经征收入库,就为国家所有,不管是什么税种,都处于国家整体支配之中,通过国家预算支出,统一用于社会各方面的需要。

我国现行税务行政机关的组织体系大致是:在中央设有税务总局,总领全国税务事项;在地方分设国税系统和主管地方税收的地税系统。具体讲,省级分别设税务局,县、市设税务局,县以下设税务所,大中城市的区或街段可设税务分局,承担具体的税务征收工作。

2. 费,即各种社会费用,是一定行政机关凭借国家行政权所确立的地位,为行政相对人提供一定的公益服务,或授予国家资源和资金的使用权而收取的代价。目前,我国的各种社会费用主要有资源使用费、建设资金费、排污费以及其他法定征收费用。无论征收何种社会费用,都必须严格依法进行,不得自立名目、擅自订立征收标准。各种社会公益费用,由从事该方面服务的行政机关负责征收,遵循专款专用、列收列支、收支平衡的原则,以收取部门提供一定的专门公益服务为前提而用于其自身开支,或者将此项收费专门用于特定的社会公益事业,以直接为被征收人提供更好的公益服务。

(1) 资源使用费

我国宪法规定,城市土地、矿藏、水流、山岭、草原、荒地和滩涂等自然资源属于国家所有。单位和个人在开采、使用国有自然资源时必须依法向国家缴纳资源费。如水资源费、矿产资源补偿费。《矿产资源补偿费征收管理规定》(1994 年)明确,在中华人民共和国领域和其他管辖海域开采矿产资源,应当依照本规定缴纳矿产资源补偿费。具体由地质矿产主管部门会同财政部门向采矿权人按照矿产品销售收入的一定比例计征。

(2) 建设资金费

建设资金费是为了确保国家的重点建设,解决重点建设资金不足问题,中央行政机关或地方行政机关面向公民、法人或其他组织实施的征收。例如,机场建设费、河道工程修建维护管理费、港口建设费、国家能源交通重点建设基金的征收等。在我国,机场建设费首先是在温州永强机场收取的。其原因是,该机场的建设打破了以往惯例,并非国家投资,而是由温州人自己投资建设起来的。后来国内其他机场为了各自利益,也开始征收机场建设费。为了规范上述征收行为,提高机场运营效率,财政部、中国民航总局联合发出通知,规定从2004年9月1日起,凡是从中国境内机场乘机旅行的旅客,均需缴纳机场建设费。

(3) 排污费

《中华人民共和国环境保护法》第28条规定,排放污染物超过国家或者地方规定的污染物排放标准的企业事业单位,依照国家规定缴纳超标准排污费,并负责治理。

(4) 管理费

常见的管理费如工商管理费、城建管理费等。1998年10月21日北京市人民政府以复函的形式明确北京市的建筑行业管理费收费标准:一、二级施工企业每户每年20000元,三级施工企业每户每年15000元,三级专项施工企业每户每年10000元,四级施工企业每户每年5000元。工商管理费的收取源于1983年6月国家工商行政管理局、财政部发布的《关于个体工商业户管理费收支的暂行规定》:对从事购销活动的,按营业额的0.5%—1.5%收取;对从事劳务活动的,按收益额的2%—3%收取。市场管理费的收取则基于1983年2月国务院下发的《城乡集市贸易管理办法》。为了进一步减轻个体工商户和私营企业负担,实现市场经营主体公平竞争,促进个体、私营等非公有制经济持续健康发展,财政部、发展改革委、工商总局联合发出通知,决定从2008年9月1日起,在全国统一停止征收个体工商户管理费和集贸市场管理费。

(5) 其他法定征收

如车辆购置附加费、车辆通行费、教育费附加费等。《教育法》第57条指出,税务机关依法足额征收教育费附加,由教育行政部门统筹管理,主要用于实施义务教育。省、自治区、直辖市人民政府根据国务院的有关规定,可以决定开征用于教育的地方附加费,专款专用。农村乡统筹中的教育费附加,由乡人民政府组织收取,由县级人民政府教育行政部门代为管理或者由乡人民政府管理,用于本乡范围内乡、村两级教育事业。农村教育费附加在乡统筹中所占具体比例和具体管理办法，由省、自治区、直辖市人民政府规定。

在此有必要突出说明的是，《中华人民共和国公路法》第36条早就明确，公路养路费用采取征收燃油附加费的办法。拥有车辆的单位和个人，在购买燃油时，应当按照国家有关规定缴纳燃油附加费。征收燃油附加费的，不得再征收公路养路费。具体实施办法和步骤由国务院规定。为了进一步落实上述规定，理顺费税关系，国务院决定自2009年1月1日起实施成品油税费改革，取消原在成品油价外征收的公路养路费、航道养护费、公路运输管理费、公路客货运附加费、水路运输管理费、水运客货运附加费等六项收费，逐步有序取消政府还贷二级公路收费；国务院同时决定，将价内征收的成品油消费税单位税额相应提高。也就是说，取消"六费"，而代之"一税"，即所谓的"费改税"。相对于行政征费来说，税的法律性更强，也更加严肃和正规，征收效果也更好。此次燃油税的开征，暨"六费"的取消，无异为规范行政征费行为和改革行政征费制度开创了一个有益的尝试，也提供了一个更有价值和意义的路径。

三、行政征收的程序

1. 行政征收事项的登记。行政征收事项的登记，目的在于通过对征收事项申请登记，为征收管理工作积累资料，使国家行政征收机关掌握应征收的款源。对于不按规定办理有关行政征收事项登记的缴纳主体，行政征收主体有权予以批评教育，情节严重的，可以给予相应的行政处罚。

2. 缴纳鉴定。行政征收机关依据有关法律和缴纳主体的实际情况，对缴纳主体应缴纳款项的种类、比率、缴纳环节、征收依据、缴纳方式等进行鉴定。

3. 缴纳申报。缴纳申报是缴纳主体履行缴纳义务的必经手续，缴纳主体应按有关法律、法规的规定，按期向行政征收机关进行缴纳申报。例如纳税申报。

4. 款项征收。各级行政征收机关依法向缴纳主体征收各种税和各种社会费用，将应收款项及时、足额地收齐，把已收款项及时解交入库。款项征收是行政征收的最后程序，它直接涉及各缴纳主体的利益和国家、社会公共利益的平衡关系，因此要特别严格地遵守法律、法规和有关规章制度，确保各种款项安全地汇入国库和用于社会发展。征收机关依法征收税款，不得违反法律、行政法规的规定开征、停征、多征、少征、提前征收、延缓征收或摊派税款。

款项征收方式主要有两种,一种是相对人主动缴纳、自觉履行,另一种是行政机关采取强制征收的措施。

(1) 自愿缴纳程序

自愿缴纳,即缴纳主体按照法律、法规规定的期限或征收主体确定的期限全部主动地履行缴纳任务。自愿缴纳是常见的征收方式,包括以下几个环节:事项登记、缴纳鉴定、缴纳申报、税费征收、监控稽查。

(2) 强制缴纳程序

强制缴纳,指缴纳主体如果有逃避缴纳义务的行为,或者没有按照规定期限履行缴纳义务,征收主体就应当对其进行强制征收。为了避免给缴纳主体造成不应有的损害,实施强制征收也应遵循法定的程序:

一是缴纳担保。当征收主体有根据认为缴纳主体有逃避缴纳义务的行为时,责令其提供担保,以保证其履行缴纳义务。

二是征收保全。当缴纳主体不能提供缴纳担保时,征收主体可以通过冻结其银行账户、查封、扣押他的财产等方式进行征收保全,以促使缴纳主体履行义务。

三是催缴。缴纳主体未按规定期限履行缴纳义务时,征收主体可以通过加征滞纳金,促使其限期缴纳。

四是强制执行。缴纳主体未按规定期限缴纳税费,征收主体催缴后仍未缴纳的,征收主体就可以采取划拨、查封、扣押、拍卖等强制执行措施。

第三节 行政给付与行政裁决

在现代社会中,国家行政不再是简单地消极行政,而同时体现为积极行政,也不再是单纯地控制社会,而还在于为社会提供福祉,帮助解决社会出现的矛盾和问题。因此,行政给付和行政裁决,就成为现代行政中不可或缺的行为类别。

一、行政给付

（一）行政给付的概念与特征

行政给付又称行政物质帮助、行政资助，它是指行政机关对公民在年老、疾病或丧失劳动能力等情况或其他特殊情况下，依照有关法律、法规、规章或政策等规定，赋予其一定的物质权益（如金钱或实物）或与物质有关的权益的具体行政行为。

行政给付具有以下特征：

1. 行政给付是行政机关所作的一种具体行政行为。行政给付是由行政机关具体承担的一项物质帮助职能，这种物质帮助因其特定的实施主体而成为一种履行国家行政管理法定职责的活动，具有行政行为的性质，故区别于由社会或一定社会组织进行的物质帮助。

2. 行政给付的对象是特定的公民或组织。行政给付只对出现了特殊困难和特殊情况的公民个人或组织作出，其对象是特定的。如抚恤金的发放对象是因战、因公伤残的人员；救灾物资及款项是发放给灾民；社会福利金是发放给社会福利机构或者直接发给残疾人、鳏寡孤独的老人和孤儿；而独生子女补贴、有特殊贡献专家补贴、城市居民最低生活保障金等均是分别发送给相应的特定对象的。

3. 行政给付是应当事人的申请并依据法律和行政法规实施的行政行为。通常情况下，行政给付往往根据当事人的申请并应按法律、行政法规的规定实施，而非任意给付，这就决定了行政给付行为的法律属性。

4. 行政给付的内容是赋予被帮助人以一定的物质权益或与物质相关的权益。行政给付的内容主要体现在物质权益上，被帮助人通过行政给付获得一定的物质以帮助自己解决困难。这种物质可以是直接的财物，也可以是与财物相关的其他利益，如免费受教育等。

5. 行政给付通常情况下属于羁束行政行为。一般来说，法律规范对行政给付的对象、条件、标准、项目、数额等都作出具体规定，行政机关不能任意给付。如有关最低社会保障费的数额、抚恤金数额等都是法律明确规定的，行政机关没有自由裁量的权力。

(二) 行政给付的内容和形式

1. 行政给付的内容

行政给付的内容是指行政机关通过行政给付行为赋予被帮助人的权益。它不同于行政奖励的内容,不具有精神上和职务上的权益,一般只具有物质上的权益和与物质有关的权益两部分内容。

(1) 物质上的权益。表现为被帮助人获得一定数量的金钱或实物,如一定数额的货币、物品等。

(2) 与物质有关的权益。这是赋予被帮助人以一定的权利,即需具备一定物质条件才能实现的某些权利,如免费入学受教育、享受公费医疗等。

2. 行政给付的形式

行政给付的形式较为复杂,这主要是因为我国有关行政给付的法律、法规的规定较为零散,各种具体的行政给付散见于法律、法规之中,名称各异,含义不一,致使行政给付的形式很难准确界定。目前,我国有关行政给付形式的法律、法规、规章主要有:《残疾人保障法》、《森林法》、《消防法》、《军人抚恤优待条例》、《中国人民解放军志愿兵退出现役安置暂行办法》、《退伍义务兵安置办法》、《革命烈士褒扬条例》、《国营企业行业职工保险暂行规定》、《城市生活无着的流浪乞讨人员救助管理办法》[①]、《城市生活无着的流浪乞讨人员救助管理办法实施细则》[②]等。此外,还有近年来国务院发布(1997 年 9 月)的《关于在全国城市建立居民最低生活保障制度的通知》,以及民政部(1999 年 2 月)发布的《关于全面普及城市居民最低生活保障制度的通知》等政策性文件。综合这些法律、法规、规章和政策的规定,可将行政给付的形式概括为以下几种:

(1) 抚恤金。这是最为常见的一种行政给付形式。一般包括对特定牺牲、病故人员的家属的抚恤金、残疾抚恤金、烈军属、复员退伍军人生活补助费、退伍军人安置费等。

---

① 国务院 2003 年 6 月 21 日第 381 号令发布,2003 年 8 月 1 日起施行。1982 年 5 月 12 日国务院发布的《城市流浪乞讨人员收容遣送办法》同时废止。这一法律制度变迁是由于孙志刚案件引起的。参见新华网文章:《收容变救助八月一日实施　不准拘禁流浪人员》,http://www.sina.com.cn,2003 年 06 月 23 日 07:13,新华网下载;《外滩画报》文章:《〈收容遣送办法〉废止始末》,http://www.sina.com.cn,2003 年 07 月 02 日 00:08,新浪网下载。

② 2003 年 7 月 16 日民政部第 24 号令公布,自 2003 年 8 月 1 日起施行。

（2）特定人员离退休金。这里指由民政部门管理的军队离休、退休干部的离休金或退休金和有关补贴。

（3）社会救济、福利金。这里包括农村社会救济，城镇社会救济，精简退职老弱病残职工救济以及对社会福利院、敬老院、儿童福利院等社会福利机构的经费资助。

（4）自然灾害救济金及救济物资。这里包括生活救济费和救济物资、安置抢救转移费及物资援助等。

（三）行政给付的原则

1. 国家责任原则

国家责任原则是指救助贫困群体、保障社会弱者的基本生活是国家和政府的法定义务。行政给付的目的在于保障人民的"最低生活水准"，因为个人的尊严、自由发展等权利都必须以人的继续生存为前提，保障人民的最低生活要求是国家无可回避的义务，给付请求权是公民生存权的必然延伸。政府承担首要的救助义务是由国家的职责所决定的，国家作为社会的管理者，其职能要求国家以缓和社会矛盾、谋求社会安定、保障社会成员生存权利、增进社会福利为己任，其中保障公民生存权是政府的重要职责之一。强调行政给付是政府的义务，是现代国家区别于传统国家的特点之一。现代社会救助制度是以国家责任为主体的制度性救助，它强调救助是国家义不容辞的责任，公民获得救助是一项不可剥夺的权利，任何公民当依法应获得救助而不能得到满足时均可诉诸法律。2004 年修改宪法时，将"国家建立健全同经济发展水平相适应的社会保障体系"写进宪法（第二十三条修正案），为实行行政给付的国家责任原则提供了更充分的宪法保障。

2. 基本生活保障原则

基本生活保障原则是指国家和政府为贫困者提供的救助仅能维持他们的最基本生活。一般认为，在我国目前经济发展水平下，最低生活保障线除了包含维持人口再生产的生存费用外，还应包括部分发展费用，不包括享受费用。我国《城市居民最低生活保障条例》第 6 条第 1 款规定"城市居民最低生活保障标准，按照当地维持城市居民基本生活所必需的衣、食、住费用，并适当考虑水电燃煤（燃气）费用以及未成年人的义务教育费用确定。"行政给付的目的在于保障人民的基本生活，而基本生活的标准随着经济发展和社会进步在不断变化，因此，行政主体应作好科学的调查和分析，确定一个合理的给付标准，并使这一标准随着生活水平的提高不断上升。①

3. 公平、公开原则

公平原则是指行政机关应一视同仁、无差别地平等对待相对人。由于行政给付以人权保障为基本出发点，不把贫困当成罪恶，不歧视贫困群体，也不把贫困的主要原因归咎于个人和特定的家庭，原则上对那些需要救助的对象都给予经济援助。"只要没有特别正当的理由，就不得对特定人实施有利的给付，或者不适当地拒绝提供服务。"②从宪法的层面上看，给付对象是所有的公民，这是一种潜在的权利，真正能享受到这一权利的公民是那些收入低于贫困线的家庭。行政公开原则是现代行政法的基本原则之一，它要求政府信息以公开为原则、不公开为例外，只有属于法定的例外情形行政机关才可以拒绝公开政府信息，其中个人隐私属于受法律保护的不予公开的政府信息之一。作为现代政府行政活动之一的行政给付过程自然也须贯彻这一原则。

4. 补充性原则

补充性原则是指国家或政府对社会弱者承担次位的救助义务。行政给付虽然是行政主体应承担的责任，但这种救助是第二位的给付义务，对于自身生存权的继续，个人负有第一位的责任。"行政主体以一般纳税人的负担所进行的给付活动，原则上是对私人或家庭、市町村等共同体无法充分实现其生活上的重要利益时，实施的补充性活动。"③生存权作为一项人权，要求公民个人承担救助自己的义务。对于有劳动能力而且有就业机会的公民应首先鼓励其自己救助自己，避免将行政给付变为一种"养懒汉"的制度。④

5. 补足性原则

补足性原则又称差额救助的原则，凡未达到最低生活水平的公民，不论

---

① 最低生活保障线是建立最低生活保障制度的基础。常用的确定贫困线的方法有"市场菜篮法"、"恩格尔系数法"、"国际贫困标准"、"生活形态法"、"线形支出系统模型法"以及"马丁法"。目前我国各地确定贫困线的方法不一致，例如厦门市采用市场菜篮法、上海市采用恩格尔系数法、广州市采用比例法，用不同的方法计算出的最低生活保障标准略有差别。

② 杨建顺：《日本行政法通论》，中国法制出版社 1998 年版，第 333 页。

③ 同上。

④ 日本《生活保护法》第 1 条规定"本法律的目的为：国家基于《日本国宪法》第 25 条规定的理念，对于一切生活贫困的国民，相应其贫困程度实施必要的保护，在保障其最低限度生活之同时，以帮助其本人的自立。"

其困难大小,均由政府补足其差额,保障他们的基本生活。补充性原则与补足性原则虽只是一字之差,但两者却不同。补充性原则确定了国家救助责任的性质。补足性原则说明行政主体具体实施给付行为时,给付数额的多少。行政给付制度是将贫困者的家庭生活补足至最低的水平,因此根据贫困家庭的困难程度不同,其获得的救助也不同。表面看起来,对贫困者的救助数额不同,但却体现了实质公平,将所有社会弱者的生活都维持在最低水平,这就是最低生活保障线的意义,也是行政给付的重要特点。

6. 及时性原则

及时性原则是行政法效率原则在行政给付中的体现。为了保障及时性原则,应在以下三个方面完善行政给付的程序:首先,完善行政时限制度;其次,增设简易程序;再次,增加特别程序。

行政给付行为是一种典型的依申请行政行为,“除了在发生自然灾害等紧急情况下由行政主体主动予以实施以外,就绝大多数行政给付行为来说,给付对象的申请是其必不可少的步骤。即使在紧急情况下,有时也要求履行相应的申请手续,只不过其手续相对来说比较简单而已。”[①]我们认为,行政给付行为是一种依申请和依职权相结合、以依申请为主的行政行为。日本的《生活保护法》在程序上规定了依申请和依职权两种启动方式的生活保护,其中依申请开始的程序适用于一般情况下,依职权的程序仅适用于被保护人处于“急迫”的情况下。这种规定既符合行政行为的基本理论,又充分保护了需救助者的合法权益。基于服务型政府的理念,一般情况下,相对人应向行政主体提出救助的申请,特殊情况下为了保护处于紧急情况下相对人的合法权益,行政主体可以主动实施救助。因此,我们建议,我国行政给付应增加依职权开始的程序作为补充。

(四) 行政给付的程序

行政给付作为行政机关的一种法律行为,须按一定程序实施。尽管我国目前在行政给付方面尚无统一的法律规定,但在不同的法律、法规、规章中对不同形式的行政给付程序均作了一些简单规定。

各种不同的行政给付程序存在一些差别。比如,对于定期性行政给付,

---

① 姜明安:《行政法与行政诉讼法》,北京大学出版社、高等教育出版社 1999 年版,第 190 页。

通常应由给付对象本人或所在组织、单位提出申请，主管行政机关对之进行审查（评定等级），有时还需要进行专门鉴定，确定标准，以后则定期（按月或按年）发给。对于一次性行政给付，通常由给付对象提出申请，主管行政机关予以审查核实，然后按法律、法规、规章明确规定的标准一次性发给。至于临时性行政给付，有的是先由给付对象提出申请，有的则是由有关基层组织确定给付对象，并提出申请报告，主管行政机关进行审查、批准后，再直接发给给付对象或经有关基层组织分发。

各种行政给付的具体程序应由有关法律、法规、规章规定。不同形式的行政给付程序也存在一些共同程序规则，主要有：申请、审查、批准、实施，并要求书面形式。由于行政给付的标的多为一定的财物，在程序上还要求办理一定的财务手续和物品登记、交接手续。

在国外，有的国家通过《行政程序法》或《行政法通则》对有关行政给付的程序作原则性的规定。我们认为，今后我国制定《行政程序法》也可借鉴荷兰的《行政法通则》的模式，对行政给付的程序作原则性的规定，为行政给付行为的实施提供统一的程序规则。

（五）行政给付的作用

行政给付的作用主要表现在赋予行政相对人一定的物质权益或者与物质权益有关的权益，是一种典型的授益性行政行为。行政给付的实施，对于保障行政相对人的合法权益，尤其是对于确保贫困人群过上有尊严和人格的生活，对于维护社会稳定、构建和谐社会，保证各项改革的顺利进行，具有极其重大的意义。行政给付能否很好地展开，直接关系到行政法所保护和追求的国家和社会公共利益能否实现，关系到广大民众能否很好地享受人权，关系到国家政治和经济能否稳定发展的大局。所以世界各国都在努力通过制定有关法律、法规及政策等手段来实施行政给付，以确保行政给付真正发挥其应有的作用。

二、行政裁决

（一）行政裁决的概念与特征

行政裁决是一种行政司法行为，是指行政主体依照法律、法规授权，对平等主体之间发生的、与行政管理活动密切相关的、特定的民事纠纷（争议）进行审查并作出裁决的具体行政行为。

行政裁决具有如下特征：

1. 行政裁决的主体（即裁决者）是法律、法规授权的特定的行政机关。其特定性表现在：(1) 行使裁决权的主体是对与民事纠纷有关的行政事项具有管理职权的行政机关；(2) 这样的行政机关也只有经法律、法规明确授权后，才拥有对该类民事纠纷的行政裁决权。如《专利法》、《商标法》、《著作权法》、《土地管理法》、《森林法》、《草原法》、《食品卫生法》、《药品管理法》、《治安管理处罚条例》等都规定了对权属争议或侵权争议，授权有关行政机关可以通过裁决予以解决。但是这些法律、法规大多没有规定专门的行政裁决机构。从理论上讲，单行法律、法规中有关行政裁决的规定，构成了具有中国特色的行政裁决制度。

2. 行政裁决的对象是特定的民事纠纷。行政裁决的对象具有特定性，行政机关不可能对所有的民事纠纷都进行行政裁决，而只能裁决那些法律、法规规定的与行政管理事项有关的民事纠纷。

3. 行政裁决程序的启动往往以当事人的申请而开始。可见行政裁决是一种依申请的行政行为。争议双方当事人在争议发生后，可以依据有关法律、法规的规定，在法定期间内向法定裁决机构申请裁决。申请裁决通常要递交申请书，并载明法定事项。①

4. 行政裁决是行政主体行使行政裁判权的活动，具有法律权威性。② 在现代社会里，行政裁判权已成为国家行政权的一个重要组成部分，因此，行政裁判权的行使也是国家行政权的一种行使方式，行政裁决活动具有行政权行使的特征。

5. 行政裁决是一种特殊的具体行政行为。所谓特殊，一是因为行政裁判权是法律、法规授予的，行政机关只能依法律、法规的授权而实施，而非依宪

① 对此，2008 年 10 月 1 日起施行《湖南省行政程序规定》第一百一十条规定："公民、法人或者其他组织申请行政裁决，可以书面申请，也可以口头申请。口头申请的，行政机关应当当场记录申请人的基本情况、行政裁决请求、申请行政裁决的主要事实、理由和时间。"可见，裁决申请书中应载明的法定事项至少应当包括这 5 项内容。

② 这里的行政裁判权，有时又称行政司法权，专指行政机关基于法律、法规授权以第三者的身份对特定的民事争议（当然还包括通过行政复议来解决的行政争议）进行裁判的权力，它是现代国家行政权"膨胀"与发展的一种重要表现。

法或组织法规定的职权主动实施；二是因为行政机关这时主要是以公断人，而不是以管理者的身份出现的；三是因为行政裁决依照的是一种准司法程序，不同于一般具体行政行为程序，它要求行政主体客观公正地审查证据，调查事实，然后依法作出公正的裁决。

尽管行政裁决具有以上特性，但它仍是一种具体行政行为。因为，行政裁决对已发生的特定民事纠纷在行政上予以法律确认，使处于不确定状态的法律关系被确认下来，其行为具有具体行政行为的性质和特征。所以，对行政裁决不服而产生的纠纷应属行政纠纷范畴。但是这里应当区分行政裁决是不包括单纯以调解方式处理而其调解处理协议并不发生强制性法律效力的行为的。我国的有关法律、法规和司法解释也已明确规定了对行政裁决不服可依法申请行政复议或提起行政诉讼[①]，而对行政调解等不服的，不能提起行政复议或行政诉讼，只能向法院提起民事诉讼。

（二）行政裁决的作用

由法律授权的行政机关对特定民事纠纷进行裁决，是当今世界许多国家普遍存在的一个事实，也是现代行政表现出的一个显著特征。行政裁决的产生和发展适应和满足了社会经济发展的需要，是对国家职能分工的调整和完善，也是历史发展的一种趋势。值得指出的是，尽管行政裁决大量涌现和大规模地扩大，但从根本上说由于它并不是对问题的最终解决，不服行政裁决一般仍可向法院提起诉讼。因此，我们说行政裁决的出现和发展并非行政权与司法权的错位，也不是行政机关与司法审判机关的融合，而只是国家职能分工的一种自我调节与完善。

行政裁决的作用表现在以下几个方面：

1. 行政裁决可以及时有效地解决当事人之间的民事纠纷，保护当事人的合法权益。行政裁决的民事纠纷与行政管理事务有关，有些事务（如专利、商标等知识产权争议、医疗事故、工伤事故赔偿争议、环境污染争议等）具有很强的专业性。而行政裁决收费低廉，程序简便，工作人员知识化、专业化程度

① 参见原《行政复议条例》（1990 年 12 月 24 日国务院发布，1991 年 1 月 1 日施行）第 10 条第 3 项；《最高人民法院关于贯彻执行〈中华人民共和国行政诉讼法〉若干问题的意见（试行）》（1991 年）第 4 条、第 7 条的规定。最近的可以参见《行政复议法》和《最高人民法院关于执行〈中华人民共和国行政诉讼法〉若干问题的解释》（2000 年）的相关内容。

高,为行政机关及时有效地解决民事纠纷、保护当事人合法的民事权益提供了保障。

2. 行政裁决减轻了人民法院的工作压力。行政裁决是解决特定民事纠纷的一条有效途径。行政机关通过行政裁决承担解决部分民事纠纷的任务。这些纠纷经过行政机关的裁决,大多数可以得到解决,当事人不必再诉之于法院。这就大大减轻了法院审理与裁判案件的负担。

3. 行政裁决程序简便,费用低廉,也有利于减轻当事人的讼累,有利于当事人积极地谋求行政机关解决纠纷,有利于行政管理顺利有效地进行。

(三)行政裁决的种类

根据目前有关法律的规定,我国行政裁决归纳起来有以下几种:

1. 损害赔偿裁决。这是指行政机关对在平等主体之间发生的因涉及与行政管理相关的合法权益受到侵害而引起的赔偿争议所作的裁决。例如,甲出售变质的食品,致乙食物中毒住院治疗,食品卫生监督部门在对甲进行处罚的同时,裁决甲赔偿乙的误工费和医药费。诸如这类涉及食品卫生、环境保护、医疗卫生、产品质量、社会福利、自然资源利用等领域的行政裁决,在我国应用的最广最多。当双方当事人就损害赔偿责任和数额等产生纠纷后,权益受损方可依法要求有关行政机关进行裁决,确认赔偿责任和赔偿金额,使其受到损害的权益得到恢复和赔偿。

2. 权属纠纷裁决。这是指行政主体对平等主体之间,因涉及与行政管理相关的某一财物的所有权、使用权的归属而发生的争议所作出的确定性裁决。如行政机关在进行土地行政管理时,对甲与乙就某一土地的使用权的归属发生的争议进行确认,并作出裁决归乙使用。此类裁决常用于解决土地、草原、森林、水面、滩涂、矿产等资源所有权、使用权的纠纷。①

3. 侵权纠纷裁决。这是指由于作为平等主体一方当事人的涉及行政管理的合法权益受到另一方侵犯时,当事人依法申请行政机关进行制止,行政机关就此争议作出的制止侵权行为的裁决。例如,甲假冒乙的注册商标推销自己的同类商品,乙请求工商行政机关予以制止。工商行政机关依照《商标

① 如《土地管理法》第16条规定:土地所有权和使用权争议,由当事人协商解决;协商不成的,由人民政府处理。单位之间的争议,由县级以上人民政府处理;个人之间、个人与单位之间的争议,由乡级人民政府或者县级以上人民政府处理。

法》第39条的规定,作出责令甲停止侵犯乙已注册的商标行为的裁决。这种裁决通常与损害赔偿裁决一起使用,单独作出的比较少。目前,规定有这种裁决的法律主要有《商标法》、《专利法》、《著作权法》、《土地管理法》等。

侵权争议与确认权属关系及侵权确认后的损害赔偿相互连接,不可分割。因为权属关系的确定是侵权事实得以确定的基础,侵权事实的确定又为损害赔偿请求提供了依据。但就它们之间的区别而言,侵权争议的焦点是权益是否受到侵犯;权属争议的焦点是财产所有权及使用权的归属;损害赔偿争议的焦点为是否被损害,损害的范围、程度如何。所以,争议的标的不同,裁决的具体目的或直接目的并不完全相同,如裁决侵权争议的目的在于制止侵权行为,保障当事人的合法权益。当然,从宏观上来说,它们又都是为了解决当事人之间的争议,都是为了保护当事人的合法权益。在这点上又是一致的。

(四)行政裁决的程序

尽管有关行政裁决的法律、法规大量出现,但它们大多限于对行政裁决权的确认,对行裁决程序的规定却寥寥无几,更谈不上对统一的行政裁决程序作出规定。其实,行政裁决程序应是一个极其重要的问题,它直接关系到行政裁决的具体实施,行政裁决的作用能否发挥,关系到行政裁决的目标与功能能否实现。结合我国目前零散的法律、法规的规定和行政管理实践,从理论上将行政裁决的程序规则或步骤、方式概括如下:

1. 申请。当事人应当首先提出请求行政机关保护自己合法民事权益的申请书。申请必须符合下列条件:(1)申请人适格,即申请人必须是民事权益发生争议的当事人或其法定代理人、监护人;(2)申请必须向有管辖权的行政机关提出;(3)申请必须在法定期限内提出,如《商标法》第35条规定为15天,《专利法》第41条规定为3个月,《商标法》第27条规定为1年;(4)申请一般必须提交申请书,口头申请作为例外。

2. 受理。行政机关收到当事人的申请书后,应当对申请书进行初步审查,如果符合上述条件,行政机关应当受理;不符合条件的,行政机关应及时通知当事人并说明理由。

3. 调查、审理。受理的行政机关将申请书副本送交对方当事人,对方当事人必须在法定期限内作出答复。行政裁决人员如果与案件有利害关系的应自动回避或应当事人的要求回避。行政机关对纠纷的事实和证据进行查证核实,看事实是否清楚,证据是否充分确凿。如事实不清,行政机关可召集当事人进行调查、询问和辩论,也可以向有关证人了解情况;如证据不足,行政机关有权责令当事人举证,也可以自行依法调查或向有关组织调取证据。

4. 裁决。行政机关通过审查,认为事实清楚、证据确凿的应及时裁决。裁决书应载明双方当事人及法定代理人或委托代理人的姓名、住址、身份、纠纷争议的内容、对争议的裁决以及裁决的根据和理由。还要告知当事人能否起诉以及起诉期限和管辖法院。①

第四节　行政合同与行政指导

行政合同和行政指导等不具有强制性的、柔性的行政行为方式,是适应行政民主化潮流和给付行政的要求,积极履行行政服务职能、建设服务型政府的新型管理方式,随着行政民主化进程,此类管理行为在行政实务中将会运用得越来越多。但是,由于目前此类管理行为的制度化、法治化程度还不高,以及人们的认识滞后,此类日益增多的行政管理方式在行政实务中也存在不少问题,亟须加以认真研究和正确运用。

一、行政合同

行政合同是一种充分体现参与性、互动性、协商性和可选择性的行政管理方式和方法。过去行政实务界和学术界都对行政合同长期存在非议和争论,后渐趋一致,在大陆法系国家和英美法系国家都逐步得到广泛运用。在我国,改革开放以来行政合同在行政管理实践中的采用也日益增多。与此同时,对行政合同的研究也开始受到学界的重视,行政合同理论已成为我国行政法学体系中的一个重要组成部分。

---

① 需要说明的是,曾经有些法律规定行政裁决为终局裁决的,即使当事人不服行政裁决也不得向人民法院起诉,如2001年修改前的《商标法》和《专利法》的一些规定。但后来由于中国加入WTO的需要,更因为这些法律制度不断健全、完善的内在要求,《商标法》和《专利法》中有关行政裁决的内容,都可以接受人民法院的司法审查了。

（一）行政合同的概念和特征

我国行政法学界关于行政合同（Administrative Contract，也称为行政契约）的概念较多地受到法、德行政契约理论的影响，注意从与民事契约的区别中来加以理解。按照通说，行政合同是行政主体与相对人之间为执行公共事务，实现行政管理目标，适用行政法规则，依双方意思表示一致，设立相互权利和义务的协议。理解此定义，需要注意以下几点：(1) 行政合同行为的目的是执行公共事务，实现行政目标；(2) 行政合同行为主要适用行政法规则进行调整；(3) 行政合同行为的要求是双方意思表示一致；(4) 行政合同行为的性质是行政两造设立相互权利义务的协议。

关于行政合同的特征，我们认为，与一般的民事契约相比，行政契约至少应有如下四个特征：(1) 行政契约的双方当事人中必有一方是行政机关；(2) 行政契约的目的是为了执行公务，实现行政管理目标；(3) 在行政契约的履行、变更和解除中，行政主体享有行政优益权；(4) 行政契约由专门渠道进行救济。

（二）行政合同的分类

关于行政合同的分类，学者提出的观点很多。有的学者认为，对行政合同，可以依据不同的标准进行分类，主要有以下几种：其一，根据合同基于的行政关系的范围，分为内部合同和外部合同；其二，根据合同的内容，分为承包合同、转让合同和委托合同等；其三，根据合同是否涉及金钱给付，分为有金钱给付内容的合同和无金钱给付内容的合同；其四，根据合同事项所涉及的行政管理领域，分为工业、农业、科技、教育等不同领域的专业合同。[①]

有的学者对行政合同种类作了特别的划分，即分为混合契约、纯粹契约与假契约。第一，“混合契约”接近民事合同，如政府采购合同、国有土地使用权出让合同、农业承包合同等。从目前有关的法律规定或司法解释来看，也基本上是按照民法和合同法来处理。但是，涉及这类合同中行政性内容方面的规定和审查上，又明显地感到用民商法的方法来处理有问题。所以，我国行政法学者普遍认为这是一种行政合同，目前的状况实际上可谓“公法遁入私法”。第二，纯粹契约是在行政管理上使用的、具有完全法律意义的行政合同。比如，治安处罚中的担保合同，将行政处罚权或者其他行政权依法委

---

① 参见罗豪才：《行政法学》，北京大学出版社 1996 年版，第 261—264 页。

托给事业单位而签订的行政委托协议。由于是以行政法上的权利义务为内容的,所以,无论民商法和行政法学者一般都不会否认它是一种行政合同形态。第三,“假契约”是具有协议形式,但又不是完全法律意义上的合同,目前行政诉讼上很少受理。它又细分为两类:一类是行政机关与所属部门、工作人员之间签订的责任书,比如在行政机关内部签订的执法责任书(在英国也称这类契约为“内部契约”,英文 Internal Contract);另一类是行政机关和相对人之间签订的各类责任书,比如门前三包协议、夜间摊点治安责任书、计划生育合同。目前,关于“假契约”算不算是行政合同,仍然存在很大的争议,有的学者认为不是,但也有许多学者认为应该是一种契约规制实践,是一种特殊形态的行政合同。[①]

还有的学者认为,综合概括起来,行政合同的主要类别有:(1) 国家订货合同;(2) 公用征收合同;(3) 行政委托合同(如我国普遍推行的科研合同);(4) 国土使用权有偿出让合同;(5) 国有企业承包、租赁合同;(6) 公共工程合同(包括政府特许权协议即 BOT 主合同);等等。[②]

(三) 行政合同中的权利义务

基于行政合同自身的特点,在考虑行政合同中权利义务的配置时应注意既要赋予行政主体在合同中适度的主导性权利,又积极发挥相对一方对行政主体履行义务的监督作用。基于行政合同的根本目的为实现特定行政目的的认识,在层次上我们可以将以确保特定行政目的优先实现的权利义务配置作为第一层次,而将保证相对一方利益实现的权利义务配置作为第二层次。这种层次的划分,只是我们在制度设计上考虑问题的先后次序,以及在这两种权利义务配置所代表的公共利益与私人利益发生冲突时的价值选择趋向,并不意味着后者无关紧要。

1. 行政主体的主导性权利[③]与义务

主导性权利在行政合同订立时一般是作为强制性条款规定的,对相对一

---

① 参见余凌云:《对行政法上“假契约”现象的理论思考——以警察法上各类“责任书”为考察对象》,载《法学研究》2001 年第 5 期。

② 参见胡锦光、莫于川:《行政法与行政诉讼法概论》,人民大学出版社 2002 年版,第 152 页。

③ 参见余凌云:《行政契约论》,中国人民大学出版社 2000 年版,第 100 页以下;王名扬:《法国行政法》,中国政法大学出版社 1988 年版,第 183—203 页;张正钊:《外国行政法概论》,中国人民大学出版社 1990 年版,第 32—35 页。

方来说,要签订契约,就必须接受。而且,许多主导性权利即使未在行政合同中规定,法院也认可行政主体一方具有这种权利。当然,各国对此往往具有不同的认识和做法。例如,在德国,由于把行政合同行为视为行政行为以外的行为,所以行政主体的这种主导性权利相对而言不突出;而在法国,则将行政合同行为视为一种特殊的行政行为,上述主导性权利也就更为突出一些。[①]特别是在行政合同的行政主体一方有没有、有多少强制执行权和直接制裁权方面,德、法两国是有差别的。此点差别,同德、法两国的行政法院与行政机关之间的关系稍有远近差别颇为相似。总体而言,法国类型的行政合同制度中,行政主体的主导性权利,一般包括以下几个方面:

(1) 对契约履行的指导(指挥)与监督权。

(2) 对不履行契约义务的相对一方的直接强制执行权。若相对人无正当理由不履行契约,而且公共利益迫切要求尽快履行行政合同时,行政主体可以享有直接强制执行权。当然,如果强制执行发生错误,行政主体应赔偿当事人因此遭受的损失。

(3) 作为制裁手段的直接解除合同权。只有在相对一方严重违约,且具有时间上的急迫性,如不径行解除合同,将对公共利益造成不可挽回的重大损害时,行政主体才能直接解除合同。在一般情况下,应申请法院裁决,取得执行名义。而且,由于导致采取这种制裁措施的原因是相对人不履行契约义务,因此,相对人要对其违约独自承担这种不利结果。

(4) 对严重违约构成违法的相对一方处以行政制裁措施的权利。

(5) 在情势变迁情况下单方变更与解除合同的权利。如在缔结行政合同之后遇到情势变迁,应当允许行政主体根据公共利益的需要随时变更契约履行标的或内容,或者解除契约。具体的程序是,行政主体可以与相对一方协商改变契约内容或标的,或者解除已完全失去履行可能的契约;如果行政合同的变更解除具有急迫性,为防止或免除公共利益遭受重大损失,也应允许行政主体享有单方变更解除权。但是,为了保障相对人的合法权益,必须要求行政主体书面作出变更解除的理由说明。

另外,行政主体变更或解除行政合同,如果给相对人造成经济上的损失,

① 参见胡建淼:《比较行政法——20国行政法评述》,法律出版社1998年版,第292—296页。

那么，从平衡相对人利益的角度，应当按照“经济平衡原则”给予相对人充分的、及时的补偿。

(6) 对行政合同的解释权。当然，为保障相对人合法权益不致因为行政机关滥用解释权而受到侵害，应允许相对人申请行政救济。

主要包括：向合同他方兑现应给予的优惠或照顾；给付价金；给予单方行为引起的物质损害赔偿。

2. 合同相对一方的权利和义务

承认行政主体应享有主导性权利，实际上就是保证行政主体对相对一方拥有强制性、主导性的督促后者履行契约义务的能力，但与此同时，也必须认识到行政合同所预期的特定行政目的的实现，实际上取决于行政主体与相对一方各自切实履行彼此的义务。因此，从权利义务配置上，也应考虑发挥相对一方对作为契约一方当事人的行政主体履行契约义务的督促作用。

概括起来，行政合同相对一方的权利主要包括：获得报酬权（报酬权不能由行政主体单方面变更）；享受优惠或照顾的请求权；给予物质损害赔偿或补偿请求权；必要或有益的额外费用偿还请求权；不可预见的意外和特殊困难补偿请求权；“统治者行为”的补偿请求权等。当然，从道理上说，一般情况下还应有要求行政主体履行合同约定义务的请求权，但各国行政合同制度和立法上往往都不突出这一点。

行政合同相对一方的义务包括：遵守法律规定；履行合同；接受监督和指挥；等等。

（四）行政合同的程序制度

1. 签订契约的基本方式

(1) 招标。招标是通过竞标方法，按照一定的标准与政策选择行政合同的相对一方，多适用于具有经济目的的行政合同。最主要的缔结合同方式，适用类型如科研合同、开发合同。比如，政府采购项目多是通过招标来签订采购合同的。

(2) 拍卖。如土地使用权拍卖、开发权拍卖。

(3) 邀请发价。也即行政机关邀请自认为适当的对象发价。这种做法也可采取公开方式。

(4) 直接磋商。也即一对一谈判。这种方式有暗箱操作之嫌，易生腐败。

一些国家(如法国)对此作了严格限制。

行政合同缔结方式大都是公开的(例如上述前三种是公开的),符合行政公开原则和行政民主化潮流的要求。

2. 行政合同的基本程序

在我国行政合同制度的构建中,出于保证行政机关所预期的特定行政目标的达成的考虑,在处于隶属关系的当事人间缔结的合同中,需要维持双方的不对等状态,以及赋予行政机关较大的主导性权利,而这在实际操作中又会引发诸多失范。因此,在法律制度的设计和具体运作上,应当考虑借助行政程序来进行规范与控制。

关于行政合同的程序,有学者认为应包含以下几个方面:其一,行政合同的签订。(1)行政合同的形式。(2)第三人的同意。(3)其他行政机关的同意或者批准。(4)相对人的选择。(5)行政行为程序的准用。其二,行政合同的履行和执行。(1)行政机关的监督和指导。(2)行政机关的单方面变更或者解除。(3)情势变更。(4)行政合同的强制执行。[①]

还有学者认为,在我国的行政契约制度构筑中,从程序上应当确认协商制度、听证制度、书面要式主义、公开原则、平等竞争原则、招标等适当的缔结契约方式、回避制度、说明理由制度、公示制度等重要的程序制度。同时建立上级机关的“参与保留”制度、严格的审计制度、通过行政监察等途径追究失职者责任的归责机制;此外,还要确立“行政契约容许性”原则,以保持行政契约所固有的灵活处理非常态案件的特性,弥补组织法对行政机关缔约权规定的不足。[②]

(五)行政合同的救济制度

在行政合同的签订、履行过程中,行政机关可能需要实施具体行政行为。当事人对行政合同中的具体行政行为不服的,可以起诉。主要有三种情形:一是合同约定行政机关实施特定的具体行政行为,如为开发商办理土地使用权证;二是在合同履行过程中行政机关按照合同条款行使监督权、处罚权而作出具体行政行为;三是行政机关通过具体行政行为的形式变更、终止或者

---

① 参见应松年:《比较行政程序法》,中国法制出版社1999年版,第261—265页。

② 参见余凌云:《行政契约论》,中国人民大学出版社2000年版,第142—159页。

废除行政合同。

关于行政合同的救济，有的学者认为，对于履行行政合同中出现的问题和纠纷，双方当事人应事先规定一套处理办法。一般是先由双方友好协商解决，协商不成，可以提交上级行政机关裁决。在不服裁决的情况下，可以向人民法院起诉，也可以直接向人民法院起诉。①

还有的学者将行政合同的救济方式归纳为三种：其一，司法救济，法院对行政契约的保护从实体法上应适用行政法律规则，从程序上应适用行政诉讼程序规则；其二，行政裁决；其三，行政复议。②

有研究行政合同的权威学者将行政合同的救济分为司法外救济途径和司法救济途径，并分别进行论述，其意见值得参考。③

毋庸讳言，行政合同在行政实务中既发挥着特殊的作用，同时也存在一些现实的矛盾和问题。这些问题或多或少、程度不等地存在于我国各地和各级政府机关的行政活动中，制约着行政合同应有的积极作用得到充分发挥。因此，必须按照行政法治原则的要求，从观念、规范、制度等诸方面采取有效措施予以妥善解决。在现阶段可采行的若干对策要点是：行政机关要在符合条件的情况下作出行政合同行为；行政合同只能是作为部分行政事务有限度进行民营化的手段使用；行政两造都要慎重签订行政合同；履行行政合同过程中合同各方都要依法办事；行政机关要尽到监督行政合同履行的职责以保障行政合同的依法履行、实际履行和有效履行；特别要注重保护限制行政相对人的信赖利益，信赖保护原则对于非权力行为方式来说是特别重要、广泛适用的一项基本原则。

二、行政指导

（一）行政指导的概念和重要特征

当代行政法意义上的行政指导这一概念，首先出现于二战后的日本（日

① 参见罗豪才：《行政法学》，中国政法大学出版社 1989 年版，第 239 页。

② 参见应松年：《行政行为法》，人民出版社 1992 年版，第 624 页以下。

③ 参见余凌云：《行政契约论》，中国人民大学出版社 2000 年版，第 180 页以下。

文:行政指導,ぎょうせいしどう;英文:administrative guidance)[①],目前在欧美国家则多称为非强制性行政行为(英文:non-coercive form of administrative action),或称为非正式行政行为、简便式行政活动、非正式的(协商性程序)裁决等等。尽管各国对于行政指导在理解上和术语表达上有所差异,但可以说大致是指称的同一概念或同一类概念。

过去许多国家在立法上未曾对行政指导加以采用和明确定义,行政机关作出的解释也不一致,加之行政法学界长期以来对此缺乏系统深入的研究,没有形成各方认同的定义,而且其他学科的学者(例如行政学者、经济学者)在著述中也按各自的理解来使用(行政、政府、国家的)指导、引导、训导等词语,所以直到二十多年前还有学者认为行政指导既非法律用语,亦非严格的学术用语,只是社会经济生活中的一个常用语或口头语罢了。这种看法显然不符合现实情况了。

从上述定义中可以看出,对于行政指导,现在人们一方面已形成较多的共识,另一方面尚存在认识上的差异。[②] 根据当代行政法理论与实践发展的成果与趋势并结合国内外行政指导实务的现实情况,这里将行政指导定义为:行政指导是行政机关在其职能、职责或管辖事务范围内,为适应复杂多样化的经济和社会管理需要,适时灵活地采取符合法律精神、原则、规则或政策的指导、劝告、建议等不具有国家强制力的方法,谋求相对人同意或协力,以有效地实现一定行政目的之行为。简言之,行政指导就是行政机关在其职责范围内为实现一定行政目的而采取的符合法律精神、原则、规则或政策的指导、劝告、建议等不具有国家强制力的行为。

---

① 作为学术用语来最早概括和论述行政指导的是林修三先生。他在《关于所谓行政指导》(载日本《行政与经营》杂志 1962 年第 8 期)一文中将行政指导解释为:"不是行政机关就某个行政领域内的事项,作为执行和适用法令而以国家强制性权力对特定的个人、法人、团体进行命令和强制,也不是行政机关在任意的基础上又基于法令的根据而对上述相对人进行指导、劝告和建议等等,而是行政机关并非基于法令的根据而就某个行政领域内的迫切希望和期待相对人按行政意图去做的事项,以指导、劝告和建议等方式向相对人做工作,促使其自愿协力和同意去行动。"与现在人们对于行政指导所作的定义相比,林修三先生所作定义包括的范围明显要窄一些。

② 例如,即便是在行政指导研究成果较多的日本,学界对于行政指导也存在诸多认识分歧。例如,关于行政指导是否只针对特定相对人作出,关于提供咨询帮助(信息指导)是否属于行政指导,关于是否需要加强对于行政指导的程序约束等等,学者们都见仁见智,即便行政程序法典出台后也未必可以断定在这些方面都普遍具有了共识。参见陈春生:《事实行为》,收入翁岳生编:《行政法》,中国法制出版社 2002 年版,第 912—921 页。

对此定义,需要把握以下几点:其一,实施行政指导需要有正当的行政目的;其二,行政机关实施行政指导的适用范围和行为依据非常广泛;其三,行政机关可以主动作出、也可应行政相对人的要求作出行政指导行为;其四,行政指导行为不具有强制性,不直接引起法律关系的变化,不直接产生法律效果,也不必然产生其他的行为后果;其五,行政指导行为具有适时灵活、方法多样、注重实效、存在风险等特点。

需要进一步说明的是,从第二次世界大战后的半个多世纪以来,主要市场经济国家和法治国家对"行政指导"的理解和运用情况及其发展趋势,总体上可以说正在经历一个从窄到宽、逐渐扩展和交叉运用的过程。即:从狭义的理解(视其为一类不直接产生法律效果和只用于个别调整的非权力强制性的行政手段),到广义的理解(视其为各种不直接产生法律效果和可用于各层次调整的非权力强制性的手段),再到最广义的理解(同时还将其视为一种行政运作机制或运作模式,即所谓"指导行政",把实施行政指导作为政府的一种职能或职责,同时也包括行政机关采取的诸多非权力强制性的法律、政策、利益等方面的引导、指导和诱导手段,也就是行政职能、职责与手段的有机统一体)。对此,也可理解为当代行政法学者对行政指导的研究视角,呈现出从"简单工具论"到"普遍方法论"到"功能价值论"到"综合系统论"的逐步扩展过程。

结合前述定义分析和实证研究结果,我们将行政指导的基本特征概括如下:其一,非强制性:从行为的法律关系和拘束力度看,行政指导是不具有强制性、无法律拘束力的行为。其二,主动补充性:从行为动因和目的角度看,行政指导是适应多样化的社会管理需求的主动行为。其三,主体优势性:从行为主体的角度看,行政指导主要是由具有综合优势和权威性的行政机关实施的行为。其四,相对单方性:从行为本身的角度看,行政指导是由行政机关单方实施即可成立的行为。其五,行为引导性:从行为品格的角度看,行政指导是具有利益诱导性或综合引导性、示范性的行为。其六,方法多样性:从行为方式的角度看,行政指导是适用范围广泛、方法灵活多样的行为。其七,广义合法性:从行为受约束的角度看,行政指导是符合现代行政法治原则的行为。其八,事实行为性:从行为过程的最后结果看,行政指导是不直接产生法律效果的行为。

（二）行政指导的基本功能

关于行政指导的功能（或作用），学界有各种各样的概括。例如有的学者将行政指导的功能概括为：一是节约行政成本；二是及时调节、提前预防；三是利用经济杠杆管理社会。[①] 从各国行政指导的实践效果来看，符合行政民主和法治精神的行政指导，在现代行政管理过程中具有如下基本功能或曰积极作用[②]：

1. 行政指导的补充和替代作用。这一作用又可分为三种情况：一是当存在"法律空域"的现象时，采取行政指导措施以补充单纯法律手段的不足。二是当采用法律强制手段尚不必要或不及时，或成本太高、效果较差、后遗问题较多时，可先行采取行政指导措施来替代法律强制手段，以及时有效地实现行政目标。三是当法律明确规定可单独采取或作为行政命令行为的前置程序采取行政指导措施时，当然就应依法采取行政指导行为。

2. 行政指导的辅导和促进作用。由于行政机关在掌握知识、信息、政策上的优越性和宏观性，因此其实施的行政指导具有一种特殊的启发、导向和促进作用。特别是在强调自由和平等品格的现代市场经济条件下，采取柔和的行政指导措施更能积极引导、影响相对人的行为选择，增进和保护社会公益，促进市场经济和社会秩序的健康顺利发展。

3. 行政指导的协调和疏通作用。社会生活的多元主体之间的利益矛盾和冲突需要协调，由于行政指导的非强制性和自主抉择性，以及指导主体所具有的相对于利益冲突的某种超脱性和中立性，使其在协调、缓解和平衡各利益主体（指行政相对人）之间的矛盾和冲突的过程中，能够通过行政指导措施发挥协调和斡旋作用。

4. 行政指导的预防和抑制作用。行政指导对于可能发生的妨害经济秩

---

① 参见应松年：《依法行政教程》，国家行政学院出版社 2004 年版，第 156 页。

② 我国不少行政机关近年来在行政管理实务中积极探索行政指导方式，取得了积极履行行政职责、提高行政服务水平的成效。例如，福建省泉州市工商行政管理机关近年来积极推行行政指导，他们更新观念、创新制度、探索方法，取得了促进经济发展、推动行政民主、提高行政效率的显著成效，被评选为中国 2008 年度十大法治人物，在是年 12 月 4 日于中央电视台举行的颁奖会上受到中宣部、司法部等单位联合表彰，成为当年唯一获此殊荣的集体获奖者。泉州经验为各级行政机关推行行政指导提供了有益的实践素材，值得人们重视。与日、美等国家的行政指导做法相比，泉州经验更有成效，更符合我国行政管理和行政法制的实际。在此基础上进一步发展，将会创造形成符合现代行政法治要求和发展趋势的中国行政指导理论与制度系统，有助于推进服务型政府建设。

序和社会公益的行为可起到防患于未然的预防作用,对于刚萌芽的妨害行为则可起到防微杜渐的抑制作用,这是一种特殊的保安作用。

(三)行政指导的构成要件

行政指导的构成要件包括如下五个方面:

1. 指导主体(指导方)。是指作出指导行为的行政机关,也包括一些得到授权而实施行政指导行为的组织。此系行政指导的最基本要素。

2. 指导对象(受指导方)。是指指导行为所指向的行政相对人,包括特定的行政相对人和非特定的行政相对人。这也是行政指导的基本要素。但指导方是否接受某项行政指导的内容并不是必然的,接受与否也不影响该项指导行为的作出和成立。

3. 指导内容。是指指导方为一定行政目的而作出的指向受指导方的指导行为之具体内容,如劝告或建议相对人作出或不作出一定的行为。

4. 指导方式。是指指导方采取的指导行为的具体方式,其表现各异,种类繁多,总的可分为抽象的指导行为和具体的指导行为。

5. 指导后果。受指导方接受或不接受该项行政指导行为今后可能产生的实际结果,包括积极后果和消极后果,但不是直接和必然会产生。

(四)行政指导的基本分类和常用方式

关于行政指导的类型,可以从不同的角度加以划分。例如,有的学者以行政指导行为有无具体的法律依据将其划分为如下三类:其一,有关于行政指导的具体法律依据,可径行采取劝告、鼓励、建议等行政指导行为;其二,没有关于行政指导的具体法律依据,但就该事项来说已有可作出行政命令、许可、认可的具体法律依据,则可在行使行政权而作出命令、许可、认可行为之前,作为其前置程序先行采取行政指导行为;其三,没有关于行政指导的任何行政作用法上的具体依据(既无关于行政指导的法律规定又无相关行政命令方面的法律规定),但该事项属于行政机关的职能、职责或管辖事务范围内之事项,则可基于行政组织法的一般授权而采取行政指导行为。[①] 这第三类情形又被理解为行政组织法的行政作用法化的现象。还有学者认为:以相对一方是否明确、特定为标准,分为规则性的行政指导和具体性的行政指导;以形

① 参见林纪东:《行政法》,台湾三民书局股份有限公司 1988 年修订 3 版,第 437—438 页。

式为标准，分为口头行政指导和书面行政指导；以是否公开进行为标准，分为秘密行政指导和公开行政指导；以是否说明理由为标准，分为附理由的行政指导和不附理由的行政指导。①

综合国内外情况看，我们认为可从行政指导具有何种功能、有无具体依据、如何加以救济等角度来划分：(1) 从具有何种功能的角度，划分为助成型行政指导、规制型行政指导、调停型行政指导这样三大类型，下面再细化为一些具体方式，例如助成型行政指导就包括信息服务类行政指导和技术帮助类行政指导；(2) 从有无具体法律依据的角度，划分为有行政作用法（行为法）依据的行政指导，以及无行政作用法依据的行政指导，下面再细化为一些具体方式，例如有行政作用法依据的行政指导就包括直接作出明确规定型的行政指导和非直接规定型的行政指导（法律文件只规定了权力强制行为但可作为弱行为前置方式采用行政指导的类型）；(3) 从如何加以救济的角度，可划分为可诉型行政指导和非诉型行政指导；等等。

行政指导行为最突出的一个特点是灵活多样、不拘一格和追求效率，这与行政指导作为非权力行为的性质是相适应的。这一特点对于行政指导在行政实务中发挥积极作用来说具有重要意义，同时也是其伴生负面作用的原因之一。结合国内外行政指导的实施现状和研究成果，可以将行政指导的常用方式大致概括为抽象行政指导行为、具体行政指导行为、抽象具体两可型行政指导行为这样 3 型 12 小类。具体地说，主要包括以下方式，即：(1) 属于抽象行政指导行为的指导性计划、指导性规划、导向性行政政策、行政纲要，发布信息、公布实情；(2) 属于具体行政指导行为的指导、引导、辅导、帮助、劝告（规劝）、劝诫（告诫）、劝阻、说服，告知、指点（说明）、提醒（提示）、提议，商讨、协商、沟通、斡旋、调解、调和、协调；(3) 属于抽象具体两可型行政指导行为的建议、意见、主张、赞同、表彰、提倡、宣传、示范、推荐、推广，鼓励、激励、

① 参见任中杰：《行政法与行政诉讼法》，中国政法大学出版社 1997 年版，第 177 页。

勉励等等。[①]

上述行政指导方式方法相辅相成、相互配合、相互补充，其作用和意义非常重要，其进一步完善的任务也不可忽视。总的来看，随着科学技术和社会生活的不断发展以及政府角色的演化，行政指导的操作方式将会日益增多。

（五）行政指导的程序制度

行政指导程序除了具有行政机关一般外部行为常见的一些程序特点（如行为对象应明确、行为应公开进行、应事先说明理由、应充分听取意见等等）之外，还应当具有简明化的特点，表现为：一是指导程序灵活多样、简便有效、富有弹性，以注重行政效率和方便行政相对人作为原则；二是指导程序规范不完全是制定法规范，较多的行政指导程序是工作惯例形成的，法定的、惯例的和结合型的程序规范都有，且约束力度不一，具有类型化不完全的特点；三是指导程序不全是终结性的程序，例如在行政作用法已规定对某领域、某事项可作出强制性行为的情况下，当某一行政指导行为作出后未见效时，行政机关还可依法采取后续的强制性的行政行为；四是从总体上看，灵活多样的行政指导程序具有较强的协商参与性，有助于行政相对人表达意愿和维护权利；等等。因此，不宜对行政指导行为作出过于繁琐、复杂的程序约束，否则会失去效率且增大社会成本。

综观各国的行政指导实践，多样化的行政指导程序尽管存在类型化不完全、法定化程度不高等问题，但如下程序规定和实际做法却是普遍存在的（其中相当一些属于惯常做法而非法定程序），可谓之行政指导一般程序，特别值得关注：

1. 关于行政指导行为之发动方式的规定和做法。其大致分为依职权的发动方式和依申请的发动方式（申请者也可无须是当事人），而前者是最主要和最大量的方式。这也是将行政指导定义为行政机关的主动行为的一个

① 关于行政机关发布信息、公布实情是否属于行政指导行为，行政法学界的看法不一。持否定意见者认为（包括某些日本行政法学者也认为），此类行为缺乏利益诱导性，或者指导性太弱，不符合行政指导的特性，所以“仅属于行政指导渊源之一，而非抽象性行政指导”（参见郭润生、宋功德：《论行政指导》，中国政法大学出版社 1999 年版，第 64 页）。但我们对此问题持肯定意见。在高度信息社会化的今天，有价值的信息与行政相对人所可能增进的利益之间不无关系，来自行政机关的信息对于行政相对人来说是具有参考价值和诱导性的。行政机关有意发布信息、提供信息的行为，已具备行政指导的基本特征，理应视为一类特殊的行政指导方式。

原因。

2. 调查了解真实情况，确定有无进行该指导行为的必要性。

3. 在进行技术指导类行政指导时，向专家和专业部门进行咨询论证，以确定该指导行为的适当方式、恰当力度和配套措施。

4. 与有关相对人进行商谈、协商或其他方式的交流，以取得理解、谅解和配合。

5. 关于进行指导之时机的规定和做法（时间性程序）。例如作为弱行为前置程序，在行政审批、行政许可等行政行为（属于与行政指导行为相对应的行政命令行为）之前实施行政指导行为的时机。

6. 关于指导行为的目的、内容、负责人员等等的告知和说明，包括说明理由。通知分为书面方式和口头方式。如行政相对人要求书面通知，而此前尚未以书面方式通知过，则应满足其要求。如指导对象为复数，只要无行政上的特别障碍，则应将指导目的、内容和负责人员等予以通告。

7. 主动或应请求提供与该指导行为有关的文件、资料、数据供利害关系人和有关方面（如监督部门）参考。

8. 主动听取利害关系人和其他行政相对人的意见。

9. 留出足够时间由利害关系人辩明理由、提出意见，并作书面记载。

10. 重大的行政指导行为，还可应行政相对人的申请举行或主动举行听证会、专题审议会等等。福建省泉州市工商行政机关已专门为此建立了比较规范的重大行政指导事项审议决定程序制度，积累了宝贵经验，值得研究参考。当然，由于行政指导行为具有程序简明化的特点，此类程序并不是行政指导一般程序的重点。

我国最新的有关行政指导程序的立法实践是2008年10月1日起施行的地方政府规章《湖南省行政程序规定》，这是我国第一个综合性的行政程序法律文件，具有重大的制度创新意义。它用专节对于行政指导行为制度特别是程序制度作出了比较系统的立法规范，值得关注和研究。①

① 该规章的第五章（特别行为程序和应急程序）第二节（行政指导）有如下10个条款（第99—108条）。

附录：

一、相关案例

1. 王某诉某县水利局行政处罚决定案①

某县王家庄村村民王某，为建造房屋于 1998 年 12 月 20 日，未经主管机关批准，在村旁河道内用马车采砂石。12 月 29 日，县水利局发现后，责令王某停止采砂，并处以罚款 500 元，同时没收采砂用的马车。王某不服，于 1999 年 1 月 2 日向市河道主管机关申请复议，复议机关作出了维持县水利局处罚决定的复议决定。王某仍不服，于 2 月 15 日向人民法院提起行政诉讼，县法院受理了此案。在审理过程中，被告县水利局辩称："对王某的处罚既有事实根据也有法律依据。"并申明："省政府《关于河道管理的若干规定》第 18 条规定：'未经批准或不按照河道主管机关的规定在河道管理范围内采砂、取土、淘金、弃置砂石淤泥、爆破、钻探、挖筑鱼塘等，由河道主管机关除责令其纠正违法行为、采取补救措施外，可以并处警告、罚款、没收非法所得和用于违法行为的工具……'根据此规定，给予王某罚款和没收其马车的处罚是完全正确的。"县法院经审理认为，省政府《关于河道管理的若干规定》所设定的行政处罚种类超出了国务院《河道管理条例》的规定，因此判决撤销"没收马车"的处罚决定、维持"罚款"的处罚决定。

2. 邓州市骨伤医院诉邓州市工商局行政强制措施案②

河南省邓州市骨伤医院所属制剂室 1996 年 5 月 9 日向卫生部门申请自配制剂，河南省卫生厅于同年 12 月 16 日向其颁发了《制剂许可证》，该证规定的制剂范围是大输液，许可证有效期至 1999 年 12 月。2000 年 7 月 7 日至 2001 年 4 月 26 日，国家药品监督管理局先后发出三个通知，将换发《医疗机构制剂许可证》的时间延长至 2001 年 12 月 31 日。2001 年 7 月 23 日，被告邓州市工商局接到关于原告大输液制剂有严重质量问题的电话举报后，于 7 月 30 日在"打假保健康红盾行动"中对原告的制剂室进行突击检查，当场扣押了制剂室的《制剂许可证》，自配制剂和其他设备，同时被告又在市区一些医疗

---

① 参见胡锦光：《行政法案例分析》(第二版)，中国人民大学出版社 2006 年 6 月版，第 103 页。

② 参见工商行政管理总局：《工商行政执法典型案例评析》，中国工商出版社 2006 年 4 月版，第 289 页。

机构查扣了原告供应的制剂，被告工商局所采取的查扣封存措施一直未办理没收、扣押或者解除手续。2001 年 8 月 16 日，邓州市骨伤医院以被告具体行政行为超越职权、违反法定程序为由，向邓州市法院提起行政诉讼，要求撤销被告扣押制剂室药品和其他财物的具体行政行为。邓州市法院经审理后，认为依据《中华人民共和国药品管理法》及其实施办法的规定，对于医疗单位《制剂许可证》和制剂的管理，属于卫生行政部门的职责，工商行政机关对违反药品管理法规行为的处罚范围，是"城乡集贸市场"和"广告管理"中的违法行为，被告到原告邓州市骨伤医院制剂室查扣《制剂许可证》，属于超越职权的行为，被告扣押物品后，一直未作任何处理，违反法定程序。原告的《制剂许可证》是按审批程序依法取得的，虽然该证件 1999 年 12 月到期，但根据国家药品监督管理局先后发出的三个通知，将换发《医疗机构制剂许可证》的时间延长至 2001 年 12 月 31 日，因此，被告扣押的《制剂许可证》仍属于有效证件，被告的具体行政行为侵犯了原告的合法权益，应予撤销。因此，一审法院根据《行政诉讼法》的规定，判决撤销被告扣押原告的《制剂许可证》、制剂室药品和其他财产的具体行政行为。被告不服，向南阳市中级人民法院提起上诉。

3. 薛某、白某不服泸县公安局行政检查案①

原告白某经营一个名为"梦兰美发室"的理发店。理发店仅有一间房，且用玻璃柜隔出部分空间作居住使用，该房有前后两道门。2005 年 9 月 6 日 22 时许，泸县公安局接到该店有卖淫嫖娼嫌疑的举报电话后，即指令当地派出所出警检查，派出所指派两名民警前往检查。民警在敲该店后门未开的情况下破门进入室内，发现白某与一自称薛某的男子已上床就寝，当即表明执法身份和检查卖淫嫖娼嫌疑事项，但并没出示检查手续。

白某和薛某声明系合法夫妻，民警要求其出示夫妻证明，薛、白二人则拒绝出示并打电话叫来邻居和亲朋予以证实，因此聚集了众多群众围观。民警在群众证明薛、白二人系夫妻后欲离开现场，却遭到围观者阻止，直至派出所领导到场当众向薛、白二人赔礼道歉，表示负责修补损坏的门锁后，民警才得以撤离。

---

① 参见王和成、王恩鑫：《民警无证检查卖淫嫖娼，合法夫妻床上被抓现行》，载《法制日报》2006 年 4 月 4 日第六版。

次日，县公安局在薛、白二人要求查处举报人时制作了询问笔录和检查笔录，并进行相应的调查取证。此事件，经当地电视台报道后引起轰动，薛、白二人遂提起行政诉讼，请求确认泸县公安局的检查行为违法。

4. 沈阳路牌合同纠纷案①

2001 年 2 月，原告沈阳市国际友好广告公司与沈阳市地名办（隶属于沈阳市建委）签订了为期 15 年的路牌合同。合同规定由国际友好广告公司出资兴建沈阳市 35 条街道的路牌合同并附带广告，由地名办负责监管。但合同签订不到 2 年，国际友好广告公司按照合同约定立的路牌却被强行拆除，并在原有位置上建起其他公司的路牌，而新路牌的尺寸与被拆掉的路牌是一样的。此次拆除行为使该广告公司蒙受巨额损失，公司处于濒临破产的边缘。该广告公司不服，向沈阳市仲裁委提起仲裁申请，要求沈阳市地名办继续履行合同，并赔偿由此造成的损失。

二、重点推荐阅读材料

1. 应松年：《行政行为法》，人民出版社 1992 年版。

2. 胡锦光：《行政处罚研究》，法律出版社 1998 年版。

3. 杨小君：《行政处罚研究》，法律出版社 2002 年版。

4. 傅士成：《行政强制研究》，法律出版社 2001 年版。

5. 胡建淼：《行政强制法研究》，法律出版社 2003 年版。

6. 莫于川：《行政法学原理与案例教程》，中国人民大学出版社 2007 年版。

7. 沈开举：《行政征收研究》，人民出版社 2001 年版。

8. 余凌云：《行政契约论》，中国人民大学出版社 2000 年版。

9. 莫于川：《行政指导要论》，人民法院出版社 2002 年版。

10. 杨生、孙秀君：《行政执法行为》，中国法制出版社 2003 年版。

① 参见房菲：《中国路牌第一案　留下思考一大串》，载《辽宁法制报》2005 年 12 月 15 日。

第五章 | 行政程序法

第一节 行政程序概述

一、行政程序的概念

（一）程序的基本含义

所谓程序，就是行为从起始到终结的长短不等的过程，由行为的步骤、方式、时限和顺序等要素组成。从法律意义上说，程序具有如下特点：

第一，程序具有主体性。一方面，程序是关于人与人之间关系的规则，在程序中，必须由人作为主体。另一方面，程序中所有利益相关的人都是程序的主体，不能被当作程序的客体。

第二，程序具有过程性。行为的步骤和方式构成程序的空间表现形式，行为的时限和顺序构成程序的时间表现形式，所以，程序是空间和时间因素的统一，具有过程性。程序的过程性，使程序与实体相区别。实体用直接确定当事人利益的办法协调主体之间关系。与实体不同，程序协调利益相关者之间在确定相互关系时的行为，而不是直接确定他们的利益。可以说，实体是关于“利益”的，程序是关于“行为”的。

第三，程序具有规则性。法律意义上的程序是一种具有权利和义务内容的规则，至于这种规则是基于法律、基于习惯，还是基于双方的约定，则因程序所关涉的行为的法律性质的不同而不同。①

（二）行政程序的概念

根据程序的含义，我们认为，行政程序可以界定为，行政主体行使行政权力、实施行政行为的步骤、方式、顺序和时限。

第一，行政程序是针对行政主体的程序，以规范和制约行政主体行使行政权力，行政程序不针对立法机关和司法机关的职权行为，更不是相对人必须遵循的程序。

第二，行政程序是行政行为的程序，行政机关的民事行为没有行政程序，行政机关在行政诉讼中的行为也不表现为行政程序。

第三，行政程序是作为过程的行政行为，任何行政行为都是实体与程序的统一。

第四，构成行政程序的基本要素是行政行为的步骤、方式、顺序和时限。步骤是程序的最基本要素。因为程序作为过程，是一个步骤一个步骤完成的，缺少其中任何一个步骤，都可能使这一程序无法完成。方式是行政行为的外部表现形式，行政程序必须经过一定的方式进行。顺序是步骤的先后次序，有些步骤前后颠倒并无影响，多数步骤必须按先后顺序进行，前后颠倒可能影响行政行为的效力。时限是行政行为所经历一定时间的限度的规定。

二、行政程序的特点

行政程序除了具有法律意义的程序的一般特点之外，还有其独立的特点。

第一，法定性和任意性。重要行政程序一般应以法律的形式加以固定，其他行政程序则可以由行政机关自行设定。"重要"，是指对相对人权益保护或公共利益能够产生重大影响。也就是说，并不是所有的行政程序都需要法律化，只有那些重要的行政程序才有必要成为法定程序。行政程序的法定性意味着无论是行政主体还是相对人，都必须遵守法定的行政程序，任何违反法定行政程序的行为，都将产生对行为人不利的法律后果。对于行政主体来

① 正是基于程序的主体性、过程性、协调性和规则性，有学者认为，"程序是交涉过程的制度化"，参见季卫东：《法律程序的意义》，载《中国社会科学》1993 年第 1 期。"程序是人与人之间协调过程的规则"，参见应松年：《行政法学新论》，中国方正出版社 2004 年版，第 5—6 页；应松年：《当代中国行政法》，中国方正出版社 2005 年版，第 1227 页。

说，违反法定程序将影响行政行为的效力；对相对人来说，法定程序与其说是义务性的，更不如说是权利性的，通过法定程序可以实现并维护自身的合法权益。

第二，统一性和多样性。行政程序在客观上呈现出多种行政程序并存，并有各自调整行政行为的格局。行政程序的多样性来源于行政行为的多样性。行政程序的多样性导致行政程序法律规范经常零散地存在于各个专门的行政行为法律规范中，这无疑增加了统一行政程序立法的难度。但是，不同的行政行为在客观上仍然存在着共同的关于行政程序的基本原则和基本制度，这就是行政程序的统一性，也是制定统一的行政程序法典的理论和现实基础。因此，关于行政程序立法，既要有统一的行政程序法典以确定一般的行政程序的基本原则和基本制度，也要关注不同行政行为所具有的特殊行政程序，必要时，可以在统一的行政程序法典中加以特别规定。

第三，体系性和分散性。行政程序立法以多种法律形式存在，因而使行政程序分散于由众多的、具有不同效力等级的法律文件之中，从而形成一国行政程序法律规范的体系。从世界各国的立法实践来看，行政程序法律规范体系大致有以下三种：其一，统一的行政程序法典，例如美国的《联邦行政程序法》；其二，单行的行政程序的法律文件，例如，美国的《行政会议法》、《阳光下的政府法》、《情报自由法》和《隐私权法》等单行法律文件；其三，单行的行政行为法中规定有关的行政程序规范，例如我国的《行政处罚法》中规定的处罚程序，《行政许可法》中规定的行政许可程序。

三、行政程序的分类

（一）内部程序与外部程序

内部程序与外部程序是根据行政行为所涉及的对象和范围进行的划分。内部程序是适用于行政主体内部上下级之间或部门相互之间的行为规则，如内部行政机构的设置、撤销、变更等程序，上下级部门间的审批程序、工作汇报程序，机关之间的监督程序、考核程序等，外部程序是行政主体对外实施行政行为应该遵循的程序，如行政处罚程序、行政许可程序。内部程序与外部程序在不少情况下是难以区别的，原因在于：一是，任何一种外部程序都常常伴随着内部程序，两者紧密交织在一起；二是，在某些情况下，内部程序会转化为外部程序，比如，一个行政许可可能需要一级政府中几个部门或一个部门中几个处室的审批，这本应是行政机关内部程序，但如果需要申请人一一呈批，就可以认为是把内部程序转化为外部程序，从而影响相对一方的权益，也影响行政效率；再比如，行政机关对其内部工作人员作出涉及其基本权利的奖惩、任免决定中的某些决定，如开除，所遵循的程序也由内部程序转化为外部程序。

内部程序的法律化程度较低，往往表现出较大的裁量空间。行政主体行使行政职权影响相对人合法权益的后果，主要通过外部行政行为，所以，外部程序是行政程序的核心，研究行政程序主要是研究外部程序。

（二）抽象行政行为程序与具体行政行为程序

抽象行政行为程序与具体行政行为程序是根据行政主体作出的行政行为是抽象还是具体的进行的划分。抽象行政行为程序是行政主体实施抽象行政行为即制定规范的程序。具体行政行为程序是行政主体实施具体行政行为的程序。

由于抽象行政行为与具体行政行为对相对人的权益影响程度与方式不同，所以各自的程序要求和违反程序的法律后果不同。相比之下，具体行政行为程序违法对相对人的权益的影响是直接的，抽象行政行为程序违法粗看之下不会对相对人的权益产生直接影响，但是实际上其影响范围极为广泛。

（三）强制性程序与任意性程序

强制性程序与任意性程序是根据行政主体对行政程序的有无选择余地进行的划分。对于强制性程序，行政主体没有选择余地，必须严格遵守，不得增加或者减少行政行为的步骤、方式、时限和顺序，比如《行政处罚法》中规定，行政主体在作出处罚决定之前，必须告知相对人行政处罚的事实、理由、依据和有关权利等，否则，行政处罚不能成立，这些就是行政处罚的强制性程序；对于任意性程序，行政主体可以根据具体情况酌情决定是否适用以及适用何种程序。

强制性程序一般都是法定程序，因而只存在合法与否的问题，违反强制性程序将导致司法审查中行政行为被撤销；任意性程序只存在合理与否的问题，违反任意性程序不存在违法撤销的问题，但是也有相应的法律责任问题。

（四）主要程序与次要程序

主要程序与次要程序是根据对相对人权益的影响是否具有实质性进行

的划分。主要程序是对相对人的权益产生实质性影响的程序，比如行政处罚中的告知程序、表明身份程序和听证程序。次要程序是不会对相对人的权益产生实质性影响的程序。

主要程序的欠缺，将直接影响行政行为的合法性。违反主要程序的行政行为，有权机关应当予以撤销。次要程序的欠缺，并不一定导致行政行为被撤销，而是可以允许行政主体予以补正或者重作。

（五）事前程序与事后程序

事前程序与事后程序是根据行政程序在行政行为中所处的时间位置进行的划分。事前程序是在行政行为对外发生法律效力之前的程序，如行政立法程序、行政处罚程序、行政许可程序等；事后程序是在行政行为对外发生法律效力之后的程序，如行政复议程序。①

从行政程序法的历史发展看，是由“事后”向“事前”发展的。事后程序只能在行政权力对相对人权益造成影响以后对相对人加以弥补；而事前程序让相对人参与到行政程序中，可以尽量减少以至避免行政行为对相对人权益的侵害，从而从根本上减少行政纠纷。所以，行政程序由“事后”向“事前”的发展，对于行政民主化和行政效率的提高以及行政纠纷的解决和社会秩序的维护，意义十分重大。

四、行政程序的功能

现代行政程序作为现代法治社会的制度性结构中的重要内容，其功能是其他制度所无法替代的。可以说，没有现代行政程序，法治作为一种社会状态简直就无法维系。任何一个选择法治作为步入现代化社会的国家，都应当理性地认识现代行政程序的功能。

第一，增加行政主体和相对人之间的沟通，提高行政行为的社会可接受性。

现代行政程序是公民参与的行政程序。在现代行政程序中，公民权是行政权合法、正当伸展的一种外在规范力量，并随时可对行政权的行使是否合

① 从广义上说，行政诉讼程序也属于行政程序的事后程序。但是，更准确来讲，行政诉讼程序是司法程序而不是行政程序。

法、正当在法律范围内提出抗辩，为行政主体行使行政权提供一个反思的机会，行政主体如果发现有不合法或欠缺正当性的情况，即可以自动纠正。可以说，现代行政程序为行政主体和相对人提供了制度性的沟通平台，尤其是事前程序让行政主体和相对人在行政行为决定之前各自说明理由、发表意见，实际上是实现了行政主体和相对人的合作与协商。现代行政程序"通过以一种公众认为公平的方式作出决定，当政者可以获得对这些决定的更大认可，就使得决定涉及的各方更容易服从。"①这样作出的行政行为当然更加容易为社会接受。

第二，减少和解决行政纠纷，建立并维护和谐社会。

和谐社会决不是没有纠纷的社会，而是能够在纠纷产生之前，尽量减少纠纷；在纠纷产生之后，合法、合理、及时地解决纠纷。在行政权不断扩张的现代社会中，行政程序在纠纷的减少和解决方面的重要性更是其他法律程序所不能替代的。行政机关将公民"从摇篮管到了坟墓"，与公民的利益冲突是直接的，面对面的，如果没有现代行政程序的公开和参与，行政权的强制必然变质为压制。现代行政程序以制度化的方式，让行政主体和相对人在行政行为决定之前各自说明理由、发表意见，体现了对相对人权利的尊重和保护，并对行政行为给相对人权利造成的损害，提供制度化的救济途径。这样，就可以实现纠纷的减少和合法、合理、及时地解决。

第三，保障行政实体法的实施，并展示行政程序独立的法律价值。

程序的价值突出地反映在程序与实体的关系问题上。关于程序的价值的观点，最具代表性的是程序工具主义和程序本位主义。程序工具主义认为，程序仅仅是实现实体的工具和手段，程序服务和依附于实体，没有独立的价值。这种观念与法律工具主义理论有密切关系。在西方思想史上，这种程序观可以追溯到功利哲学的创始人边沁。② 既然程序仅仅是为了实体而存在的工具，当然，也可以为了实体抛弃这个工具，于是，程序工具主义可能演变为程序虚无主义。程序本位主义认为，程序高于实体，"程序的公平性和稳定性是自由的不可或缺的要素。只要程序适用公平，不偏不倚，严厉的实体法

① 〔日〕谷口安平：《程序的正义与诉讼》，王亚新、刘荣军译，中国政法大学出版社 1996 年版，第 376 页。

② 参见应松年、刘莘：《行政处罚法理论与实务》，中国社会出版社 1996 年版，第 143 页。

也可以忍受。”[①]程序本位主义主要盛行于英美国家。美国法律史中所谓“正当程序革命”正是从程序本位的立场来强调法律程序对于整个法律制度的意义。但是,程序本位主义过于关注程序本身的正当性,程序决定结果,在一些情况下便演变成程序形式主义。

在行政法上,行政程序的工具性价值是客观存在的,即保障行政实体法的实施。同时,必须承认并充分发挥行政程序独立的法律价值,即行政程序的公正价值、效率价值和秩序价值。公正是行政程序的首要价值,行政程序既是对行政权力的制约,更是对公民权利的维护,“程序不是次要的事情。随着政府权力持续不断地急剧增长,只有依靠程序公正,权力才可能变得让人能容忍。”[②]行政程序的效率价值在于,通过步骤、方式、顺序、时限,免去不必要的程序或简化繁琐的程序,大大提高行政效率。行政程序的参与机制,增加了行政主体和相对人之间的沟通,提高了行政行为的社会可接受性,为行政权力的顺利行使提供了可能,从而实现和维护了稳定的社会秩序,这就是行政程序的秩序价值。

五、程序违法的法律责任

(一) 程序违法的界定

程序违法是指行政主体行使行政权时,违反法定的强制性程序。[③] 这个界定需要注意两点:第一,程序违法的主体是行政主体,而不是相对人;第二,程序违法中“法”的范围,包括行政程序法和单行法律、法规、规章确立的行政机关应遵循的程序规则。[④]

---

① 美国大法官杰克逊所言,转引自宋冰:《程序正义与现代化》,中国政法大学出版社 1998 年版,第 375 页。

② 〔英〕威廉·韦德:《行政法》,徐炳译,中国大百科全书出版社 1997 年版,第 94 页。

③ 马怀德:《行政程序立法研究——〈行政程序法〉草案建议稿及理由说明书》,法律出版社 2005 年版,第 430—432 页。

④ 这里还有两个问题,一是行政机关违反规章以下的行政规范性文件乃至自己制定的内部规范中的程序规则,是否构成程序违法;二是行政机关违反正当程序的一般原则是否构成程序违法。这两个问题,目前在我国的法律中都没有规定,学术界也没有一致的观点。更为详尽的介绍可以参见马怀德:《行政程序立法研究——〈行政程序法〉草案建议稿及理由说明书》,法律出版社 2005 年版,第 430—432 页。

（二）不同国家程序违法的法律责任

程序违法的法律责任问题，涉及三个相关联的问题：一是，行政行为程序违法是否应予撤销或者认定无效；二是，行政行为因程序违法被撤销或者认定无效，在实体正确的情况下，行政机关是否可以不受限制地重作行政行为；三是，如果对程序违法采取多元的处理方式，其界限和标准是什么。[①] 各国对这些问题的解决差异较大。

1. 英美法系国家

英美法系国家具有重视程序的长久历史和深刻观念，对于程序违法采取较为严格的态度。

在英国，程序违法包括违反自然公正原则和程序上的越权两种情形。违反自然公正原则的行政行为的法律后果，是无效还是可撤销，并无一致的判例，由法院根据具体情况自行决定，“对于当事人有重要影响的行政决定，在程序上违反自然公正原则时会认为无效，而对于影响较小和违法情况较轻的行政决定，则认为是可撤销的决定。”[②]行政机关违反成文法规定的程序的法律后果，视该程序的规则的效力而定。违反任意性程序规则，不影响行政行为的效力；违反强制性程序规则，构成程序上的越权，属违法行政行为，法院有权撤销。

在美国，根据《联邦行政程序法》的规定，对当事人提出的主张，在判决所必要的范围内，审查法院应决定全部有关的法律问题。审查法院经审查认为行政机关的行为“没有遵守法律规定的程序”，应予以撤销。

2. 大陆法系国家

大陆法系国家对于程序违法的法律责任采取了不同情形区别对待的态度，而且十分注重以实体结果的对错来评判违法程度。

在法国，程序违法被称为行政行为形式上的缺陷，在既保障当事人权益又不妨碍行政效率的理念支配下，程序违法的法律后果区分了五种情形：第一，区别主要程序和次要程序，违反主要程序构成撤销理由，违反次要程序不影响行政行为的效力；第二，区别程序的目的，违反保护当事人的利益的程

① 马怀德：《行政程序立法研究——〈行政程序法〉草案建议稿及理由说明书》，法律出版社2005年版，第435页。

② 王名扬：《英国行政法》，中国政法大学出版社1987年版，第160页。

序，构成撤销理由，违反保护行政机关的利益的程序，不构成撤销理由，当事人无权控诉；第三，区别一般情况和紧急情况，紧急情况下，行政机关为了公共利益的需要，可以不遵守法定的形式和程序；第四，区别能否补正的程序，物质上的遗漏和错误可以事后补正，某些情况下，相对人同意可以消除程序上的违法；第五，区别羁束行政行为和裁量行政行为，羁束行政行为只要内容符合法律规定，即使程序违法，也不发生撤销结果。①

在德国，程序违法的法律责任基本分为无效、补正和撤销三种类型，其中，补正居于首要地位，无效和撤销属于少数情形。一般的程序违法，凡是可以通过法定程序予以治愈的，允许行政机关补正，一旦补正，程序违法的后果即消除。如果程序违法的治愈不可能或者徒劳无益，则该行政行为具有撤销性，不过根据德国《行政程序法》第46条的规定，该撤销性的前提是程序违法事实上对行政行为的实体内容没有影响，即当事人不能仅以此行政行为存在程序违法为理由，请求撤销该行政行为。②

（三）我国程序违法的法律责任

长期以来，我国少有行政程序法律规定。1990年的《行政诉讼法》第54条明确规定，违反法定程序的行政行为应予撤销。这是《行政诉讼法》的一项重要贡献，推动了行政法律制度在我国的发展。然而，行政行为仅因违反法定程序而被撤销后的法律效果如何，是否也应该遵循《行政诉讼法》第55条规定，“人民法院判决被告重新作出具体行政行为的，被告不得以同一的事实和理由作出与原具体行政行为基本相同的具体行政行为”并不明确。在已被废止的最高人民法院1991年发布的《关于贯彻执行〈中华人民共和国行政诉讼法〉若干问题的意见（试行）》和1999年最高人民法院发布的《关于执行〈中华人民共和国行政诉讼法〉若干问题的解释》中都有相同内容的规定，“人民法院以违反法定程序为由，判决撤销被诉具体行政行为的，行政机关重新作出具体行政行为时，不受《行政诉讼法》第55条规定的限制。”也就是说，行政机关可以不受限制地作出同样的行政行为。这样，行政机关虽然承担了败诉的后果，但是在弥补程序上的违法部分之后，就不再有其他法律限制或责任。

---

① 王名扬：《法国行政法》，中国政法大学出版社1989年版，第690—691页。

② 〔德〕哈特穆特·毛雷尔：《行政法学总论》，高家伟译，法律出版社2000年版，第255—257页。

这就使原告以程序违法为由提起行政诉讼没有任何实质意义；同时，也起不到促进行政机关重视行政程序的作用。1996 年的《行政处罚法》和 2003 年的《行政许可法》中都规定追究造成程序违法的相关责任人员的行政责任，旨在通过强化行政责任，督促行政机关及其工作人员遵守行政程序。[①] 然而，由于我国的行政责任追究和落实机制不健全，这种做法的效果并不理想。目前，我国正在研究起草统一的行政程序法典，相信会对程序违法的法律责任问题作出进一步的规定。

第二节　行政程序法的变迁与我国行政程序立法的现实路径

一、行政程序法变迁的历史阶段

世界行政程序法变迁的历史，大致可以划分为三个时期。第一时期，欧洲时期。从 1883 年普鲁士邦制定《普鲁士邦一般行政法》开始，到第二次世界大战之前，欧洲一批国家或地区相继制定了行政程序法典，包括德国巴登邦，西班牙，奥地利，德国图林根州和符腾堡州，捷克，波兰，南斯拉夫等。[②] 其中，1889 年西班牙制定了世界上第一部行政程序法典。在这个时期，欧洲各国制定的行政程序法以规范行政权力、提高行政效率为中心。

第二时期，美洲时期。自 1946 年美国制定《联邦行政程序法》开始至 20 世纪 90 年代，一些国家相继制定或者修改行政程序法典，如意大利、瑞士、德国等。在这个时期，行政程序法从欧洲发展到美洲。美国的行政程序法在观念、内容、体系等方面都独辟蹊径，并且对欧洲各国行政程序法的制定和修改产生了深刻的影响，因此称为美洲时期。这个时期的行政程序法，以规范和保障公民的参与权为中心。

第三时期，亚洲时期。自 1993 年日本行政程序法颁布，行政程序法典的制定以亚洲为中心，日本、韩国、中国台湾地区和澳门地区都相继制定了行政程序法。在这个时期，行政程序法的发展以保障行政的公开、透明，保护公民

① 《行政处罚法》第 55 条。《行政许可法》第 72 条、74 条。

② 参见陈新民：《中国行政法学原理》，中国政法大学出版社 2002 年版，第 74 页。

的程序权利为中心。

二、几个具有代表性的国家行政程序法

(一) 奥地利的行政程序法

奥地利于1925年制定了《行政程序法》,同时制定的还有《行政程序法实施法》、《行政罚法》和《行政执行法》,目的是为司法审查提供程序法方面的一般标准。奥地利的《行政程序法》以行政过程为主要线索、以行政行为为核心概念,逐一规定了行政程序主体、行政调查、行政决定和法律保护。该法首推效率原则,力求程序的妥当、迅速、简单与节省,设定了行政决定的严格期限,规定了可以不经调查程序而直接作出决定的简易程序。同时,该法也重视在公平原则指导下对公民权利的保护,主要表现在规定了公民的听证权利、卷宗阅览权利,设立专门的篇章详细规定法律保护。

(二) 美国的行政程序法

罗斯福新政以来政府职能迅速扩张和集中,如何监督制约日益扩张的行政权,尤其是独立管制机构,成为宪法和行政法的新课题。这正是美国行政法兴起和《联邦行政程序法》制定的主要历史动力。《联邦行政程序法》制定于1946年。之后,经过四次修改,将《情报自由法》、《隐私权法》、《阳光下的政府法》、《协商式规章制定程序法》和《行政争议解决法》并入。在《联邦行政程序法》中,一方面将行政行为划分为规章制定和行政裁决;另一方面,以听证程序为核心,将行政程序划分为正式程序和非正式程序。这样,行政程序共有四类,即正式裁决程序、非正式裁决程序、正式规章制定程序和非正式规章制定程序。[①] 同时,《情报自由法》、《隐私权法》、《阳光下的政府法》共同构成了美国的政府信息公开制度,咨询的取得、保护和公开受到特别的重视。《联邦行政程序法》还规定了司法审查,虽然条文的内容比较简略,但从其重要性和比重来看,不亚于有关规章制定和行政裁决程序的规定。

美国是联邦制国家。《联邦行政程序法》与各州行政程序法典并行,前者适用于联邦行政机关,后者适用于各制定州的行政机关。

---

① 参见翁岳生:《行政程序法发展之展望》,1998年北京海峡两岸行政程序法研讨会论文。

（三）德国的行政程序法

德国行政程序法经历了地方立法先行、联邦立法跟进的过程。从1883年普鲁士邦颁布《普鲁士邦一般行政法》开始，不少邦、州陆续制定了行政法典或行政程序法典，为联邦立法积累了厚实的基础和经验。1957年联邦德国各州内政部长会议决定成立专门委员会研究制定联邦行政程序法，1960年联邦与各州联合起草委员会成立，1975年《联邦行政程序法》被联邦众议院和参议院采纳，1977年1月1日起生效。

德国《联邦行政程序法》以行政行为为核心概念，以一般程序和特殊程序的划分为主要线索，规定了行政法的一般原则，行政程序的主体（行政机关和参加人），行政行为的一般程序和行政合同、行政计划、行政许可等特别程序，行政行为的效力和行政行为的监督（程序的重新进行）。在德国《联邦行政程序法》的最大的特点在于，规定了大量的实体法内容，包括行政法的一般原则、行政行为的效力及其变更、撤销、废止和转换等。①

德国《联邦行政程序法》与各州行政程序法典并行。《联邦行政程序法》适用于联邦行政机关，各州的行政程序法典适用于各州行政机关。具体到《联邦行政程序法》与各州行政程序法典之间的内容方面的关系，存在两种做法：一种是州法大量吸收《联邦行政程序法》的规定，另一种是制定一部独立的、但其内容与《联邦行政程序法》完全一致的州法。

（四）日本的行政程序法

日本行政程序法的制定过程受外国法制的影响比较大，经历了一个较为漫长的过程，1964年时就曾推出了《行政程序法草案》，直至1993年最终通过，1994年开始执行。

日本《行政程序法》以行政行为为主要线索，以听证程序为核心概念，强调行政程序的透明性，由总则、对申请之处分、不利益处分、行政指导、申报及附则六部分组成，对于行政立法、行政合同、行政裁决等其他行政程序没有加以一般的法典化规定，而是制定了其他相关联的法令。

---

① 参见翁岳生：《行政程序法发展之展望》，1998年北京海峡两岸行政程序法研讨会论文；应松年：《比较行政程序法》，中国法制出版社1999年版，第17页。

（五）英国的行政程序法

英国是传统的判例法国家，其行政程序法的发展也以判例法为主，同时也制定了一些行政程序方面的法律，主要是1946年《行政法规法》和1958年《行政裁判所与调查法》（1971年修订），但没有形成行政程序法典。有关行政程序方面的判例以自然公正原则为基础，其基本要求包括：一是，相对人有在合理时间内得到通知的权利；二是，相对人有了解行政机关的论点和根据的权利；三是，相对人有为自己辩护的权利。同时，根据《行政法规法》和《行政裁判所与调查法》形成了三种主要的行政程序：行政立法程序、调查程序、行政裁判所程序。①

（六）法国的行政程序法

法国是行政法的母国，然而没有制定行政程序法典，有关行政程序的法律规范存在于由行政法院判例所表现的一般原则和分散的法律中。20世纪70年代末以来，法国的行政程序立法有了明显的进展，制定了几部有关行政程序的单行法律，主要有1978年的《行政和公共关系法》，1979年的《行政行为说明理由法》，1983年的《行政机关和适用者关系条例》。法国重要的行政法律程序和法律原则有：咨询程序，即行政主体在作出行政决定之前，听取其他机关意见的程序；对质程序，指行政主体只有在听取相对人的答辩后，才能作出对相对人不利的处理决定；防卫原则，指对于行政主体作出的制裁性决定，相对人为维护自己的合法权益，有权提出反对意见；公开原则，指公民有权查阅行政主体的有关文件。

三、我国行政程序立法的现实路径

我国对行政程序法的重视始于20世纪80年代中期。1989年制定的《行政诉讼法》最明确地体现了这种重视，该法第54条规定，行政机关在作出具体行政行为时违反法定程序的，人民法院有权判决撤销、部分撤销，或者判决被告重新作出具体行政行为。这一规定的重要意义在于，使行政程序法获得了与实体法平起平坐的地位。《行政诉讼法》之后的重要的行政立法都对行政程序做出比较细致的规定，如《行政处罚法》、《行政复议法》、《立法法》、

---

① 参见王名扬：《英国行政法》，中国政法大学出版社1987年版，第113、140、152页。

《行政许可法》、《治安管理处罚法》等，以实体法和程序法相结合的方式，实现了行政处罚、抽象行政行为、行政许可等主要行政行为类型的程序的规范化和法律化。同时，地方的行政程序立法也蓬勃发展。

实践证明，以类型化行政行为的专门程序规则和地方先行的行政程序立法为基础，逐步积累立法和运行经验，最终制定统一的行政程序法典，是符合我国行政法治的实际和发展需要的健全程序规则的现实路径。

（一）类型化行政行为的专门程序规则

在行政程序立法之初，在制定统一行政程序法典尚不可能的情况下，先将那些亟需的、已经成熟的行政行为程序加以法律化。这不是“退而求其次”的无奈之举，而是与当时的行政法治状况相适应的明智之举，是我国行政程序立法的第一步。在这方面，以 1996 年颁布的《行政处罚法》为突破。

《行政处罚法》把处罚程序分为行政处罚的决定程序和执行程序，分别专门规定。在行政处罚的决定程序中，《行政处罚法》分别规定了简易程序和一般程序，一般程序实际上是我国在不利处分程序中第一次明确规定了正当程序：告知、说明理由、听取意见和复查，并首次规定了听证程序。在行政处罚的执行程序中，《行政处罚法》体现了两个十分重要的原则：一是裁执分离原则，第 46 条规定，“作出罚款决定的行政机关应当与收缴罚款的机构分离”；二是收支两条线原则，第 53 条规定，“罚款、没收违法所得或者没收非法财物拍卖的款项，必须全部上缴国库，任何行政机关或者个人不得以任何形式截留、私分或者变相私分；财政部门不得以任何形式向作出行政处罚决定的行政机关返还罚款、没收的违法所得或者返还没收非法财物的拍卖款项。”《行政处罚法》是我国当时在行政程序立法方面所做的最为全面的探索和建树，为我国类型化行政行为的程序立法树立了一个标杆。

在《行政处罚法》之后，《立法法》、《行政许可法》、《治安管理处罚法》等都对程序作了细致的规定。现在可以说，我国类型化行政行为的专门程序规则已经相当成熟和丰富了。

但是，仅仅类型化行政行为的专门程序规则是很不够的。其中的原因，一是行政行为的多样性和复杂性，无法穷尽行政行为的类型，也就无法为每一类型的行政行为专门立法。二是随着服务型政府的建设，行政合同、行政指导等等“柔”性的行政行为，以其突出的民主性、参与性和服务性，引起越来越多的重视,在政府管理过程中发挥越来越大的作用。相应的,这些“柔”性行政行为的程序以及它们与权力性行政行为的选择和顺序也迫切需要法律明确。三是,公开和参与这两项最基本的程序原则的价值和地位在理论界和实务领域得到普遍的承认和重视,但恰恰又是行政程序中的薄弱环节。所有这些都说明,类型化行政行为的专门程序规则只是行政程序立法的必要基础,制定统一的行政程序法典,将行政程序的基本原则和具有共通性的重要程序制度法律化,为所有的行政行为提供基本的程序规则,是健全程序法制的迫切要求。

(二)地方先行的行政程序立法

虽然我国在行政程序类型立法方面取得了一定经验,但要制定一部全国性的行政程序法典还有相当困难,因为中国太大,各地情况很不一样,发展又极不平衡。因此,按照我国对立法难度较大的项目的重要的经验:先地方后中央,由地方为全国立法探索和积累经验是适宜的。从国外的行政程序法的发展来看,地方先行也是一个主要的经验。德国行政程序立法就经历了地方先行、为联邦立法奠定基础的过程。因此,我国行政程序立法的第二步,应当是在地方先行推进,为国家的统一程序立法积累立法和运行经验。这也是在法治的框架内,发挥地方在制度创新上的主动性和积极性的好方式。

湖南省制定行政程序规定是地方在行政程序立法上的率先之举。《湖南省行政程序规定》共十章一百七十八条,公开原则和公众参与贯彻始终;建立健全了重大行政决策规则,规定了哪些事项适用决策程序,确定了调查研究、专家论证、公众参与、合法性审查和集体研究等必经程序;针对“红头文件”过多、过滥等问题,规定了规范性文件统一登记、自动失效、网上检索和申请审查四大制度;设立了教示条款,行政执法直接影响当事人利益的,行政机关应当先采用教育、劝诫、疏导等手段,促使当事人自觉履行法定义务、纠正错误,不能直接采用“强硬”的行政执法手段;规定了行政合同、行政指导、行政调解、行政裁决、行政应急等特别行为程序;专章规定行政听证和行政公开。

湖南省制定行政程序规定,对于规范行政权力运行,深化行政管理体制改革,扩大公众参与,推进行政公开,提高行政效率具有重大的意义。更重要的是,《湖南行政程序规定》开创了我国统一行政程序立法的先河,对于行政程序法治建设具有突破性意义和辐射、推动功能。《湖南行政程序规定》已于

2008 年 10 月 1 日起正式实施。

(三) 统一的行政程序法典

行政程序法典是行政程序法系统化的结果。制定全国统一的行政程序法典,需要丰富的行政程序立法实践,需要成熟的法典化立法技术,需要先进的行政法学理论,需要依法行政理论和实践的支持和推动。现在我国已经具备了这些条件,应该说,我国已经到了制定统一的行政程序法典的时候。

制定统一的行政程序法典涉及几个基本问题,一是行政程序法典的目标模式是什么,也就是,以何种立法目的为基础来构建行政程序法;二是行政程序法典的结构如何安排;三是行政程序法典是否应当规定内部程序;四是行政程序法典是否应当包含实体性规定。

关于行政程序法典的目标模式,从世界行政程序立法史看,主要有三类:一类是以提高行政效率为目的的"效率模式",如早期欧洲一些国家的行政程序法;一类是以保障公民程序性权利为目的的"权利模式",如美国的行政程序法;一类是保护权利与提高效率并重的"权利效率并重模式",20 世纪 50 年代以后各国制定或修订的行政程序法大多如此。我国行政程序法典应采取"权利效率并重模式",在设计各种程序制度时,既要有利于保障公民程序性权利,又要有利于提高行政效率。

关于行政程序法典的结构,应当以行政行为为线索,采用总分式结构,即先以总则规定各类行政行为必须普遍遵循的基本程序,以保证程序的统一;再对几类在社会主义市场经济中地位极为重要,一般又不可能单独立法的行政行为,包括行政规范性文件、行政指导、行政合同等以分则一一规定。同时,已有的类型化行政行为的专门程序规则作为特别法,与行政程序法典并存。

关于行政程序法典是否应当规定内部程序,应当处理好行政程序法与行政组织法的关系,既要避免把行政组织法的内容规定到行政程序法中来,也要避免以内部程序为理由妨碍公民程序性权利的实现。

关于行政程序法典是否应当包含实体性规定,应当根据实体性规定的限制和范围,行政程序法典完全不规定针对相对人行为的实体性规定,只规定关于行政行为本身构成要件的实体性规定。

第三节　行政程序法的基本原则

一、行政程序法基本原则的界定

行政程序法的基本原则是体现行政程序法的价值和目的，指导行政程序法的制定、执行、遵守以及争议解决的基本准则，具有普遍性、稳定性和指导性。所谓普遍性，是指行政程序法的基本原则应当覆盖行政程序法的各个领域，体现多样的行政程序的统一性。所谓稳定性，是指尽管具体的行政程序法律制度、法律条款会发生变化，但是行政程序法的基本原则应当体现行政程序法的价值和目的，具有相对的稳定性。所谓指导性，是指行政程序法的基本原则指导行政程序法的制定、执行、遵守以及争议解决的各个环节，特别是对行政程序法律条款的解释和漏洞的弥补以及行政自由裁量权的公正行使具有突出的指导意义。

我国学者对行政程序法的基本原则的研究展开比较充分。有学者认为，根据战后各国行政程序法的发展趋势以及我国的具体情况，行政程序法的基本原则应当包含公正原则、公开原则、听证原则、顺序原则和效率原则。① 有学者认为，各国行政程序法的基本原则不尽相同，但也反映和体现出一些共同的基本原则，包括公开原则、公正原则、行为有据原则和效率原则。② 有学者认为，行政程序法的基本原则应当是公开原则、公正原则、参与原则、复审原则、顺序原则和效率原则，其中前四个原则是空间方面的原则，后两个原则是时间方面的原则。③ 还有学者将行政程序法基本原则分为程序性原则和实体与程序兼具原则：前者有行政公开原则、参与原则、作出决定原则和程序及时原则；后者有依法行政原则、平等原则、比例原则、诚实信用原则（信赖保护原则）和自由裁量权正当行使原则。④

我们认为，行政程序法的基本原则包括行政公正原则、行政公开原则和

---

① 罗豪才：《行政法学》，中国政法大学出版社 1989 年版，第 252—253 页。

② 姜明安：《行政法与行政诉讼》，中国卓越出版公司 1990 年版，第 272—274 页。

③ 应松年：《行政行为法》，人民出版社 1993 年版，第 24 页。

④ 王万华：《行政程序法研究》，中国法制出版社 2000 年版，第 171 页。

行政参与原则。以下分别予以分析。

二、行政公正原则①

公正原则是指行政主体应当正当地行使行政权力，尤其是自由裁量权，排除可能造成偏见的因素，平等地对待各方相对人。行政主体公正的行使行政权力，可以树立行政主体的权威，是行政权力获得相对人和社会信任的基础，是行政权力具有执行力量的保证。

作为行政程序法基本原则的行政公正原则，主要包括三个子原则，即平等原则，禁止恣意原则和中立原则。

第一，平等原则。其基本含义是对所有社会主体的平等对待，主要内容包括反特权、反歧视和合理考虑。但是，平等原则绝非平均，并不要求完全不得差别待遇，而是要求合理的差别对待。这种“合理”要求合理考虑并恰当地裁断事实和选择法律。

平等原则已经在我国一些有关行政程序的单行法律中体现。如《行政许可法》第5条规定，设定和实施行政许可，应当遵循公开、公平、公正的原则，符合法定条件、标准的，申请人有依法取得行政许可的平等权利，行政机关不得歧视。《行政处罚法》第4条规定，行政处罚应当遵循公正原则。将来制定统一的行政程序法典，应当强调平等原则，给予所有当事人在行政程序中平等的参与权、听证权、陈述和申辩权、救济权，并明确排除行政主体的偏私和歧视。

第二，禁止恣意原则。“禁止恣意原则是对平等原则的判断标准，即通过对是否恣意的判断，来检视平等原则的落实情况。”②在行政法领域，禁止恣意原则主要是针对行政裁量权提出的。行政裁量权的恣意主要有三种表现：差别对待上的恣意，反复无常，不合理考虑。禁止恣意就是从这三方面展开：一是，禁止差别对待上的恣意，也就是要求同等情况同等对待、不同情况不同对待，进行差别对待时必须合理且必须，不得恣意。二是，禁止反复无常，也就

---

① 本部分参考马怀德：《行政程序立法研究——〈行政程序法〉草案建议稿及理由说明书》，法律出版社2005年版，第52—71页。

② 马怀德：《行政程序立法研究——〈行政程序法〉草案建议稿及理由说明书》，法律出版社2005年版，第64页。

是行政自我拘束原则,即行政主体如果曾经在某个案件中做出一定内容的决定或者采取一定的措施,那么在其后的所有同类案件中,行政主体都要受前面所做出的决定或者所采取的措施的拘束,对有关相对人作出相同的决定或者采取相同的措施。① 三是,禁止不合理考虑,也就是禁止考虑不该考虑的因素、不考虑应该考虑的因素。

禁止恣意原则已经在我国一些有关行政程序的单行法律中体现。《行政处罚法》第 32 条规定,行政机关不得因当事人申辩而加重处罚。《行政许可法》第 27 条规定,行政机关实施行政许可,不得向申请人提出购买指定商品、接收有偿服务等不正当要求。第 31 条规定,行政机关不得要求申请人提交与其申请的行政许可事项无关的技术资料和其他资料。在将来的统一行政程序法中,应当对禁止恣意作出规定。

第三,中立原则。中立原则要求,执法人员在处理行政事务时,必须保证与该事务没有利益上的关联性,并且在具体处理过程中,不因自己的价值取向及情感好恶而对当事人有所歧视或偏好。

我国目前也有一些法律、法规规定了中立原则。《行政处罚法》和《行政许可法》都规定了回避制度,同时《行政处罚法》第 46 条还规定作出罚款决定的行政机关应当与收缴罚款的机构分离。我国目前对中立原则的规定还是粗糙的。在将来的统一行政程序法中,至少应当规定回避制度、行政内部职能分离制度等以实现中立原则。

三、公开原则

(一) 行政公开原则确立的社会背景

行政公开原则是指行政主体在行使行政职权时,除涉及国家机密、个人隐私和商业秘密外,必须向相对人及社会公开与行政权力行使有关的事项。行政公开原则是现代行政程序法的基本原则之一,其确立有着深刻的社会背景。

第一,行政权力无限扩张对公民权益产生的重大影响。从 1919 年德国的《魏玛宪法》到第二次世界大战中美国总统罗斯福采取的"新政",行政权力获

① 杨建顺:《论行政裁量与司法审查——兼及行政自我拘束原则的理论根据》,载《法商研究》2003 年第 1 期。

得了空前的扩张。行政权力扩张的直接后果是对公民权利所产生的不利影响也随之增加。如何有效地保护公民的合法权益必然成为了现代行政法的核心主题。“从美国经验看，既然对行政主体在现代社会的扩张性只能认同，剩下的也就是加强程序正义了。”①行政公开原则要求行政主体公开与行政权力行使有关的事项，使行政权力行使在阳光下，在客观上，维护了公民权益。

第二，民主参与理论的发展促使公民的参与意识增强。传统的民主制度中，并不欠缺公民作为国家权力主体的参与机制，但这种参与机制只限于通过选举议会组成人员和国家元首来实现其民主参与的目的。这种民主运作方式在自由市场经济年代中被视为是一种最好的民主政治，只要行政机关根据议会制定的法律行使行政权，公民自身的合法权益也就获得了充分的保障。但20世纪以后，西方国家普遍出现了议会大权旁落和行政权力扩张的法律现象，国家权力重心从议会转到了政府。在议会和政府的关系上，“现在是政府控制了议会，而不是议会控制政府。”②传统民主政治产生了危机，促使人们寻求新的途径来克服民主理论的缺陷。扩大参与机制，赋予公民直接参与行政权力的行使权利，尤其是涉及其本人利益的行政行为，直接表达自己的意愿，可以有效地实现公民权利的维护，防止行政权力的滥用。

第三，基本人权理论使公民人格更受权力的尊重。基本人权作为人应当而且必需享有的权利，是资产阶级启蒙思想家为了对抗封建专制的君权和教会的权力对公民个人权利的侵犯而提出来的，后来为许多资产阶级共和国的宪法所确认。二战后因对纳粹德国暴行的反思，基本人权的内容发生了较大的变化，但其核心没有发生变化，即个人尊严不受侵犯，人不能成为权力所支配的客体，不能成为权力所要达到目的的手段，所有权力行使的正当目的只能是有利于人的自我发展与完善。基本人权理论的演进对行政法的影响在20世纪尤其是二战后日趋显著。这些影响后来通过行政程序法典化运动集中体现出来。行政程序法在行政法律体系中出现，完全改变了原有行政权的运用模式，取而代之以协商与合作。这种新的行政权运用模式要求行政主体开放行政权运作过程，让相对人参与进来表达其意见，从而使行政机关形成的意思表示更趋正当、合理。

---

① 陈端洪：《中国行政法》，法律出版社1998年版，第5页。
② 龚祥瑞：《比较宪法与行政法》，法律出版社1985年版，第323页。

（二）行政公开原则的基本内容

行政公开原则的基本内容包括两个方面，首先是以公开为原则，其次是不公开为例外。也就是说，除了法定可以不公开的事项，其他的与行政权力行使有关的事项一律应当公开。

1. 以公开为原则

行政公开的基本内容包括：事先公开职权依据，事中公开决定过程，事后公开决定结论。

第一，事先公开职权依据，是指行政主体应当将行使行政权的法律依据事先向相对人及社会公开。这里需要进一步明确如下几个问题：其一，“事先”，是指影响相对人合法权益的行政决定做出之前；其二，公开的方式应当符合法律的规定，如果没有法律规定，应当采用便于相对人及社会了解的方式；其三，公开的依据应当具有明确性。

行政职权的依据分为一般性职权依据和个别性决定依据。

一般性职权依据，指由有权机关制定、发布的不具有直接执行性的规范性文件。在我国包括宪法、法律、法规、规章和规定。一般性职权依据是一种预设的法律规范，不适用于具体个案。《行政处罚法》第 4 条规定，“对违法行为给予行政处罚的规定必须公布；未经公布的，不得作为行政处罚的依据。”这就属于事先公开一般性职权依据的规定。

个别性决定依据，指行政主体针对具体个案作出行政决定的事实依据、法律依据和裁量依据。《行政处罚法》第 31 条规定，“行政机关在作出行政处罚决定之前，应当告知当事人作出行政处罚决定的事实、理由及依据，并告知当事人依法享有的权利。”这是事先公开个别性决定依据的规定。

第二，事中公开决定过程，是指行政主体应当将与行政决定的形成过程有关的事项向相对人和社会公开。需要注意的是，行政决定形成过程还涉及部分行政内部程序，如批准程序、行政主体负责人讨论决定程序等，这些内容一般不属于公开的内容。另外，行政主体制定的法规、规章，政府的政务文件以及议事活动的进程等与公民的政治、经济、文化、生活息息相关的信息，也属于公开的范围。2007 年颁布的《政府信息公开条例》是信息资讯公开的重要法律规范。

第三，事后公开决定结论，是指行政主体作出影响相对人合法权益的行政决定之后，应当及时将行政决定的内容以法定形式向相对人及与行政决定有利害关系的第三人公开。如果行政决定具有重大的、涉及社会公共利益的内容，还应当向社会公开。

四、行政参与原则

（一）行政参与原则的界定

行政参与原则是行政程序法最核心的基本原则，是指相对人为了维护其自身的合法权益而参与到行政程序中，就涉及的事实和法律问题阐述自己的主张，从而影响行政主体作出有利于自己的行政决定的一种权利。行政参与原则本质上是对相对人的参与权的确认。这意味着相对人的程序主体地位的确认，从而促使相对人形成认同行政决定的心理基础，并在客观上驱使行政主体更加公正地行使行政权力。

行政参与原则的演进路径建立于程序正义理念基石之上，成就于行政管理观念的转轨与宪政理念的日趋成熟时代背景之下，形成于现代行政程序理念的勃兴之际。①

（二）行政参与权的基本内容②

参与权是公民的基本民主权利。中国共产党的十七大报告明确指出，“人民当家作主是社会主义民主政治的本质和核心。要健全民主制度，丰富民主形式，拓宽民主渠道，依法实行民主选举、民主决策、民主管理、民主监督，保障人民的知情权、参与权、表达权、监督权。”

在行政程序中，行政参与权是一个程序权利的体系，由众多的相对人的具体程序权利所构成。具体来说，主要包括如下权利：

第一，获得通知权，是指相对人在符合参与行政程序的法定条件下，有要求行政主体通知其何时、以何种方式参与行政程序的权利。行政主体应当按照法定的方式和期限将相对人实体法和程序法上的权利和义务通知相对人。

第二，陈述权，是指相对人向行政主体陈述行政案件涉及的事实的权利。确认相对人的陈述权，是相对人维护自身合法权益的需要，也有利于行政主

---

① 参见马怀德：《行政程序立法研究——〈行政程序法〉草案建议稿及理由说明书》，法律出版社2005年版，第38—40页。

② 参见应松年：《当代中国行政法》，中国方正出版社2005年版，第1328—1334页。

体全面了解行政案件的事实真相，正确地处理行政案件。

第三，申辩权，是指相对人针对行政主体提出的不利指控，依据其掌握的事实和法律向行政主体提出反驳，以在法律上消灭或者减轻行政主体对其提出的不利指控的权利。英国大法官丹宁勋爵说过，“这些在人类活动中的一个重要领域具有垄断地位并可剥夺他人生计的机构，必须遵守正义的基本原则。它们不得不经审讯，不给他人以辩护机会就惩罚他人。任何与此原则相悖的合同或做法都是无效的。”①

第四，申请权，是指相对人请求行政主体启动行政程序的权利。申请权是相对人获得行政程序主体资格的重要条件。申请权在行政程序中主要表现为听证请求权，回避请求权，卷宗阅览请求权，复议请求权。

这里有一点需要强调，相对人的行政参与，即包括参与行政机关制定行政法规的行政程序，也包括参与行政机关作出具体行政行为的行政程序。不能认为相对人的参与权只是针对具体行政行为的个案参与。事实上，行政立法中的相对人参与，对于行政立法的民主性、科学性和合理性具有无可替代的重要作用。所以，行政立法程序中，同样应该保障相对人的获得通知权和陈述权。这种保障在行政立法实践中，一般都通过公开向公众征求意见或者举行立法听证会来实现。

五、行政公开原则与行政参与原则的关系

行政公开与行政参与是现代行政程序的核心和关键，其终极价值都在于维护公民的合法权益并规范行政权力的行使。在两者的关系问题上，我们认为，二者首先是相互区别、各有侧重的；其次，行政公开为行政参与提供了前提；第三，行政公开原则与行政参与原则各个具体制度，是相互配合的。

第一，行政公开与行政参与是相互区别、各有侧重的。从行政主体与相对人的相对地位来看，行政公开要求行政主体公开与行政权力行使有关的事项，行政主体占主导地位；行政参与赋予相对人参与行政权力过程的权利，相对人占主导地位。从相对人权利的侧重来看，行政公开侧重于相对人对于行

① 〔英〕威廉·韦德：《行政法》，徐炳译，中国大百科全书出版社 1997 年版，第 137 页。

政行为“知”的权利；行政参与侧重于相对人对于行政行为“为”的权利。①

第二，行政公开为行政参与提供了前提。行政公开使行政主体行使行政权力呈开放形态，使相对人有权参与行政权力行使的过程。应该说，没有行政公开，行政参与就是不可能的。专制、集权体制下的行政主体行使行政权力以神秘、恣意、专断为特征，将民众视为行政权力可任意支配的客体，无视民众的意见与愿望。民众只能被动地、无条件地接受行政主体行使行政职权的结果，不可能参与其行政职权行使的过程。

第二，行政公开和行政参与都必须通过具体的法律制度加以落实，这些法律制度往往是相互配合的。比如，没有告知制度，相对人的陈述权和抗辩权便无从谈起；不允许相对人陈述和申辩，告知制度毫无意义。听证制度和行政信息公开制度更是集中体现了行政公开和行政参与。

第四节　行政程序法的基本制度

一、行政程序法的基本制度概述

学术界对行政程序法的基本制度的研究角度多种多样，观点也并不一致。

有学者将行政程序法的基本原则与基本制度联系起来进行系统研究。一种意见认为公正原则主要是通过回避程序、合议程序、辩论程序和调查程序表现出来；公开原则主要是通过表明身份程序、通知程序、咨询程序、告知权利程序和说明理由程序表现出来。② 另一种意见认为：依法行政原则下的制度是行政程序依法进行制度，不得执行违法指令的制度和责效制度；民主原则下的制度是情报公开制度、公听制度、咨询制度（或对话制度）、诉愿制度、合议制度；公正原则下的制度是回避制度、听讯制度、辩明制度、告示制度、审裁分离制度、记录制度、防偏见制度；基本人权原则下的制度是有限调查制度、有限强制制度、保障个人隐私权的制度、充分考虑制度和推迟生效制度；效率原则下的制度是时效制度、替代制度、申诉不停止执行制度、紧急处

① 参见马怀德：《行政程序立法研究——〈行政程序法〉草案建议稿及理由说明书》，法律出版社2005年版，第37页。

② 参见罗豪才：《行政法学》，中国政法大学出版社1989年版，第252—253页。

置制度、代行职务制度、委任制度、排除行政障碍制度。①

有学者按照抽象行政程序与具体行政程序的分类研究行政程序的主要制度。抽象行政程序的主要制度包括规划制度、起草制度、形式统一制度、协调制度、征求意见制度、审查制度、会议通过制度、批准制度、备案制度、公布制度;具体行政程序的主要制度包括受理制度、表明身份制度、告知制度、说明理由制度、查询制度和保密制度、回避制度、合议制度、审执分离制度、格式制度、顺序制度、调查制度、听证制度、复议制度、时限制度、司法审查制度。②

还有学者列明行政程序的基本制度,再在基本制度下设置具体制度。现代行政程序是由大量的具体制度组成的,其中较能体现行政程序法基本原则且在各国运用较普遍的制度主要有告知、听证、辩论、回避、职能分离、不单方接触、考虑相关因素、说明根据、理由、制作记录与卷宗、时效、复议和司法审查。③ 还有学者认为,行政程序法主要制度是表明身份、告知、受理、传唤、听证(听取意见)、调查、回避、合议、审批、审裁分离、格式、说明理由、复审、咨询、保密顺序和时效。④ 杨海坤等教授认为,行政程序法基本制度应当是信息公开制度、教示制度、听证制度、回避制度、时效制度、责任制度、救济制度。⑤章剑生教授认为,行政听证是行政程序的核心制度,行政程序的基本制度包括行政管辖制度、行政回避制度、行政告知制度和说明理由制度。⑥

我们认为,行政程序的基本制度是体现行政程序基本原则的、对行政程序具有重要影响的法律制度。行政程序的基本制度由明确的法律规范构成完整的行为模式和法律后果,如果行政主体违反基本制度的具体规范,必然承担相应的法律责任。行政程序的基本制度包括行政听证制度、行政告知制度、行政回避制度和内部职能分离制度,其中行政听证制度是行政程序最核心的制度。

---

① 参见江必新等:《行政程序法概论》,北京师范大学出版社 1991 年版,第 25—38 页。

② 参见应松年:《行政法学新论》,中国方正出版社 2004 年版,第 353—360 页。

③ 参见姜明安:《行政法与行政诉讼》,中国卓越出版公司 1990 年版,第 275—277 页。

④ 参见应松年:《行政行为法》,人民出版社 1993 年版,第 24—28 页。

⑤ 参见杨海坤等:《中国行政程序法典化》,法律出版社 1999 年版,第 163 页。

⑥ 参见应松年:《当代中国行政法》,中国方正出版社 2005 年版,第 1340 页。

二、行政听证制度

(一) 行政听证的含义

听证(hearing)的内涵是“听取对方意见”,指决定者在作出决定之前,通过一定方式听取受决定影响之人的意见。作为公正程序基本制度之一,听证在现代社会广泛适用于立法、行政、司法各公权力运行领域,是权力运行的基本程序规则之一。运用于行政权力运行领域的行政听证是指行政主体在作出影响相对人合法权益的决定之前,告知其决定理由和听证权利,相对人陈述意见、提供证据以及行政机关听取意见、接纳证据并作出相应决定等程序所构成的一种法律制度。

行政听证的最本质内涵是相对人的参与权。一方面,行政主体通过听证制度可以全面了解社会信息,促进行政决定的科学化、民主化,提高行政行为的社会可接受程度。另一方面,相对人的听证权利,促使行政权力运行过程透明化,在客观上是对行政权力的约束。从尊重和保障人权的角度说,行政听证使相对人了解行政权行使的步骤、方式、顺序、时限,实现其知情权,并且在形式上避免其沦为受行政权随意支配的客体。

(二) 外国的行政听证制度

1. 听证的范围

从理论上讲,凡是行政主体作出的行政行为可能对相对人权益会产生不利影响的,相对人都可以要求通过听证来表达自己的利益要求。但行政权力的公益性与效率要求,决定了并不是所有行政行为都可以适用听证程序。目前,界定行政听证范围的标准主要有:行政行为对相对人权益造成的不利程度;行政行为的效率要求程度;涉及的公共利益与私人利益之间的轻重缓急等。从不同国家行政程序法的规定和实践看,行政听证的范围主要是:

第一,行政立法。行政立法行为针对不特定人作出,而且涉及人数众多,一些国家规定采用公听会或咨询的方式听取公众意见。如韩国 1996 年《行政程序法》关于行政上立法预告,规定了公听会和意见提出两种听取公众意见的方式。但是在美国,如果法律规定行政机关根据听证记录制定规章时,应当适用《联邦行政程序法》规定的听证程序。如《联邦食品、药物和化妆品法》就规定有关实体法的制定、修改和废止应基于听证记录。另外,法院判例也确定了一些适用听证的情形，如依据联邦贸易法、罐头业及家畜业法有关价格的规定。

第二，行政决定。在行政决定领域，听证主要适用于行政决定对相对人的权利有重大影响时。如德国《行政程序法》规定，“干涉当事人权利的行政决定做出之前，应给予当事人对与决定有关之重要事实，表示意见的机会。”美国联邦《行政程序法》则只规定了行政听证的免除范围，行政听证的范围主要是根据宪法规定的正当法律程序条款，由法院的判例和国会立法确定。“正当程序条款保护生命、自由和有关财产‘权利’。‘只有在这个有权有的东西被剥夺了，才能适用正当法律程序。’”[①]因此，剥夺个人从政府那里获得的诸如福利津贴、驾驶执照等特权，就不需要举行听证。但是，法院后来又通过判例将听证的适用范围由权利领域扩大至所谓的特权领域，终止公民福利津贴、驱逐已拘留美国的外国人出境、收容监护患有精神病的人、没有设立标准而排斥公民参与签订政府契约、因违法纪律开除或勒令公立学校学生退学等均被纳入听证范围。但是，20 世纪 70 年代以后，随着正当法律程序适用范围的扩大，法院的判例认为受正当法律程序保护并非一定适用听证，应根据利益平衡原则和费用与效益均衡原则，根据具体情形决定是否需要适用听证。

2. 听证的形式

行政听证的形式可以分为正式听证与非正式听证。

第一，正式听证。正式听证是借助于司法审判程序而发展起来的一种听证形式，其内部结构为三角形程序模式。在这种程序模式中，听证主持人居中，行政机关调查人员和相对人各执一方，指控与抗辩互相交涉。这种程序模式讲究方式，按部就班，因而会消费大量的人力、物力和财力，且也不适应行政效率的需求。虽然正式听证更有利于保护相对人的合法权益，但正式听证在各国的立法中只适用于法律明确规定的范围。

第二，非正式听证。非正式听证是指不采用司法型审判程序听取意见，且不依笔录作为裁决唯一依据的一种程序模式。在非正式听证中，行政机关对如何进行听证具有较大的裁量权，它可以根据案件审理的需要决定程序的进展，或者中止、终结程序。它不太强调听证的形式，只要使当事人得到一个

① 〔美〕伯纳德·施瓦茨：《行政法》，徐炳译，群众出版社 1986 年版，第 194 页。

表达意见的机会,也就满足了给予当事人听证的要求。各国行政程序法一般对非正式听证仅作原则规定,由行政机关据此裁量。

3. 听证的程序

根据各国行政程序法的规定,行政听证的主要程序是:

第一,启动。听证程序的启动可以有两种方式:相对人听证申请或者行政主体依职权启动听证程序。

第二,通知。通知的基本内涵是指行政机关在举行听证之前,将有关听证的事项依法定程序通知到有关当事人的一种行政行为。这里的通知应当是一种要式行为,除非法律另有规定。通知的目的在于让相对人了解与听证有关的事项,为其及时、有效地行使听证权提供保障。

第三,质辩。质辩是在听证主持人的主持下,由行政机关的调查人员与当事人就行政案件的事实和法律问题展开质证和辩论的过程。它是听证的核心。在质辩过程中,双方都有相同的机会就事实与法律问题提出证据、开展陈述、交叉询问。更重要的是,必须对整个质辩的过程作出一个书面记录,并在听证结束后交双方当事人阅读、补正后签名,称为听证笔录。听证笔录是具有法律意义的文书,对行政决定具有约束力①。

第四,决定。经过质辩后,听证主持人应作出行政决定。

(三) 我国现行的行政听证制度

我国的行政听证制度源于1996年的《行政处罚法》。《行政处罚法》第42条专门规定了听证程序,包括听证的范围,行政主体的告知听证、组织听证的义务,以及相对人的公开、公平听证权、委托代理人的选择权、举行听证时的申辩质证权,同时还规定了听证主持人的选择与回避制度等。这些条款的规定,勾画出了我国行政听证制度的大致轮廓。

2003年的《行政许可法》进一步完善了行政听证制度。首先,进一步明确了听证的启动程序,即依当事人申请或依行政主体职权两种方式;其次,概括

---

① 各国关于听证笔录对行政决定的约束力程度规定不同。在美国坚持案卷排他性原则和禁止单方面接触原则,听证记录对行政决定有绝对的拘束力,行政主体必须根据听证记录作出行政决定,不得考虑听证记录之外的任何材料。在德国、韩国、日本、瑞士等国家,听证记录对行政决定有一定拘束力,行政主体应当斟酌听证记录并作出行政决定,但行政机关不是必须以听证记录为依据,只有在行政程序法之外的其他法律明确规定以听证记录为根据的,行政机关才必须以听证记录为根据。

式地规定听证范围,即法律、法规、规章规定实施行政许可应当听证的事项,或者认为需要听证的其他涉及公共利益的重大行政许可事项,以及涉及申请人与他人之间重大利益关系的事项,都可以发起听证程序;第三,进一步明确了行政机关组织听证的期限问题,行政机关应当在申请人及利害关系人提起申请二十日内组织听证,防止了行政主体通过消极地、无限制地拖延听证来损害申请人及利害关系人的听证权利;第四,规定了听证笔录的效力问题,即行政机关应当根据听证笔录,作出行政许可决定。①

目前,行政听证制度适用范围不断扩大,已涉及行政处罚、政府价格决策②、行政立法③、城市规划④、行政许可、城市房屋拆迁行政裁决⑤等事项。然而,由于行政听证制度在我国尚未成为普遍适用的一般制度,关于听证的规定散见于单行法律文件中,缺乏统一的立法规定,导致在实践中出现了听证主持人的选任欠缺中立性和专业性,听证代表人能力欠缺,听证准备时间和举行时间太短、对听证代表的意见缺乏回应等问题。这些问题严重影响了行政听证的效果,甚至仅仅成为行政机关标榜依法行政的工作方式,而不是相对人的程序权利。在将来的统一行政程序法典中,有必要对行政听证制度作出统一、明确的规定。

三、行政告知制度

(一) 行政告知制度的含义

行政告知,是指行政主体在行使行政职权过程中,将行政行为通过法定程序向相对人公开展示,以使相对人知悉该行政行为的一种程序性法律行为。行政行为的告知对行政主体来说是一项法定职责,也就是说,行政主体如果不依法告知,应承担相应的法律责任;行政行为的告知对相对人来说是

---

① 《行政许可法》第48条。

② 1998年的《价格法》将听证制度扩展至实行政府定价和政府指导价的商品和服务的价格决策领域。

③ 《立法法》规定在起草行政法规与规章时可以采用听证会的方式听取意见,随后的《规章制定程序条例》对听证规则作了进一步的规定。

④ 《城市规划法》既没有规定听证制度,也没有规定听取意见制度。关于城市规划领域的听证制度,只要来自地方立法。目前,大连、武汉、十堰、上海、青岛、珠海等地规定了重大项目规划批前听证制度与大型商业网点规划听证制度。

⑤ 建设部2003年《城市房屋拆迁行政裁决工作规程》规定了听证制度。

程序性的法定权利，也就是说，行政主体如果不依法告知，相对人有权启动相应的法律程序，请求行政主体履行告知义务或者救济受到损害的合法权益。

（二）行政告知的合法性要件

第一，行政告知的主体是行政主体。这是由行政告知与行政行为的关系决定的。行政行为是行政主体依职权作出的，行政告知当然只能由行政主体作出。

第二，被告知的行政行为必须依法定程序到达相对人。也就是说，被告知的行政行为在经过了一个法定程序之后，已形成了相对人充分了解被告知的行政行为的客观条件，在法律上可以推定它已经到达了相对人知悉范围。如行政主体在当事人户口所在地公告行政处罚决定书，在经过了法定期限后即可视为该行政处罚决定书在“法律上”已经到达了当事人，该行政处罚决定即可生效。

第三，相对人已知悉被告知的行政行为。行政公正原则最基本的要求是相对人应当有权知悉可能影响他合法权益的行政行为，以确保相对人有效地进行申辩。行政告知正是实现这一原则的基本途径之一。

第四，依法定程序告知。对于行政权力来说，法定程序一方面可以通过一定的程式提高行政权力的权威性，增加相对人对行政权力的认同感；另一方面法定程序可以确保行政权力正当行使，以保护个人不受行政权力的侵犯。依法定程序告知这一规则表明，如果行政主体的告知违反了法定程序，将影响其所告知的行政行为的法律效力，并可以成为相对人提起行政救济的法定理由。

第五，告知内容完整。行政主体应当将行政行为的全部内容毫无保留地告知给相对人。所谓行政行为的全部内容，应当包括：其一，行政主体和相对人，分别是行政行为的行为人和承受人；其二，作出行政行为的理由，这些理由应当包括法律事实、法律规范和裁量理由；其三，相对人具体的权利或义务及其实现的方式；其四，相对人不服行政行为的行政救济时间、方式及受理机关等。

（三）行政告知的瑕疵及其法律救济①

1. 行政告知的瑕疵

从实践中反映出的情况看，行政告知的瑕疵主要有以下三种情形：

第一，没有告知。行政主体完全没有依法履行行政告知义务属于没有告知；行政主体没有完全依法履行行政告知义务，如行政主体明知相对人已经搬迁他处，但仍将行政法律文书邮寄到他的原住处，导致相对人无法收到行政法律文书，也属于没有告知。没有告知属于行政不作为，导致应当被告知的行政行为没有公定力，相对人不受该行政行为的约束。

必须指出的是，这里应当严格区别没有告知与不能告知：前者是行政主体客观上能够告知但主观上故意不告知，后者是行政主体客观上无法告知。两者的法律后果不同，如我国台湾地区“行政程序法”第 84 条规定，“不能为送达者，送达人应制作记载该事由之报告书，提出于行政机关附卷，并缴回应送达之文书。”

第二，告知对象错误。告知对象错误是指行政主体将行政行为告知了相对人之外的人，导致相对人无法了解行政行为的内容。告知对象错误主要有两种形式：

其一，法律文书上相对人的错误导致告知对象错误，有两种表现形式：一是，虽然法律文书上的相对人与实际上相对人的名称发生差错，但并没有发生张冠李戴的错误，也就是说告知对象并没有实体错误，那么可以允许行政主体补正；二是，法律文书上的相对人与实际上的相对人的名称发生差错，导致告知对象实体错误，那么该行政行为应当认定为事实不清、证据不足，依法应予撤销。

其二，行政主体告知的相对人错误，是指法律文书上相对人的名称是正确的，行政主体却将行政行为告知给相对人之外的人。在这种情况下，被告知的行政行为不能对相对人以及被错误告知的该相对人之外的人发生法律约束力。

第三，告知程序违法。告知程序违法是指行政主体没有根据法定程序将行政行为告知相对人。一般来说，程序违法主要有超过时限，顺序颠倒，步骤

① 本部分主要参考应松年：《当代中国行政法》，中国方正出版社 2005 年版，第 1381—1385 页。

缺损等情形。

2. 行政告知瑕疵的法律救济

我们把行政告知瑕疵分为实体瑕疵和程序瑕疵两种:实体瑕疵主要是没有告知和告知对象错误,程序瑕疵主要是告知程序违法。

第一,行政告知实体瑕疵,导致被告知的行政行为不能生效,对相对人不产生约束力。相对人可以针对行政告知行为提起行政复议或者行政诉讼。

第二,行政行为告知程序瑕疵。行政行为告知程序瑕疵有时并不影响相对人知悉行政行为的内容。因此,基于行政效率的考虑,相对人可以在针对被告知的行政行为提起行政复议或者行政诉讼时,将行政告知程序瑕疵作为理由提出来,请求复议机关或者司法机关予以审查。

(四) 我国现行的行政告知制度

《行政处罚法》第 31 条规定,"行政机关在作出行政处罚决定之前,应当告知当事人作出行政处罚决定的事实、理由及依据,并告知当事人依法享有的权利。"之后,《行政许可法》、《治安管理处罚法》等重要的单行行政法律均规定了行政告知制度。[①] 现在的问题是,对于行政告知的程序,特别是行政告知瑕疵的法律救济缺乏明确的规定。同样,我们认为在将来的统一行政程序法典中,应当对行政告知制度作出统一、更为具体的规定。

四、行政回避制度

(一) 行政回避的含义

行政回避是指行政机关工作人员在行使职权过程中,因其与所处理的事务有利害关系,为保证实体处理结果和程序进展的公正性,根据当事人的申请或行政机关工作人员的请求,有权机关依法终止其职务的行使并由他人代理的一种法律制度。

① 《行政许可法》第 38 条规定,"行政机关依法作出不予行政许可的书面决定的,应当说明理由,并告知申请人享有依法申请行政复议或者提起行政诉讼的权利。"第 47 条规定,"行政许可直接涉及申请人与他人之间重大利益关系的,行政机关在作出行政许可决定前,应当告知申请人、利害关系人享有要求听证的权利。"第 55 条规定,"行政机关根据检验、检测、检疫结果,作出不予行政许可决定的,应当书面说明不予行政许可所依据的技术标准、技术规范。"《治安管理处罚法》第 94 条规定,"公安机关作出治安管理处罚决定前,应当告知违反治安管理行为人作出治安管理处罚的事实、理由及依据,并告知违反治安管理行为人依法享有的权利。"

法律上的回避制度源于人类对应受公平对待的自然本性，最初产生于司法程序中，是指“法官在某个案件中拒绝行使审判权的一种特权和义务。由于法官与某一方当事人存在亲属关系或因案件的结果可能产生与其有关的金钱或其他利益，他可能被怀疑带有某种偏见，因而不参加该案的审理。”①“法官没有资格裁决他可能或可以正当地怀疑他会偏私的案件。”“对这个问题的答案不取决于他事实上做了什么而取决于他可能会做什么。凡是能引起人们怀疑司法过程有不当干预的事一概不能做。”②

（二）行政回避的基本内容

1. 回避缘由

回避缘由是指行政机关工作人员与相对人之间因何种理由，导致相对人认为其不能公正处理行政事务的心理倾向。回避缘由既有相对人的主观判断，如偏见，也有人无法改变的客观存在，如利害关系。

第一，偏见。美国联邦《行政程序法》第557条规定，“对有关人员提出的证明之雇员或参与之雇员具有个人偏见或其他不合格之处的及时且充分的确实材料，机关应将其作为案件中记录和决定一部分加以裁断。”但是，“大多数行政机关均须完成法定的任务；不仅仅只是解决提至机关的那些纠纷，行政机关还应执行重要的社会政策，如保障消费者免受危险食品和药品的伤害或防止证券销售中的不道德做法，等。至少在这一程度上，可以说多数行政机关都带有所谓的‘内在固有的偏见’”③有时，行政机关基于职能的交叉，也会导致行政机关事先介入了案件的处理，产生某种“偏见”。如在英国，“一个普遍的问题就是，裁决人以某种别的身份已经与案件相牵连。这在治安法官的情形中尤其容易出现，他们可以同时充任地方当局或其他行政机构的成员。”因此，行政回避中的“偏见”不能也不必作广义上的理解。如果过度地扩大“偏见”的外延，可能会使行政机关难以有效地行使行政职权。

第二，利害关系，指案件处理的结果影响到负责处理案件的行政机关工作人员的金钱、名誉、友情、亲情等增加或减损。人始终处于各种利害关系

① 〔英〕戴维·M.沃克：《牛津法律大辞典》，光明日报出版社1989年版，第247页。

② 〔英〕威廉·韦德：《行政法》，徐炳译，中国大百科全书出版社1997年版，第103、119页。

③ 〔美〕欧内斯特·盖尔霍恩、罗纳德·M.利文：《行政法和行政程序概要》，黄列译，中国社会科学出版社1996年版，第176页。

中,行政机关工作人员同样如此,再严格的遴选,也无法隔绝他们与其他社会成员的关系。因此,利害关系必然是法律上回避的缘由。但是,不能将所有的利害关系都纳入回避缘由,回避缘由的利害关系究竟划定于何处,应当考虑特定传统文化下人们对这种利害关系的认识程度。①

2. 回避范围

回避范围是指与哪些与行政机关工作人员有利害关系的人作为案件当事人时,行政机关工作人员应当回避。一般认为,回避范围是:

第一,与当事人或者当事人的代理人有亲属关系的。亲属的范围如何,各国的法律规定并不一致,其原因当然缘于历史文化传统和现实国情的差异。

第二,与当事人有监护关系的。

第三,在与本案有关的程序中担任过证人、鉴定人的。行政案件在调查程序中,行政机关工作人员作为证人向调查人员提供了证言,或者以专家的身份就案件的专门问题做出鉴定结论,他们提供的证据成为行政机关处理本案的证据之一,为了避免"先入为主",他们也应当回避成为案件听证程序的主持人。

第四,当事人为社团法人,行政机关工作人员作为其成员之一的。

第五,与当事人有公开敌意或者亲密友谊的。公开敌意是指行政机关工作人员曾公开向本案的当事人或者在当事人不在场的其他公开场合表示过对其的憎恨,或者极不友好的言语。② 亲密友谊可能是恋人关系,或者是生死之交等。这种关系的存在足以影响到行政机关工作人员在处理案件时内生偏见。

第六,其他有充分证据可以证明行政机关工作人员不能公正处理案件的。

---

① 如在美国,1927 年的塔迈诉俄亥俄州案,最高法院认为市镇法官的报酬来自市法院所判决的罚金,所以法官对于判决的结果,有直接的金钱利害关系,不符合正当的法律程序。参见王名扬:《美国行政法》,中国法制出版社 1995 年版,第 459 页。但是,在我国税务机关可以从税收额中留存,国土资源管理部门可以从出让国有土地有偿使用费中提留等,在这样的行政体制下,如果将罚没款与行政机关工作人员的收入关系确认为应当回避的利害关系,可能导致行政机关工作人员丧失行使职权的积极性。

② 如在著名的辛普森案件中,警官佛曼曾在一位剧作家的录音带中公开宣称洛杉矶市政府里的黑人都该一起枪毙。在十四个小时的录音中,他不止四十次用了"黑鬼"这个词。这是警官佛曼对黑人的公开敌意,如果由他来处理一方为黑人的案件,足以构成回避的理由。参见林达:《历史深处的忧虑》,生活·读书·新知三联书店 1997 年版,第 244 页。

3. 回避程序

第一，自行回避，指行政机关工作人员认为自己与本案有法律规定的回避情形时，向本机关的负责人主动提出要求回避处理本案的请求，本机关负责人对行政机关工作人员的申请依法进行审查并做出是否准许的决定。自行回避程序大致有以下内容：

其一，请求。行政机关工作人员可以在对案件做出决定之前的任何时候，如认为自己与案件有法律规定的回避情形时，可以提出回避请求。行政机关工作人员提出回避请求，应当以书面形式，并说明回避的理由。

其二，审查。行政机关负责人在收到行政机关工作人员回避请求时，应当尽快给予审查。回避审查以书面形式为主，必要时也可以当面听取行政机关工作人员的陈述。审查应当有时限，以确保行政效率。由于自行回避是行政机关的内部行为，因此不需要听取双方当事人的意见。但是，行政机关负责人如认为有必要了解回避情形，也可以听取当事人的陈述。

其三，决定。回避请求经审查后，行政机关负责人如认为回避情形成立的，应当立即终止该行政机关工作人员处理本案的职权，并任命另一行政机关工作人员接替此案的处理。应回避的行政机关工作人员在接到此决定后，应当尽快将案件材料移交给接替其职权的行政机关工作人员。如果行政机关负责人认为回避情形不存在的，则应命令该行政机关工作人员继续处理本案，直至行政程序结束。对于此决定，当事人不得提出异议。如果有权限的行政机关一时不能确定接替的行政机关工作人员，应决定中止本案的行政程序。

第二，申请回避，指当事人认为处理案件的行政机关工作人员有法律规定的回避情形时，在行政程序结束之前依法向有权限的行政机关提出要求该行政机关工作人员回避处理本案的请求，有权限的行政机关依法对此申请进行审查后做出是否准许的决定。申请回避程序大致有以下内容：

其一，申请。当事人在行政程序进行过程中，如发现负责案件处理的行政机关工作人员有法定回避的情形时，应当在程序终结之前向有权限处理的行政机关提出申请，要求该行政机关工作人员回避处理案件。回避申请应当以书面形式提出，并附有证明回避情形存在的证据材料，送至有权限处理的行政机关。如果当事人提出书面申请有困难的，也可以口头形式提出，接待当事人的行政机关工作人员应当制成笔录，与当事人书面申请具有同等的法律效力。当事人在有权限处理的行政机关做出决定之前，可以撤回申请，但这并不影响他在行政程序结束之前再次提出回避申请。

其二，审查。有权限的行政机关在接到当事人的回避申请后，应当尽快给予审查。审查应当以书面形式为主，必要时应当听取当事人和被申请回避的行政机关工作人员的陈述。

其三，决定。经审查后，有权限的行政机关认为回避申请理由不成立的，应当决定驳回申请。对于驳回申请的决定，当事人有权申请复核一次。有权限的行政机关认为回避申请理由成立的，应当决定被申请回避的行政机关工作人员停止案件的处理，并及时移交至接替其职权的行政机关工作人员。如果有权限的行政机关一时不能确定接替的行政机关工作人员，应决定中止本案的行政程序。

（三）我国现行的行政回避制度

关于行政回避制度，我国目前多规定在单行的行政法律规范中。这里简单分析《行政处罚法》、《行政许可法》、《治安管理处罚法》三部前后相继的重要单行行政法律的有关规定。

《行政处罚法》第 37 条规定，“执法人员与当事人有直接利害关系的，应当回避。”第 42 规定，“听证由行政机关指定的非本案调查人员主持；当事人认为主持人与本案有直接利害关系的，有权申请回避。”

《行政许可法》第 48 条规定，“行政机关应当指定审查该行政许可申请的工作人员以外的人员为听证主持人，申请人、利害关系人认为主持人与该行政许可事项有直接利害关系的，有权申请回避。”

《治安管理处罚法》第 81 条规定，“人民警察在办理治安案件过程中，遇有下列情形之一的，应当回避；违反治安管理行为人、被侵害人或者其法定代理人也有权要求他们回避：（一）是本案当事人或者当事人的近亲属的；（二）本人或者其近亲属与本案有利害关系的；（三）与本案当事人有其他关系，可能影响案件公正处理的。人民警察的回避，由其所属的公安机关决定；公安机关负责人的回避，由上一级公安机关决定。”

从我国现行法定的行政回避制度内容看，至少有以下几个问题在行政程序立法中必须加以重视和完善：

第一，回避程序缺失。行政机关工作人员或当事人提出回避要求时，应当明确受理机关。与此相关的问题是，回避的举证责任、被回避行政机关工作人员的代理职务的确定问题、必须原则的适用等，都是行政回避的基本内容。这些内容在现行的法律规范中都没有涉及。

第二，回避条件模糊。《行政处罚法》以“直接利害关系”作为回避的法定条件，但是如何界定却没有做任何具体规定。《行政许可法》延续了《行政处罚法》，仍旧以“直接利害关系”为回避条件，仍旧未做具体规定。《治安管理处罚法》对回避条件做了一定的明确，但是除了“本案当事人或者当事人的近亲属”尚属明确以外，仍旧以“利害关系”为回避条件之一，再以“与本案当事人有其他关系，可能影响案件公正处理”兜底。模糊的回避条件，很容易导致行政机关在这个问题上滥用自由裁量权，进而否定当事人的申请回避权。

第三，违反回避制度的法律后果不明确。《行政处罚法》仅规定行政处罚违反法定程序，由上级行政机关或者有关部门责令改正，可以对直接负责的主管人员和其他责任人员依法给予行政处分，但行政机关做出的行政处罚决定是否合法却没有做出具体的规定。[①]《行政许可法》、《治安管理处罚法》均未涉及违反回避制度的法律后果。可以明确的是，违反回避制度行政行为属于违反法定程序的行政行为。《行政诉讼法》第 54 条规定，违反法定程序的具体行政行为，人民法院有权判决撤销。那么，违反回避制度的行政行为效力如何？如果不能明确这个问题，很有可能导致行政回避制度的弱化以致虚置。

五、行政内部职能分离制度

（一）行政内部职能分离制度的含义

行政内部职能分离制度，是指行政主体的审查案件职能和对案件裁决的职能，分别应由其内部不同的机构或人员来行使，以确保相对人的合法权益不受侵犯。

行政内部职能分离制度的法理基础是分权理论。在行政程序中，如果审

① 《行政处罚法》第 55 条规定，“行政机关实施行政处罚，有下列情形之一的，由上级行政机关或者有关部门责令改正，可以对直接负责的主管人员和其他责任人员依法给予行政处分：（一）没有法定的行政处罚依据的；（二）擅自改变行政处罚种类、幅度的；（三）违反法定的行政处罚程序的；（四）违反本法第十八条关于委托处罚的规定的。”

查案件的人同时又具有对案件作裁决的权力，那么，相对人的合法权益就难以获得保障。因为，审查案件的人参与裁决案件，必然是以他调查和审查案件时所获得的证据为基础，这种先入为主的认识妨碍了他全面听取相对人提出的不同意见，也不可能以超然的法律地位来行使对案件的裁决权。另外，行政主体审裁案件不同于法院，法院审理案件通常与案件无任何利害关系，是具有超然法律地位的第三者。但是，行政主体在行政案件中，它既是案件的调查和审查者，又是案件的裁决者，从而职能分离对于行政主体来说非常重要。通过审裁分离制度，可以在行政主体内部实现审查权与裁决权相互分离，达到相互制约的目的。

（二）行政内部职能制度的基本模式

1. 内部审裁分离

内部审裁分离，是指在同一行政主体内部由不同的机构或人员分别行使案件调查、审查权与裁决权的一种制度。美国《联邦行政程序法》采用内部审裁分离制度。该法第 554 条规定，“为机关履行调查或追诉的职员或代表，不得参与该案或与该案有事实上的联系的案件的裁决。对于这类案件的裁决也不得提供咨询意见，或提出建议性裁决，也不得参加机关根据本编第 557 条规定的复议，除非他们作为证人或律师，参加公开的程序例外。”必须注意的是，内部审裁分离仅仅是行政机关执行层级的分离，在行政机关决策层级则不发生审裁分离的问题。

2. 审裁完全分离

审裁完全分离，是指行政案件的调查、审查权与裁决权，分别交给两个相互完全独立的机构来行使的一种制度。审裁完全分离是一种司法色彩浓重的分权模式，它在美国联邦行政程序法制定以前作为解决审裁分离的一种方案被提了出来。但是，由于这种方案有悖于普通法系国家的法院传统，因此，没有为美国《联邦行政程序法》所采纳。这种模式由于过分强调了行政案件中审查权与裁决权的分离，既可能会因多设机构而增加财政负担，又可能会导致行使裁决权的机构因欠缺行政专业知识而不能正确地裁决案件，所以，它很少为制定行政程序法的各国所采纳。

（三）我国现行的行政内部职能制度

我国已经建立了内部审裁分离制度。《行政处罚法》第 42 条规定，听证由行政机关指定的非本案调查人员主持。《行政许可法》第48条也做了同样的规定。但是,现有的规定过于简单,并且缺乏统一性。

附录:

一、相关案例

1. 刘燕文诉北京大学不授予博士学位案①

1992年9月,刘燕文在获得北大的硕士学位和毕业证书后,继续留在北大无线电电子学系攻读博士学位,主攻方向为电子物理。由于实验仪器未能准时到位,刘燕文的论文推迟了半年才答辩。对刘燕文的博士论文《超短脉冲激光驱动的大电流密度的光电阴极的研究》的审查经过了三道程序:其一是博士论文答辩委员会的审查(当时7位委员全票通过);其二是北大学位评定委员会电子学系分会的审查(当时13位委员中12票赞成,1票反对);其三是1996年1月24日北大学位评定委员会的审查(该委员会共计21位委员,对刘的论文进行审查时到场16位委员,6票赞成,7票反对,3票弃权)。此次,由于赞成票未过全体成员半数,该委员会决定不授予刘燕文博士学位。北京大学亦据此不予颁发刘燕文博士生毕业证书,而只发给其博士结业证书,且这一决定结果未正式、书面通知刘燕文。为此刘曾多次向系、校有关部门询问未获得学位的原因,也曾向教育部反映情况,均未得到答复。1997年初刘向法院起诉,法院以"尚无此法律条文"为由不予受理。1999年9月24日,刘燕文在得知"北京科技大学本科生田永诉学校拒发'两证'行政诉讼案,田永胜诉"一事报道后,再次向北京市海淀区人民法院提起行政诉讼,状告北京大学及该校学位评定委员会,要求学校为其颁发博士研究生毕业证书,并要求校学位委员会在合理的时间内对其提出的学位申请进行重新评议并作出决定。

海淀区法院经过一审审理,于同年12月17日作出判决:(1) 撤销被告北京大学学位评定委员会不授予原告刘燕文博士学位的决定;责令北京大学学位评定委员会于判决生效后三个月内对是否批准授予刘燕文博士学位的决议审查后重新作出决定;(2) 撤销被告北京大学为原告刘燕文颁发的博士研

① 参见胡锦光:《中国十大行政法案例评析》,法律出版社2005年版,第92—161页。

究生结业证书；责令被告北京大学在判决生效后两个月内向刘燕文颁发博士研究生毕业证书。被告在宣判后不服，向北京市第一中级人民法院提出上诉。二审法院以原审法院未能查清诉讼时效问题为由，撤销原判，发回重审。2000年12月19日，海淀区法院以“超过诉讼时效”为由驳回刘燕文的诉讼请求。

尽管本案最后以“超过诉讼时效”为由被驳回，但是，本案中的争议焦点之一，即北大学位评定委员会在对刘的论文审查时的到场人数和投票结果的认定，涉及程序问题。

2. 莫尊通不服福清市人事局批准教师退休决定案①

莫尊通系福清市洪宽中学职工。1996年2月1日书面申请退休，并提供福清市医院体检诊断，证明其患有慢性支气管炎、肺气肿及高血压等严重疾病，身体难以支持，无法正常工作。经洪宽中学和福清市教育局分别签注同意其退休申请的意见后，报被告福清市人事局审批。福清市人事局根据上述情况和国务院《关于安置老弱病残干部的暂行办法》第四条第二项及福建省职工病残丧失劳动能力鉴定标准第一条之规定，经研究于1997年2月25日批准莫尊通退休。原告莫尊通于提出书面申请退休后两个多月，又以口头和书面形式，以身体经医疗已恢复正常，处于健康状态，能够继续工作为由，向洪宽中学和福清市教育局提出撤回退休申请。但是，福清市人事局仍旧作出正式批准莫尊通退休的决定。莫尊通不服，向福清市人民法院提起诉讼，请求撤销经被告福清市人事局批准的《融教(97)退第009号准予莫尊通提前退休的决定》，恢复其教学工作。

福清市人民法院一审判决维持经福清市人事局批准的《融教(97)退第009号准予莫尊通提前退休的决定》。

莫尊通不服，向福州市中级人民法院提起上诉。福州市中级人民法院审理查明，1996年2月1日，莫尊通提出申请退休报告。然而，福清市洪宽中学于1996年1月23日即签署意见同意报批，福清市教育局于1996年2月1日签署意见“同意按特殊情况报批”，福清市人事局于1997年2月25日批准莫尊通退休。学校审批在莫尊通本人申请之前，福清市教育局的审批意见日期

---

① 参见北大法律信息网：《莫尊通不服福清市人事局批准教师退休决定案》，http://vip.chinalawinfo.com/newlaw2002/SLC/SLC.asp? Db = fnl&Gid = 117463314。

与莫尊通本人申请日期为同一日。因此，经被告批准的《融教(97)退第009号准予莫尊通提前退休的决定》显然违反法定程序，应予撤销。

行政行为必须遵循一定的先后顺序而不能颠倒，这是行政程序的基本要素之一。本案中，学校审批在本人申请之前、教育局的审批与本人申请为同一日，显然违背行政行为的先后顺序，与事实和常理不符。所以，二审人民法院以此为理由判决撤销被诉行政行为是准确的。

3. 乔占祥诉铁道部案[①]

国家计委依据铁道部报送的《关于报批部分旅客列车政府指导价实施方案的函》(铁财函[2000]253号)，于2000年11月下发了《关于部分旅客列车实行政府指导价有关问题的批复》(计价格[2000]1960号)(以下简称“批复”)，批准对铁路部分旅客列车运价实行政府指导价，允许客流较大线路和春运、暑运、“五一”、“十一”等主要节假日期间，客运繁忙线路的铁路旅客列车票价适当上浮；允许部分与高速公路平行、竞争激烈及其他客流较少线路列车票价常年下浮，对团体购票旅客、提前购票旅客等实行下浮，同时规定了浮动幅度、审批权限等。并在2000年12月同意由铁道部颁发铁路旅客票价表，作为旅客列车实行浮动票价的中准价(计办价格[2000]931号)。

铁道部依据国家计委《批复》，发出《关于2001年春运期间部分旅客列车实行票价上浮的通知》(以下简称“铁道部通知”)，规定：节前(1月13日至22日)自广州(集团)公司、北京、上海铁路局始发、节后(1月26日至2月17日)为成都、郑州、南昌、上海铁路局始发的部分直通客车票价上浮，其中新型空调列车上浮20%，其他列车上浮30%。除夕、正月初一、初二不上浮。儿童、学生、现役军人、革命伤残军人票价不上浮。

乔占祥购买了2001年1月17日2069次从石家庄到磁县的车票，2001年1月22日2069次从石家庄到邯郸的车票。第一张车票比涨价前多支出了5元票价，第二张车票比涨价前多支出了4元票价。据此，乔占祥认为铁道部关于涨价的通知侵害了其合法权益，于2001年1月18日以铁道部为被申请人，北京铁路局、广州铁路局、上海铁路局为第三人向铁道部申请行政复议。复议请求有两个：一是，撤销被申请人于2001年1月4日公布的2001年春运期

① 参见胡锦光：《中国十大行政法案例评析》，法律出版社2005年版，第225—273页。

间部分旅客列车实行票价上浮的行政行为；二是，审查被申请人作出上述行政行为的依据——国家计委关于部分旅客列车票价实行政府指导有关的问题的批复不合法，并予以撤销。铁道部作出维持的复议决定。

之后，乔占祥以铁道部为被告，北京铁路局、广州铁路集团（公司）、上海铁路局为第三人向北京市第一中级人民法院提起行政诉讼，判决撤销被告作出的“铁复议[2000]1号”行政复议决定书，并责令被告依法履行《行政复议法》第26条规定的审查及转送的法定职责；判决撤销被告作出的《关于2001年春运期间部分旅客列车实行票价上浮的通知》。北京市第一中级人民法院认为，乔占祥对《关于2001年春运期间部分旅客列车实行票价上浮的通知》和“铁复议[2000]1号”行政复议决定书同时提起行政诉讼的请求，缺乏法律依据；同时，《关于2001年春运期间部分旅客列车实行票价上浮的通知》符合有关程序，且不涉及价格听证及相关问题，由此判决驳回诉讼请求。

乔占祥不服一审判决，向北京市高级人民法院提出上诉，二审法院作出了维持判决。

尽管本案最终乔占祥败诉，但是，在客观上推动了听证制度在我国的普及化。

4. 湖南省退休职工黄由俭等诉汝城县人民政府信息不公开案①

黄由俭是原汝城县自来水公司的退休职工。近5年来，为了查清原公司在改制过程中存在的一系列问题，他和汝城县部分退休干部一起，一直奔走在有关部门之间。

2002年11月25日，湖南省汝城县建设局撤销了原汝城县自来水公司，并代表县自来水公司与郴州市联合工贸有限公司负责人签订了一份合资合同，成立了一家新的公私合营供水企业。对此，黄由俭等退休职工表示质疑，认为自来水公司是一个独立的企业法人，建设局是国家行政机关，建设局没有权力签订这个合资合同。事后，汝城县建设局也书面向黄由俭承认，其撤销原县自来水公司的做法是违法的，汝城县建设局虽然是县自来水公司的业务主管部门，但建设局无权代替自来水公司与其他公司签订合资合同。由此，原自来水公司改制中产生的质疑，引起了有关部门的重视。2007年6月

---

① 参见《法制日报》2008年5月8日，6月25日。

下旬，汝城县人民政府经研室深入多家单位和企业，对原自来水公司改制情况进行调查。事后，调查组出具了调查报告。

为了了解调查的结果，黄由俭等人多次到县政府打听，但都无功而返。2008年5月4日——《政府信息公开条例》实施后的第一个工作日，黄由俭等5人来到汝城县人民政府，向县政府郑重递交了《政府信息公开申请书》，请求县政府公布原县自来水公司改制情况的调查报告。然而，申请遭到了县政府的当场拒绝，县有关负责人表示，"该调查报告不能代表政府的意见，只是供领导参考使用的，政府调查报告不属信息公开的范围。"当天下午，黄由俭等5人将汝城县人民政府为被告的行政起诉状寄送湖南省郴州市中级人民法院，请求法院责令汝城县人民政府向其公开其申请公开的相关政府信息。然而，直至2008年6月24日，黄由俭等依然没有得到湖南省郴州市人民政府是否立法的通知。

黄由俭案之后，各地陆续有依据《政府信息公开条例》提起的行政诉讼案例。然而，并没有出现学术界之前所预计和期盼的"井喷"现象。这说明我国的信息公开制度仍然不完善，绝不是《政府信息公开条例》颁布实施就能解决的。信息公开制度作为一项基本的行政程序制度，仍然需要学术界和实务界长时间的推动。

二、重点推荐阅读材料

1. 应松年：《比较行政程序法》，中国法制出版社1999年版。

2. 王万华：《行政程序法研究》，中国法制出版社2000年版。

3. 应松年：《行政程序法立法研究》，中国法制出版社2001年版。

4. 章剑生：《行政程序法基本理论》，法律出版社2003年版。

5. 马怀德：《行政程序立法研究——〈行政程序法〉草案建议稿及理由说明书》，法律出版社2005年版。

6. 应松年：《政府信息公开法律制度研究》，载《国家行政学院学报》2002年第4期。

7. 莫于川：《经由阳光政府走向法治政府——〈政府信息公开条例〉的理念、制度与课题》，载《昆明理工大学学报》2007年第7期。

8. 应松年：《论依法行政的基本条件》，载《国家行政学院学报》2008年第4期。

第六章 | 行政监督

第一节 行政监督概述与行政层级监督

一、对行政的监督与行政监督

对行政权力实施有效监督,从而促进行政合法、高效运作,一直以来就是行政法的核心任务之一。自第二次世界大战以来,为应对社会的日益复杂化,行政作用不断提升,行政权力日益扩大,行政权力已成为国家权力的中心,通过多种渠道有效实现对行政权力的制约和监督,强化对行政权力的监督,成为行政法的重要特点和发展趋势。

自近代以来,对行政的监督通常诉诸两种渠道:一是行政系统外的机构和力量,二是行政系统内的力量。内外两种力量的监督,相互弥补,相互促进,形成了完整的监督体系。

由于行政系统外的监督,或称外部监督,本身所具有的外在独立性,能以较客观的立场,以不同于行政机关和公务员的视角和方法看待行政权力的运作,人们对其成效充满期待,因此一直以来备受青睐。从传统的代议机关的监督、司法监督(行政诉讼或司法审查)、行政裁判所,到20世纪70年代后逐渐发展起来并被不少国家采用的监察专员制度,外部监督的地位不仅不可替代,而且为适应发展新的途径和方式应运而生。在我国,行政系统外的监督形式多样,主要包括权力机关的监督,即由全国人大及其常委会和地方各级人大及其常委会对行政机关的监督;司法机关的监督,即法院和检察机关对行政机关的监督；以及政党、团体、社会组织、公民、新闻媒体等，依法对行政机关及公务员行使权力活动进行的监督。

外部监督虽然强大，但因外部监督主体毕竟身居行政之外，既难以触及行政权力运作的方方面面，也难以对行政权力运作有全面、深入的把握，因此在行政系统内建立有效的监督机制，同样不可或缺。行政系统内的监督，在国内通常称之为行政监督，是指行政系统内的各级政府及所属的部门对有关行政机关和公务员的活动实施的监督和监察。我国现有的行政监督渠道众多，形式多样，基本上可分为层级监督和专门监督两大类。前者是指上级行政机关对下级行政机关和政府对其工作部门基于领导关系进行的监督，后者指行政机关中的专门监督机关就专门事项对行政机关及其工作人员进行的监督，目前主要是行政监察和审计监督。就本质而言，行政复议也属层级监督的范畴，但由于其本身的性质，已形成了独特的行政监督制度。

二、行政监督的特征

与外部监督相比，行政监督具有以下特点或者优点：

1. 广泛性和全面性。行政监督具有监督范围的广泛性和内容的全面性。权力机关对行政机关的监督无疑具有最高性和范围广泛性，但权力机关自身的性质决定了它不可能对行政机关的所有方面都进行监督，而只能是对重大或者重要行政事项和活动的监督。司法机关对行政机关的监督虽然强大，但因司法机关与行政机关毕竟分属两个不同系统，司法监督行政的范围最终必定要受权力分立或职能分工的制约和影响，尤其是现阶段我国司法监督行政的范围还受到社会法治整体水平不高的影响和约束，范围尚不够宽泛。相对而言，行政监督属行政系统内的监督，其范围受到影响的因素较少，范围相当广泛。同时，行政机关的内部监督的手段和方式，也具有多样性，不像权力机关监督、司法监督和社会监督须受严格的法律限制。

2. 专业性。行政机关的管理涉及方方面面，不仅具有范围广泛的特点，同时也具有专业性强的特点。不少管理活动都要求行政机关具有一定的专业技能和专业知识。这些行政活动有自身的规律，行政机关以外的其他国家机关很难替代行政机关的活动。这一方面要求外部监督者尽可能具备一定的专业知识和技能，另一方面也说明某些监督很大程度上也只能靠行政机关内部监督来实现。实践证明，行政机关内部的许多监督的启动及监督中的标准判断，往往需要一定的甚至是复杂的专业技术知识。

3. 灵活性、简便性和高效性。行政机关在实施内部监督时，在根据法律规定的前提下，可以充分考虑行政的经济性和时效性，实施较为灵活的监督行为，作出符合实际的结论。与权力机关监督和司法监督程序繁琐严格相比，行政监督具有程序简便的优点，其过程和形式相对简单，不少程序方便易行，加上行政管理具有直接性和强制性的特点，有利于及时发现问题和快速解决问题。同时，行政机关的内部监督成本较低，即使在有当事人申请的行政复议中也不收取当事人的费用。

当然，行政监督也有潜在的弊端，最突出的就是可能造成独立性和中立性不足。由于行政系统本身即是特殊的群体，行政机关之间具有利益关联，行政机关的内部监督可能会因行政机关之间的关联而流于形式，甚至演变为“互相礼让”或“官官相护”。因此，如何避免这种潜在的弊端转化为现实，避免这种形式上的中立性不足演化为实质的不公正，对增强行政监督的实效性至关重要。

三、行政层级监督

（一）行政层级监督的意义和方式

行政层级监督是依据行政系统内的隶属关系、层级关系而生成的一种监督途径和方式，它是以上级行政机关对下级行政机关、各级政府对其工作部门之间存在的领导和指导关系为基础的，既是行政系统内固有的、原始的监督形式，也是行政监督中最基本、最经常的监督形式。

在我国，行政层级监督是指上级人民政府对下级人民政府、本级人民政府对其所属工作部门、上级行政部门对下级行政部门的监督，是行政监督中不可或缺的部分。这种监督形式和基本框架，形成于1954年《宪法》。虽然1975年、1978年《宪法》不同程度简化、删减了相关规定，但基本沿袭了1954年《宪法》所确立的行政层级监督制度。我国现有的行政层级监督具体规定于《宪法》、《国务院组织法》、《地方各级人民代表大会和地方各级人民政府组织法》、《立法法》之中。从这些法律规定和实践运作来看，我国行政层级监督的范围十分广泛，涉及政府工作的方方面面，几乎没有范围限制，方式和手段

亦多种多样。具体而言,行政层级监督的主要内容和方式如下:

1. 报告。地方各级人民政府向上级人民政府报告工作,政府工作部门向本级政府报告工作,是行政层级监督的重要方式。我国《宪法》第110条第2款就规定:“地方各级人民政府对上一级国家行政机关负责并报告工作。”通过下级行政机关主动提供的报告,上级行政机关可以及时、经常地掌握行政机关的情况。行政机关提交的工作报告可以有多种形式,如年度报告,专题报告,工作简报、请示、汇报等。行政机关的报告基本采取书面方式,情况紧急时也可采取口头方式。

2. 检查。检查是上级行政机关主动地、深入实地了解和掌握实际情况的监督方式。正确运用检查监督方式,有助于上级行政机关及时发现问题,较为全面、客观地掌握有关情况。检查的种类和形式多样,如全面检查、专门检查、立法检查、执法检查、定期检查、临时检查等,上级行政机关可以根据检查目的和具体情况,选择最适当的检查方式。

3. 审批。审批指下级行政机关所作出的行为和决定,须经上级行政机关审查确认之后才能生效的一种监督方式。它一般适用于对较为重要的行政事项和行政活动,目的是通过上级行政机关的审批,加强对下级行政机关在这些事项和活动上的事先监督。

4. 备案。备案是根据法律规定或上级行政机关要求,下级行政机关将其制定的规章或其他规范性文件及作出某些重大行政事项的书面材料报上级行政机关存档备查的一种监督方式。如根据我国《立法法》第89条的规定,规章向上级行政机关备案的要求是:国务院部门制定的部门规章和地方政府制定的地方政府规章应在公布后30日内报国务院备案,较大的市的人民政府制定的规章还应在公布后30日内同时报省、自治区人民政府备案。

5. 改变和撤销。改变和撤销是上级行政机关监督下级行政机关不适当的抽象行政行为的重要方式。根据我国《宪法》、《立法法》和《地方各级人民代表大会和地方各级人民政府组织法》的有关规定,国务院有权改变或者撤销各部、各委员会不适当的规章、命令和指示,有权改变或者撤销地方各级国家行政机关不适当的决定和命令。省、自治区的人民政府有权改变或者撤销下一级人民政府制定的不适当的规章。县级以上地方各级人民政府有权改变或者撤销所属各工作部门的不适当的命令、指示和下级人民政府不适当的决定、命令。

6. 惩戒。惩戒是上级行政机关对下级行政机关的违法行为,给予行政机关或其工作人员的处罚行为。对机关的惩戒方式主要有责令检讨和通报批评等,对工作人员的惩戒方式主要是行政处分。

(二) 我国行政层级监督存在的主要问题及原因

总体而言,我国现行的行政层级监督体制是系统、有效的,几十年来在保证政令畅通和行政的高效运作方面,发挥了积极作用。但是,当前的行政层级监督中,存在两个突出问题。一方面,行政系统中,有令不行,有禁不止,上有政策、下有对策的情况较为普遍。有人把政令不通的现象形象地称为"中间梗阻"和"两头急(即中央急、基层群众急,而中间不急)"①。这种不接受或者是对抗行政层级监督的做法,不仅严重影响到国家法律、法规、政策、方针的全面贯彻执行,而且是造成腐败的一个重要原因。另一方面,不同程度存在着"政府弱、部门强"的问题,尤其是一些职能强、权力大的部门及负责人各自为政,单纯从部门角度考虑问题,政府难以对其进行控制和实施监督。政府职能部门权力过大,政府监督的弱化,一定程度上造成了政府管理的分离、分割。

当前,我国行政层级监督失灵、失效,主要是由以下原因造成的:

1. 行政层级监督规范性不够:干预过度与监督虚置并存。改革开放以来,我国行政组织法制建设却几乎没有太多突破,行政层级监督在规范化和制度化方面处于滞后状态。由于法律鲜有对行政层级监督的主体、范围、内容、程序以及结果运作作出充分、详细的规定,导致行政层级监督缺乏应有的刚性和可操作性,造成了行政层级监督上的许多盲点和空白。许多上级机关该监督的不监督,不该监督的又干预过多,"结果是上级管了许多不该管的事,下级做了许多不该做的事"②。

2. 过分重视事前审批和事后监督。行政层级监督属日常性的、全程性的监督。在保持下级机关适度自主性的前提下,上级机关的监督应当贯穿于行

---

① 陈名重:《中央精神为什么难以落实》,http://news.xinhuanet.com/comments/2006-01/23/content_4086945.htm。

② 陈斯喜:《制度变革中的行政监督》,载应松年、袁曙宏主编:《走向法治政府——依法行政理论研究与实证调查》,法律出版社 2001 年版,第 318 页。

政管理的全过程之中。然而,目前我国行政层级监督却无法涵盖行政运作的全过程,而把更多的监督放在了事前的审批和事后的责任追究之上,行政层级监督方式带有明显的“救火式”、“应急性”。这一只抓两头、忽视或不重视中间环节的行政层级监督机制,明显忽视了来自行政系统内部监督的优越性,导致行政系统自身监督的弱化。

3. 程序性和透明度不够。作为行政机关的内部监督形式,行政层级监督带上了内部性和神秘性。多数的行政层级监督缺乏程序制约机制,上级行政机关以何种方式启动监督程序,要受到哪些程序规则的限制,最终以什么方式处理案件,极少以明晰的形式呈现出来,不仅普通公民无从了解,而且即使行政机关工作人员也难以把握。

4. 方法缺乏创新,缺乏有效制约机制。虽然我国法律规定了多种行政层级监督方式,如报告、检查、审批、备案、改变和撤销、惩戒等,但一些监督方式并不常用。如改变和撤销,是针对抽象行政行为的监督方式,上级行政机关很少动用这种方式,被撤销的行政法规范数量很少。但这不意味着行政法规范违法或不当的比例很小或很少。而报告、审批、惩戒等方法,却在行政层级监督中十分流行。甚至连这些常规的监督形式,在一些地方也走了样。

(三) 强化行政层级监督的思路

1. 厘清行政层级监督的基本目标

行政层级监督的基本目标的确定,直接关系到行政层级监督的制度创新的方向。对行政机关的监督有不同的渠道和方式,不同的渠道和方式之间虽然基本指向是一致的,但由于不同监督目标之间的差异,不同监督渠道和方式的监督重点、方式、时间等都有差异。行政层级监督的基本目标,不是直接为那些有冤屈者提供救济,而是纠错、发现原因并督促完善机制的建立,它直接指向的是行政工作出现的问题,发现和洞察行政管理中的弊端,并借此改善和提高行政管理水平,不断促进行政管理的完善和良性运作。

2. 落实行政层级监督发挥作用的基本前提

要强化行政层级监督,就必须解决行政层级监督有效运作的基本前提问题。

第一,被监督机关能相对独立行使职权。行政层级监督存在的基础是上级行政机关对下级行政机关的领导权和指导权。行政系统内的行政组织,是金字塔形的层级结构，由最高行政机关统辖和领导的行政机关形成了完整的行政组织体系。原则上，上级行政机关对下级机关具有指挥权，有权向下级行政机关发布一般命令或作出具体指示。尽管下级行政机关对下级行政机关发布的一般命令或作出的具体指示有服从和执行的义务，但这不意味着下级行政机关没有任何独立性，在执行过程中不能有自己的意志。下级行政机关对法律授权的管理事项，拥有相对独立的职权，可以依自己的判断和意志行为，是行政层级监督运作的前提之一。

第二，上下级之间的职权职责明晰。职权法定、职责明晰，是行政法治的基本要求，也是行政层级监督有效运作的基本前提。我国行政机关上下级之间、不同行政机关之间职能交叉严重，权力划分模糊，一直是行政管理中的一大问题。

3. 明确不同行政层级监督的范围和重点

行政层级监督并非只有一种模式。就监督的内容而言，上级行政机关与下级行政机关的监督关系至少有三种类型①：

第一，法律监督。法律监督是指上级行政机关重在对下级行政机关行政行为合法与否的监督。行政机关的行政行为必须合法，是依法行政的最基本要求。上级行政机关的监督至少应包括法律监督。因此，法律监督是最低程度的行政层级监督。

第二，事务监督。事务监督是指上级行政机关不仅有权对下级行政机关的行政行为的合法性进行监督，也有权对行政行为进行合理性和合目的性审查。

第三，勤务监督。指上级行政机关对下级行政机关进行事务监督之外，还可以对下级机关的人力、物力配置是否合理进行监督。

上述三种监督形式层层递进，上级行政机关的监督范围和监督权力不断扩大。总体而言，行政层级监督应采取以事务监督为主，法律监督和勤务监督为辅的模式。我国行政领导关系分为单一领导关系和双重领导关系，单一领导关系中的行政层级监督较为简单，原则实行事务监督，而双重领导关系则较为复杂。为阻止重复监督，在双重领导关系中宜采取以本级政府监督为

① 参见陈敏：《行政法总论》，三民书局 1998 年版，第 744 页。

事务监督、上级机关实行法律监督的制度。

4. 增加监督的透明度,发挥群众的作用

公开、透明既是表明政府强化行政层级监督的信心和决心,提高其政府公信力的途径,也是公民了解和掌握政府运作情况,参与监督的重要环节。行政层级监督的公开、透明可以通过向公众公开监督程序、监督过程和处理结果,敦促监督者履行监督之责。通过民众的广泛参与,有利于沟通政府与民众的关系,揭露消极腐败现象。因而,行政层级监督应力求揭开神秘化和内部化的面纱,除可能影响到行政运作的监督内容外,尽可能以有效的方式和途径公布于众,给老百姓提供了解的渠道,让行政层级监督能更贴近普通民众,让行政层级监督也置于公众的监督之下。

5. 层次监督的规范化:明确不同监督的程序

为保证行政层级监督的实效和有效运作,必须明确实施行政层级监督的主要内容,上级行政机关对其所属工作部门、上级行政机关对其下级行政机关实施行政层级监督的重点,所能采取的手段和方式,以及产生问题的责任,力求使行政层级监督走向规范化。

第二节 专门监督

行政系统内的专门监督,是指政府内的具有专门监督职能的机关对行政机关及其公务员的特定的行政行为进行监察和督促的活动。目前,我国的专门监督分为行政监察和审计监督两大类。[1]

一、行政监察

行政监察是指国家行政监察机关根据法律授予的监督权限,对国家行政机关、国家公务员和国家行政机关任命的其他人员的行政职务行为进行的检查、纠举和处理的专门监督活动。新中国的行政监察始建于1949年,重建于1986年;1990年国务院颁布了《行政监察条例》,行政监察工作逐步走向规范;1993年中共中央纪委与监察部合署办公,实行一套工作机构、两个机关名

① 参见应松年主编:《行政法与行政诉讼法》,法律出版社2005年版,第412页。

称的机制，监察部仍然属于政府系列；1997 年全国人大常委会颁布了《行政监察法》，对行政监察制度作了系统的规定；2004 年国务院发布《行政监察法实施条例》，细化相关规定。

（一）行政监察监督的主体和监督对象

根据《行政监察法》的规定，行政监察这一监督活动的监督主体是行政监察机关，为政府的专门机关。因此，行政监察本质属行政监督，但其又不同一般的层级监督。这一方面是因为这一监督的主体——行政监察机关为政府系统内专司监督职能的机关，另一方面在于这一监督具有相对的独立性。根据《行政监察法》第 3 条："监察机关依法行使职权，不受其他行政部门、社会团体和个人的干涉。"

行政监察的监督对象具有特定性，为国家行政机关和法律、法规授权的具有管理公共事务职能的组织以及国家行政机关依法委托的组织及其工勤人员以外的工作人员，包括指企业、事业单位、社会团体中由国家行政机关以委任、派遣等形式任命的人员。[①]

根据《行政监察法》及《行政监察法实施条例》的规定，行政监察机关对监督对象的监督分工是：国务院监察机关，即监察部，管辖的监察对象是国务院各部门及其公务员、国务院及国务院各部门任命的其他人员以及省（自治区、直辖市）人民政府及其领导成员。县级以上地方人民政府的监察机关，管辖的监察对象是本级人民政府各部门及其公务员、本级人民政府及本级人民政府各部门任命的其他人员、下一级人民政府及其领导成员。县、自治县、不设区的市、市辖区人民政府的监察机关，还管辖乡、民族乡、镇政府及其公务员这一级监察对象。县级以上各级人民政府监察机关根据工作需要，经本级人民政府批准，可以向政府所属部门派出监察机构或者监察人员。监察机关派出的监察机构或者监察人员，对派出的监察机关负责并报告工作。监察机关派出的监察机构或者监察人员对派出它的监察机关负责并报告工作，并由派出它的监察机关实行统一管理。在实行垂直管理的国家行政机关中，监察机关派出的监察机构根据工作需要，经派出它的监察机关批准，可以向驻在部门的下属行政机构再派出监察机构或者监察人员。

① 《行政监察法实施条例》第 2 条。

（二）行政监察机关的监督内容

《行政监察法》的规定，行政监察的目的，是保证政令畅通，维护行政纪律，促进廉政建设，改善行政管理，提高行政效能[①]。因此，行政监察主要包括以下三方面内容：第一，执法监察。即检查国家行政机关和公务员在遵守和执行法律、法规和人民政府的决定、命令中的问题；第二，违纪监察。即受理和调查处理国家行政机关、国家公务员和国家行政机关任命的其他人员违反行政纪律的行为；第三，受理不服行政处分的申诉。即受理国家公务员和国家行政机关任命的其他人员不服主管行政机关给予行政处分决定的申诉。

（三）行政监察机关的监督权限

为履行监察职能，《行政监察法》授予了监察机关两项主要权力：

第一，检查、调查权。监察机关有权对监察对象遵守和执行法律、法规、决定、命令的行为进行查核，对违纪案件可以进行调查。调查中，监察机关有权采取多项措施：如查阅、复制有关材料，责令停止违法违纪行为，暂予扣留、封存有关的材料等。[②]

第二，建议、处分权。监察机关对监察确认的事实和问题有权分别提出监察建议或者作出监察决定。监察建议是指监察机关就监察对象的违法违纪行为或有关事项，向监察对象所在单位、监察对象的上级主管机关或其他有权处分的部门提出建议，由后者进行处理的权力，属间接处理权。主要涉及：(1) 拒不执行法律、法规以及人民政府的决定、命令，应予以纠正的；(2) 本级人民政府作出的决定、命令违反法律、法规或者国家政策，应予纠正或者撤销的；(3) 给国家利益、集体利益和公民的合法权益造成损害，需要采取被救措施的；(4) 录用、任免、奖惩决定明显不适当，应予纠正的；(5) 依照法律、法规的规定，应当给予行政处罚的。监察决定是监察机关就一定的事项直接对监察对象作出处理决定的权力。它是指对监察对象违反行政纪律的，监察机关有权给予警告、记过、记大过、降级、撤职、开除行政处分；对违反行政纪律取得的财物，有权没收、追缴或者责令退赔的。不过，根据《行政监察法》的规定，监察机关对这些可以作出监察决定的情形，同样也可以提出监

① 《行政监察法》第 1 条。

② 详见《行政监察法》第 19、20、21 条。

察建议的方式进行处理。

为保证监察机关正确地行使监督权力,《行政监察法》赋予了监察对象相应的救济权利和救济途径。根据规定,监察对象如果对监察建议有异议的,可以在法定期限内向作出监察建议的监察机关提出异议,监察机关予以答复后仍然有异议,则由监察机关提请本级人民政府或者上一级监察机关裁决。监察对象如果对监察决定不服,可以在法定期限内申请复审,监察机关作出复审决定后仍然不服的,还可以进一步向上一级监察机关申请复核。但上一级监察机关作出的复核决定为最终决定。

(四) 监察程序

实施行政监察,有两种程序:一是检查程序,另一个是调查处理程序。

1. 检查程序

检查是监察机关对被监察对象的行为进行普遍性督察的行为,并不针对特定对象,目的在于发现问题。对哪些事项进行检查,由监察机关根据本级人民政府或者上级监察机关的部署和要求以及工作需要确定。凡列入行政监察的检查事项,监察机关按照下列程序进行检查:

第一,立项:对需要检查的事项予以立项。对重要检查事项的立项,应当同时报本级人民政府和上一级监察机关备案;第二,制定检查方案并组织实施;第三,向本级人民政府或者上级监察机关提出检查情况报告;第四,根据检查结果,作出监察决定或者提出监察建议。监察机关在检查中应当听取被监察的部门和人员的陈述和申辩。

2. 调查处理程序

调查处理是监察机关对违反行政纪律的行为进行查处的行为。监察机关应按照下列程序进行调查处理:

第一,初步审查与立案。对需要调查处理的事项进行初步审查;认为有违反行政纪律的事实,需要追究行政纪律责任的,予以立案。重要、复杂案件的立案,应当报本级人民政府和上一级监察机关备案;

第二,调查取证。组织实施调查,收集有关证据;

第三,审理。即对有证据证明违反行政纪律,需要给予行政处分或者做出其他处理的,进行审理。在调查中,监察机关应当听取被监察的部门和人员的陈述和申辩。

第四，做出决定或者建议。即根据审理情况，做出监察决定或者提出监察建议。监察机关立案调查的案件，应当自立案之日起六个月内结案；因特殊原因需要延长办案期限的，可以适当延长，但是最长不得超过一年，并应当报上一级监察机关备案。监察机关对于立案调查的案件，经调查认定不存在违反行政纪律事实的，或者不需要追究行政纪律责任的，应当予以撤销，并告知被调查单位及其上级部门或者被调查人员及其所在单位。重要、复杂案件的撤销，应当报本级人民政府和上一级监察机关备案。监察机关作出的重要监察决定和提出的重要监察建议，应当报经本级人民政府和上一级监察机关同意。国务院监察机关作出的重要监察决定和提出的重要监察建议，应当报经国务院同意。监察决定、监察建议应当以书面形式送达有关单位或者有关人员。

二、审计监督

审计是指特定的机构运用专门的方法，对被审查单位的财政收支或者财务收支的真实性、合法性和效益进行检查、审核、评价，并提出审计报告的一种经济监督形式。从审计的类别看，审计大体可分为国家审计、内部审计和社会审计三种类型。但与国家权力的监督和制约联系最密切的是国家审计。我国《宪法》第 91 条第 1 款规定："国务院设立审计机关，对国务院各部门和地方各级政府的财政收支，对国家的财政金融机构和企业事业组织的财务收支，进行审计监督。"第 109 条规定："县级以上的地方各级人民政府设立审计机关。地方各级审计机关依照法律规定独立行使审计监督权，对本级人民政府和上一级审计机关负责。"据此，全国人大常委会于 1994 年专门颁布了《审计法》（该法是在继承国务院 1988 年颁布的《审计条例》基础上制定的），并于 2006 年 2 月修订。从《宪法》和《审计法》的规定看，审计机关的一项重要任务是对政府各部门、地方各级人民政府的财政收支实行审计监督。

与其他监督形式相比，国家审计监督的特点有：第一，监督的专门性。审计监督由国家专门设立的审计机关承担，审计机关监督的内容限于行政机关的财政收支情况。第二，监督的相对独立性。审计监督机关本质虽也为行政机关，但其具有相对的独立性。《审计法》第 5 条规定："审计机关依照法律规定独立行使审计监督权，不受其他行政机关、社会团体和个人的干涉。"这一点与行政监察相同。审计机关的独立性是实现监督的实效性的重要保证。第三，监督的专业性。对财政、财务收支情况的检查监督，涉及经济学等许多专业知识，具有很强的专业技术性，需要运用专业方法和方式。因此也就需要专门机关来承担。

（一）审计监督的主体

根据《审计法》的规定，我国国家审计机关由审计署和地方审计机关组成。审计署为中央审计机关，也是最高审计机关，在国务院总理的领导下，主管全国的审计工作。县级以上地方各级人民政府设立审计机关，在本级政府行政首长和上一级审计机关的领导下，负责本行政区域内的审计工作。审计机关根据工作需要，经本级人民政府批准，可以在其审计管辖范围内设立派出机构。派出机构根据审计机关的授权，依法进行审计工作。

审计人员应当具备与其从事的审计工作相适应的专业知识和业务能力，其依法执行职务受法律保护，何组织和个人不得拒绝、阻碍审计人员依法执行职务，不得打击报复审计人员。审计机关负责人没有违法失职或者其他不符合任职条件的情况的，不得随意撤换。地方各级审计机关负责人的任免，应当事先征求上一级审计机关的意见。

（二）审计监督的内容

《审计法》规定的审计对象除行政机关外，还包括国有的金融机构和企业事业组织。就对行政机关的监督内容而言，国家审计监督的内容主要是政府及各部门预算的执行情况和决算，以及预算外资金的管理和使用情况。《审计法》第 17 条规定："审计署在国务院总理领导下，对中央预算执行情况和其他财政收支情况进行审计监督，向国务院总理提出审计结果报告。地方各级审计机关分别在省长、自治区主席、市长、州长、县长、区长和上一级审计机关的领导下，对本级预算执行情况和其他财政收支情况进行审计监督，向本级人民政府和上一级审计机关提出审计结果报告。"

（三）审计监督的权限

根据《审计法》的规定，审计机关的权限主要包括以下方面：

1. 要求报送权。审计机关有权要求被审计单位按照审计机关的规定提供预算或者财务收支计划、预算执行情况、决算、财务会计报告，运用电子计算机储存、处理的财政收支、财务收支电子数据和必要的电子计算机技术文档,在金融机构开立账户的情况,社会审计机构出具的审计报告,以及其他与财政收支或者财务收支有关的资料,被审计单位不得拒绝、拖延、谎报。被审计单位负责人对本单位提供的财务会计资料的真实性和完整性负责。

2. 检查权。审计机关进行审计时,有权检查被审计单位的会计凭证、会计账簿、财务会计报告和运用电子计算机管理财政收支、财务收支电子数据的系统,以及其他与财政收支、财务收支有关的资料和资产,被审计单位不得拒绝。

3. 调查取证权。审计机关进行审计时,有权就审计事项的有关问题向有关单位和个人进行调查,并取得有关证明材料。有关单位和个人应当支持、协助审计机关工作,如实向审计机关反映情况,提供有关证明材料。审计机关经县级以上人民政府审计机关负责人批准,有权查询被审计单位在金融机构的账户。审计机关有证据证明被审计单位以个人名义存储公款的,经县级以上人民政府审计机关主要负责人批准,有权查询被审计单位以个人名义在金融机构的存款。

4. 制止并采取措施权。审计机关进行审计时,被审计单位不得转移、隐匿、篡改、毁弃会计凭证、会计账簿、财务会计报告以及其他与财政收支或者财务收支有关的资料,不得转移、隐匿所持有的违反国家规定取得的资产。审计机关对被审计单位违反前款规定的行为,有权予以制止;必要时,经县级以上人民政府审计机关负责人批准,有权封存有关资料和违反国家规定取得的资产;对其中在金融机构的有关存款需要予以冻结的,应当向人民法院提出申请。审计机关对被审计单位正在进行的违反国家规定的财政收支、财务收支行为,有权予以制止;制止无效的,经县级以上人民政府审计机关负责人批准,通知财政部门和有关主管部门暂停拨付与违反国家规定的财政收支、财务收支行为直接有关的款项,已经拨付的,暂停使用。

5. 处理权。审计机关认为被审计单位所执行的上级主管部门有关财政收支、财务收支的规定与法律、行政法规相抵触的,应当建议有关主管部门纠正;有关主管部门不予纠正的,审计机关应当提请有权处理的机关依法处理。

6. 通报和公布审计结果权。审计机关可以向政府有关部门通报或者向社会公布审计结果,但应依法保守国家秘密。

（四）审计监督的程序

审计监督程序分为三个阶段：第一阶段为准备阶段。该阶段主要是确定审计工作任务、审计项目计划和审计重点、根据计划确定审计事项，组成审计组；拟定审计方式、审计范围和审计时间。并在实施审计前，向被送达审计通知书。通知书的内容包括审计的范围、方式及具体要求等。

第二阶段为实施阶段。该阶段是审计的实质阶段。主要由审计人员审查会计报表、会计凭证、会计账簿，查阅与审计事项有关的文件、资料，检查现金、实物、有价证券，并向有关单位或者个人调查、询问，获取证明材料。审计人员应向被调查者出示工作证件和审计通知书副本。

第三阶段为处理阶段。由审计人员在审计结果的基础上写出审计报告，然后由审计机关对审计报告及被审计单位的书面意见进行审核，对审计事项作出评价，出具审计意见书。对违反国家财政、财务收支行为，依法作出处罚或者处理。审计决定自送达之日起生效。

第三节　行政复议

一、行政复议特点与性质

（一）行政复议的概念与特点

行政复议是因公民、法人或者其他组织对行政机关的行政行为不服，向法定的行政机关提出申请，并由行政机关对行政行为的合法性和合理性进行审查并裁判的制度。根据我国法律规定，承担复议审查的行政机关，即复议机关，一般为作出原行政行为的上级行政机关。行政复议具有以下特征：

1. 行政复议属由当事人申请的被动式监督。行政复议是行政机关根据上级行政机关对下级行政机关的监督权而进行监督的制度，带有行政层级监督的性质。但行政层级监督多属主动性监督，由上级行政机关主动进行；即使是被动式监督也基本与当事人无关，而是由下级行政机关主动向上级行政机关请求监督的。但行政复议却不同，上级行政机关对下级行政机关监督的前提是必须先有利害关系人提出的复议申请。如果没有利害关系人的复议申请，复议机关不能主动进行行政复议。

2. 行政复议是权利救济制度。行政复议虽与其他层级监督一样具有行政监督的特性,但与其他层级监督基本完全属行政系统内的监督不同,行政复议具有直接保护公民、组织的合法权益,防止和纠正违法或不当行政行为给公民、组织造成的侵害的性质。为利害关系人提供救济和补救是行政复议的重要目的和功能之一。就此而言,行政复议也可归于行政救济制度的范畴,行政复议具有很强的外部性。在现代社会中,行政复议也是解决行政争议的一种有效方法和重要手段,对于保护公民、法人和其他组织的合法权益,防止和纠正违法的行政行为和不当的行政行为,有十分重要的意义。

3. 行政复议既可以审查行政行为的合法性,也可以审查其他合理性,范围比行政诉讼要宽泛。

4. 行政复议有较为严格的程序要求。行政复议较为强调复议机关的相对独立,其程序设计更多体现司法程序的特点和要求,具有较强的司法性。

我国现行成为体系的复议制度建立于1990年。1990年12月24日国务院发布《行政复议条例》,对我国行政复议制度作出较全面的规定,1994年10月9日国务院对该条例内容进行了一定的修订。1999年4月第九届全国人大常委会颁布《行政复议法》,不仅提升了规范行政复议制度的法律位阶,而且强化了行政复议的救济功能。2007年5月国务院公布的《行政复议法实施条例》,对相关行政复议法的相关规定进行了细化,增加可操作性,进一步完善了现行行政复议制度。

(二) 行政复议的性质

对行政复议的性质,国内目前主要有三种明显对立的观点。有的学者认为,行政复议是一种纯行政性活动,是行政机关按照行政上下级监督关系,直接地、单方面行使行政权力的行为;有的学者认为,行政复议是由特定的行政机关进行的一种司法性活动,是行政司法行为;还有的学者认为,行政复议归结为给予公民、法人或者其他组织进行权利救济的制度。我们认为,行政复议应该是这三者的结合。既是一种行政监督的特殊方式,又具解决争议的司法性,也是权利救济的手段。

行政复议作为重要的权利救济途径,与司法救济相比,具有简便、审查范围宽泛等优点,但也有它自身的局限性。这些局限性突出表现在两个方面:一是行政复议机关本身即为行政机关,带有很强的行政性。行政复议虽然实行上级行政机关管辖原则，但由于行政复议机关毕竟仍然是行政机关，仍然是原行政机关的上级领导，哪怕行政复议机关真正是公正的，但由于至少在外观上不能消除当事人内心对行政复议机关中立地位的怀疑，这使得行政复议如何真正实现公正和不偏不倚十分关键。二是行政复议机关与原行政机关可能存在的利益一致性。行政系统是一个完整的复合体，它由一个个行政机关组成，尽管它们都有自身独特的利益体现，但行政系统的整体利益是统一的。虽然我们是社会主义国家行政机关从根本上说是为了人民的利益，但不能否认行政机关有自己的利益考虑。同样行政系统利益的一致性可能延伸到行政复议来，实际影响行政复议的公正进行。这一切都为行政复议机关公正履行行政复议职责造成了一定的障碍，形成了一定的威胁。

二、行政复议范围

行政复议范围指行政机关受理行政复议案件的范围，即公民、法人或者其他组织对哪些行政行为不服可以依法向行政复议机关提出复议要求。行政复议作为一种行政救济手段，其范围大小直接关系到其价值与功能的实现。《行政复议法》第二章专章对行政复议的受案范围作出了具体规定，概括这些规定可以看出我国行政复议的受案范围可以从三方面来理解。

（一）不可申请复议的事项

主要包括两类：一是人事处理决定，即行政机关作出的行政处分或者其他人事处理决定的。对此，应依照有关法律、行政法规的规定提出申诉，不能申请行政复议；二是对民事纠纷作出的调解或仲裁行为。对此，一方当事人不服的，可以向人民法院提起民事诉讼，不能申请行政复议。

（二）可申请复议的具体行政行为

《行政复议法》第 6 条具体列举了公民、法人和其他组织可以申请行政复议的具体行政行为的种类，包括行政处罚、行政强制措施、行政许可及相关行为、行政确权行为、侵犯合法经营自主权行为、变更或者废止农业承包合同行为、违法要求履行义务行为、不依法办理许可事宜、不履行保护人身权利、财产权利、受教育权利的法定职责的、认为行政机关不依法发放抚恤金、社会保险金或者最低生活保障费的、认为行政机关其他具体行政行为侵犯其合法权益的。

（三）对部分抽象行政行为可间接申请复议

这里的部分抽象行政行为指行政法规、部门规章和地方规章以外的其他规范性文件。同时，公民、法人或者其他组织并不能单独对该部分抽象行政行为申请复议，而只能在对具体行政行为申请复议的同时，一并对该具体行政行为所依据的抽象行政行为提出审查申请。

三、行政复议机关（管辖）的确定

行政复议机关是指依法受理行政复议申请并对被申请的行政行为进行合法性和适当性审查并作出决定的行政机关。在我国，行政复议机关是行政机关，但并非所有的行政机关都能成为复议机关，如乡、镇人民政府通常不享有行政复议职权，不能成为行政复议机关。

行政复议的管辖是指行政复议机关在受理行政复议案件方面的分工和权限。对于复议申请人而言，就是应向哪个机关申请复议的问题。我国《行政复议法》在确定行政复议管辖方面，贯彻两个基本要求：第一，保证复议的公正性，力求避免行政机关自己作自己案件的裁判者。由于行使监督权、主持复议的机关仍是行政机关，容易给人们产生不公正的印象，所以我国行政复议管辖的基本要求是以上一级机关管辖为原则，以原机关管辖为例外。第二，方便当事人。行政复议由当事人参加，尽可能方便当事人，减少当事人的奔波，节省当事人的成本。《行政复议法》和《行政复议法实施条例》主要有一般管辖和特殊管辖两种。

（一）一般管辖

一般管辖总体上可分为两种主要类型：

1. 对政府

对地方各级人民政府的具体行政行为不服的，向上一级地方人民政府申请行政复议。

对省、自治区人民政府依法设立的派出机关所属的县级地方人民政府的具体行政行为不服的，向该派出机关申请行政复议。

对省、自治区、直辖市人民政府的具体行政行为不服的，向作出该具体行政行为的省、自治区、直辖市人民政府申请行政复议。对行政复议决定不服的，可以向人民法院提起行政诉讼；也可以向国务院申请裁决，国务院依照行政复议法的规定作出最终裁决。

2. 对政府工作部门

对县级以上地方各级人民政府工作部门的具体行政行为不服的，由申请人选择，可以向该部门的本级人民政府申请行政复议，也可以向上一级主管部门申请行政复议。

对海关、金融、国税、外汇管理等实行垂直领导的行政机关和国家安全机关的具体行政行为不服的，向上一级主管部门申请行政复议。而申请人对经国务院批准实行省以下垂直领导的部门作出的具体行政行为不服的，可以选择向该部门的本级人民政府或者上一级主管部门申请行政复议；省、自治区、直辖市另有规定的，依照省、自治区、直辖市的规定办理。

但对国务院部门的具体行政行为不服的，向作出该具体行政行为的国务院部门申请行政复议。对行政复议决定不服的，可以向人民法院提起行政诉讼；也可以向国务院申请裁决，国务院依照行政复议法的规定作出最终裁决。

（二）特殊管辖

1. 对县级以下地方人民政府依法设立的派出机关的具体行政行为不服，向设立该派出机关的人民政府申请复议；

2. 对政府工作部门依法设立的派出机构依照法律、法规或者规章规定，以自己名义作出的具体行政行为不服，向设立该派出机构的部门或者该部门的本级地方人民政府申请复议；

3. 对法律、法规授权的组织的具体行政行为不服，分别向直接管理该组织的地方人民政府、地方人民政府工作部门或者国务院部门申请复议；

4. 对两个或者两个以上行政机关以共同名义作出的具体行政行为不服，向其共同上一级行政机关申请复议；

5. 对被撤销的行政机关在撤销前作出的具体行政行为不服的，向继续行使其职权的行政机关的上一级行政机关申请复议。

四、行政复议参加人

行政复议参加人指与被申请复议的行政行为有法律上的利害关系，依法参加行政复议的申请人、被申请人和第三人。

行政复议的申请人是行政复议的启动者，对行政行为不服，以自己的名义向行政复议机关提出申请的公民、法人或者其他组织。第一，享有行政复议申请权的只能是公民、法人或者其他组织，行使国家权力的机关不能作为行政复议的申请人；第二，申请人必须是认为自身合法权益受到侵害，并依法提出复议申请的公民、法人或者其他组织。行政复议法实施条例规定，合伙企业申请行政复议的，应当以核准登记的企业为申请人，由执行合伙事务的合伙人代表该企业参加行政复议；其他合伙组织申请行政复议的，由合伙人共同申请行政复议。合伙企业之外不具备法人资格的其他组织申请行政复议的，由该组织的主要负责人代表该组织参加行政复议；没有主要负责人的，由共同推选的其他成员代表该组织参加行政复议。对于股份制企业，并非只有法定代表人有权以企业名义申请复议，股份制企业的股东大会、股东代表大会、董事会认为行政机关作出的具体行政行为侵犯企业合法权益的，也可以以企业的名义申请行政复议，事实上赋予了股份制企业的股东大会、股东代表大会、董事会行使申请行政复议权利的地位。

行政复议的被申请人是指复议申请人指控其作出的行政行为侵犯其合法权益的行政机关或法律法规规章授权的组织。作出具体行政行为的行政组织有多种形态，所以行政复议的被申请人也有多种。(1) 独立被申请人。作出具体行政行为的一级人民政府和它的工作部门是独立被申请人。(2) 共同被申请人。若干行政机关以共同名义作出具体行政行为的，共同作出具体行政行为的行政机关为共同被申请人；行政机关与法律、法规授权的组织以共同的名义作出具体行政行为的，行政机关和法律、法规授权的组织为共同被申请人。但是，如果行政机关与其他组织以共同名义作出具体行政行为的，其他组织不能成为被申请人，只有行政机关是被申请人。(3) 继续行使被撤销行政机关权限的被申请人。作出被申请具体行政行为的行政机关在申请提出时已经被撤销，继续行使其权限的行政机关是被申请人。(4) 法定授权的组织作为被申请人。法律、法规授权的组织作出具体行政行为，公民、法人或者其他组织不服提出行政复议，该法定授权组织为被申请人。(5) 批准机关为被申请人。下级行政机关依照法律、法规、规章规定，经上级行政机关批准作出具体行政行为的，批准机关为被申请人。(6) 派出机关、派出机构、内设机构作为被申请人。行政机关的派出机关，以及经法律、法规授权的行政机关设立的派出机构、内设机构或者其他组织对外以自己的名义作出具体行政行为的,该派出机关、派出机构和内设机构为被申请人。而行政机关设立的派出机构、内设机构或者其他组织,未经法律、法规授权,对外以自己名义作出具体行政行为的,则由该行政机关为被申请人。

行政复议中的第三人,是指因与被申请复议的具体行政行为有利害关系,为了维护自己的合法权益,经复议机关同意参加到行政复议中去的公民、法人或者其他组织。《行政复议法》规定,同申请行政复议的具体行政行为有利害关系的其他公民、法人或者其他组织,可以作为第三人参加行政复议。

五、复议申请与受理

(一) 行政复议的申请

1. 申请时间

申请行政复议的时间有三方面内容:

(1) 申请期限。行政复议法规定可以在60日内申请行政复议。法律有关于超过60天的规定时,按照法律的规定。

(2) 申请期限的起算。行政复议法规定,申请期限应当从申请人知道作出该具体行政行为之日起算。所谓知道之日,通常指了解具体行政行为内容之时。由于实际情况非常复杂,行政复议法实施条例对不同情况下“知道”的确定作出了具体规定。

一是当场作出决定。行政机关当场作出已在具体行政行为的,自具体行政行为作出之日起计算。

二是送达。行政机关作出的具体行政行为的书面决定事后送达的,自送达日期之日起计算。如果载明具体行政行为的法律文书直接送达的,自受送达人签收之日起计算;如果载明具体行政行为的法律文书邮寄送达的,自受送达人在邮件签收单上签收之日起计算。没有邮件签收单的,自受送达人在送达回执上签名之日起计算;具体行政行为依法通过公告形式告知受送达人的,自公告规定的期限届满之日起计算。

三是未制作、未送达决定书。行政机关作出具体行政行为,依法应当向有关公民、法人或者其他组织送达法律文书而未送达的,视为该公民、法人或者其他组织不知道该具体行政行为。被申请人能够证明公民、法人或者其他组织知道具体行政行为的,自证据材料证明其知道具体行政行为之日起计算。同时,行政机关作出具体行政行为时未告知公民、法人或者其他组织,事后补充告知的,自该公民、法人或者其他组织收到行政机关补充告知的通知之日起计算。

四是行政机关未履行法定职责。申请人申请行政机关履行法定职责,行政机关未履行的,行政复议申请期限计算分三种情形:第一,有履行期限规定的,自履行期限届满之日起计算;第二,没有履行期限规定的,自行政机关收到申请满60日起计算;第三,在紧急情况下请求行政机关履行保护人身权、财产权的法定职责,行政机关不履行的,行政复议申请期限不受前款规定的限制。

(二)申请形式

申请人表达申请意愿的形式,既可以是书面的,也可以是口头的。申请人书面申请行政复议的,可以采取当面递交、邮寄或者传真等方式提出行政复议申请,行政复议机构接受以电子邮件形式提出的,申请人也可采用电子邮件形式提出。书面申请应当载明申请人的基本情况,被申请人的名称,行政复议请求、主要事实和理由,申请人的签名或者盖章和申请日期。申请人口头申请行政复议的,行政复议机构应当作出记录,记录内容与书面申请应当载明的事项相同,同时当场制作行政复议申请笔录交申请人核对或者向申请人宣读,并由申请人签字确认。

(三)对行政复议申请的受理

1. 受理和受理的期限

行政复议机关应当在收到行政复议申请后的5日内,对申请进行审查并作出有关受理的决定。第一,对不符合法律规定的申请决定不予受理,并书面告知申请人;第二,对符合法律规定但是不属于本机关受理的行政复议申请,应当告知申请人向有关行政机关提出;第三,行政复议申请材料不齐全或者表述不清楚的,行政复议机构可以自收到该行政复议申请之日起5日内书面通知申请人补正。补正通知应当载明需要补正的事项和合理的补正期限。无正当理由逾期不补正的,视为申请人放弃行政复议申请。补正申请材料所用时间不计入行政复议审理期限。第四,除了前面三种情形以外,行政复议申请自行政复议机关负责法制工作的机构收到之日起即为受理。

行政复议机关受理行政复议申请,不得向申请人收取任何费用。行政复议活动所需经费，应当列入本机关的行政经费，由本级财政予以保障。

六、行政复议的审理

（一）审查方式

行政复议机关审查行政复议案件，应当由2名以上行政复议人员参加，原则上实行书面方式。书面方式，就是行政复议机关根据书面材料查清案件事实并作出行政复议决定的方式。当事人以书面形式提出自己的申请意见和答辩意见，以书面形式提交和运用证据。书面审理的基本特点，是排除申请人的言词辩论。实行书面审理方式的主要理由，是应当采用符合行政效率原则的审理方式，迅速地查清事实并作出复议决定，不必将程序完全司法化。

原则上实行书面审理方式，并不能排除行政复议机关根据需要选择书面方式以外的其他适当方式进行审理。至于具体形式视案件而定，可以向有关组织和人员调查情况，听取申请人、被申请人和第三人的意见，实地调查核实证据，也可以给予当事人向行政复议机关口头陈述有关事实的机会，或者使被申请人与申请人进行辩论以查清案件事实。采用书面审理以外方式的条件，既可以由申请人提出要求，也可以由行政复议机关负责法制工作的机构认为有必要时依职权决定。行政复议法实施条例明确规定，对重大、复杂的案件，申请人提出要求或者行政复议机构认为必要时，可以采取听证的方式审理。

行政复议人员向有关组织和人员调查取证时，可以查阅、复制、调取有关文件和资料，向有关人员进行询问。调查取证时，行政复议人员不得少于2人，并应当向当事人或者有关人员出示证件。被调查单位和人员应当配合行政复议人员的工作，不得拒绝或者阻挠。

（二）举证责任

提交证据证明具体行政机关合法适当的责任，由被申请人负担。履行这一义务的内容，是提交当初作出具体行政行为的证据、依据和其他有关材料，对申请人的申请提出书面答复。根据行政复议的审查方式，被申请人的举证责任在复议程序开始阶段对申请人申请的答复程序中履行。不过，申请原级行政复议的案件略有特殊，由原承办具体行政行为有关事项的部门或者机构提出书面答复,并提交作出具体行政行为的证据、依据和其他有关材料。

在行政复议中,并非所有的证据都有被申请人负担,在下列两种情况下,申请人应当提供证明材料:一是认为被申请人不履行法定职责的,提供曾经要求被申请人履行法定职责而被申请人未履行的证明材料;二是申请行政复议时一并提出行政赔偿请求的,提供受具体行政行为侵害而造成损害的证明材料。

行政复议机关负责法制工作的机构应当自行政复议申请受理之日起7日内,将行政复议申请书副本或者行政复议申请笔录复印件发送给被申请人。被申请人应当自收到申请书副本或者申请笔录复印件之日起10日内,提出书面答复,并提交当初作出具体行政行为的证据、依据和其他有关材料。

被申请人不履行这一义务的法律后果,是具体行政行为被撤销。被申请人不按照申请答复程序要求提出书面答复、提交当初作出具体行政行为的证据、依据和其他有关材料的,视为该具体行政行为没有证据、依据,行政复议机关可以决定撤销该具体行政行为。而且直接负责的主管人员和其他直接责任人员还将受到警告、记过、记大过的行政处分,构成犯罪的,将被依法追究刑事责任。

(三)查阅材料

行政复议法规定了查阅被申请人提供资料的制度,这是执行行政公开原则的重要制度,为申请人、第三人有效主张和维护其法律权利提供了条件。为方便申请人和第三人行使权利,行政复议法实施条例明确规定行政复议机关应当为申请人、第三人查阅有关材料提供必要条件。

申请人和第三人资料查阅的内容,是被申请人提出的书面答复和其他有关材料;查阅资料的例外,是涉及国家秘密、商业秘密或者个人隐私的材料。除了法定例外事项,禁止行政机关设置其他理由拒绝申请人和第三人行使查阅权。

(四)原具体行政行为的改变、行政复议中的和解和调解

为促使行政争议的尽快解决,在行政复议期间被申请人可以改变原具体行政行为。如果接受申请人改变原具体行政行为的后果,撤回行政复议申请并获得行政复议机关的同意,行政复议程序结束。但是,如果申请人不提出撤回复议申请或者虽提出申请而未获得准许,不影响行政复议案件的审理,

行政复议机关应当继续就原具体行政行为进行审查,并根据不同情况依法作出决定。

通常认为,和解和调解是解决民事争议的重要方式。但多年来,国内一直认为这两种方式原则上对行政争议的解决不适用。《行政诉讼法》明确规定,人民法院审理行政案件不适用调解。通常认为,行政争议的解决不适用和解和调解的原因在于,行政机关行使的是国家职权,不能随意处分;而行政争议所涉及的行政行为只有合法与违法两种结果,因此不存在和解和调解的可能。近年来,随着对问题认识的深化,行政争议的解决不适用和解和调解的观念有所改变。一是行政争议的解决核心在于解决争议,消除矛盾,违法与合法或对与错的判断固然重要,但不是绝对的,有时甚至是第一位的。行政复议和行政诉讼制度的存在及其运作,应当充分发挥其预防、解决行政争议的功能和作用。二是虽然行政机关不得放弃或任意处分自己的权力,但行政机关的职权并不是绝对的、羁束性的权力,在从事管理时没有丝毫的选择余地和活动空间,相反,行政机关享有广泛的裁量权力,在从事管理时存在多种选择可能。三是在实践中,有不少争议甚至是进入行政复议和行政诉讼中的争议,是通过直接或间接的和解和调解结案的。

鉴于此,行政争议的解决不适用和解和调解原则出现松动,不少人主张修改行政诉讼法中不适用调解的规定。与行政诉讼相比,行政复议不仅要审查具体行政行为的合法性,而且要审查具体行政行为的适当性,而行政复议法又未有不适用和调和调解的明确规定。故行政复议法实施条例规定,在行政复议期间,符合一定条件的案件,申请人和被申请人可以进行的和解,行政复议机关可以进行调解。

具体而言,在行政复议期间,申请人和被申请人进行和解的要求有:第一,对行政机关行使法律、法规规定的自由裁量权作出的具体行政行为。不过,对行政赔偿和行政补偿事项,也应属于可以和解事项;第二,和解应当出于双方自愿,并签订书面和解协议;第三,申请人与被申请人应当在行政复议决定做出前达成和解;第四,和解内容不得损害社会公共利益和他人合法权益;第五,应当向行政复议机构提交书面和解协议,并获得行政复议机构准许。

行政复议机关在行政复议期间进行调解的要求和程序为:第一,所能调解的事项包括:因行政机关行使法律、法规规定的自由裁量权作出的具体行政行为引起的行政复议案件，当事人之间的行政赔偿纠纷，当事人之间的行政补偿纠纷；第二，行政复议机关应当依据自愿、合法的原则进行调解；第三，当事人经调解达成协议的，行政复议机关应当制作行政复议调解书。调解书应当载明行政复议请求、事实、理由和调解结果，并加盖行政复议机关印章。行政复议调解书经双方当事人签字，即具有法律效力。调解未达成协议或者调解书生效前一方反悔的，行政复议机关应当及时作出行政复议决定。

七、行政复议的决定

（一）对有关行政规定和行政依据的审查和处理

行政复议决定程序中涉及行政规定和行政依据的有两个方面：一个是根据申请人提出的申请对有关行政规定进行的审查处理；另一个是依职权发现依据不合法进行的处理。主要内容是处理权限、处理期限和处理后果。

1. 对于申请人提出对行政规定进行审查申请的，按照行政复议机关的处理权限分别处理。第一，对该规定有权处理的，行政复议机关应当在 30 日内依法处理。下级行政机关制定发布的，应当责令下级行政机关限期撤销和修改，也可以由行政复议机关直接作出决定予以撤销；复议机关制定发布的，由行政复议机关直接予以撤销。第二，对该规定无权处理的，行政复议机关应当在 7 日内按照法定程序转送有权处理的行政机关依法处理。第三，接受行政复议机关转送的有权机关，应当在 60 日内依法作出处理。第四，对行政规定的处理期间，应当中止对具体行政行为的审查。中止对具体行政行为的审查，应当记录在案，并通知当事人。

2. 对于行政复议机关依职权发现具体行政行为依据不合法，按照行政复议机关的处理权限分别处理。这里的所谓“依据”，比上述申请人提出的行政规定范围要宽。第一，该行政复议机关有权处理的，应当在 30 日内依法处理；行政复议机关无权处理的，应当在 7 日内按照法定程序转送有权处理的国家机关处理。因为有权机关的处理权限和处理程序不同，所以没有规定统一的时间。第二，对具体行政行为依据的处理期间，应当中止对具体行政行为的审查。

（二）对具体行政行为的决定

1. 维持具体行政行为决定

维持具体行政行为决定是指行政复议机关作出的维持行政机关所作的具体行政行为的复议决定。复议机关经过审查、认为具体行政行为认定事实清楚，证据确凿，适用依据正确，程序合法，内容适当的，可决定维持。

2. 履行法定职责决定

履行法定职责决定是指行政复议机关作出的责令被申请人履行某种法定职责的决定。如果被申请人不履行或者拖延履行法定职责，行政复议机关可决定其在一定期限内履行。

3. 撤销、变更、确认违法和重新作出具体行政行为的决定。这些决定都是行政复议机关对违法具体行政行为的处理。第一，撤销决定。撤销是使具体行政行为丧失或者不能取得法律效力的行政复议决定。具体行政行为被撤销以后就不再有而且以后也不会有法律约束力，除非复议决定本身丧失法律效力。第二，变更决定。变更决定是行政复议机关全部或部分改变原具体行政行为的内容，用复议机关的决定替代原具体行政行为。根据行政复议法实施条例的规定，变更决定适用于以下两种情形：一是具体行政行为认定事实清楚，证据确凿，程序合法，但是明显不当或者适用依据错误的；二是具体行政行为认定事实不清，证据不足，但是经行政复议机关审理查明事实清楚，证据确凿的。值得指出的是，在适用变更决定时，行政复议机关在申请人的行政复议请求范围内，不得作出对申请人更为不利的行政复议决定。第三，确认决定。确认决定是对具体行政行为违法性质和违法状态的确定或者认定。作出确认决定的情形，是原来的具体行政行为确实构成违法，但是由于客观情况变化使撤销或者变更已经没有实际意义。第四，重新作出具体行政行为的复议决定。它是对具体行政行为作出撤销决定和确认违法决定后，仍然存在需要行政机关作出处理的事项，行政复议机关要求被申请人履行职责作出处理决定的决定。但是被申请人不得以同一事实和理由作出与原来的具体行政行为相同或者基本相同的具体行政行为。被申请人应当在法律、法规、规章规定的期限内重新作出具体行政行为；法律、法规、规章未规定期限的，重新作出具体行政行为的期限为 60 日。公民、法人或者其他组织对被申请人重新作出的具体行政行为不服，可以依法申请行政复议或者提起行政诉讼。

上述四种行政复议决定都是针对违法具体行政行为的，只要有下列情形之一的即构成违法行政行为：① 主要事实不清、证据不足的；② 适用依据错误的；③ 违反法定程序的；④ 超越或者滥用职权的；⑤ 具体行政行为明显不当的。

4．驳回申请决定

驳回申请决定是行政复议法实施条例适应实践要求而新规定的决定形式，适用于以下两种情形：一是申请人认为行政机关不履行法定职责申请行政复议，行政复议机关受理后发现该行政机关没有相应法定职责或者在受理前已经履行法定职责的；二是受理行政复议申请后，发现该行政复议申请不符合行政复议法及其实施条例规定的受理条件的。不过，如果上级行政机关认为行政复议机关驳回行政复议申请的理由不成立的，应当责令其恢复审理。

（三）行政赔偿

行政复议机关作出行政复议决定，可以依法同时决定行政赔偿的问题。这里有两种情形：一个是申请人提出赔偿请求的，另一个是申请人没有提出赔偿请求的。

依申请作出的赔偿决定，是申请人在申请行政复议时一并提出了行政赔偿请求，行政复议机关对符合国家赔偿法的有关规定应当给予赔偿的，在决定撤销、变更具体行政行为或者确认具体行政行为违法时，应当同时决定被申请人依法给予赔偿。根据《国家赔偿法》第 9 条第 2 款，申请国家赔偿可以先向赔偿义务机关提出，也可以在申请行政复议时一并提出。如果对不予赔偿或者赔偿数额有异议，申请人可以将复议机关和赔偿人一并作为共同被告提起行政诉讼。

依职权作出的赔偿决定，是申请人在申请行政复议时没有提出行政赔偿损失请求，但是行政复议机关可以在法定情形下直接作出有赔偿效果的决定。法定情形是指行政复议机关依法决定撤销或者变更罚款、撤销违法集资、没收财物、征收财物、摊派费用以及对财产的查封、扣押、冻结等具体行政行为时，同时责令被申请人返还财产，解除对财产的查封、扣押、冻结措施，或者赔偿相应的价款。

附录:

一、相关案例

1. 重庆市垫江县桂溪镇北苑小区董永华等不服重庆市人民政府行政复议裁定书案

1998年2月10日,因重庆市垫江县桂溪镇北苑小区(以下简称北苑小区)进行旧城改造,重庆市垫江县人民政府(以下简称垫江县政府)作出“垫府发(1998)2号”文件《关于认真做好北苑小区旧城改造房屋拆迁补偿安置工作的通知》,该文件详细规定了北苑小区范围内住户的房屋拆迁事宜,包括拆迁时限及奖惩办法,拆迁房屋面积的计算办法、优惠政策、拆迁组织管理等内容。一审原告认为该文件所规定的补偿安置标准过低,不断向垫江县政府反映、申诉。2000年7月7日,垫江县政府作出《行政复议告知书》,告知一审原告向重庆市人民政府申请复议。同年7月22日,一审原告向重庆市人民政府申请复议,重庆市人民政府于8月7日作出“渝府复裁(2000)15号”行政复议裁定书,认为垫江县政府发布文件的行为是一种抽象行政行为,裁定不予受理。

重庆市垫江县桂溪镇北苑小区董永华等108户被拆迁户不服,向重庆市高级人民法院起诉。重庆市高级人民法院经审理认为:垫江县政府发布的《关于认真做好北苑小区旧城改造房屋拆迁补偿安置工作的通知》,是以文件的形式下发到重庆市垫江县桂溪镇人民政府、县府各部门、县属各企事业单位,并抄送到县委相关部门,未发给小区内的被拆迁单位和被拆迁户。但实际上,有关部门已将文件内容通过各种形式告知了北苑小区的拆迁户。从针对的对象看,尽管范围限于北苑小区,但并没有特指小区内的某个被拆迁单位或被拆迁户,而是泛指位于小区内的全部被拆迁单位和被拆迁户;从效力上是否可反复适用看,尽管该文件因北苑小区的拆迁而产生,也将因北苑小区拆迁结束而终止其效力,但在拆迁期间,对小区内的不同单位和个人均可反复适用;从效力的时间性看,该文件并不是对已存在的事实给予的法律评价,只对被拆迁人将来的行为有拘束力,而不对被拆迁人过去的行为有拘束力。从内容上看,虽然对限期搬迁、补偿标准、奖惩手段等作了规定,但从庭审调查看,该文件并不具有强制力,并非所有的拆迁人与被拆迁人都遵守了该文件的规定,而采取了另外的方式完成拆迁。最重要的,从能否进入执行程序看，依据该文件不能直接进入执行程序，作为强制执行的依据，只能是行政机关针对具体的人和事所作的具有个别性质的行政裁决或决定，而不能是一种对象不明的原则规定的规范性文件。综上，垫江县人民政府所作的“垫府发(1998)2号”文，具备了抽象行政行为的所有特点。重庆市人民政府以一审原告所申请事项属于抽象行政行为为由裁定不予受理正确。但在适用法律时，只适用了《中华人民共和国行政复议法》(以下简称《行政复议法》)第九条、第十七条规定，没有适用《行政复议法》第六条即行政复议的受案范围，属于引用法律不全，但该瑕疵不影响其定性。根据《中华人民共和国行政诉讼法》第五十四条(一)项之规定，判决如下：维持重庆市人民政府“渝府复裁(2000)15号”不予受理行政复议裁定；案件受理费200元，其他诉讼费900元，计1100元。由一审原告负担。

上诉人重庆市垫江县桂溪镇北苑小区董永华等108户被拆迁户不服重庆市高级人民法院对其诉重庆市人民政府“渝府复裁(2000)15号”行政复议裁定一案作出的“(2001)行重字第8号”行政判决，向最高人民法院提起上诉，提出如下上诉理由：垫江县政府所作的“垫府发(1998)2号”文所针对的对象是北苑小区的全部被拆迁单位和被拆迁户，人数是确定的。该文件只适用于北苑小区内确定的被拆迁单位和被拆迁户，其效力不及于其他对象，不能反复使用。根据该文件的规定，未在拆迁期限内完成拆迁的，将被依法强制拆迁，因此该文可以直接进入强制程序。综上，垫江县政府“垫府发(1998)2号”文对相对人的权利义务产生了实际影响，属于可诉的具体行政行为。

被上诉人辩称：“垫府发(1998)2号”通知所指向的对象是不特定的；只要小区范围内的拆迁、安置补偿、房屋建设、买卖、“农转非”指标的安排等等事项没有结束，该通知将在北苑小区范围内反复适用；该通知不能直接进入执行程序；该通知的外部表现形式和具体内容也符合抽象行政行为的特征。

最高人民法院认为：垫江县政府作出的“垫府发(1998)2号”通知中有关拆迁补偿安置的标准、办法以及未按通知执行的法律后果等内容涉及当事人权利义务，上述内容针对的对象是特定的，即北苑小区的全部被拆迁单位和被拆迁户。上述内容的效力只适用于北苑小区旧城改造范围的被拆迁单位和被拆迁户，其效力不及于其他对象，不能反复使用，一旦北苑小区的拆迁工作完成，该通知即失去其效力。该通知第二条第(一)款规定，对个别超过拆迁公告规定的拆迁期限，并经拆迁动员单位督促后，仍拒不拆、搬的，在给予一定经济惩罚的基础上，依法实施强制拆除。该规定不仅为相对人设定了义务，而且规定一旦相对人未履行义务，将直接承担被强制拆除的法律后果。综上，垫江县政府“垫府发(1998)2号”《关于认真做好北苑小区旧城改造房屋拆迁补偿安置工作的通知》中含有具体行政行为的内容，根据《行政复议法》第二条、第六条的规定，属于申请复议的范围。重庆市人民政府认为该通知属于抽象行政行为、不属行政复议的范围的理由不能成立，其作出的“渝府复裁(2000)15号”行政复议裁定书主要证据不足，适用法律错误，应予撤销。重庆市高级人民法院“(2001)行重字第8号”行政判决维持重庆市人民政府的“渝府复裁(2000)15号”行政复议裁定，属于认定事实不清，适用法律错误。上诉人的上诉理由成立，应予支持。最高人民法院根据《中华人民共和国行政诉讼法》第五十四条第(二)项、第六十一条第(三)项的规定，判决如下：一、撤销重庆市高级人民法院“(2001)行重字第8号”行政判决；二、撤销重庆市人民政府“渝府复裁(2000)15号”行政复议裁定。三、由重庆市人民政府重新作出具体行政行为。一、二审诉讼费各100元，由重庆市人民政府负担。

2. 邱光明与东方市人民政府行政复议决定纠纷上诉案

1994年，东方市板桥镇文质村委会将村中的空闲地规划为宅基地有偿安排给村民建房使用。邱光明和陈真兴同时于1994年4月14日向文质村委会缴纳500元宅基地款。文质村委会于1995年12月3日将上述争议地安排给邱光明建房使用，镇政府同时给邱光明颁发了编号为95-001的“宅基地证”(以下简称“宅基地证”)。文质村委会收取陈真兴的宅基地款后，一直未给其安排宅基地。2003年，陈真兴在该宅基地动工建房时与邱光明发生纠纷，邱光明向板桥镇政府申请处理，板桥镇政府于2006年7月11日作出“板府字(2006)06号”处理决定(以下简称06号《处理决定》)，确定争议地由邱光明使用，但该处理决定书当中没有适用有关的法律、法规、规章依据。陈真兴不服，向东方市政府申请行政复议。东方市政府经复议于2007年1月23日作出1号《行政复议决定书》，撤销了板桥镇政府作出的06号《处理决定》。邱光明不服，遂向海南省海南中级人民法院起诉。

一审法院审理认为，《土地管理法》第62条第1款规定，农村村民一户只能拥有一处宅基地,其宅基地面积不得超过省、自治区、直辖市规定的标准。海南省人民政府颁布的《海南省确定土地权属若干规定》第13条规定,每户用地面积不得超过175平方米,06号《处理决定》确定给邱光明使用的宅基地面积为320平方米,已大大超过了海南省人民政府规定的标准,板桥镇政府作出的处理决定将争议的上述320平方米宅基地处理归邱光明使用没有法律依据。东方市政府的复议结果并无不当,但复议撤销的理由不当,板桥镇政府虽然在作出的处理决定书中没有适用法律条文,但处理的过程实际也是适用法律的过程,故东方市政府认定板桥镇政府的处理决定没有适用法律不妥,应予纠正。邱光明的请求无理,应予驳回。根据《最高人民法院关于执行〈中华人民共和国行政诉讼法〉若干问题的解释》第56条第(四)项之规定,判决驳回邱光明的诉讼请求。

邱光明向海南省高级人民法院提起上诉。海南省高级人民法院审理查明,板桥镇政府于1995年12月3日给邱光明颁发争议地的宅基地证,当时生效实施的有关法律是1986年通过、1988年修改实施的《土地管理法》和1991年1月4日颁布、同年2月1日实施的《土地管理法实施条例》(国务院令第73号)。其中,前者第38条规定:“农村居民建住宅,应当使用原有的宅基地和村内空闲地。使用耕地的,经乡级人民政府审核后,报县级人民政府批准;使用原有的宅基地、村内空闲地和其他土地的,由乡级人民政府批准。农村居民建住宅使用土地,不得超过省、自治区、直辖市规定的标准。”后者第25条规定:“农村村民建住宅需要使用土地的,应当先向村农业集体经济组织或者村民委员会提出用地申请,经村民代表大会或者村民大会讨论通过后,报人民政府批准。……需要使用原有宅基地、村内空闲地和其他土地的,报乡级人民政府批准。”本案的争议地应属村内空闲地,依照以上法律、法规的规定,无需报县级人民政府批准,板桥镇政府颁发宅基地证并无不当。经查,当时颁布实施的法律法规没有对农村居民建住宅使用土地的面积作出具体的限制,行政程序中板桥镇政府、东方市政府均未收集,诉讼程序当中未提交1995年时生效实施的海南省关于农村居民建住宅使用土地的有关规定。

海南省高级人民法院判决认为,板桥镇政府在收到东方市政府的复议决定后,未在法定期限内提交据以作出具体行政行为的法律依据,东方市政府依法视为其在作出具体行政行为时没有法律依据,并以此理由撤销其作出的处理决定,认定事实清楚,适用法律正确。一审认定的事实基本清楚,但该判决以1999年颁布实施的法规去规范板桥镇政府于1995年作出的具体行政行为,属适用法律错误,其判决理由错误,应予纠正,但其判决结果并无不当,依法应予维持。上诉人的上诉请求没有事实和法律依据,应予驳回,但其可在本判决生效后,提交有关证据,重新申请确权颁证。依据《行政诉讼法》第61条第(一)项之规定,判决如下:驳回上诉,维持原判。①

二、重点推荐阅读材料:

1. 周汉华主编:《行政复议司法化:理论、实践与改革》,北京大学出版社2005年版。

2. 张越:《行政复议法学》,中国法制出版社2007年版。

3. 曹康泰:《中华人民共和国行政复议法实施条例释义》,中国法制出版社2007年版。

4. 蔡小雪:《行政复议与行政诉讼的衔接》,中国法制出版社2003年版。

5. 方世荣主编:《行政复议法学》,中国法制出版社2000年版。

---

① 参见《邱光明与东方市人民政府行政复议决定纠纷上诉案》,海南省高级人民法院"(2007)琼行终字第130号"文件。

第七章　行政诉讼法

第一节　行政诉讼概述

一、行政诉讼的特征

行政诉讼是法院通过司法程序对行政行为进行审查的方式，为公法、组织提供司法救济的制度。在我国，行政诉讼通常指人民法院基于公民、法人或者其他组织的请求，对行政机关的（具体）行政行为的合法性进行审查并作出裁判的制度。行政诉讼具有以下特征：

第一，行政诉讼解决的是行政争议。行政争议是行政机关和法律、法规授权的组织因行使行政职权实施公务活动，与公民、法人或者其他组织之间引发的纠纷。所要解决的行政争议的特殊性，决定了行政诉讼与民事诉讼和刑事诉讼之间的不同。

第二，行政诉讼兼具有救济性和监督性。在行政活动过程中，行政机关具有优越地位，行政机关不仅享有管理职权，而且其职权通常具有主动性、制裁性、强制性和裁量性，行政管理的特性极易造成对公民、法人或者其他组织的合法权益的侵害。为保护公民、法人或者其他组织的合法权益，必须赋予公民、法人或者其他组织提出异议、申诉和补救的途径，使其能获得充分有效的救济。行政诉讼的存在为公民、法人或者其他组织的权利保护提供了有效的司法救济途径。同时，行政诉讼的运作主要是通过审查行政行为进行的，在行政诉讼中人民法院有权对行政行为审查判断，并可以撤销违法行政行为或责令行政机关履行法定义务,行政诉讼具有纠正违法行政和保证行政机关适法正确性的功能和作用。

第三,行政诉讼原被告地位具有恒定性。在我国,行政诉讼的原告恒定为作为行政管理相对一方的公民、法人或者其他组织,被告恒定为作为行政主体的行政机关和法律、法规授权的组织。换言之,在我国,行政诉讼原告只能是普通的公民、法人或者其他组织,享有行政职权的行政主体不能作为行政诉讼原告而只能作为被告。公民、法人或者其他组织在行政诉讼中享有起诉权、撤诉权,而行政机关既不享有起诉权,也不享有反诉权,同时还需要对具体行政行为合法性承担举证责任。

第四,行政诉讼是通过审查行政行为合法性的方式解决行政争议的活动。行政诉讼并非解决原初的争议,而主要围绕被诉行政机关作出的行政行为的合法性展开,审查行政行为的合法性并作出裁判是行政诉讼的核心内容。由此,行政诉讼的审理形式和裁判方式,与民事诉讼和刑事诉讼形成了明显区别。

第五,行政诉讼是法院通过审判方式进行的一种司法活动。在行政诉讼中,解决行政争议的主体为法院,行政诉讼是法院运用司法程序解决行政争议的活动。因而,行政诉讼不同于行政复议机关解决行政争议的行政复议,也不同其他行政争议解决机制。根据我国法律规定,法院在行政诉讼中独立于行政机关、不受行政机关和公务员干涉。

二、行政诉讼的目的

《行政诉讼法》第1条规定:“为保证人民法院正确、及时审理行政案件,保护公民、法人和其他组织的合法权益,维护和监督行政机关依法行使行政职权,根据宪法制定本法。”虽然该规定主要是对行政诉讼法立法目的的规定,但一定程度上揭示了行政诉讼所要达到的目的。

1. 保护公民、法人和其他组织的合法权益

行政诉讼的最主要目的和根本目的是为遭受行政机关侵害的公民、法人或其他组织提供救济途径,通过诉讼方式这一监督和救济保护公民、法人或者其他组织的合法权益。

随着现代行政管理活动日趋广泛和复杂,行政违法现象时有发生,给公

民、法人或者其他组织造成损害。如何为受害人提供充分有效的法律救济，是现代法治国家面临的一项重要任务。在众多的监督救济途径中，行政诉讼可谓是最有效的途径之一。《行政诉讼法》的不少规定，如当事人地位平等，对行政行为合法性进行审查，被告负举证责任等内容，均充分体现了行政诉讼保护公民、法人或者其他组织合法权益的目的。从一定意义上说，行政诉讼法是一部人权保障法。从现有行政案件的统计数字看，接近40%的原告通过行政诉讼推翻或改变了行政机关的具体行政行为，依法维护了自身合法权益，这一事实充分证明，行政诉讼在保护公民、法人或者其他组织合法权益方面的作用是十分显著的。

2. 维护和监督行政机关依法行使行政职权

行政诉讼并不单纯是为了保护公民、法人或者其他组织的合法权益的。由于行政诉讼的审理对象基本以行政机关已作出的行政行为为核心内容，法院对公民的权利保护是通过对行政行为合法性进行审查判断，并撤销违法行政行为得以实现的。在这一过程中，行政诉讼具有纠正违法行政，保证行政机关适法正确性的功能和作用。因此，行政诉讼可被设定具有保证行政机关依法行政和监督行政权的目的。撤销违法的具体行政行为，不仅意味着对行政行为的否定评价，而且也是防止行政机关再犯同样错误的重要监督方式。维持合法的具体行政行为，其实质是通过司法裁判的形式肯定正确合法的行政行为，并使之具有最终的法律效力。就这一点而言，行政诉讼对行政机关合法行使职权起到维护支持的作用。

不过，近年来，把维护行政机关依法行使职权作为行政诉讼的目的的做法和观点，遭到学术界的批评，认为其完全背离了行政诉讼的本质。① 来自我国台湾地区的学者亦指出，我国行政诉讼法维护行政机关依法行使行政职权的规定，实“为他国行政诉讼法所未见”。②

三、行政诉讼法的渊源

行政诉讼法是指有关行政诉讼的法律规范的总和，它是规定人民法院、

① 杨解君、温晋锋：《行政救济法——基本内容及评析》，南京大学出版社1997年，第180—181页。

② 参见刘宗德主编：《大陆地区司法审查制度之研究》，1997年，第123—124页。

当事人和其他诉讼参与人进行行政诉讼活动,并调整由此所产生的各种行政诉讼关系的法律规范的总称。行政诉讼法不仅是当事人和其他诉讼参与人进行行政诉讼的准则,而且也是人民法院审判行政案件的准则。

行政诉讼法有广义、狭义之分。狭义的行政诉讼法,也称形式意义上的行政诉讼法,专指行政诉讼法典,即由最高权力机关颁布的有关行政诉讼的专门性的基本法律。目前,它是指我国 1989 年 4 月 4 日由七届人大二次会议通过的《中华人民共和国行政诉讼法》。广义的行政诉讼法,也称实质意义的行政诉讼法,指除行政诉讼法典外,还包括一切有关行政诉讼的法律规范,具体包括宪法中有关行政诉讼的法律规范,人民法院和人民检察院组织法的有关规定,各单行法律、行政法规、地方性法规允许单行法就有关行政诉讼事项作出例外规定,有关国家机关对行政诉讼所作出的法律解释等。目前,最高人民法院对有关行政诉讼的司法解释,对规范和执行行政诉讼法发挥着十分重要的作用。其中,由最高人民法院发布的重要的司法解释有:《关于执行〈中华人民共和国行政诉讼法〉若干问题的解释》(以下简称《若干问题的解释》)、《关于行政诉讼证据若干问题的规定》、《关于行政案件管辖若干问题的规定》、《关于行政诉讼撤诉若干问题的规定》、《关于审理国际贸易行政案件若干问题的规定》、《关于审理反倾销行政案件应用法律若干问题的规定》和《关于审理反补贴行政案件应用法律若干问题的规定》。

四、行政诉讼的基本原则

(一)行政诉讼基本原则的构成

行政诉讼基本原则是指体现行政诉讼的内在精神和基本理念,对整个或主要行政诉讼活动起着指导和支配作用的基本准则。我国《行政诉讼法》第一章对行政诉讼基本原则作出了规定,按照性质和内容这些原则大体可以分为两大类。一类是源于宪法、法院组织法和检察院组织法,属刑事诉讼、民事诉讼和行政诉讼皆须共同遵循的基本原则,包括人民法院依法独立行使行政审判权原则;以事实为根据、以法律为准绳的原则;当事人的法律地位平等原则;使用民族语言文字原则;辩论原则;合议、回避、公开审判和两审终审原则;人民检察院实行法律监督原则。这些基本原则反映着诉讼的一般规律和我国对诉讼的基本要求,不为行政诉讼所独有。另一类是刑事诉讼和民事诉讼所没有,典型体现行政诉讼本身特点和特殊性的原则,即具体行政行为合法性审查原则。不过,即使是与刑事诉讼和民事诉讼共有的原则,在行政诉讼中也具有特殊的含义和要求。我们首先分析合法性审查原则,尔后介绍其他原则。

(二)对具体行政行为的合法性进行审查原则

1. 合法性审查原则的基本内涵

我国《行政诉讼法》第5条规定:“人民法院审理行政案件,对具体行政行为是否合法进行审查。”合法性审查为我国行政诉讼特有的基本原则,是我国法学界的共识。它是指人民法院受理行政案件,有权对被诉具体行政行为是否合法进行审理并作出裁判。

合法性审查原则包括以下内容:第一,在行政诉讼中,司法权有高于行政权的效力。在行政诉讼中,人民法院有权接受公民、法人或者其他组织对行政机关的具体行政行为效力所提出异议,有权对被诉具体行政行为进行审查,并依法确认该行为是否合法,肯定或者否定具体行政行为原有的效力。第二,司法权此种高于行政权的效力具有对象限制。法院审查的对象仅限于具体行政行为,而不包括抽象行政行为。第三,司法权高于行政权的效力具有范围和程度限制。根据行政诉讼法的规定,人民法院对具体行政行为的审查原则上只限于合法性,而不包括合理性。

2. 合法性审查原则的意义

第一,合法性审查原则紧紧地抓住了行政诉讼的本质属性和独特结构。行政诉讼有别于刑事、民事诉讼的关键之处在于,法院所要解决的虽然形式上是官民之间的争端,但本质上却是另一个国家机关——行政机关行使行政职权作出的行政行为的效力问题。司法权与行政权对峙贯彻于行政诉讼始终,合法性审查也构成了行政诉讼的一条主线,成为我国行政诉讼的中心原则,它在划定了司法权的基本界限的前提下,构筑了司法审查的基本方向,为行政机关行使职权确定了基本标准,契合了现代法治对行政机关依法行政的要求。

第二,合法性审查原则明确了人民法院在行政诉讼中的权限范围。合法性审查原则既确立了人民法院在行政诉讼中的审查地位,明确规定人民法院有权对被诉具体行政行为进行受理、审理和裁判的权;也限定人民法院的审查权限。人民法院介入行政管理的范围限于审查具体行政行为的合法性,既不能对行政机关进行全面干预,也不能代替行政机关进行行政管理、作出具体行政行为。

第三,合法性审查原则确认了公民、法人或者其他组织对行政机关的具体行政行为有获得司法救济的权利。公民、法人或者其他组织对具体行政行为不服时,有权向人民法院提起诉讼,请求人民法院对具体行政行为的合法性进行审查;人民法院通过对具体行政行为的审查,对于违法的具体行政行为予以撤销或判令被告履行法定职责,保护公法、法人或者其他组织的合法权益。

(三)人民法院依法独立行使行政审判权原则

人民法院依法独立行使审判权,是我国宪法规定的一项重要原则。《行政诉讼法》第3条第1款规定:"人民法院依法对行政案件独立行使审判权,不受行政机关、社会团体和个人的干涉。"该原则有以下内涵:第一,只有人民法院才享有行政审判权,其他国家机关、社会团体或者个人都无权行使此种权力。第二,人民法院独立行使行政审判权,不过,这里的独立行使指人民法院作为一个整体独立行使审判权,而不是指法官个人独立,也不是指合议庭独立。第三,人民法院行使行政审判权,不受行政机关、社会团体和个人的干涉。第四,人民法院行使审判权,应依法进行。虽然这一原则为三大诉讼所共有,但由于行政诉讼的一方当事人是行政机关,与人民法院同为国家机关,因此如何从实质上保证人民法院不受外界,尤其是来自行政机关的干扰,对行政诉讼有特殊的意义。

(四)以事实为根据、以法律为准绳的原则

这一原则要求在人民法院在审理行政案件时,应当遵循客观事实,根据法院查明的事实,严格按照法律规定审理和裁判案件,既不能主观臆断,也不能任意裁判。

人民法院在贯彻以事实为根据、以法律为维绳原则时,不能简单照搬刑事、民事诉讼,而应当充分考虑行政诉讼对这一原则的特殊要求。行政诉讼的核心问题是要解决被诉具体行政行为是否合法,而该行政行为为另一国家机关——行政机关在行使行政职权时所作出,行政机关在行使职权时同样要遵循以事实为根据、以法律为准绳这一执法的最基本准则。申言之,人民法院在审理行政案件时，是对行政机关在行政程序中遵循以事实为根据、以法律为准绳，基于事实认定和适用法律，所作出的行政行为的审查和判断，法院的审理是第二次认定事实和适用法律。这一点明显不同于刑事、民事诉讼。因为系第二次认定事实和适用法律，如何对待和处理行政机关的第一次事实认定和法律适用，成为行政诉讼的关键问题之一。

根据我国行政诉讼法规定，人民法院审理行政案件时虽然不受行政机关事实认定和法律适用的影响，对事实问题和法律问题均有权进行独立判断，但对事实问题和法律问题的审查有很大不同。在行政诉讼中，人民法院所审查的事实问题，不是原告行为是否合法的事实，而是具体行政行为认定的事实，该事实应是行政机关在作出具体行政行为之前就必须调查收集到的证据，人民法院审查的重点始终围绕着被诉具体行政行为是否有充分证据进行，法院无需一一查明行政行为所涉及的全部事实。

《行政诉讼法》对人民法院在行政诉讼中所适用法律也有明确要求。根据《行政诉讼法》第 52 条和第 53 条的规定，人民法院审理行政案件应当以法律、行政法规、地方性法规和自治条例、单行条例为依据，参照行政规章。

（五）当事人的法律地位平等原则

《行政诉讼法》第 7 条规定："当事人在行政诉讼中的法律地位平等。"当事人在诉讼中地位平等，是诉讼的基本原则。与民事诉讼相比，在行政诉讼中，这一基本原则有特殊的要求：

第一，在行政诉讼中，被告行政机关不再是管理者，而是与原告地位平等的一方当事人。在行政管理过程中，行政机关居于管理地位，其地位明显优越于作为被管理方的公民、法人或者其他组织。但一旦进入行政诉讼领域，行政机关和公民、法人或者其他组织的地位发生了根本性转变，行政机关不再是管理者，而是与公民、法人或者其他组织一样同为行政诉讼的当事人，双方地位平等，没有高低之分。

第二，行政机关和公民、法人或者其他组织既依法享有相应的权利，也应依法履行法定的义务。行政机关和公民、法人或者其他组织在行政诉讼中地位平等，并不意味着双方的权利义务完全对等或相同。基于行政诉讼的特殊性和为了充分保障公民、法人或者其他组织的权益，《行政诉讼法》事实上赋予原告方更多的权利，对行政机关提出了更多要求。如起诉权仅由公民、法人或者其他组织享有，行政机关不仅不享有起诉权，且也没有反诉权；如被告应对具体行政行为的合法性承担举证责任。

第三，在行政诉讼中，人民法院应当采取切实措施保证原告权利的实现，防止行政机关给公民、法人或者其他组织施加压力。

（六）使用民族语言文字原则

这是为我国宪法所确立的一项原则。《行政诉讼法》第 8 条规定："各民族公民都有用本民族语言、文字进行行政诉讼的权利。在少数民族聚居或者多民族共同居住的地区，人民法院应当用当地民族通用的语言、文字进行审理和发布法律文书。人民法院应当对不通晓当地民族通用语言、文字的诉讼参与人提供翻译。"该原则包括下列内容：第一，当事人有权用本民族语言、文字进行行政诉讼；第二，人民法院应当用当地民族通用的语言、文字进行审理和发布法律文书；第三，人民法院应当为不通晓当地民族通用语言、文字的诉讼参与人提供翻译。

（七）辩论原则

《行政诉讼法》第 9 条规定："当事人在行政诉讼中有权进行辩论。"辩论原则指在人民法院主持下，各方当事人就本案事实和证据及被诉具体行政行为的法律依据，通过言词及其他方式进行辩论，阐明自己的观点，论述自己的意见，反驳对方的主张的制度。在行政诉讼中，辩论权是当事人所享有的基本权利，人民法院必须予以充分保障。

（八）合议、回避、公开审判和两审终审原则

根据行政诉讼法的规定，合议制是人民法院审理行政案件的唯一形式，不得采用独任制进行审判。人民法院审理第一审行政案件，应由审判员组成合议庭，或者由审判员、陪审员组成合议庭。行政诉讼一律采用合议制，源于行政诉讼的当事人一方为行政机关，且一般都比较复杂，技术性、专业性较强，采用合议制有利于行政案件的公正解决。

在行政诉讼中，凡承办行政案件的审判人员和其他有关人员遇有法律规定应当回避的情形时，应当经过法定程序退出行政诉讼活动。行政诉讼中回避人员的范围、回避的决定权限、回避程序等规定，与民事诉讼相同。

公开审判是我国宪法确定的一项基本原则。在行政诉讼中，公开审判原

则是指人民法院审理行政案件，除法律规定的特殊情况外，一律公开进行。《行政诉讼法》第45条规定："人民法院公开审理行政案件，但涉及国家秘密、个人隐私和法律另有规定的除外。"

两审终审指行政案件经过两级人民法院的审理即告终结，这是我国宪法对所有诉讼的要求。

（九）人民检察院实行法律监督原则

根据我国宪法规定，人民检察院是国家的法律监督机关。《行政诉讼法》第10条规定："人民检察院有权对行政诉讼实行法律监督。"人民检察院对行政诉讼实行法律监督，有利于保障行政诉讼活动依法进行。在行政诉讼中，人民检察院实行法律监督的主要方式是抗诉。最高人民检察院对各级人民法院已经发生法律效力的行政判决、裁定，上级人民检察院对下级人民法院已经发生法律效力的行政判决、裁定，发现违反法律、法规规定的，应当按照审判监督程序提出抗诉。地方各级人民检察院对同级人民法院已经发生法律效力的行政判决、裁定，发现违反法律、法规规定的，应当建议上级人民检察院提出抗诉。人民检察院提出抗诉的案件，应当派员出庭，对诉讼活动是否合法进行监督。

第二节　行政诉讼受案范围与管辖

一、行政诉讼受案范围

（一）受案范围的意义

行政诉讼受案范围是指人民法院受理行政案件的范围，亦即哪些行政争议可以进入行政诉讼，由人民法院通过行政诉讼方式加以解决。行政诉讼受案范围具有特殊的、重要意义。

1．受案范围确定了行政机关的活动受司法监督的界限和程度。行政诉讼是一项司法权对行政权进行监督的制度，受案范围的存在意味着司法对行政机关的活动的监督要受到一定范围的限制，被排除在受案范围的行政活动丧失了由司法进行监督的可能和机会；同时，受案范围的宽窄直接影响到司法对行政的监督程度。

2．受案范围标志着公民、法人或者其他组织可以获得司法救济的范围。

就公民、法人或者其他组织而言，受案范围事实上给其行使诉权设定的一定条件和要求。只有对处于受案范围之内的行政活动，公民、法人或者其他组织才有权提起行政诉讼。因此，从此种意义出发，受案范围越宽，对公民、法人或者其他组织的权益保障越有利、越充分。

3. 受案范围一定程度上表明了法院与行政机关在解决行政争议的分工和权限。虽然司法最终解决是有效纠纷解决机制的不可或缺的组成部分，但不意味着所有的纠纷必须通过司法来解决。对某些行政争议，一个国家可能基于这些争议本身的特殊性和某一时期的政策考虑，而将其保留给行政机关自己来解决，从而排除了司法监督的可能。在此情况下，受案范围具有了在法院与行政机关分配行政争议解决权限的功能和作用。

因此，恰当地确定行政诉讼的受案范围，对于促进行政机关合法、有效地实施行政管理，最大限度地保护公民、法人或者其他组织的合法权益，具有十分重要的意义。

（二）我国行政诉讼受案范围的基本框架和范围

我国《行政诉讼法》第 2 条规定："公民、法人或者其他组织认为行政机关和行政机关工作人员的具体行政行为侵犯其合法权益，有权依照本法向人民法院提起诉讼。"该条规定以概括的方式划定了我国行政诉讼的受案范围，即我国行政诉讼受案范围基本以具体行政行为为界限。

《行政诉讼法》列专章"受案范围"（第 2 章）对行政诉讼受案范围作出规定，涉及两个条文。其中，第 11 条为肯定性列举规定，正面说明法院应当受理的行政案件；第 12 条为否定性列举规定，具体指明了法院不予受理的案件。曾经一段时间以来，一些学者和实务部门忽视了我国行政诉讼受案范围的框架结构，尤其是第 2 条的概括式规定，单纯从第 11 条和 12 条的规定角度理解受案范围，造成了我国行政诉讼受案范围出现了诸多问题。鉴于此，《若干问题的解释》第 1 条第 1 款首先重申了《行政诉讼法》第 2 条规定，明确规定："公民、法人或者其他组织对具有国家行政职权的机关和组织及其工作人员的行政行为不服，依法提起行政诉讼的，属于人民法院行政诉讼的受案范围。"尔后，第 2 款具体规定了不属于行政诉讼受案范围的事项。《若干问题的解释》继承和发掘了《行政诉讼法》对受案范围规定的内在精神，并以更明晰的方式勾勒出我国行政诉讼受案范围的基本框架和范围，即凡不属于为

《若干问题的解释》第 1 条第 2 款所具体列举的事项，当事人均可提起行政诉讼。

（三）不可诉事项

在我国行政诉讼受案范围的框架结构中，相比较于明确列举的可诉事项，不可诉事项具有更重要的地位。因为在肯定除明确排除的事项外，所有的具体行政行为均有可诉性的框架下，排除事项的范围和界定直接决定了受案范围的内容。《行政诉讼法》第 12 条明确规定了法院不予受理的事项，《若干问题的解释》进一步澄清和明确了这些内容。

1. 国防、外交等国家行为

《行政诉讼法》第 12 条第 1 项规定，国防、外交等国家行为不属于行政诉讼受案范围。在我国，国家行为是指国务院、中央军事委员会、国防部、外交部等根据宪法和法律的授权，以国家的名义实施的有关国防和外交事务的行为，以及经宪法和法律授权的国家机关宣布紧急状态、实施戒严和总动员等行为。

2. 抽象行政行为

抽象行政行为是指行政机关针对不特定的对象，制定的具有普遍约束力的规范性文件的行政行为。抽象行政行为与具体行政行为的主要区别有：（1）适用对象不同。具体行政行为是针对特定的人或事作出的，对象具有特定性。抽象行政行为一般是针对不特定对象作出的，只要对象符合其规定的条件都要适用，对象具有普遍性。（2）效力不同。具体行政行为则只具有效力的一次性，它主要是针对过去发生或者现在事项所进行的处理，此事项处理完毕后即告结束，因而它只能一次性发生法律效力，不能反复适用。抽象行政行为具有效力的后及性和反复适用性，其主要针对未来事项作出规定，而且在此规定有效期内可以对适用对象反复适用。（3）对公民、法人或者其他组织的影响方式不同。具体行政行为直接影响公民、法人和其他组织的权利义务。抽象行政行为一般并不直接影响公民、法人和其他组织的权利义务，它往往要以具体的处理决定为中介才能发挥作用。

就抽象行政行为是否可诉问题，我国《行政诉讼法》第 12 条第 2 项明确作了排除规定，从而将行政法规、规章或者行政机关制定、发布的具有普遍约束力的决定、命令排除在行政诉讼受案范围之外。

3. 行政机关对行政工作人员的奖惩、任免等决定

《行政诉讼法》第 12 条第 3 项规定，行政机关对行政机关工作人员的奖惩、任免等决定不属于行政诉讼受案范围。按照《若干问题的解释》的规定，这类行为是指行政机关作出的涉及该行政机关公务员权利义务的决定。

4. 法律规定由行政机关最终裁决的具体行政行为

司法最终原则是现代法治的基本精神。因此，由行政机关最终决定，不允许进入司法领域的事项，应当严格限制。根据行政诉讼法的规定，在我国只有法律才能规定由行政机关最终解决的事项。《若干问题的解释》专门规定，这里的"法律"限于全国人民代表大会及其常务委员会制定、通过的规范性文件。换言之，只有国家最高权力机关才能决定是否授予行政机关对行政案件的最终裁决权，其他任何规范无权作出这种规定。目前由法律作出的最终裁决事项是：

（1）上一级公安机关就中国公民、外国人出入境处罚所作出的复议决定。《中华人民共和国公民出境入境管理法》第 15 条规定："受公安机关拘留处罚的公民对处罚不服的，在接到通知之日起十五日内，可以向上一级公安机关提出申诉，由上一级公安机关作出最后的裁决，也可以直接向当地人民法院提起诉讼。"《外国人入境出境管理法》第 39 条第 2 款规定："受公安机关罚款或者拘留处罚的外国人，对处罚不服的，在接到通知之日起十五日内，可以向上一级公安机关提出申诉，由上一级公安机关作出最后的裁决，也可以直接向当地人民法院提起诉讼。"

（2）国务院的复议决定。《行政复议法》第 14 条规定："对国务院部门或者省、自治区、直辖市人民政府的具体行政行为不服的，向作出该具体行政行为的国务院部门或者省、自治区、直辖市人民政府申请行政复议。对行政复议决定不服的，可以向人民法院提起行政诉讼；也可以向国务院申请裁决，国务院依照本法的规定作出最终裁决。"

（3）省级人民政府就自然资源权属所作出的复议决定。《行政复议法》第 30 条第 2 款规定："根据国务院或者省、自治区、直辖市人民政府对行政区划的勘定、调整或者征用土地的决定，省、自治区、直辖市人民政府确认土地、矿藏、水流、森林、山岭、草原、荒地、滩涂、海域等自然资源的所有权或者使用权的行政复议决定为最终裁决。"

5. 公安、国家安全等机关依照刑事诉讼法的明确授权实施的行为

公安、国家安全等国家机关具有行政机关和侦查机关的双重身份，在不同身份下其所从事的活动性质有根本的区别，因此在活动依据和法律后果有重大差异。在它以侦查机关身份进行活动时，受《刑事诉讼法》规范，有权对刑事犯罪嫌疑人实施刑事强制措施，对这些措施不服当事人无权向法院提起行政诉讼；在它以行政主体身份从事活动时，必须接受行政法规范的调整，可以依法对被管理者实施行政处罚、采取行政强制措施等，对这些行为当事人可以向法院提起行政诉讼。

6. 行政机关的调解行为和仲裁行为

行政调解是指由国家行政机关主持的，以国家法律和政策为基础，以自愿为原则，通过说服教育等方法，促使民事争议双方当事人友好协商、互让互谅、达成协议，解决争议的活动。行政调解被排除在行政诉讼范围之外的主要理由是行政机关对民事纠纷的调解并不是严格意义上的具体行政行为，它不是行政机关对公民、法人或者其他组织所作出的具有单方意志的行为，更不具有行政职权的强制性。换言之，在行政调解中，虽有行政机关的介入，但行政机关的作用不是运用行政权力，而更多是协调双方当事人，双方能否达成协议及是否履行协议，完全取决于当事人的自愿，行政机关不能运用行政权力。如果一方当事人对协议不满或者不愿意履行协议中的义务，说明民事争议仍然存在，当事人应通过仲裁或民事诉讼方式来解决此争议。不过，如果行政机关借调解之名行强制之实，当事人则有权提起行政诉讼。

仲裁指由中立的第三方对平等主体之间的民事纠纷按照一定的程序进行裁决的行为。严格而言，仲裁机构应属非官方性质。但由于历史原因，我国仍保留了行政仲裁这一制度，不过仅限于劳动争议仲裁，它由地方各级人民政府设立的劳动仲裁委员会主持。我国《民事诉讼法》和《劳动法》已将劳动争议仲裁纳入到了民事诉讼的主管范围内，所以不应将它再纳入行政诉讼范围。

7. 不具有强制力的行政指导行为

行政指导行为是行政机关以倡导、示范、建议、咨询等方式，引导公民自愿配合而达到行政管理目的的行为。虽然行政指导属于行政机关的职权行为，但因其本质无强制力而与一般的具体行政行为有根本性区别。故此，对

此不服，不能向法院提起行政诉讼。但如果行政机关在实施行政指导时，通过利益引诱甚至威胁等方式强迫公民、法人或者其他组织服从的，这种行政指导实际上已演变为行政行为，当事人不服有权提起行政诉讼。

8. 驳回当事人对行政行为提起申诉的重复处理行为

重复处理行为是指以行政机关根据公民、法人或者其他组织的申请或者申诉，对原有的生效行政行为作出的没有任何改变的二次决定。重复处理行为实质上是对原已生效的行政行为的简单重复，并没有新形成事实或者权利义务状态。因此，为维护行政管理的稳定性和效率，《若干问题的解释》明确将其排除在受案范围之外。

9. 对公民、法人或者其他组织的权利义务不产生实际影响的行为

对公民、法人或者其他组织的权利义务没有实际影响的行为，指行政活动没有使公民、法人或者其他组织权利义务发生实质性变动、变化的行为。

总体而言，目前我国行政诉讼受案范围是除上述九项排除事项，所有的行政行为原则上都属于纳入受案范围。从发展趋势看，我国行政诉讼受案范围仍有大幅度拓展的空间，如抽象行政行为、涉及公务员权利、义务的行为，将会逐步被纳入司法监督范围。

二、行政诉讼管辖

（一）行政诉讼管辖概述

行政诉讼管辖指不同级别和地域的人民法院之间在受理第一审行政案件的权限分工。它解决的是人民法院在受理第一审行政案件的权限分工。行政诉讼的管辖主要有级别管辖与地域管辖。级别管辖解决的是不同审级法院之间管辖权的划分；地域管辖旨在确定不同地域的人民法院之间受理行政案件的分工。

确定行政诉讼管辖，第一，要方便当事人诉讼，减少当事人不必要的财力、时间等方面的负担；第二，要有助于法院排除外界干扰，公正行使审判权；第三，法院负担均衡。管辖的确定要考虑到不同地域和不同地域法院之间在行政诉讼案件负担的合理分工，避免某一个地方或者级别的法院的负担过重。

（二）级别管辖

级别管辖指按照一定标准，划分上下级人民法院之间受理第一审行政案

件的分工和权限。我国普通人民法院分四级,即基层人民法院、中级人民法院、高级人民法院和最高人民法院,且每一级法院都受理第一审行政案件,因此行政诉讼管辖的首要问题是确定这四级人民法院在受理行政案件方面的分工。

虽然在制定行政诉讼法时,就以何标准和根据确定行政诉讼的级别管辖曾有争议,但我国现行《行政诉讼法》最终采用了与刑事、民事诉讼级别管辖大体相同的标准,即主要以案件性质和影响范围作为确定行政诉讼级别管辖的标准。根据这一标准,行政诉讼法具体规定了四级人民法院的分工。

1. 基层人民法院的管辖范围

《行政诉讼法》第 13 条规定:"基层人民法院管辖第一审行政案件。"结合行政诉讼法的其他规定,本条应理解为除法律规定由上级法院管辖的情形外,行政案件都应由基层人民法院管辖,即行政案件一般都由基层人民法院管辖。

行政案件多由基层人民法院承担的规定,在于基层人民法院距离当事人较近,便于当事人参加诉讼;它又常是争议发生地,便于人民法院调查取证和执行。

2. 中级人民法院的管辖范围

《行政诉讼法》对中级人民法院应管辖的案件作出较为明确的规定,这些案件包括:

(1) 确认发明专利权案件。这类案件有:专利申请案件;宣告专利权无效或维持专利权的案件;强制许可案件;专利纠纷裁决案件。

(2) 海关处理的案件。这类案件主要包括海关处理的纳税案件和海关行政处罚案件。这类案件由中级人民法院管辖的主要原因是:(1) 海关类案件的业务性和专业性较高,且多有涉外因素;(2) 海关的设置不同于一般的行政区划,多分布的在大中城市,与中级人民法院管辖区域较吻合。

(3) 对国务院各部门或者省、自治区、直辖市人民政府所作的具体行政行为提起诉讼的案件。这些案件由中级人民法院管辖主要是考虑到,这类案件的被告级别较高,所作出的具体行政行为往往涉及面广,影响大,对其合法性的审查非基层人民法院所能胜任。

(4) 本辖区内重大、复杂的案件。这是对中级人民法院管辖的案件的概括性和补充性规定，除上述三类案件外，凡在中级人民法院辖区内影响重大、案情复杂的案件，应由中级人民法院管辖。为了能为中级人民法院提供更易确定的标准，对此，最高人民法院《关于行政案件管辖若干问题的规定》第1条规定重大复杂的案件是指以下情形：第一，被告为县级以上人民政府的案件，但以县级人民政府名义办理不动产物权登记的案件可以除外。第二，社会影响重大的共同诉讼、集团诉讼案件。集团诉讼是共同诉讼的一种特殊形式，其当事人一方或双方至少为5人以上；第三，重大涉外或者涉及香港、澳门、台湾地区的行政案件；第四，其他重大、复杂案件。

3. 高级人民法院和最高人民法院的管辖范围

高级人民法院管辖本辖区内重大、复杂的第一审行政案件；最高人民法院管辖全国范围内重大、复杂的第一审行政案件。

（三）地域管辖

地域管辖是按照各自辖区与行政案件在地域方面的关联来划分同级人民法院之间第一审行政案件案件的分工。根据我国行政诉讼法的规定，行政案件的地域管辖分为一般地域管辖和特殊地域管辖两种情形。

1. 一般地域管辖

一般地域管辖指除特殊情况外，一般行政案件的地域管辖。如果一个案件兼具两种性质，应当优先适用特殊地域管辖规定。《行政诉讼法》第17条对我国行政案件的一般地域管辖作出了规定："行政案件由最初作出具体行政行为的行政机关所在地法院管辖；经复议的案件，复议机关改变原具体行政行为的，也可以由复议机关所在地法院管辖。"根据该规定，可以看到我国《行政诉讼法》确定一般地域管辖采用的是"原告就被告"原则，这一原则与民事诉讼一般地域管辖原则相一致。结合行政诉讼实践，一般地域管辖可以分为以下情形：

（1）当事人未经复议直接向法院起诉的案件，由最初作出具体行政行为的行政机关所在地法院管辖。

（2）经复议，复议机关维持原具体行政行为的案件，由最初作出具体行政行为的行政机关所在地法院管辖。在复议机关维持原具体行政行为的情况下，复议决定是对原具体行政行为的简单肯定，被告为作出原具体行政行为的行政机关，法院审查的对象也为原具体行政行为，为防止案件过分集中于复议机关所在地的法院，《行政诉讼法》规定由作出原具体行政行为的行政机关所在地法院管辖。

（3）复议机关改变了原具体行政行为，可以由作出原具体行政行为的行政机关所在地的法院管辖，也可以由复议机关所在地的法院管辖。在复议机关改变原具体行政行为的情况下，复议机关为被告，审查的对象为复议决定。之所以确定既可以由作出原具体行政行为的行政机关所在地也可以由复议机关所在地法院管辖，目的在于为原告提供更多的选择余地，方便其参加诉讼。

根据《若干问题的解释》第 7 条规定，所谓“复议决定改变原具体行政行为”是指如下情形之一：第一，复议决定改变原具体行政行为所认定的主要事实和证据的。所谓主要事实是指具体行政行为的法定构成要件事实，主要证据则是证明构成要件事实的证据。第二，改变原具体行政行为所适用的规范依据且对定性产生影响的。所谓“改变”，包括增加、减少、调整原具体行政行为所适用的法律条款，或者作出了新的解释，或者改变案件的定性。第三，撤销、部分撤销或者变更原具体行政行为处理结果的。

2. 特殊地域管辖

《行政诉讼法》规定的两种特殊地域管辖情形：

（1）对限制人身自由的行政强制措施不服而提起的诉讼，由被告所在地或者原告所在地法院管辖。

在公民被限制人身自由的情况下，当事人起诉便受到很多限制，为了保护当事人的权益，行政诉讼法赋予当事人在管辖方式上更多的选择的机会和余地，既可以被告所在地也可以原告所在地人民法院为管辖。按照《若干问题的解释》第 9 条第 1 款规定，这里的“原告所在地”包括原告的户籍所在地、经常居住地和被限制人身自由地。所谓经常居住地，是指公民离开住所地连续居住满 1 年以上的地方。

根据行政诉讼法的规定，此种特殊地域管辖仅适用于限制公民人身自由的行政强制措施，并不包括行政拘留，但理论上并从行政诉讼法的内在精神看，对行政拘留的起诉亦应适用此种情形。《若干问题的解释》第 9 条第 2 款规定：“行政机关基于同一事实既对人身又对财产实施行政处罚或者采取行政强制措施的，被限制人身自由的公民、被扣押或者没收财产的公民、法人或者其他组织对上述行为均不服的，既可以向被告所在地人民法院提起诉讼，也可以向原告所在地人民法院提起诉讼，受诉人民法院可一并管辖。”

（2）因不动产而提起的诉讼，由不动产所在地的人民法院管辖。不动产指形体上不可移动或者移动就会损失其经济价值的财产，如土地、建筑物、滩涂、山林、草原等。因不动产引起的案件，由不动产所在地的人民法院管辖，这是诉讼法的既定规则，行政诉讼也不例外。

（四）指定管辖和管辖权转移

指定管辖，是指上级法院决定将行政案件交由下级法院管辖的制度。根据行政诉讼法第22条规定，有两种情况：1. 由于特殊原因，有管辖权的法院不能行使管辖权。所谓特殊原因，是指导致有管辖权的人民法院不能公正、及时审结案件的情况。包括：（1）事实原因。由于自然灾害、战争、意外事故等不可抗力事实。（2）法律原因。如法院与本案有利害关系。2. 法院之间发生管辖权争议。同级法院之间发生争议，应当互相协商；协商不成的，应当报请共同上一级法院决定管辖。

管辖权转移，是指基于上级法院裁定，下级法院将自己管辖的行政案件转交上级法院审理，或者上级法院将自己有管辖权的行政案件，交由下级法院审理。这里需要注意的是：1. 转移的法院与接受的法院之间应当具有审级关系。没有上下级审级关系的法院之间不能移转管辖。2. 移转管辖的理由由法院裁量，但必须出于诉讼公正、效率的目的。例如：（1）案件审理难度大。下级法院受理案件以后，发现案情复杂、难度大，自己力所不及等，可以请求移转管辖。（2）为了排除地方干扰因素。（3）为了保护当事人的诉权。3. 行政诉讼法对移转管辖的程序没有规定。应当认为，移转管辖涉及当事人的诉权，应当听取当事人的意见，并且允许当事人上诉。

一段时间以来，由于行政审判受到了一些行政机关直接或间接的干预，影响了行政审判的公正性，为此《关于行政案件管辖若干问题的规定》除根据行政诉讼法规定把一些行政案件纳入中级人民法院管辖范围，适当提高行政诉讼的审判级别外，还充分利用指定管辖和管辖权转移解决这一问题。根据规定，可以通过以下途径启动指定管辖和管辖权转移：

第一，当事人启动。包括两种情形：一是当事人以案件重大复杂为由或者认为有管辖权的基层人民法院不宜行使管辖权，可以直接向中级人民法院起诉;二是当事人向有管辖权的基层人民法院起诉,受诉人民法院在7日内未立案也未作出裁定,当事人向中级人民法院起诉。

对上述两种情形,中级人民法院应当根据不同情况在7日内分别作出以下处理:一是书面告知当事人向有管辖权的基层人民法院起诉,或者要求有管辖权的基层人民法院依法处理;二是指定本辖区其他基层人民法院管辖;三是决定自己审理。后两种情形属于指定管辖和管辖权转移。

第二,基层人民法院启动。基层人民法院对其管辖的第一审行政案件,认为需要由中级人民法院审理或者指定管辖的,可以报请中级人民法院决定。中级人民法院应当根据不同情况在7日内分别作出以下处理:决定由报请的人民法院审理,指定本辖区其他基层人民法院管辖,决定自己审理。同样,后两种情形属于指定管辖和管辖权转移。

第三,中级人民法院启动。中级人民法院对基层人民法院管辖的第一审行政案件,根据案件情况,可以决定自己审理,也可以指定本辖区其他基层人民法院管辖。

第四,上述情形适用于由基层人民法院管辖的第一审行政案件,如果中级人民法院和高级人民法院管辖的第一审行政案件需要由上一级人民法院审理或者指定管辖的,可以参照上述情形处理。

同时,对上述指定管辖裁定有异议的,不适用管辖异议的规定。

第三节　行政诉讼当事人、证据制度与法律适用

一、行政诉讼当事人

行政诉讼由公民、法人或者其他组织发动,在人民法院主持下,由公民、法人或者其他组织与行政机关及其他人的参与下,共同实现的。原告、被告、共同诉讼人和第三人是行政诉讼的重要当事人。

(一)行政诉讼原告

原告是诉讼的启动者,是诉讼必不可少的一方当事人。究竟拥有何种权益的主体、与行政行为具备何种关联才有资格和能力向法院提起行政诉讼,是行政诉讼程序中的关键问题之一。

1. 行政诉讼原告资格条件

我国《行政诉讼法》第2条规定:“公民、法人或者其他组织认为行政机关和行政机关工作人员的具体行政行为侵犯其合法权益,有权依照本法向人民法院提起诉讼”。第41条第1项规定:“原告是认为具体行政行为侵犯其合法权益的公民、法人或者其他组织”。《若干问题的解释》第12条规定:“与具体行政行为有法律上利害关系的公民、法人或者其他组织对该行为不服的,可以依法提起行政诉讼。”由此可见,我国行政诉讼原告是认为具体行政行为侵犯其合法权益,而依法向人民法院提起诉讼的公民、法人或者其他组织。具备原告资格的条件是:

(1) 原告是公民、法人或者其他组织。作为行使行政职权的行政机关和法律、法规授权的组织,不享有原告资格。但行政机关在不行使行政职权而以机关法人的身份出现时,如果对就其权利义务作出的具体行政行为不服,则具有原告资格。

(2) 原告的合法权益与具体行政行为具有直接的、内在关联。这是行政诉讼原告资格的核心要件,包括以下内涵:第一,原告所请求保护的应是“合法权益”。第二,请求保护的合法权益与具体行政行为之间存在直接的、内在关联,即所主张的合法权益受到具体行政行为直接的、内在的影响。第三,此种关联是客观、现实的,而非主观臆测的。

(3) 原告是认为具体行政行为侵犯其合法权益的公民、法人或者其他组织。

2. 特定情况下的行政诉讼原告资格

(1) 相邻权人和公平竞争权人的原告资格。《若干问题的解释》第13条规定公民、法人或者其他组织认为被诉具体行政行为涉及其相邻权公平竞争权时,可以依法提起行政诉讼。

(2) 合伙组织的原告确认。合伙组织分为个人合伙和合伙企业两种形式。根据《若干问题的解释》第14条规定,合伙企业向人民法院提起诉讼的,应当以核准登记的字号为原告,由执行合伙企业事务的合伙人作诉讼代表人;其他合伙组织提起诉讼的,合伙人为共同原告。

(3) 投资人的原告资格。《若干问题的解释》第15条规定:“联营企业、中外合资企业、中外合作企业的联营、合营、合作各方,认为联营、合资、合作企业权益或者自己一方合法权益受到具体行政行为侵害的,均可以以自己的名义提起诉讼。”

(4) 农村土地使用权人的原告资格。《若干问题的解释》第16条规定,农村土地承包人等土地使用权人,对行政机关处分其使用的农村集体所有土地的行为不服,可以自己的名义提起行政诉讼。

(5) 非国有企业被行政机关分立、终止、兼并、改变隶属关系时的原告资格。根据《若干问题的解释》第17条规定,非国有企业被行政机关注销、撤销、合并、强令兼并、出售、分立或者改变企业隶属关系的,该企业或者其法定代表人可以提起诉讼。值得注意的是,根据此规定,企业法定代表人具有独立的原告资格,可以自己名义而非企业提起行政诉讼。

(6) 股份制企业内部机构的诉权。股份制企业的不同机构往往由不同投资方组织,这些不同的利益主体可能在企业管理和投资等方面出现分歧意见,在意见难以统一的情况下,对具体行政行为是否侵犯其合法权益将会有不同的态度和看法,为了充分保护各投资方的利益,《若干问题的解释》第18条赋予了股份制企业的内部机构原告资格,规定:“股份制企业的股东大会、股东代表大会、董事会等认为行政机关作出的具体行政行为侵犯企业经营自主权的,可以以企业名义提起诉讼。”

(二) 行政诉讼被告

1. 行政诉讼被告资格

根据我国行政诉讼法的规定,行政诉讼被告是指由原告指控其作出的具体行政行为侵犯原告的合法权益,经人民法院通知应诉的行政机关或法律法规规章授权的组织。其要求有:

第一,被告是行政机关或者法律、法规、规章授权的组织。这是行政诉讼被告的本质特征,也是决定某一组织能否成为行政诉讼被告的核心要件。

第二,,被告是实施被诉具体行政行为或承担该行为实体法律责任的行政机关和法律、法规、规章授权的组织。

第三,被告由人民法院通知应诉。由原告指控,并被法院审查确认正当和通知应诉,这是被告的程序特征。被告的确定最终要由法院审查和确认。

2. 行政诉讼被告的确认规则和具体情形

我国行政诉讼法确认行政诉讼被告的一般规则是,行政诉讼被告应具有行政主体资格，不具有行政主体资格者不能成为行政诉讼被告。不同情形下的被告确认规则如下：

（1）公民、法人或者其他组织直接向人民法院提起诉讼的，作出具体行政行为的行政机关是被告；由法律、法规授权的组织所作的具体行政行为，该组织是被告。这是行政诉讼被告的典型形式。

（2）经复议案件被告的确认。根据《行政诉讼法》第25条第1款和《若干问题的解释》的相关规定，经复议而起诉的案件，被告的确认分四种情况：

第一，复议机关维持原具体行政行为的，以作出原具体行政行为的行政机关为被告。在复议机关维持原具体行政行为的情况下，原具体行政行为没有改变，由对具体行政行为的事实根据和适用法律更为了解的原行政机关作被告，更为适宜。

第二，复议机关改变了原具体行政行为，复议机关就是被告。复议机关改变具体行政行为，意味着复议机关已作案件形成了不同看法，由复议机关作被告更适当。

第三，复议机关在法定期间内不作复议决定，当事人对原具体行政行为不服提起诉讼的，应当以作出原具体行政行为的行政机关为被告；当事人对复议机关不作为不服提起诉讼的，则应当以复议机关为被告。

第四，复议机关不受理、拒绝受理复议申请或不予答复的，复议机关为被告。最高人民法院《若干问题的解释》第33条规定："法律、法规规定应当先申请复议，公民、法人或者其他组织未申请复议直接提起诉讼的，人民法院不予受理。复议机关不受理复议申请或者在法定期限内不作出复议决定，公民、法人或者其他组织不服，依法向人民法院提起诉讼的，人民法院应当依法受理。"

（3）委托行政的被告确认。行政机关根据法律、法规、规章的规定，可以将自己的行政职权委托给有关组织，但受委托的组织并不因此取得了行政主体资格，它应以该行政机关的名义在委托权限范围从事活动，由此行为的后果也应由委托的行政机关承担。根据《若干问题的解释》第21条的规定，行政机关在没有法律、法规或者规章规定的情况下，授权其内设机构、派出机构或者其他组织行使行政职权的，应当视为委托。当事人不服提起诉讼的，应当以该行政机关为被告。

（4）两个以下的行政机关共同作出同一具体行政行为的被告确认。两个以上行政机关作出同一具体行政行为的，共同作出具体行政行为的行政机关是共同被告。

(5) 经上级行政机关批准的具体行政行为的被告确认。经上级行政机关批准的具体行政行为，究竟应以原行政机关为被告还是批准机关为被告，还是以二者为共同被告，学术界一直有不同看法。《若干问题的解释》第19条规定，当事人不服经上级行政机关批准的具体行政行为，向人民法院提起诉讼的，应当以在对外发生法律效力的文书上署名的机关为被告。

(6) 派出机构和内设机构作出具体行政行为的被告确认。通常情况下，行政机关的派出机构和内设机构不具有行政主体资格，即使它以自己的名义作出具体行政行为，当事人不服提起诉讼的，应当以该行政机关为被告。但如果派出机构和内设机构取得了法律、法规或者规章的授权，它即取得了行政诉讼被告资格，当事人对它以自己的名义作出的具体行政行为不服起诉的，应当以派出机构和内设机构为被告，即使派出机构和内设机构超出法定授权范围实施行政行为，也是如此。

3. 被告的变更、追加和资格转移

根据《若干问题的解释》第23条第1款规定，原告所起诉的被告不适格，人民法院应当告知原告变更被告；原告不同意变更的，裁定驳回起诉。

根据《若干问题的解释》第23条第2款规定，当两个以上的行政机关共同作出具体行政行为，原告只起诉其中一或几个行政机关时，人民法院在征得原告同意后应追加未被起诉的行政机关为被告。但原告不同意追加的，人民法院应当通知未被起诉的行政机关以第三人的身份参加诉讼。

被告的资格转移指有被告资格的行政机关因法定事由被撤销，其被告资格转移给特定的行政主体的制度。被告资格转移主要有两种情形：(1) 行政机关被撤销的，其被告资格转移给继续行使其职权的行政机关。(2) 行政机关被撤销后没有继续行使其职权的行政机关的，其被告资格转移给撤销该机关的行政机关。

(三) 共同诉讼人

根据《行政诉讼法》第26条的规定，共同诉讼指当事人一方或者双方为二人以上，因同一具体行政行为发生的行政案件，或者因同样的具体行政行为发生的行政案件，人民法院合并审理，所形成的诉讼。参加共同诉讼的当事人为共同诉讼人。行政诉讼的共同诉讼分必要的共同诉讼和普通的共同诉讼两类,相应的共同诉讼人分必要的共同诉讼人和普通的共同诉讼人。

必要的共同诉讼指当事人一方或双方为两人以上,因同一具体行政行为所形成的共同诉讼。必要的共同诉讼的关键特征是,无论当事人一方或者双方都是多数人,但诉讼标的同一的,即只有一个具体行政行为,由此必要共同诉讼人之间存在着共同的权利义务关系,人民法院必须合并审理,必要的共同诉讼为不可分之诉。

普通的共同诉讼指当事人一方或双方为两人以上,因同样的具体行政行为引起的行政案件,由法院合并审理后所形成的共同诉讼。普通的共同诉讼区别于必要的共同诉讼在于普通的共同诉讼中存在着两个以上的具体行政行为,这些具体行政行为之间并无必然的关联,只因这些具体行政行为存在着某种相似性,人民法院根据情况而予以合并审理。

(四)第三人

《行政诉讼法》第26条规定,同提起诉讼的具体行政行为有利害关系的其他公民、法人或者其他组织,可以作为第三人申请参加诉讼,或者由人民法院通知参加诉讼。据此,行政诉讼的第三人是指因与被提起行政诉讼的具体行政行为有法律上的利害关系,通过申请或法院通知而参加到诉讼中来当事人。其特征是:

1. 第三人与被诉具体行政行为有利害关系,这是第三人参加诉讼的基础。

2. 第三人是行政诉讼原告、被告之外的公民、法人或者其他组织。第三人并非原来不能行政诉讼的原告或被告,只是没有起诉或因某种原因而无法成为原告或被告,才申请参加诉讼或者被法院通知参加诉讼。

3. 第三人有独立的诉讼地位。第三人参加诉讼是为了保护自己的权益,它既不会依附原告也不依附被告,可以提出自己的请求,对第一审判决不服有权提出上诉。

二、行政诉讼证据制度

(一)行政诉讼证据的特点

行政诉讼证据,是指在行政诉讼过程中,一切用来证明案件事实情况的材料。它既包括当事人向人民法院提交的证据,也包括人民法院在必要情况下依法收集的证据。不过,不管证据来源如何,任何证据皆必须经法庭查证属实才能作为定案依据。行政诉讼证据虽与其他诉讼证据有许多相同之处,但也有明显的特征:第一,行政诉讼证据来源的特定性。就行政案件而言,在行政诉讼之前往往已经历了行政程序。在行政程序中,作为行政诉讼原、被告的公民、法人或者其他组织和行政机关已围绕被诉具体行政行为提交和收集了相关证据。因此,行政诉讼证据主要是在行政程序中已产生或确定的证据。第二,行政诉讼举证责任分配的特殊性。"谁主张、谁举证"是民事诉讼分配举证责任的基本规则,而在行政诉讼中,被告对被诉具体行政行为的合法性承担举证责任是基本规则,原告只在特定情况下对特定情况承担举证责任。

(二) 行政诉讼证据种类和要求

根据行政诉讼法的规定,行政诉讼证据包括书证、物证、视听资料、证人证言、当事人的陈述、鉴定结论、勘验笔录、现场笔录。在这些证据种类中,绝大多数与其他诉讼种类相同,属于行政诉讼特殊证据种类的是现场笔录。《证据若干问题的规定》根据各类证据的特点,对不同证据的要求作出了规定。

1. 书证

书证是指以文字、符号、图形所记载或表示的内容、含义来证明案件事实的证据。为保证书证内容的真实性,当事人向人民法院所提供的书证,除法律、法规、司法解释和规章对书证的制作形式另有规定外,一般应当符合下列要求:(1) 原则上应提供书证的原件,在提供原件确有困难时,可以提供与原件核对无误的复印件、照片、节录本。按照规定,原本、正本和副本均属于书证的原件。(2) 提供由有关部门保管的书证原件的复制件、影印件或者抄录件的,应当注明出处,经该部门核对无异后加盖其印章。(3) 当事人提供报表、图纸、会计账册、专业技术资料、科技文献等书证的,应当附有说明材料。(4) 被告提供的被诉具体行政行为所依据的询问、陈述、谈话类笔录,应当有行政执法人员、被询问人、陈述人、谈话人签名或者盖章。值得注意的是,当事人向人民法院提供外文书证,应当附有由具有翻译资质的机构翻译的或者其他翻译准确的中文译本,并由翻译机构盖章或者翻译人员签名。

2. 物证

物证是指存在于自身之外的、能够证明案件真实情况的物品。与书证相比，物证相对直观和简单，在形式上和手续上一般无特别要求，因此对物证的要求相对较少。当事人向人民法院提供物证的，原则上应当提供原物，在提供原物确有困难时，可以提供与原物核对无误的复制件或者证明该物证的照片、录像等其他证据；如果原物为数量较多的种类物时，当事人应当提供其中的一部分。

3. 视听资料

视听资料是利用现代科技手段记载法律事件和法律行为的证据，具有较强的准确性和逼真性。不过，视听资料又容易用剪接后复制等手段伪造或变造，因此对当事人提供的视听资料应进行严格要求。法律规定，当事人向人民法院所提供的计算机数据或者录音、录像等视听资料，应当符合下列要求：(1) 当事人应向法院提供有关资料的原始载体，在提供原始载体确有困难时，可以提供复制件；(2) 当事人应注明制作方法、制作时间、制作人和证明对象等；(3) 声音资料应当附有该声音内容的文字记录。对于当事人向人民法院提供的外国语视听资料，当事人应同时附有由具有翻译资质的机构翻译的或者其他翻译准确的中文译本，并由翻译机构盖章或者翻译人员签名。

4. 证人证言

证人证言是指证人就自己了解的案件事实向法院所作的陈述，它一般是以口头形式表现出来的，当事人可以向人民法院提供书面证人证言。当事人向人民法院提供证人证言应当符合下列要求：(1) 载明证人的姓名、年龄、性别、职业、住址等基本情况。(2) 需有证人的签名。如果证人不能签名的，应当以盖章等方式证明。(3) 应注明证人出具证言的日期。(4) 应附有居民身份证复印件等证明证人身份的文件。

5. 鉴定结论

鉴定结论是指鉴定人运用自己的专业知识，利用专门的设备和材料，对某些专门问题所作的结论性意见。行政诉讼中的鉴定结论主要包括两类：一类是人民法院依当事人申请或在必要情况依职权提交鉴定人进行的鉴定，另一类是被告行政机关向人民法院提供的在行政程序中采用的鉴定结论。提交给法院的后一类鉴定结论应当符合下列条件：(1) 应当载明委托人和委托鉴定的事项;(2) 应有向鉴定部门提交的相关材料;(3) 应有鉴定的依据和使用的科学技术手段;(4) 应有鉴定部门和鉴定人鉴定资格的说明;(5) 应有鉴定人的签名和鉴定部门的盖章。对于通过分析获得的鉴定结论,还应当说明分析过程。

6. 现场笔录

现场笔录是行政诉讼特有的证据种类,是行政机关及其工作人员在执行行政职务的过程中,在实施具体行政行为时,对某些事项当场所作的书面记录。被告行政机关向人民法院提供的现场笔录,除法律、法规和规章对现场笔录的制作形式有特别规定外,一般应当载明制定现场笔录的时间、地点和事件等内容,并由执法人员和当事人签名。当事人拒绝签名或者不能签名的,应当注明原因。有其他人在现场的,可由其他人签名。

(三) 行政诉讼举证责任的分配

举证责任是指承担责任的当事人必须对自己主张的主要事实举出主要证据证明其确实存在,否则就要承担败诉后果。

《行政诉讼法》第 32 条规定:“被告对作出的具体行政行为负有举证责任,应当提供作出该具体行政行为的证据和所依据的规范性文件。”由最高人民法院于 2002 年 6 月 4 日通过的《证据若干问题规定》第 6 条进一步规定:“原告可以提供证明被诉具体行政行为违法的证据。原告提供的证据不成立的,不免除被告对被诉具体行政行为合法性的举证责任。”因此,在我国,行政诉讼法确立了被告行政机关在行政诉讼中承担主要举证责任的基本原则,它深刻地反映了我国行政诉讼侧重保护个人、组织的权益和导向法治行政的基本取向。

虽然行政诉讼中被告对具体行政行为承担举证责任,但并不意味着在行政诉讼中被告对一切事实都全部负担举证责任,不排除在特定情况下由原告承担举证责任的可能。《证据若干问题规定》要求以下三种情形由原告举证:

1. 公民、法人或者其他组织向人民法院起诉时,应当提供其符合起诉条件的相应的证据材料。但被告认为原告起诉超过法定期限的,由被告承担举证责任。

2. 在起诉被告不作为的案件中,原告应当提供其在行政程序中曾经提出申请的证据材料。但有下列情形的除外:(一) 被告应当依职权主动履行法定职责的;(二) 原告因被告受理申请的登记制度不完备等正当事由不能提供相关证据材料并能够作出合理说明的。

3. 在行政赔偿诉讼中,原告应当对被诉具体行政行为造成损害的事实提供证据。

(四) 举证期限

按照规定,被告应当在收到起诉状副本之日起10日内,提供据以作出被诉具体行政行为的全部证据和所依据的规范性文件。被告不提供或者无正当理由逾期提供证据的,视为被诉具体行政行为没有相应的证据。被告因不可抗力或者客观上不能控制的其他正当事由,不能在规定的期限内提供证据的,应当在收到起诉状副本之日起10日内向人民法院提出延期提供证据的书面申请。人民法院准许延期提供的,被告应当在正当事由消除后10日内提供证据。逾期提供的,视为被诉具体行政行为没有相应的证据。

按照规定,原告或者第三人应当在开庭审理前或者人民法院指定的交换证据之日提供证据。因正当事由申请延期提供证据的,经人民法院准许,可以在法庭调查中提供。逾期提供证据的,视为放弃举证权利。

(五) 行政机关举证的要求

行政机关向法院提供的证据应是行政机关在行政程序中已收集、用来证明被诉行政行为合法的证据。由此,在行政诉讼中,对被诉具体行政行为的证据有更为严格的要求,下列证据不能作为认定被诉具体行政行为合法的依据:

1. 被告及其诉讼代理人在作出具体行政行为后或者在诉讼程序中自行收集的证据。不过,原告或者第三人提出其在行政程序中没有提出的反驳理由或者证据的,经人民法院准许,被告可以在第一审程序中补充相应的证据。

2. 被告在行政程序中非法剥夺公民、法人或者其他组织依法享有的陈述、申辩或者听证权利所采用的证据;

3. 原告或者第三人在诉讼程序中提供的、被告在行政程序中未作为具体行政行为依据的证据;

4. 复议机关在复议程序中收集和补充的证据,或者作出原具体行政行为的行政机关在复议程序中未向复议机关提交的证据,不能作为人民法院认定原具体行政行为合法的依据。

(六) 法院对证据的审核认定和效力判断

证据的审核认定,是指法官在听取当事人对证据的说明、对质和辨认后,对证据作出的采信与否的认定。它是法院对当事人举证、质证结果的评价和认定。证据审核认定的主体是合议庭的法官，审核认定的内容是对证据是否具有真实性、关联性和合法性作出确认。《证据若干问题规定》对如何判断证据的效力也作出了具体规定。

三、行政诉讼法律适用

行政诉讼的法律适用是指人民法院在行政诉讼中，具体运用法律规则审查具体行政行为合法性并作出裁判的活动。

《行政诉讼法》第 52 条规定："人民法院审理行政案件，以法律和行政法规、地方性法规为依据。地方性法规适用于本行政区域内发生的行政案件。人民法院审理民族自治地方的行政案件，并以该民族自治地方的自治条例和单行条例为依据。"根据此规定，人民法院审理行政案件以法律、行政法规和地方性法规为依据，即人民法院审理行政案件，在有法律、行政法规、地方性法规有具体规定的情况下，法律、行政法规、地方性法规是人民法院直接适用的根据，法院无权拒绝适用。

《行政诉讼法》第 53 条规定："人民法院审理行政案件，参照国务院部、委根据法律和国务院的行政法规、决定、命令制定、发布的规章以及省、自治区、直辖市和省、自治区的人民政府所在地的市和经国务院批准的较大的市的人民政府根据法律和国务院的行政法规制定、发布的规章。人民法院认为地方人民政府制定、发布的规章与国务院部、委制定、发布的规章不一致的，以及国务院部、委制定、发布的规章之间不一致的，由最高人民法院送请国务院作出解释或者裁决。"因此，在行政诉讼中，与法律、行政法规和地方性法规的地位不同，规章在行政诉讼中只居于参照地位。

第四节　行政诉讼程序与判决

一、起诉与受理

（一）起诉

起诉是公民、法人或者其他组织要求法院启动行政诉讼程序的主张，是行政诉讼开始的前提条件。提起行政诉讼，必须符合起诉一定的条件。

1. 原告是认为具体行政行为侵犯其合法权益的公民、法人或者其他组织。

2. 有明确的被告。明确与其发生争议者，指出被起诉者，是原告起诉必须具备的条件。没有具体明确的被告，无人应诉，就无法形成一个争端，人民法院也就无法进行审判活动。因此原告在起诉时，应列出实施具体行政行为的行政机关或者法律、法规、规章授权组织的名称，指明对谁起诉。

3. 有具体的诉讼请求和事实根据。诉讼请求是原告通过人民法院针对被告提出的，希望获得法院司法保护的实体权利要求。它将决定法院审理和裁判的内容，因此必须明确、具体。事实根据是指原告向法院起诉所依据的事实和根据，包括案件情况和证据。值得注意的是，要求原告提供事实根据是为了证明存在行政争议，而不是要求原告提供证据证明具体行政行为违法。

4. 属于人民法院受案范围和受诉人民法院管辖。

5. 在法定起诉期限内起诉。

公民、法人或者其他组织提起行政诉讼，必须在法律规定的期限内提出诉讼，对超过法律规定期限的起诉，人民法院有权拒绝受理。行政诉讼的起诉期限可分为一般期限和特别期限两类。一般期限是指由《行政诉讼法》明确规定，适用于一般行政案件的起诉期限。该期限可分为直接向法院提起行政诉讼的一般期限与不服行政复议提起行政诉讼的一般期限两种。《行政诉讼法》第 39 条规定，当事人直接向法院提起行政诉讼的，应当在知道作出具体行政行为之日起 3 个月内提出。因此，直接起诉的一般期限为知道作出具体行政行为之日起 3 个月。根据《行政诉讼法》第 38 条第 2 款的规定，不服行政复议而起诉的一般期限为 15 日，即在收到复议决定书之日起 15 日内向人民法院提起诉讼；若复议机关逾期不作决定的，当事人要在复议期满之日起 15 日内向人民法院提起诉讼。

特别期限是指为《行政诉讼法》所认可，由其他单行法律所规定的起诉期限。即对直接向人民法院提起行政诉讼或不服行政复议提起行政诉讼的期限，法律另有规定的，应当适用相关单行法律对提起诉讼期限的规定，而不适用《行政诉讼法》关于直接向人民法院提起行政诉讼或不服行政复议提起行政诉讼的一般期限的规定。所以，在判断一起行政案件的起诉期限时，首先要判断案件的性质，确定是属直接提起诉讼的案件，还是经复议才提起诉讼的案件;其次要确定单行法律是否对起诉期限有特别规定,若有规定就要遵从此特别期限规定;否则就要适用《行政诉讼法》关于一般起诉期限的规定。

根据《行政诉讼法》第39条的规定,行政诉讼的起诉期限从公民、法人或者其他组织知道行政机关作出具体行政行为之日起计算。根据《若干问题的解释》的规定,公民、法人或者其他组织知道具体行政行为,原则上以行政机关明确告知其诉权和起诉期限为标准。

(1) 行政机关未告知公民、法人或者其他组织诉权或起诉期限的最长保护期。行政机关作出具体行政行为时,没有告知公民、法人或者其他组织诉权或起诉期限的,起诉期限从其知道或者应当知道诉权或者起诉期限之日起计算,但从知道或者应当知道具体行政行为内容之日起最长不得超过2年。

(2) 公民、法人或者其他组织不知道具体行政行为内容时起诉期限的计算。《若干问题的解释》规定,当事人不知道行政机关作出具体行政行为内容的,其起诉期限从知道或者应当知道该具体行政行为内容之日起计算。对涉及不动产的具体行政行为从做出之日起超过20年,其他具体行政行为从做出之日超过5年提起诉讼的,人民法院不予受理。

(3) 行政机关不履行法定职责时起诉期限的计算。在行政机关对当事人的申请不作出答复时,由于没有具体行政行为作出,起诉期限从何时起算,是司法实践中较为困难的问题。《若干问题的解释》分不同情形作了规定:

第一,在法律、法规、规章和其他规范性文件,没有对行政机关履行法定职责的期限作出规定的情况下,公民、法人或者其他组织申请行政机关履行法定职责的,行政机关接到申请之日起60日内不履行的,公民、法人或者其他组织可以在60日届满后向人民法院提起诉讼。

第二,在法律、法规、规章和其他规范性文件,对行政机关履行职责的期限有明确规定的情况下,公民、法人或者其他组织可以在规定的履行期限届满后向人民法院提起诉讼。

第三,在紧急情况下,公民、法人或者其他组织请求行政机关履行保护人身权、财产权法定职责时,行政机关不履行的,起诉期限不受上述规定的限制,当事人可以立即起诉。

6. 行政复议与行政诉讼的关系

行政复议与行政诉讼均是解决行政争议的方式,是当事人寻求救济的两条重要途径。各国如何处理二者的关系做法不同,有的采用复议前置主义(必须先复议后诉讼),有的采用自由选择主义(是复议还是诉讼由当事人选择)。在我国,行政诉讼与行政复议的关系,基本是以当事人自由选择救济方式为原则,以行政复议前置为例外的。

(1) 原则上,公民、法人或者其他组织对具体行政行为不服,有权自由选择救济途径,可以不经复议直接向法院提起行政诉讼,也可以选择申请行政复议;同时,在选择行政复议后,当事人对行政复议不服仍可以再向法院起诉。此一原则是我国处理行政复议与行政诉讼的基本准则,说明我国行政诉讼法没有强制把行政复议程序作为当事人提起行政诉讼的前置条件,行政复议并非行政诉讼的必经程序。

(2) 公民、法人或者其他组织对具体行政行为不服,有权在行政复议和行政诉讼之间作出选择,但与上一种情况不同,此种选择属排他性选择,一旦当事人选择了行政复议,行政复议决定即为发生法律效力的终局决定,当事人将因选择复议而丧失了提起行政诉讼的权利。如《公民出境入境管理法》第15条规定:"受公安机关拘留处罚的公民对处罚不服的,在接到通知之日起15日内,可以向上一级公安机关提出申诉,由上一级公安机关作出最后的裁决,也可以直接向当地人民法院提起行政诉讼。"根据《若干问题的解释》的规定,对终局行政行为,只有全国人大及其常委会制定的法律才有权规定,因此此种情形只有法律有规定时才有效。从目前立法情况看,此一情况仅属极少数例外情况。

(3) 公民、法人或者其他组织对具体行政行为不服,必须先申请行政复议,对行政复议不服,才能向法院起诉。在此情况下,行政复议是行政诉讼的必经程序,复议程序是行政诉讼的前置程序。在我国,复议前置属行政复议与行政诉讼关系的例外,必须由法律、法规作出规定,规章和其他规范性文件不得作此规定。

(二) 受理

受理是指人民法院对公民、法人或者其他组织的起诉进行审查,对符合法定条件的起诉决定立案审理,从而引起诉讼程序开始的职权行为。行政诉讼程序的引发,虽然必须以公民、法人或者其他组织的起诉为前提,但仅有起诉没有人民法院的立案受理,行政诉讼程序仍然无从开始。公民、法人或者其他组织的起诉与人民法院的受理的结合,才构成行政诉讼程序的开始。无论是对行使诉权寻求司法保护的公民、法人或者其他组织而言,还是对行使审判权的人民法院来说,受理这一诉讼行为的意义都十分重要。

人民法院对起诉进行审查后,应作如下处理:

1. 对于符合起诉条件的,受诉法院必须收到起诉状之日起7日内立案。一经立案,即产生两方面的法律效果,一方面受诉法院既取得了对此案的审判权,也要担当起相应的责任;另一方面,起诉人和被诉人分别取得了原告和被告的诉讼地位。

2. 对不符合起诉条件的,受诉人民法院应在收到起诉状之日起7日内,作出不予受理的裁定。起诉人对不予受理的裁定,可在接到裁定书之日起10日内向上一级人民法院提出上诉。

3. 对起诉条件有欠缺的,受诉法院可以要求起诉人限期补正。起诉人补正后,经审查,符合法定条件,人民法院应当受理。

4. 按照《若干问题的解释》规定,受诉人民法院在收到起诉状之日起7日内,一时不能决定是否受理起诉的,应当先予受理;受理后经审查不符合起诉条件的,裁定驳回起诉。这一规定有利于保护公民、法人或者其他组织的诉权。同时,为解决我国实践中某些法院在7日内既不立案又不作出裁定,影响起诉人诉权行使的问题,《若干问题的解释》也规定,对此,起诉人可以向上一级人民法院申诉或者起诉,上一级人民法院认为符合受理条件的,应予受理;受理后可以移交或者指定下级人民法院审理,也可以自行审理。

二、行政诉讼的第一审程序

行政诉讼第一审程序,是指人民法院自立案至作出第一审判决的诉讼程序。由于我国行政审判制度实行两种终审原则,因此第一审程序是所有行政案件必经的基本程序,第一审程序也成为行政审判的基础程序。

(一)审理前的准备

审理前的准备,是指人民法院在受理案件后至开庭审理前,为保证庭审工作的顺利进行,由审判人员依法所进行的一系列准备工作的总称。它是行政案件审理必经的阶段,对保证庭审质量,提高庭审效率具有重要意义。审理前准备主要包括下列内容:

1. 组成合议庭。人民法院审理第一审行政案件,由审判员或审判员、陪审员组成合议庭。合议庭成员应是3人以上的单数。

2. 交换诉状。交换诉状主要向被告和原告发送有关文书。人民法院应在立案之日起5日内,将起诉状副本和应诉通知书发送被告,通知被告应诉。同时,人民法院应在收到被告答辩状之日起5日内,将答辩状副本发送原告。被告应当在收到起诉状副本之日起10日内提交答辩状,并提供作出具体行政行为的证据和依据。不过,提交答辩状是被告的一项权利,被告不提出答辩状不影响人民法院的审理。但被告在法定时间内,不提交或者没有正当理由逾期提供作出具体行政行为的证据和依据的,应当认定该具体行政行为没有证据和依据,判决被告败诉。

3. 处理管辖异议。当事人对受诉人民法院的管辖,有权提出异议。当事人提出管辖异议,应在收到人民法院应诉通知书之日起10日内以书面形式提出。对当事人提出的管辖异议,人民法院应当进行审查。异议成立的,受诉人民法院应裁定将案件移送有管辖权的人民法院;异议不成立的,则应裁定驳回。

4. 审查诉讼文书和调查搜集证据。这是审理前准备的中心内容。通过对原、被告提供的起诉状、答辩状和各种证据的审查,人民法院可以全面了解案情,熟悉原告的诉讼请求和理由、被告的答辩理由及案件的争议点。人民法院如果发现当事人双方材料或证据不全,应当通知当事人补充;对当事人不能收集的材料和证据,人民法院可以根据需要主动调查搜集证据。对于案情比较复杂或者证据数量较多的案件,人民法院可以组织当事人向对方出示或者交换证据,并将交换证据的情况记录在卷。

5. 审查其他内容。在了解案情的基础上,人民法院还要根据具体情况审查和决定下列事项:更换和追加当事人;决定或通知第三人参加诉讼;决定诉的合并与分离;确定审理的形式;决定开庭审理的时间、地点等。

(二)庭审程序

庭审是受诉人民法院在双方当事人及其他诉讼参与人的参加下,依照法定程序,在法庭上对行政案件进行审理的诉讼活动。庭审的主要任务是,通过法庭调查和法庭辩论,审查核实证据,查明案件事实,适用法律、法规,以确认当事人之间的权利义务关系。庭审是行政诉讼第一审程序中最基本、最重要的诉讼阶段,是保证人民法院完成审判任务的中心环节。

行政诉讼第一审程序必须进行开庭审理,开庭审理应遵循以下原则:第一,必须采取言词审理的方式;第二,除涉及国家秘密、个人隐私和法律另有规定外,一律公开进行,向公众公开,允许公民旁听、允许记者采访报道;第三,不得适用调解。与审理民事案件不同,人民法院审理行政案件,除行政赔偿事宜外,不得采用调解方式,也不得以调解方式结案,只能依法作出裁判。人民法院审理行政案件不适用调解的原因主要在于:行政诉讼的核心是审理具体行政行为的合法性,此合法性的判断有明确的事实标准和法律依据,不容争议双方当事人相互协商。因此,具体行政行为要么合法,要么违法,在合法与违法之间或之外不存在其他可能,也就不存在法院调解的空间和余地。

人民法院开庭审理必须依据法定程序进行。一般的庭审程序分为开庭准备、开庭审理、法庭调查、法庭辩论、合议庭评议、宣判六个阶段,与民事审判的庭审程序基本相同。

(三) 审理期限

人民法院审理第一审行政案件,应当自立案之日起 3 个月内作出判决。不过,鉴定、处理管辖权异议和中止诉讼的期间不计算在内。有特殊情况需要延长的,由高级人民法院批准,高级人民法院审理第一审行政案件需要延长的,由最高人民法院批准。基层人民法院申请延长审理期限,应当直接报请高级人民法院批准,同时报中级人民法院备案。

(四) 被诉行政机关在诉讼中改变被诉具体行政行为的处理

具体行政行为一旦被诉,作为行政诉讼的审理对象,它应当是确定的,不容被告随意改变,所以在行政诉讼过程中,不允许被诉行政机关任意改变被诉具体行政行为。不过,为给被诉行政机关提供主动纠正错误的机会和积极化解行政争议,我国行政诉讼法及相关司法解释允许被诉行政机关改变被诉具体行政行为,并对因被诉行政机关改变被诉具体行政行为而引起的程序变化作出了以下规定:

1. 被诉行政机关既可以在第一审期间也可以在第二审期间和再审期间改变被诉具体行政行为。

2. 被诉行政机关改变被诉具体行政行为或者决定改变被诉具体行政行为,应当书面告知人民法院。

3. 根据行政诉讼法的规定,改变后的具体行政行为的效力及由此产生的结果在一定程度上取决于另一方当事人的态度。(1) 如果另一方当事人同意被诉行政机关对被诉具体行政行为的改变,并提出撤诉申请,经人民法院准许,诉讼结束。(2) 如果另一方当事人不同意被诉行政机关对被诉具体行政行为的改变,不提出撤诉申请,人民法院应当继续对原具体行政行为进行审理,并就原具体行政行为作出裁判。不过,因被诉行政机关曾对原具体行政行为进行过改变,在判决时法院应注意判决形式。在一审中,人民法院经审查认为原具体行政行为违法的,应当作出确认其违法的判决,而非撤销判决;认为原具体行政行为合法的,应当判决驳回原告的诉讼请求,而不是作出维持判决。(3) 如果原告或者第三人对改变后的行为不服提起诉讼的,人民法院应当就改变后的具体行政行为进行审理。在第二审和再审中,应当予以参照。

4. 当事人起诉被告不作为,在诉讼中被诉行政机关作出具体行政行为,当事人不撤诉的,人民法院应继续审查被诉行政机关不作为是否合法。

(五) 撤诉

1. 撤诉的概念

行政诉讼中的撤诉,是指原告或上诉人(或原审原告或原审上诉人)自立案至人民法院作出裁判前,向法院撤回自己的诉讼请求,不再要求人民法院对案件进行审理的行为。根据撤诉所处的审级不同,撤诉可分为撤回起诉、撤回上诉和撤回再审申请三类,其主体分别为原告、上诉人或原审原告或原审上诉人。

根据撤诉是否由当事人提出,可将撤诉分为申请撤诉和视为申请撤诉两类。前者指当事人主动向受诉人民法院提出撤诉申请,不再要求受诉人民法院对案件继续进行审理,是当事人对自己诉讼权利的积极处分;后者指当事人拒绝履行法定诉讼义务,视为其申请撤诉的情形,它是当事人对自己诉讼权利的消极处分。

2. 撤诉的条件

申请撤诉和视为申请撤诉的条件有所不同:

(1) 申请撤诉的条件

第一,撤诉申请人必须是原告(一审)、上诉人(二审)、原审原告或原审上诉人以及经他们特别授权的代理人。被告或第三人和被上诉人以及原审被告和原审被上诉人均不得提出撤诉申请。

第二,申请撤诉必须基于当事人自己真实的意思表示,出于当事人自愿。原告或上诉人(或原审原告或原审上诉人)申请撤诉包括两种情形:一种情形是被诉具体行政行为没有任何变化,但申请撤诉;另一种情形是被诉行政机关在诉讼过程中改变被诉具体行政行为,起诉该行为者同意并申请撤诉。而被诉行政机关改变被诉具体行政行为虽多基于被诉行政机关主动改变,也可以基于其他原因。如人民法院经审查认为被诉具体行政行为违法或者不当,可以在宣告判决或者裁定前,建议被诉行政机关改变其所作的具体行政行为,被诉行政机关接受法院建议;同时,有下列情形之一的,可以视为被诉行政机关改变其所作的具体行政行为:根据起诉该行为者的请求依法履行法定职责;采取相应的补救、补偿等措施;在行政裁决案件中,书面认可起诉该行为者与第三人达成的和解。但不管哪一种情形,行政机关都不能强制当事人撤诉。

第三,撤诉必须符合法律规定,不得规避法律,也不能损害公共利益和他人利益。

第四,撤诉申请必须在人民法院宣判前作出。

第五,撤诉必须经人民法院准许。

除此之外,因被告改变被诉具体行政行为,原告申请撤诉的,还同时需要符合以下条件:对被诉行政机关改变被诉具体行政行为,不违反法律、法规的禁止性规定,不超越或者放弃职权,不损害公共利益和他人合法权益;被诉行政机关已经改变或者决定改变被诉具体行政行为,并书面告知人民法院;第三人无异议。

通常而言,人民法院应当对撤诉申请进行审查,申请符合条件的,裁定准予撤诉,案件审理终结。不过,对于因被诉具体行政行为改变而申请撤诉的,如果有履行内容且履行完毕的,人民法院可以裁定准许撤诉。而对不能即时或者一次性履行的,人民法院可以裁定准许撤诉,也可以裁定中止审理。为保护撤诉人的权利,人民法院在准许撤诉裁定可以载明被诉行政机关改变被诉具体行政行为的主要内容及履行情况,并可以根据案件具体情况,在裁定理由中明确被诉具体行政行为全部或者部分不再执行。

申请撤诉不符合法定条件,或者被诉行政机关告改变被诉具体行政行为后当事人不撤诉的,人民法院应当及时作出裁判。

(2) 视为申请撤诉的条件

视为申请撤诉情形不同,条件有别。原告(上诉人)经合法传唤,无正当理由拒不到庭,可以按撤诉处理;原告(上诉人)未经法庭许可中途退庭,可以按撤诉处理;原告(上诉人)未按规定的期限预交案件受理费,又不提出缓交、减交、免交申请,或者提出申请未获批准的,按自动撤诉处理。

撤诉具有两方面的法律后果:其一,无论是原告申请撤诉得到法院裁定准予撤诉,还是按撤诉处理,其直接的法律后果都是导致诉讼程序的终结。其二,人民法院裁定准许原告撤诉后,原告以同一事实和理由重新起诉的,人民法院不予受理。这一点与民事诉讼不同。在民事诉讼中,原告的撤诉经法院准许后,视为自始即未起诉,原告仍有权提起诉讼。但原告或者上诉人未按规定的期限预交案件受理费而按自动撤诉处理的,原告如果在法定期限内再次起诉或者上诉,并依法解决诉讼费预交问题的,人民法院应予受理。

准予撤诉的裁定确有错误,原告申请再审的,人民法院应当通过审判监督程序撤销原准予撤诉的裁定,重新对案件进行审理。

三、行政诉讼的第二审程序

行政诉讼第二审程序,是指当事人不服地方各级人民法院尚未生效的第一审判决或裁定,依法向上一级人民法院提起上诉,上一级人民法院据此对案件进行再次审理所适用的程序。

(一) 上诉和上诉的受理

上诉是当事人对地方各级人民法院尚未发生法律效力的第一审判决、裁定,于法定期限内以书面形式请求上一级人民法院对案件进行审理的诉讼行为。与刑事诉讼不同,当事人上诉是行政诉讼引起第二审程序发生的唯一动因。当事人行使上诉权,提起上诉,必须符合以下条件:

1. 上诉人必须适格。凡第一审程序中的原告、被告和第三人及其法定代理人、经授权的委托代理人,都有权提起上诉。

2. 上诉人所不服的一审判决、裁定,必须是法律明文规定可以上诉的判决、裁定。能够提出上诉的判决和裁定包括地方各级人民法院第一审尚未发生法律效力的判决和对驳回起诉、不予受理、管辖权异议所作出的裁定。

3. 上诉必须在法定期限内提出。当事人不服人民法院第一审判决的，有权在判决书送达之日起15日内向上一级人民法院提起上诉；当事人不服人民法院第一审裁定的，有权在裁定书送达之日起10日内向上一级人民法院提起上诉。逾期不提起上诉的，人民法院的第一审判决或者裁定发生法律效力。

4. 上诉必须递交符合法律要求的上诉状。

当事人提出上诉，既可以通过原审人民法院提出，也可以直接向第二审人民法院提出。当事人直接向第二审人民法院上诉的，第二审人民法院应当在5日内将上诉状移交原审人民法院。

原审人民法院收到上诉状（包括当事人提交的和第二审人民法院移交的），应当审查；对有欠缺的上诉，应当限期当事人补正。上诉状内容无欠缺的，原审人民法院应当在5日内将上诉状副本送达被上诉人，被上诉人在收到上诉状副本之日起10日内提出答辩状。被上诉人不提出答辩状的，不影响人民法院对案件的审理。

原审人民法院收到上诉状、答辩状，应当在5日人连同全部案卷，报送第二审人民法院。第二审人民法院经过审查，如果认为上诉符合法定条件，应予受理；如果认为不符合法定条件，应当裁定不予受理。

（二）上诉案件的审理

就基本过程而言，上诉案件的审理，与第一审案件大体相同。为避免立法上的重复，行政诉讼法仅对行政诉讼第二审程序的特殊之处作了规定。这些特殊之处主要体现在：

1. 审理方式

根据《行政诉讼法》第59条的规定，人民法院审理上诉案件，认为事实清楚的，可以实行书面审理。所谓书面审理，是指人民法院不需要当事人和其他诉讼参与人到庭，不进行法庭调查和辩论，只根据上诉状、原审案卷材料和其他书面材料进行审理，就做出判决或裁定的审理方式。就法律规定而言，目前在我国三大诉讼法中，只有行政诉讼法规定了书面审理这一审理方式。

在行政诉讼第二审程序中，适用书面审理方式的前提，必须是案件事实清楚。如果案件事实不清楚或存有争议，人民法院应开庭审理。《若干问题的解释》也明确规定，当事人对原审人民法院认定的事实有争议的，或者第二审人民法院认为原审人民法院认定事实不清楚的，第二审人民法院应当开庭审理。

2．审理对象

第二审人民法院审理上诉案件，应当对原审人民法院的裁判和被诉具体行政行为是否合法进行全面审查，不受上诉范围的限制。

（三）审理期限

人民法院第二审行政案件，应当自收到上诉状之日起 2 个月内作出终审判决，有特殊情况需要延长的，由高级人民法院批准。高级人民法院审理上诉案件需要延长的，由最高人民法院批准。

四、行政诉讼判决概念与种类

行政诉讼判决是指人民法院审理行政案件终结时，根据审理所查清的事实，依据法律规定对行政案件实体问题作出的结论性处理决定。它是人民法院行使国家行政审判权对行政机关的行政机关进行监督的集中体现，是人民法院处理解决争议的基本手段，也是人民法院审理行政案件和当事人参加诉讼结果的表现形式。

按照不同的标准，可以对行政诉讼判决作出不同的划分。按照判决作出程序的不同，可以将判决分为一审判决、二审判决和再审判决。一审判决，又称初审判决，是第一审人民法院适用第一审程序所作出的判决。除最高人民法院的判决外，第一审判决非终审判决，当事人不服可以提出上诉。二审判决，是第二审判决适用第二审程序作出的判决。再审判决是指人民法院运用审判监督程序所作出的判决。

按照判决是否发生法律效力可将判决分为生效判决和未生效判决。生效判决是已经发生法律效力，非通过审判监督程序无权加以改变的判决。已过上诉期限的一审判决、最高人民法院作出的判决和二审判决，都是生效判决。非生效判决是指尚发生法律效力的判决。未过上诉期限的一审判决为未生效的判决，当事人不服可以提出上诉。

五、行政诉讼第一审判决的种类和根据

行政诉讼一审判决典型体现了行政诉讼的特点，反映了在行政诉讼中司法权与行政权之间的关系。行政诉讼一审判决分为维持判决、撤销判决、履

行判决、变更判决、确认判决和驳回诉讼请求判决六种形式。

(一) 维持判决

维持判决指人民法院通过审理,认定具体行政行为合法有效,从而作出否定原告对被诉具体行政行为的指控,维持被诉具体行政行为的判决。人民法院作出维持被诉具体行政行为的判决必须同时满足以下三个条件:

1. 证据确凿。即具体行政行为所依据的证据确实可靠,并足以证明具体行政行为认定事实的存在。

2. 适用法律、法规正确。即被诉具体行政行为所适用的法律、法规及相应条款正确合理。

3. 符合法定程序。即被告作出具体行政行为必须符合法律规定的行政程序。

(二) 撤销判决

撤销判决指人民法院经过对案件的审查,认定被诉具体行政行为部分或者全部违法,从而部分或全部撤销被诉行政行为,并可以责令被告重新作出具体行政行为的判决。撤销判决可分为三种具体形式:1. 全部撤销,适用于整个具体行政行为全部违法或具体行政行为部分违法但具体行政行为不可分;2. 部分撤销,适用于具体行政行为部分违法,部分合法,且具体行政行为可分,人民法院只作出撤销违法部分的判决;3. 判决撤销并责令被告重新作出具体行政行为,其适用于违法具体行政行为撤销后尚需被告对具体行政行为所涉及事项作出处理的情形。

根据《行政诉讼法》的规定,具体行政行为具备下列情形之一的,人民法院可以作出撤销判决:

1. 主要证据不足。主要证据不足指被诉具体行政行为缺乏必要的证据,不足以证明被诉具体行政行为所认定的事实情况。

2. 适用法律、法规错误。指行政机关作出具体行政行为时错误地适用了法律、法规或者法律、法规的条款。

3. 违反法定程序。指行政机关在实施具体行政行为时违反了法律规定的作出该行为应当遵循的步骤、顺序、方式和时限等要求,它是作出撤销具体行政行为判决一个独立存在的理由,不依附于其他任何条件,只要具体行政行为违反程序,不管实体决定正确与否,都构成撤销该具体行政行为的理由。

4. 超越职权。指行政机关实施具体行政行为时超越了法律、法规授予其的权力界限,实施了无权实施的具体行政行为。主要表现有:行政机关行使了宪法、法律没有授予任何国家机关的权限,或者行使了法律授予其他国家机关的权力;超越了行政机关行使权力的地域范围;超过法定时间行使权力;超越了法律、法规规定的数额规定。

5. 滥用职权。指行政机关具备实施行政行为的权力,并且其行为形式上也合法,然而行政机关行使权力的目的违反法律、法规赋予其该项权力的目的。它实际属于权力的不正当行使。

(三) 履行判决

履行判决指人民法院经过审理认定被告负有法律职责无正当理由而不履行,责令被告限期履行法定职责的判决。人民法院作出履行判决必须同时满足三个条件:1. 被告负有履行某项义务的法定职责。这是人民法院作出履行判决的前提。2. 被告没有履行该法定职责。没有履行包括不履行和拖延履行两种。不履行指行政机关明示拒绝履行法定职责;拖延履行指行政机关不及时履行自己的法定职责,或者是否履行态度不明确。3. 被告没有履行法定职责无正当理由。

人民法院判决被告履行法定职责,应当指定履行的期限,因情况特殊难于确定期限的除外。不过,需要注意的是,对被告有法定职责而无正当理由没有履行该法定职责的案件,人民法院并非必须作出履行判决,判决被告履行该法定职责。在判决被告履行该法定职责已为时太晚,责令其履行已无实际意义的情况下,人民法院应当作出确认被诉具体行政行为违法或者无效的确认判决,公民、法人或者其他组织因被告不履行法定职责所造成的损失可请求行政机关赔偿。

(四) 变更判决

变更判决指人民法院经审理,认定行政处罚行为显失公正,运用国家审判权直接改变行政处罚行为的判决。变更判决是人民法院行使司法变更权,对具体行政行为的合理性进行审查的具体体现。变更判决与撤销判决最大的区别是变更判决直接确定了当事人的权利和义务。由于在行政诉讼中人民法院对具体行政行为进行监督和审查的中心是具体行政行为的合法性,所以行政诉讼法对人民法院行使司法变更权作出变更判决规定了一定的限制条件：

1. 变更判决只能针对行政处罚行为才能作出，对于其他具体行政行为人民法院无权行使司法变更权。这是人民法院适用变更判决的外在范围限制。

2. 行政处罚行为显失公正。这是人民法院适用变更判决的内在范围限制。人民法院并非能对所有违法的行政处罚行为都有权变更，人民法院只有对显失公正的行政处罚行为才能适用变更判决。所谓行政处罚显失公正是指行政处罚虽然在形式上不违法，但处罚结果明显不公正，损害了公民、法人或者其他组织的合法权益。在实践中，显失公正的典型表现形式就是畸轻畸重，即行政机关实际作出的行政处罚与被处罚人的违法行为应受到的行政处罚相差过于悬殊。行政机关在作出行政处罚时同样情况不同对待或者不同情况同等对待也可构成显失公正。

人民法院对行政处罚行为作出变更判决，原则上只能减轻不能加重，其目的是为了保护公民、法人或者其他组织的诉权，消除公民、法人或者其他组织在起诉时面临可能被加重处罚的种种顾虑而作出的规定。不过，人民法院不得加重对原告的处罚只是原则，在利害关系人同为原告的情况下，人民法院如果认为行政机关对起诉的被处罚人的处罚过轻，可以作出加重对其处罚的变更判决。

（五）驳回原告诉讼请求判决

驳回原告诉讼请求判决指经人民法院经审理认为原告的诉讼请求依法不能成立，但又不适宜对被诉具体行政行为作出其他类型判决的情况下，人民法院直接作出否定原告诉讼请求的一种判决形式，与撤销判决具有一定的相似性。它主要适用于下列情形：

1. 原告诉被告不作为的理由不能成立的。在原告诉被告不作为的行政案件中，如果的确存在被告无正当理由而不履行法定职责的情形，人民法院可作出履行判决，责令被告履行法定职责。但在被告不构成行政不作为，即原告诉被告不作为的理由不能成立时，人民法院不能作出履行判决，同时在这种情况下通常也不宜作出维持判决，在此情况下人民法院应当判决驳回原告的诉讼请求。

2. 被诉具体行政行为合法但不合理。一般而言，被诉具体行政行为合法人民法院应当作出维持判决，但如果具体行政行为存在合理性问题，人民法院则不宜直接作出维持判决,因为人民法院通常无权对具体行政行为的合理性进行审查和裁判,被诉具体行政行为存在合理性问题时,人民法院判决维持具体行政行为则有纵容被诉具体行政行为存在合理性问题之嫌,相反,人民法院使用驳回原告的诉讼请求判决,既可以避免使用维持判决的不足,也可以达到行政诉讼的目的。

3. 被诉具体行政行为合法,但因法律、政策变化需要变更或废止的。同样,被诉具体行政行为虽然合法,但随着法律或政策的变化被诉具体行政行为需要变更或者废止的,也不宜作出维持判决,因为一旦人民法院判决维持该具体行政行为后,为行政机关将来变更或废止该具体行政行为带来困难。在此情况下人民法院驳回原告的诉讼请求,既可以达到肯定行政机关具体行政行为的目的,又可为行政机关变更或废止具体行政行为留有余地。

4. 其他情形。除上述三种情形外,人民法院在审理行政案件中发现不能或不适宜作出其他类型的判决,而原告的诉讼请求又不能成立的,人民法院可以作出驳回原告诉讼请求的判决。

(六) 确认判决

确认判决是指人民法院通过对被诉具体行政行为的审查,确认被诉具体行政行为合法或违法的一种判决形式。确认判决按照被诉具体行政行为合法与否的结果,可分为确认具体行政行为合法判决和确认具体行政行为违法判决。

在有下列情形之一时,人民法院应当作出确认具体行政行为违法或者无效的判决:

1. 被告不履行法定职责,但判决责令履行法定职责已无实际意义的。被告不履行法定职责,通常应作出履行判决,判令被告履行法定职责,但在被告履行法定职责已为时过晚,起不到对原告救济目的时,人民法院判决责令被告履行法定职责已无实际意义,在此情况下人民法院应当作出认定被诉具体行政行为违法的确认判决。

2. 被诉具体行政行为违法,但不具有可撤销内容的。被诉具体行政行为违法人民法院可以作出撤销判决,但在被诉具体行政行为不具有可撤销内容时,人民法院就只能作出确认违法判决。如行政机关作出具体行政行为时,不制作、不送达决定书,而该具体行政行为又属违法行为,即可适用此判决形式。

3. 被诉具体行政行为依法不成立或无效的。被诉具体行政行为不成立指被诉具体行政行为的作出不符合行政行为成立条件,不能产生法律效力的行为。被诉具体行政行为无效指被诉具体行政行为存在重大违法情形或依法不可能成立的行为。由于被诉具体行政行为依法不能成立或其本身自始无效,人民法院无从撤销,而应作出确认其无效的判决。

4. 被诉具体行政行为违法,但撤销将给国家利益和公共利益带来重大损失的。通常情况下,被诉具体行政行为违法人民法院应当作出撤销判决,通过撤销被诉具体行政行为保护当事人的合法权益,但如果撤销该具体行政行为将会给国家利益和公共利益带来重大损失,从维护国家利益和公共利益大局出发,人民法院不应作出撤销判决,而作出确认违法判决。不过,为保护当事人的合法权益,人民法院应同时判令被诉行政机关采取相应的补救措施;同时,如果对造成损害的当事人,人民法院还应依法判决被诉行政机关承担赔偿责任,以补救当事人的损失。

六、行政诉讼二审判决

二审判决是人民法院在第二审程序中就上诉案件作出的判决,由于我国实行两审终审制,因而二审判决是生效判决,亦称终审判决,当事人对其不能提出上诉。第二审人民法院运用第二审程序对上诉案件进行审理后,可以作出两种类型的判决,即维持原判和依法改判。

1. 维持原判。指二审人民法院通过对上诉案件的审理,确认一审判决认定事实清楚,适用法律、法规正确,从而作出驳回上诉人上诉,维持一审判决的判决。维持原判必须同时具备两个条件:一是原判决认定事实清楚,即一审判决对具体行政行为的合法性裁判有可靠的事实基础和确凿的证据支持。二是适用法律、法规正确,即一审法院适用法律、法规恰如其分。

2. 改判。指第二审人民法院直接改正第一审判决的错误内容的判决形式。改判适用于两种情形:一是原判决认定事实清楚,但适用法律、法规错误。一审判决认定事实正确,只是适用法律、法规错误,第二审人民法院应在正确适用法律、法规后,依法更正一审判决的内容。二是原判决认定事实不清,证据不足,或者由于违反法定程序可能影响案件正确判决的,第二审人民法院可以在查清事实后改判。在一审判决认定事实不清的情况下，第二审人民法院一般应裁定撤销原判，发回原审人民法院重审。不过，如果一审法院由于主、客观原因，难以或不可能查清事实，第二审法院则可以在查清事实后，依法对一审判决作出改判。

第二审人民法院在对第一审人民法院的判决进行改判时，必然会涉及一审判决对被诉具体行政行为的认定。从一审判决的内容看，它可能是维持被诉具体行政行为，也可能是撤销或者变更被诉具体行政行为，当第二审人民法院需要改变一审判决内容时，就必然要对具体行政行为的合法性重新予以确认，因而第二审人民法院在改变一审判决时，应当在对一审判决作出判决时，一并对被诉具体行政行为的合法性作出判决，依法判决维持、撤销或者变更被诉具体行政行为。

附录：

一、相关案例

1. 徐某某诉公安行政处罚决定案

2003年11月28日中午，原告徐某某与同组村民陈某因口角互相辱骂，原告徐某某认为陈某骂得太难听，双方发生撕扯，致使陈某头部受伤。事后，陈某打电话报警。后来感觉头痛得厉害，又拨打120急救电话被送到某县人民医院住院治疗，医院诊断为一级脑外伤、脑震荡。经某县公安局刑事技术室鉴定为轻微伤。被告某县公安局于2003年11月28日接到报警电话后，对陈某进行了询问，2003年12月1日决定立案查处。同年12月5日，被告某县公安局对原告徐某某进行了讯问，12月8日、11日分别调查、询问了证人李某和曹某某（小学生，生于1992年）。李某证实原告与陈某因口角相互辱骂，发生撕扯，原告用拳头打了陈某；曹某某证实，原告与陈某因口角相互辱骂，并发生撕扯，原告用手抓陈某的头发，扯摇了几下。12月11日，被告向原告送达了公安行政处罚告知书，12月16日向原告送达了“（2003）第860号”公安行政处罚决定书，决定给予原告徐某某罚款200元的治安行政处罚。原告徐某某对该处罚不服，依法向某县人民政府申请复议。经复议，某县人民政府于2004年2月27日作出当复字（2004）第1号行政复议决定书，维持了某县公安局“（2003）第860号”公安行政处罚决定。原告徐某某在2004年4月20

日收到行政复议决定书后仍不服，于2004年4月20日向法院起诉。在起诉时，原告200元罚款未缴纳。

原告徐某某诉称，2003年11月28日，我发现两只猫在吃我晒的鱼，就边赶边骂："你好吃，看我不打死你。"陈某（以前为推鱼塘之事与我闹过矛盾）不问青红皂白，从自家门前骂过30米距离到刘某门口对我行凶，她猛抓我的头发，拼命地拉扯，并用拳头使劲地打我的头部。事情发生后，在被告某县公安局进行解决时，被告不认真调查了解案件的具体情况，仅根据陈某和她不在现场的姑姑李某的一面之词对我进行处罚。我不服，请求人民法院依法撤销（2003）第860号公安行政处罚决定书。

被告某县公安局辩称，2003年11月28日，原告徐某某与其邻居陈某因口角发生矛盾而相互辱骂对方。尔后，在刘某的屋门前，徐某某一手抓住陈某的头发，一手握着拳头对其进行殴打，经某县公安局法医鉴定，陈某的损伤程度为轻微伤。上述事实有曹某某、李某的证言，被害人陈某的陈述，原告徐某某的陈述，本局的法医鉴定书等证据证明，陈某的伤势确系原告徐某某殴打所致。原告人的行为属违法行为，违反了《中华人民共和国治安管理处罚条例》第二十二条第（一）项之规定，即殴打他人，造成轻微伤害的，应处十五日以下拘留，二百元以下罚款或者警告。本局考虑到原告徐某某与陈某系邻居，两人因口角发生矛盾，不宜适用拘留处罚措施。根据本案的事实、情节遂决定对原告徐某某罚款200元。本局认为对原告徐某某的治安处罚事实清楚，证据确凿、充分，程序合法，适用法律、法规准确，裁量适当，为维护法律尊严，请求人民法院依法维持我局的（2003）第860号公安行政处罚决定。

诉讼中，原告提供了以下证人证言：1. 曹某某证明：2003年11月28日中午，我到朱小龙（陈某儿子）家去玩，看见陈某骂到刘某门口和徐某某（原告）打起来了，我就跑回家喊奶奶去看，他们就没有打了，我是听陈某的儿子朱小龙说，徐某某打了他妈。2. 蔡永菊、史道美证明，李某是陈某的远房姑姑。3. 廖远菊（曹某某奶奶）证明，曹某某与朱小龙要好。原告提供证人证言证明，李某是陈某姑妈，曹某某与陈某儿子朱小龙要好，公安机关仅凭他们的证言对我处罚，证据不真实，请求法院撤销某县公安局（2003）第860号公安行政处罚决定。

诉讼中，被告针对原告提供的证人证言，补充了以下证人证言。1. 廖远菊证明,原告威胁证人曹某某,要其作伪证说:“没有看见原告打陈某”。2. 赵昌权(史道美之子)证明,其母没有给原告出证据,是原告事先写好了,要其母签的名,其母根本不知情。被告公安机关提供以上证人证言,证明原告提供的证人曹某某、蔡永菊、史道美、廖远菊的证人证言是通过欺骗和威胁手段取得,其收集的证据违法,不能作为证实案情的依据。一审判决,亦认定了原告收集的证据违法,不予采信。

某县人民法院经审理认为:1. 被告某县公安局接到报警后,依照法律赋予的行政职权,按照法定程序,对该案进行调查取证,在查明原告徐某某殴打他人致伤的违法行为后,根据《中华人民共和国治安管理处罚条例》第二十二条第(一)项的规定,对原告徐某某处以200元罚款的具体行政行为是合法的,其认定的事实清楚,证据充分,程序合法,适用法律、法规正确,处罚幅度恰当,对被告的请求本院应予支持。2. 原告徐某某在诉讼中虽向本院提供了9份书证,但其主要证据是证明证人李某不在现场,与陈某是亲戚关系,证人曹某某与陈某的儿子是好朋友,且该证据是在事发三个多月后取得,证据的效力在庭审质证时已被被告补充提供的新证据证实其取得证据的手段不合法,证明的内容不真实,即不能证明证人李某、曹某某在公安机关陈述的事实是虚假的。据此,对原告徐某某的请求,本院不予支持。根据《中华人民共和国行政诉讼法》第五十四条第(一)项的规定,判决维持某县公安局“(2003)第860号”公安行政处罚决定。案件受理费100元由原告徐某某负担。

一审宣判后,双方当事人在法定期限内均未提起上诉。

2. 东莞市裕福商业投资有限公司与东莞市寮步镇人民政府等规划行政处罚及行政赔偿纠纷上诉案

2002年6月18日,按照东莞市委、市政府的通知精神,东莞市城建规划局作出了“东规发[2002]9号”《关于加强东城八一路和寮步西南路两侧用地规划控制的通知》,要求东城区规划管理所和寮步镇规划管理所暂停审批所有位于八一路和西南路中线两侧各500米规划控制范围内的项目,待规划编制完成后,再按照规划审批;控制范围内所有在建工程立即停工,等待处理。2002年6月20日,东莞市寮步镇人民政府向西南路沿线各村委会、各建设用户下发了“寮府办[2002]51号”《关于转发市城建规划局关于加强东城八一路和寮步西南路两侧用地规划控制的通知》传达“东规发[2002]9号”文件的精神，在通知中，东莞市寮步镇人民政府要求位于西南路中线两侧各500米控制范围内所有在建工程停止，严禁在控制范围内擅自占地建房或抢建。2004年11月1日，东莞市裕福商业投资有限公司位于东莞市寮步镇上底村福田村小组路段的办公楼、厂房和宿舍项目开始施工。上述工程项目位于西南路中线两侧500米的控制范围内。2005年1月20日上午，东莞市寮步镇人民政府对东莞市裕福商业投资有限公司所建的上述工程项目进行了强制拆除，东莞市公安局寮步分局到场维持秩序。东莞市裕福商业投资有限公司认为东莞市寮步镇人民政府和东莞市公安局寮步分局强制拆除其房屋的行政处罚违法，向东莞市人民法院提起诉讼，请求判令撤销该行政处罚、由两机关在全省发行的报纸上公开赔礼道歉、承担案件受理费并赔偿其损失人民币4414269元。

东莞市人民法院经审理认为，本案原告诉及的建筑物，并没有取得相关的建筑规划许可证及建筑工程施工许可证，其建筑属违法建筑。根据《城市规划法》第四十条的规定，对原告上述未取得相关许可证而强行抢建施工的建筑物，应由城市规划行政主管部门依有关规定予以处理，而被告东莞市寮步镇人民政府作为镇一级政府，对原告违法建筑行为可以并且应当予以制止及责令其纠正，但并无强制拆除的权力，被告强制拆除原告房屋的行为越权，属于违法行政。因原告建筑本属违法，依法就应拆除，其要求撤销和纠正拆除房屋行为不获支持，违法建筑物也不获法律保护，且其损失属其自身强建抢建所致，不应获得赔偿，对其赔偿请求及公开赔礼道歉要求应予驳回。而被告东莞市公安局寮步分局是应寮步镇政府要求到现场维持秩序，其并非房屋拆除行为的实施者，原告诉其行政行为违法并请求赔偿的理由不成立，应予驳回。综上所述，依照最高人民法院《关于执行〈中华人民共和国行政诉讼法〉若干问题的解释》第五十六条第（四）项、第五十七条第二款第（二）项的规定，案经原审法院审判委员会讨论决定，判决确认被告东莞市寮步镇人民政府2005年1月20日对原告东莞市裕福商业投资有限公司位于东莞市寮步镇上底村的房屋强制拆除的行政行为违法，驳回原告东莞市裕福商业投资有限公司请求被告东莞市寮步镇人民政府赔偿人民币4414269元及公开赔礼道歉的诉讼请求，驳回原告东莞市裕福商业投资有限公司对被告东莞市公安局寮步分局的诉讼请求。

东莞市裕福商业投资有限公司不服东莞市人民法院的决定,向东莞市中级人民法院提出上诉。东莞市中级人民法院审理认为,根据《城市规划法》第四十条规定,被上诉人东莞市寮步镇人民政府作为镇一级人民政府,并不具有对违反《城市规划法》的行为进行行政处罚的权力,因此,被上诉人所作的拆除涉案建筑物的行为属超越职权的行为。原审法院关于被上诉人强制拆除涉案建筑物行政处罚违法的定性正确。同时,由于被诉行政处罚已经实施完毕,原审法院适用《最高人民法院关于执行〈中华人民共和国行政诉讼法〉若干问题的解释》第五十七条第二款:"有下列情形之一的,人民法院应当作出确认被诉具体行政行为违法或者无效的判决:……(二)被诉具体行政行为违法,但不具有可撤销内容的;……"的规定,确认被上诉人作出的行政处罚行为违法,并无不当。本案中作出强制拆除行政处罚者是东莞市寮步镇人民政府,从上诉人提供的证据看,被上诉人东莞市公安局寮步分局只是到场维持秩序,其未作出也未具体实施行政处罚,上诉人认为被上诉人东莞市公安局寮步分局共同作出行政处罚的理由不成立,不予支持。一审法院判决驳回上诉人对东莞市公安局寮步分局的诉讼请求正确。

根据《城市规划法》第三十条、第三十一条和第三十二条的规定,在城市规划区内进行建设,必须要有"一书二证"即选址意见书、建设用地规划许可证、建设工程规划许可证。根据东莞市城建规划局出具的《关于核查裕福商业投资公司在寮步镇上底村福田施工项目建设工程规划许可证的复函》,上诉人未办理有关规划报建手续、未取得建设工程规划许可证即开始建设涉案被拆除建筑物,同时上诉人亦未能向法院提交涉案被拆除建筑物的建设工程规划许可证,结合上诉人在一审庭审时对其建设涉案被拆除建筑物未完善报建手续、未得到报建批准事实的确认,东莞市中级人民法院认为,上诉人不能证明涉案被拆除建筑物的合法性。根据《国家赔偿法》第二条的规定,国家承担赔偿责任的条件之一是国家机关和国家机关工作人员违法行使职权的行为侵害了公民、法人和其他组织的合法权益,由于上诉人不能证明涉案被拆除建筑物的合法性,故对上诉人要求被上诉人赔偿其建设涉案被拆除建筑物实际支出费用人民币4414269元的请求,东莞市中级人民法院不予支持。根据《国家赔偿法》第三十条的规定,东莞市中级人民法院认为,本案不属《国家赔偿法》第三条第(一)、(二)项的情形,上诉人要求被上诉人在全省发行的报纸上公开赔礼道歉的请求,缺乏法律依据,予以驳回。原审法院在城市规划行政主管部门未对涉案被拆除建筑物的性质作出认定的情况下认定涉案被拆除建筑物属违法建筑不当,予以纠正。故判决驳回上诉,维持原判。[①]

3. 彭学纯诉上海市工商行政管理局案

2000年8月16日晚8点,上海有线电视台戏剧频道《闪亮时分》栏目播放了专题节目《共和国之歌——献给人民功臣》,该节目内容主要是介绍上海411医院院长章某等五位上海市新长征突击手的事迹。原告彭学纯2000年12月1日向被告上海市工商行政管理局(以下简称工商局)投诉称,因为看了该节目,他妻子于2000年8月21日住进了411医院进行治疗,29天后死亡。彭学纯认为该节目系违法医疗广告,故要求工商局进行查处。对此,工商局口头答复该节目不属于广告,不同意立案查处。故彭学纯起诉要求工商局履行法定职责,查处电视台播出该医院违法广告的行为。

被告辩称:原告反映的电视节目是一个专题报道,主要内容介绍了包括411医院院长章某在内的五位上海市新长征突击手的事迹。节目虽然有关于骨病治疗的内容,但认定为广告依据不足,故我局已口头答复原告不对该节目立案查处。现原告要求被告履行法定职责与事实不符,请求驳回原告的诉讼请求。

上海市徐汇区人民法院审理认为,被告工商局作为上海市的广告监督管理机关,对违反法律规定的广告活动,有权依照法律的规定进行行政处罚。国家工商行政管理局、卫生部1993年9月27日发布的《医疗广告管理办法》明确规定,医疗广告是指医疗机构通过一定的媒介或者形式,向社会或者公众宣传其运用科学技术诊疗疾病的活动。国家工商行政管理局2001年3月1日在“工商广字(2001)第57号”答复中进一步明确,大众传播媒介利用新闻报道形式介绍医疗机构及其服务,如出现医疗机构的地址、电话号码或其他联系方式等内容的,在发表有关医疗机构报道的同时,在同一媒体同一时间(时段)发布该医疗机构广告的,即使发布者声称未收取费用,也应认定为利用新闻报道形式发布医疗广告。从彭学纯提供的电视节目内容可以看出,该专题报道从形式上具备了上述规定认定医疗广告的基本特征,工商局对彭

① 参见《东莞市裕福商业投资有限公司与东莞市寮步镇人民政府等规划行政处罚及行政赔偿纠纷上诉案》,广东省东莞市中级人民法院“(2006)东中法行终字第75号”文件。

学纯的投诉应予以调查处理，并将处理结果告知其本人。综上所述，彭学纯要求工商局履行法定职责的诉讼请求应予支持。依照《行政诉讼法》第五十四条第三项之规定，于2002年12月9日判决如下：被告上海市工商行政管理局应于本判决生效之日起三个月内，履行上海有线电视台戏剧频道2000年8月16日20时播出的专题报道节目是否构成违法医疗广告进行调查处理的法定职责，并将结果告知原告彭学纯。

一审宣判后，上海市工商局向上海市第一中级人民法院提出上诉，认为有关电视专题报道主要是介绍海军医院院长等医务人员的事迹，虽然其中包括了关于骨病治疗的内容，但认定为广告依据不足；接到彭学纯的投诉后，已积极进行调查，将节目内容录制成了光盘交给其本人，并将处理结果告知了彭学纯，已履行了法定职责，请求驳回彭学纯的诉讼请求。

上海市第一中级人民法院审理认为：《广告法》第六条规定，县级以上人民政府工商行政管理部门是广告监督管理机关。根据《广告法》的规定，广告的管理和监督是工商行政管理部门的职责之一，因此，认定有关节目是否构成广告、是否构成违法广告以及如何依法进行行政处罚，均属于工商行政管理部门的职责范围。彭学纯认为上海市有线电视台播出节目属于违法广告，侵犯其合法权益，并向上海市工商局申请对该广告予以行政查处，符合《行政诉讼法》的有关规定。

《医疗广告管理办法》第二条第二款规定，医疗广告是指医疗机构通过一定媒介或者形式，向社会或者公众宣传其运用科学技术诊疗疾病的活动。公众所理解的广告，就是以一定的方式通过媒体对商品或者服务以及提供商品或者服务单位的宣传和介绍。从庭审播放的上海市有线电视台专题节目《共和国之歌——献给人民功臣》来看，尽管录制的光盘声音不清晰，但画面反映出节目中不仅有对411医院院长章某的事迹介绍，还有相当一部分内容是介绍其诊疗方法和疗效，画面上还三次出现411医院名称的特写镜头。该节目反映的信息既有医务人员工作事迹的介绍，又有医务人员医术和医疗专长的介绍，其宣传医院和医院服务的用意十分明显，彭学纯有理由得出该节目属于医疗广告的结论。因此，原审认定该专题报道从形式上具备了认定为医疗广告的基本特征，并无不当，符合《医疗广告管理办法》的有关规定，工商局以该节目不构成广告而不予查处的理由不成立。工商局虽然将不予立案查处的理由告诉了彭学纯本人,但由于工商局没有依法履行其法定的行政职责,未能够依法保护申请人的人身权和财产权,故原审判决认定工商局应对该节目进行查处,亦无不当,可予维持。据此,上海市第一中级人民法院依照《行政诉讼法》第六十一条第一款第(一)项之规定,于2003年4月21日判决:驳回上诉,维持原判。①

二、重点推荐阅读材料:

1. 马怀德主编:《行政诉讼原理》,法律出版社2003年版。

2. 应松年主编:《行政诉讼法学》,中国政法大学出版社2007年版。

3. 江必新主编:《中国行政诉讼制度的完善》,法律出版社2005年版。

4. 马怀德主编:《司法改革与行政诉讼制度的完善:〈行政诉讼法〉修改建议稿及理由说明》,中国政法大学出版社2004年版。

5. 孔祥俊:《最高人民法院〈关于行政诉讼证据若干问题的规定〉的理解与适用》,中国人民公安大学出版社2002年版。

6. 姜明安:《行政诉讼法学》,北京大学出版社2001年版。

7. 甘文:《行政诉讼司法解释之评论:理由、观点与问题》,中国法制出版社2000年版。

8. 杨伟东:《权力结构中的行政诉讼》,北京大学出版社2008年版。

① http://bmla.chinalawinfo.com/NewLaw2002/SLC/SLC.asp? Db = cas&Gid = 117507822.

第八章 | 行政赔偿与行政补偿

第一节 行政赔偿

一、行政赔偿概述

（一）国家赔偿概述

国家机关及其工作人员行使职权时侵犯公民、法人或者其他组织的合法权益造成损害的，国家应当承担赔偿责任。这是国家赔偿制度的核心内容。国家赔偿责任是一种不同于民事赔偿的特殊赔偿责任。在绝大多数国家，虽然国家侵权行为是由国家机关或者工作人员实施，但承担国家赔偿责任的主体是国家。关于国家赔偿责任的性质，理论的发展经历了从“代位责任”到“自己责任”的过程。主张“代位责任”的学者认为，国家承担的责任并非自己的责任，而是代替公务员承担的责任，从纯理论上说，公务员就其不法侵权行为承担的赔偿责任应当由公务员自己承担，由于公务员财力不足，为确保受害人能够获得实际赔偿，改由国家代替公务员对被害人负赔偿责任。随着理论与实践的发展，“代位责任说”逐渐被“自己责任说”所代替。20 世纪以来，国家职能扩大，政府的任务与活动日益增加，对经济与社会生活经常进行主动积极的规整、调节与服务。在日益增多的公务活动中，人民的自由与权利，难免会因公务人员不法执行职务，或公共设施的设置或管理有欠缺而受损害。此种损害，无疑是国家从事其增进公益活动的同时所带来的一种危险。因此，国家必须对其自身的行为所带来的危险负责，而与公务人员个人是否对该加害行为有无故意或过失以及应否负责无关。我国《国家赔偿法》基本采取了“自己责任说”。“赔偿费用,列入各级财政预算”的规定即为其体现。

国家赔偿制度在各国的发展是不平衡的。学界的通说认为,国家赔偿的发展经历了三个主要的历史阶段:第一个阶段是国家无责任阶段。在奴隶社会和封建社会几千年的发展史中,社会处于专制统治之下。在这样的社会结构里,作为主宰者的国王掌握着国家和社会的一切,对于臣民而言,王权是没有限制的。在这样的背景下,根本不可能产生国家赔偿的思想。第二个阶段是国家承担部分责任阶段。19 世纪末到 20 世纪初期,国家赔偿开始在各国逐渐得到承认。主要是由于国家行政任务、行政权力的膨胀,国家侵权行为的激增,呼唤着制度化的解决途径来化解国家给公民造成的损害。法国、德国等国开始承认国家的赔偿责任。第三个阶段是国家全面承担责任阶段。第二次世界大战以后,随着人权观念的兴起,国家赔偿广泛地发展起来,许多国家纷纷确立了国家赔偿法律制度。例如,英国于 1948 年颁布《王权诉讼法》,美国于 1946 年颁布《联邦侵权赔偿法》,日本于 1947 年颁布《国家赔偿法》等。

国家赔偿法是有关国家承担侵权赔偿责任的法律规范总和。由于国家赔偿制度借鉴了部分民法、诉讼法等原则而逐步发展起来。因此,在许多国家,广义上的国家赔偿法是指宪法、民法、行政法、诉讼法或者其他明确规定国家赔偿责任的单行法律的总和。狭义的国家赔偿法则指专门规定国家赔偿责任的国家赔偿法、国家责任法、公职责任法等。

1995 年 1 月 1 日起施行的《中华人民共和国国家赔偿法》确立了我国的国家赔偿制度。合法权益受到国家机关和国家机关工作人员违法职权行为侵害的公民、法人或者其他组织有取得国家赔偿的权利。

(二) 行政赔偿的概念与特征

行政赔偿责任是国家赔偿责任的一种。行政赔偿是指国家行政机关及其工作人员在行使职权过程中违法侵犯公民、法人或其他组织的合法权益并造成损害,国家对此承担的赔偿责任。行政赔偿具有以下特征:

第一,行政赔偿是国家的赔偿责任。行政赔偿的责任主体是国家,主要表现在赔偿费用由国家财政支出。行政机关及其工作人员与国家之间存在委托代理关系,在法律上代表国家实施行为,无论是合法还是违法,其法律后果都归属于国家。

第二,行政赔偿是国家对行政侵权行为所承担的赔偿责任。作为一种法律主体,国家可能承担的赔偿责任多种多样,包括民事赔偿责任、司法赔偿责任、立法赔偿责任、军事赔偿责任、公共设施设置赔偿责任和国际法上的赔偿责任等。特定的赔偿责任与特定的侵权行为相对应,而行政赔偿仅仅是国家对行政管理过程中的侵权行为承担的赔偿责任。

第三,行政赔偿是国家对行政机关及其工作人员的侵权行为承担的赔偿责任。对行政机关及其工作人员应当做广义的理解。行政机关不仅包括中央及地方各级人民政府及其下设的工作部门,即国家行政机关;而且包括法律法规授权的组织、委托的行政机关、共同实施侵权行为的行政机关。工作人员不仅包括具有公务员身份的工作人员,而且包括受行政机关委托执行公务的一般公民,包括接受行政机关指使实施违法行为的公民。

第四,行政赔偿是国家对合法权益受到行政侵权行为损害的公民、法人或者其他组织承担的赔偿责任。一方面,凡是合法权益受到行政机关及工作人员的行为侵害的人都可能成为行政赔偿的请求权人,并不限于具体行政行为所直接指向的对象。另一方面,行政赔偿针对的损害是对公民、法人或者其他组织合法权益的侵害。

二、行政赔偿的归责原则与构成要件

(一) 行政赔偿的归责原则

国家赔偿法上的归责原则是指国家承担赔偿责任的依据和标准。《国家赔偿法》第 2 条规定:"国家机关和国家机关工作人员违法行使职权侵犯公民、法人和其他组织的合法权益造成损害的,受害人有依照本法取得国家赔偿的权利。"也就是说,我国《国家赔偿法》采取的是违法归责原则①,即国家只

① 实行国家赔偿制度的世界各国和地区采用的归责原则很不一致,具有代表性的原则有四种:一是过错归责原则,通常是指致害人存在着故意或过失或者致害行为本身存在着某种欠缺,方构成国家赔偿责任的根据。二是过错加违法原则,是指国家机关和国家机关工作人员故意或过失不法侵害公民、法人或其他组织合法权益的,国家承担赔偿责任。该原则是目前许多国家均适用的归责原则,如日本、韩国、美国等。三是无过错归责原则,即在国家公务活动中,只要有损害结果发生,国家就要承担赔偿责任,无需考虑致害人是否存在主观过错。这一原则在整个归责原则体系中仅处于辅助地位。四是违法归责原则,是指国家赔偿以职务行为违法为归责标准,不问公务人员主观上是否有过错。采违法归责原则的典型国家是瑞士和奥地利。

对违法行使职权的行为才承担赔偿责任。《国家赔偿法》之所以采违法归责原则，是因为违法原则与其他原则相比有诸多优点，与依法治国、依法行政原则及行政诉讼法的规定也协调一致，便于操作，也有利于保护受害人获得国家赔偿。我国行政赔偿适用的也是违法归责原则。理解该原则需要注意以下几点：

1. 违法归责原则中的“法”是广义的法[①]，既包括实体法，也包括程序法，既包括法律、法规和其他具有普遍约束力的规范性文件，也包括法的基本原则和精神。之所以对违法原则作广义理解，是因为国家机关及其工作人员的职权十分广泛，受到多层次法律规范的约束，违反任何层次的规范，都应当被视为违法。

2. 违法的行为既包括法律行为，也包括事实行为，既包括积极的作为性违法，也包括消极的不作为违法。事实行为是指国家机关及其工作人员违法实施的不直接产生法律效果的行为，如政府机关提供咨询、实施指导、发布信息等。作为违法是指侵权主体以积极的作为方式表现出来的违法情形，例如，行政机关的违法处罚、违法采取强制措施等行为。不作为违法是指侵权主体拒绝履行或拖延履行其承担的职责和义务的违法情形。

3. 违法表现为侵权主体的行为没有履行对特定人的职责义务或违反了对特定人的职责义务，或者在行使自由裁量权时滥用职权或没有尽到合理注意。

（二）行政赔偿的构成要件

行政赔偿责任的构成要件是指国家承担行政赔偿责任的必要条件。换言之，国家应当在什么情况下给予受害人赔偿，申请人符合哪些条件才能取得行政赔偿，国家裁判机关根据哪些条件要求国家对受害人负责赔偿。行政赔偿责任的构成要件是行政赔偿制度的核心内容，它通常包括主体要件、行为要件、损害结果要件和法律要件。只有完全具备上述四个要件的情况下，

---

① 学术界对于如何理解“违法”有不同的观点：一种观点认为“违法”应当是指国家机关和国家机关工作人员行使职权时作出的行为违反严格意义上的法律、法规，参见肖峋：《中华人民共和国国家赔偿法理论与实用指南》，中国民主法制出版社 1994 年版，第 90 页；另一种观点认为应当从广义上理解“违法”，目前大多数学者持此观点，参见姜明安主编：《行政法与行政诉讼法》，北京大学出版社、高等教育出版社 2005 年版，第 655 页。

国家才承担赔偿责任，缺少任何一个条件，国家都不承担赔偿责任，受害人也得不到赔偿。

1. 行政赔偿责任的主体要件。行政赔偿责任主体要件是指国家对哪些组织和个人的侵权行为承担赔偿责任。需要注意的是，这里的主体要件是指侵权行为主体，而不是责任主体。根据《国家赔偿法》的规定，原则上行政侵权行为主体包括两类：国家行政机关和国家行政机关工作人员。特殊情况下，还包括法律法规授权的组织和行政机关委托的组织和个人。

2. 行为要件。行政赔偿责任中的行为要件是指，国家对侵权主体实施的何种行为承担赔偿责任。在我国，这一构成要件是指：国家只对侵权主体实施的执行职务的行为承担赔偿责任，即致害行为必须是与执行职务有关的行为。所谓执行职务是指国家机关或国家机关工作人员履行或不履行其职责和义务的行为。“执行职务”是一个内涵丰富的概念，它包括行使权力的行为和非权力行为，也包括法律行为和事实行为，还包括作为和不作为行为。为了准确地判断某一行为是否属于执行职务行为，还必须结合一些具体标准进行。这些具体标准包括：职权标准；时空标准；名义标准；目的标准等。

3. 损害结果要件。国家是否承担侵权责任，要看该行为是否造成特定人的损害。没有损害结果或遭受损害的是普遍对象，国家就不必负责赔偿。因此，损害是构成行政赔偿责任的必要条件之一。所谓损害，就是国家行政机关违背对公民、法人所承担的义务而使其受到不利的结果。损害应当具备现实性、特殊性和直接性等特征。损害的现实性是指必须导致现有权益的实际损害。损害的特殊性是公共负担平等原则的体现。司法侵权行为的受害人遭受的损害必须是特殊的损害。如果某受害人与社会上其他人遭受到同样的损害，就因此不能获得国家赔偿。损害的直接性即指损害为直接损害，而非间接损害。我国《国家赔偿法》在第2章第1节中把侵权损害的范围概括为两种，一是人身权，二是财产权。人身权、财产权主要有人身自由权、人格尊严权、婚姻自主权、名誉权、荣誉权、名称权、生命健康权、肖像权、亲属关系中的权利，以及种种财产权，如继承权、物权、经营自主权、债权、知识产权等。损害行为与损害结果之间应当有因果关系。确认行政赔偿责任必须符合两个条件：一是因果之间具有逻辑联系，符合逻辑联系的条件；二是因果之间有直接相关性，即依正常人的经验和理解，行为和结果之间有牵连。行政赔偿中的因果关系,实质上是国家机关与受害人之间的权利义务关系。只要国家机关违背了对权利人所承担的特定义务并因此导致其损害,且权利人无法通过其他途径受偿的,我们就认为存在行政赔偿责任中的因果关系。

4. 法律要件。如果法律没有规定行政赔偿责任,即使公民受到国家机关违法侵害,国家也可能不承担赔偿责任。这是行政赔偿责任的一个重要特点。所谓"有法律规定"是指现实存在的所有规定行政赔偿责任的法律法规。例如,《行政许可法》第 76 条规定:"行政机关违法实施行政许可,给当事人的合法权益造成损害的,应当依照国家赔偿法的规定给予赔偿。"《治安管理处罚法》第 117 条规定:"公安机关及其人民警察违法行使职权,侵犯公民、法人和其他组织合法权益的,应当赔礼道歉;造成损害的,应当依法承担赔偿责任。"

三、行政赔偿范围

行政赔偿范围是指国家对行政机关及其工作人员在行使行政职权时侵犯公民、法人和其他组织合法权益造成损害的哪些行为承担赔偿责任。

(一)国家承担赔偿责任的范围

根据《国家赔偿法》第 3 条和第 4 条的规定,国家对下列行为给公民、法人或其他组织造成损害的行为给予赔偿:

1. 侵犯人身权的行为

民法学理论一般认为,所谓人身权是指与权利主体自身密不可分的、没有财产内容的权利,包括人格权和身份权。人格权又分为生命健康权、自由权、名誉权、姓名权、肖像权等。身份权分为亲权、监护权等。需要注意的是,《国家赔偿法》规定的人身权范围比较狭窄,限于生命健康权、人身自由权、名誉权和荣誉权。侵犯人身权的行为具体包括:行政拘留;限制人身自由的行政强制措施;非法拘禁或者以其他方法非法剥夺公民人身自由;以殴打等暴力手段或唆使他人以殴打等暴力手段造成公民身体伤害或死亡;违法使用武器、警械;其他造成公民身体伤害或者死亡的违法行为,例如,行政机关工作人员在执行公务过程中违反交通规则撞伤行人。

2. 侵犯财产权的行为

根据《国家赔偿法》第 4 条的规定,侵犯财产权的行为具体包括:行政机关实施罚款、吊销许可证和执照、责令停产停业、没收财物等行政处罚行为;对财产采取的查封、扣押、冻结等行政强制措施;违反国家规定征收财物、摊派费用的行为;侵犯财产权的其他违法行为,是指《国家赔偿法》第 4 条没有作列举性规定的侵害公民、法人或者其他组织财产权的行为,例如违法的不作为①。

(二) 国家不承担赔偿责任的范围

根据《国家赔偿法》第 5 条的规定,国家对下列行为不承担赔偿责任:

1. 行政机关工作人员实施的与行使职权无关的个人行为

行政机关工作人员具有双重身份,一方面是公务员,另一方面又是公民。行政机关工作人员以公务员身份实施的行为,总是与行政职权具有密切联系,应当视为职务行为,一切法律后果应归属于国家。当行政机关工作人员以普通公民的身份从事活动时,行使的是其民事权利或者其他公民权利,并不是行政职权;其目的是为了个人的权益,而不是国家利益。因此,公务员以公民的身份实施行为应当视为其个人的行为,造成损害引起的赔偿责任应当由个人承担。

2. 因受害人自己行为致使损害发生的

在此情况下,受害人虽受到某种损害,但损害和行政机关的违法行为没有关系,而是由受害人自己的行为造成,过错在于其本人,后果应当由其个人承担,国家不承担赔偿责任。

3. 法律规定的其他情形

对于这一规定,法律没有明确的解释,学者们观点不一。从目前的法律规定来看,除《民法通则》第 107 条规定因不可抗力造成他人损害的,不承担民事责任外,其他法律还没有规定。有学者认为,除不可抗力外,还包括第三

---

① 2001 年,最高法院在给四川省高级人民法院的一个批复中明确指出:由于公安机关不履行法定行政职责,致使公民、法人和其他组织的合法权益遭受损害的,应当承担行政赔偿责任。从中可以看出,行政机关怠于履行行政职责的不作为行为,已经纳入行政赔偿的范围。参见最高人民法院《关于公安机关不履行法定行政职责是否承担行政赔偿责任问题的批复》(2001 年 6 月 26 日最高人民法院审判委员会第 1182 次会议通过,“法释(2001)23 号”最高人民法院公告)。

人过错等情况。[①] 因第三人过错致使损害发生的，法律上的侵权行为主体是第三人，而不是行政机关及其工作人员。

由于《国家赔偿法》中规定的行政赔偿范围较窄，许多权益受到行政机关损害的相对人无法获得赔偿。行政法学者普遍认为应当拓宽行政赔偿的范围，将“行政机关制定、发布的具有普遍约束力的违法的决定、命令等”纳入赔偿范围；公有公共设施因设置或者管理缺陷致人损害的，也应当由国家承担赔偿责任。[②]

四、行政赔偿主体

1. 行政赔偿请求人

行政赔偿请求人是指依法享有取得国家赔偿的权利，请求赔偿义务机关确认和履行国家赔偿责任的公民、法人或者其他组织。行政赔偿请求人必须是合法权益遭受损害的公民、法人或者其他组织。行政赔偿请求人应当是直接受到行政侵权行为损害的人，受行政侵权行为的间接损害或不利影响的人不具有请求人资格。

2. 行政赔偿义务机关

行政赔偿义务机关是指代表国家处理赔偿请求、支付赔偿费用、参加赔偿诉讼的行政机关。行政赔偿的责任主体是国家，但国家是一个庞大的、结构复杂的政治实体，下设众多的机构和机关，受害者自己无法也没有权利确认承担赔偿义务的机关。另一方面，承担赔偿责任具有谴责的含义，国家机关不一定愿意主动承担赔偿责任，可能相互推诿。为有利于受害人提出赔偿请求，避免行政机关之间相互推诿，国家赔偿法专门设立了赔偿义务机关。根据《国家赔偿法》的规定，确认行政赔偿义务机关的具体情形包括：

第一，单独的赔偿义务机关。行政机关及其工作人员行使行政职权侵犯公民、法人和其他组织的合法权益造成损害的，该行政机关为赔偿义务机关，这是确认行政赔偿义务机关的一般规则。工作人员实施的公务侵权行为应当一律视为所在的行政机关的行为。所谓“所在的”，关键不在于公务员隶属的行政机关，而是与公务员具有职务委托关系的行政机关。

---

① 马怀德主编：《国家赔偿法学》，中国政法大学出版社 2001 年版，第 120 页。

② 应松年：《国家赔偿法修改中的几个问题》，载《国家行政学院学报》2006 年第 4 期，第 24 页。

第二,共同赔偿义务机关。两个以上行政机关共同行使行政职权时侵犯公民、法人和其他组织的合法权益造成损害的,为共同赔偿义务机关。共同赔偿义务机关之间负连带责任,受害人可以向共同赔偿义务机关中的任何一个赔偿义务机关要求赔偿,该赔偿义务机关应当先予赔偿,然后要求其他行政机关负担部分赔偿费用。共同赔偿义务机关各自按其在侵权损害中所起的作用承担责任。

第三,法律、法规授权的组织。法律、法规授权的组织在行使行政职权时侵犯公民、法人和其他组织的合法权益造成损害的,该组织为赔偿义务机关。值得注意的是,这里所说的法律、法规授权,必须是法律、法规和规章明文规定的授权,规章以下的规范性文件授权的视为委托,发生赔偿问题,由委托的行政机关作为赔偿义务机关。

第四,委托的行政机关。受行政机关委托的组织或者个人在行使受委托职权时侵犯公民、法人和其他组织的合法权益造成损害的,委托的行政机关为赔偿义务机关。

第五,行政机关撤销时的赔偿义务机关。赔偿义务机关被撤销的,继续行使职权的行政机关为赔偿义务机关;没有继续行使其职权的行政机关,撤销该赔偿义务机关的行政机关为赔偿义务机关。

第六,经过行政复议的赔偿义务机关。经复议机关复议,最初造成侵权行为的行政机关为赔偿义务机关,但复议机关的复议决定加重损害的,复议机关对加重的部分履行赔偿义务。需要注意,复议机关与原侵权机关不是共同赔偿义务机关,不负连带责任,而是各自对自己造成的损害承担责任。

五、行政赔偿程序

行政赔偿程序是指受害人依法取得国家赔偿权利、行政机关或者人民法院依法办理行政赔偿事务应当遵守的方式、步骤、顺序、时限等手续的总称。根据《国家赔偿法》的规定,受害人可以选择单独提出行政赔偿请求或者在行政复议、行政诉讼过程中一并提出行政赔偿请求。

(一) 单独提出行政赔偿请求的程序

根据行政诉讼法和国家赔偿法的规定,受害人单独提出行政赔偿请求的,应当首先向行政赔偿义务机关提出,赔偿义务机关拒绝受理赔偿请求、在法定期限内不作出决定或者不能达成协议的，受害人可以提起行政诉讼。与一并提出赔偿请求的程序相比较，单独提出行政赔偿请求程序的特点是须以赔偿义务机关的先行处理为前提。先行处理程序是指赔偿请求人请求损害赔偿时，先向有关的赔偿义务机关提出赔偿请求，双方就有关赔偿的范围、方式、金额等事项进行自愿协商或由赔偿义务机关决定，从而解决赔偿争议的程序。

1. 确认加害行为的职权性和违法性

需要注意的是，受害人单独提出赔偿请求的，必须以加害行为的职权性和违法性得到确认为前提。加害行为的职权性针对的是民事行为和行政行为、公务员个人行为和职务行为的划分等问题，前者决定了赔偿争议是民事纠纷还是行政争议；后者决定了赔偿责任人是国家还是公务员个人。加害行为的违法性针对的是行政赔偿与行政补偿的区别问题。

确认加害行为的职权性和违法性的途径有：(1) 赔偿义务机关自己确认，即实施侵权行为的行政机关书面承认其行为的违法性和职权性；(2) 通过行政复议确认。行政复议机关的撤销决定、履行法定职责的决定是确认加害行为违法性的直接根据。(3) 通过行政诉讼确认。人民法院的撤销判决、履行判决和确认判决都是确认加害行为违法性和职权性的根据。

比较特殊的是对事实行为的职权性和违法性的确认，由于法律没有明确规定，不能通过行政复议和行政诉讼程序进行。根据《最高人民法院关于审理行政赔偿案件若干问题的规定》(1997 年 4 月 29 日)第 3 条的规定，受害人可以首先请求赔偿义务机关确认事实行为的职权性和违法性；如果赔偿义务机关拒绝，受害人可以直接请求人民法院判决确认加害行为的违法性和赔偿义务机关的赔偿责任。这类行为实践中常见的有看守所干警唆使被羁押人员殴打他人的、商检局错发商检证明导致出口商品被退货的等。

从国家赔偿法实施十余年的情况看来，这一确认程序已经成为受害人获得国家赔偿的“拦路虎”，各界均要求取消确认程序。十一届全国人大常委会第五次会议初次审议的《中华人民共和国国家赔偿法修正案(草案)》第 9 条取消了确认程序，规定赔偿义务机关有《国家赔偿法》第 3 条、第 4 条规定情形之一的，应当给予赔偿。

2. 受害人提出赔偿请求

受害人提出要求赔偿应当递交申请书。申请书应载明下列事项：受害人的姓名、性别、年龄、工作单位和住所，法人或者其他组织的名称、住所和法定代表人或者主要负责人的姓名、职务；具体的要求、事实根据和理由；申请的年、月、日；有关的附件。

赔偿请求人书写申请书确有困难的，可以委托他人代书，也可以口头申请，由赔偿义务机关记入笔录。赔偿申请书，应由请求人和代理人签名或盖章后向赔偿义务机关提出。对于共同赔偿义务机关，受害人可以向任何一个赔偿义务机关提出，被请求的赔偿义务机关应当先予赔偿。某一赔偿义务机关先予赔偿之后，可要求其他赔偿义务机关承担赔偿责任。受害人可以同时提出一个或者数个赔偿请求。数个赔偿请示相互之间应当具有一定的联系，它们或者是因同一侵权行为而产生多项损害，或者是多种侵权行为实施于一个人产生多项损害，同时提出，一并解决，可以综合考虑各种因素，合理解决赔偿争议。受害人也可以提出具体的赔偿数额。

《中华人民共和国国家赔偿法修正案（草案）》还对受害人提出赔偿请求的程序进行了完善，增加规定："赔偿请求人不是受害人本人的，应当说明与受害人的关系。赔偿请求人当面递交申请书的，赔偿义务机关应当当场出具加盖本行政机关印章并注明收讫日期的书面凭证。申请材料不齐全的，赔偿义务机关应当当场或者在五日内告知赔偿请求人需要补正的全部内容。"

3. 行政赔偿义务机关处理赔偿请求

赔偿义务机关接到赔偿请求申请后，应当对本案事实进行调查，调查的事项包括以下几项：一是公民、法人或者其他组织是否遭受实际损害。二是公民、法人或其他组织所受到的损害与已确认的违法行为有无因果关系。三是受害人自己是否具有过错。四是是否存在第三人的过错。赔偿义务机关应当全面审查、核实相关的证据材料，可以责令赔偿请求人补充有关证据材料。查明上述事实之后，赔偿义务机关应当决定对公民、法人或其他组织赔偿的具体方式及标准。

赔偿义务机关对赔偿案件处理的法定期间为 2 个月。即赔偿义务机关在收到赔偿请求人赔偿申请书之日起 2 个月内要作出是否赔偿的决定。行政赔偿义务机关逾期不予赔偿或者赔偿请求人对赔偿数额有异议的，赔偿请求人可以自期间届满之日起三个月内向人民法院提起诉讼。

《国家赔偿法》实施以来，各界对行政赔偿义务机关处理行政赔偿请求的单方面决定程序意见较大，《中华人民共和国国家赔偿法修正案（草案）》对行政赔偿义务机关处理赔偿请求的程序进行了完善，在行政赔偿义务机关作出赔偿决定之前增加了协商程序。该《草案》第13条规定："赔偿义务机关作出赔偿决定，应当充分听取赔偿请求人的意见，并可以与赔偿请求人就赔偿方式、赔偿项目和赔偿数额依照本法第四章的规定进行协商。""赔偿义务机关作出不予赔偿决定的，应当书面通知赔偿请求人，并说明不予赔偿的理由。"

（二）一并提出行政赔偿请求的程序

一并提出赔偿请求的程序分为行政复议程序和行政赔偿诉讼程序。

1. 行政复议程序

申请人申请复议应递交申请书，在申请复议的理由和要求中一并提出赔偿请求。在行政复议中一并提出赔偿请求的受理和审理适用行政复议程序。在赔偿处理中行政复议机关可以适用调解，以调解书的形式解决赔偿争议，也可以作出赔偿的裁决。

2. 单独提出以及一并提出时的行政赔偿诉讼程序

受害人可以在提起行政诉讼时一并提出赔偿要求即提起行政赔偿诉讼，也可以在行政复议机关作出决定或者赔偿义务机关作出决定之后，向法院提起单独的行政赔偿诉讼。我国行政赔偿诉讼适用行政诉讼程序，属于行政诉讼中的一个特殊类别。

法院审理行政赔偿案件，就当事人之间的行政赔偿争议进行审理与裁判。在行政赔偿诉讼中，原告就被诉具体行政行为造成损害的事实提供证据。在行政赔偿诉讼中，被告同样不得就具体行政行为是否合法收集有利于自己的证据，但可以收集有关损害及其原因、第三人过错和受害人自己过错的证据。需要注意的是，法院审理行政案件，可以就赔偿范围、方式和数额进行调解。这是行政赔偿诉讼与行政诉讼在审理方式上的区别。

行政赔偿程序是否公正合理，会直接影响到受害人的赔偿请求权能否实现，其所受损害能否得到填补。现有的行政赔偿程序已经在一定程度上成为受害人获得国家赔偿的障碍。因此，许多学者主张应当将行政赔偿程序改革为协议程序和诉讼程序两个阶段。在协议程序中，赔偿权利人与赔偿义务机关可以自愿对赔偿事项进行协商。人民法院设国家赔偿审判庭,负责国家赔偿案件的审理。行政赔偿请求人可以向人民法院提起行政赔偿诉讼。[①]

六、行政赔偿的方式与标准

(一)行政赔偿的方式

国家赔偿方式,是指国家对自己的侵权行为承担赔偿责任的各种形式。赔偿是对侵权行为造成的损害的补救,由于损害的性质、情节、程度不同,赔偿的方式也有所不同。国家赔偿采用何种方式,直接影响到国家与被侵害主体的合法权益。《国家赔偿法》第25条规定:"国家赔偿以支付赔偿金为主要方式。能够返还财产或者恢复原状的,予以返还财产或者恢复原状。"根据这一规定,我国的国家赔偿以金钱赔偿为主要方式,以返还财产、恢复原状为补充,即除特别情形以外,绝大部分赔偿应通过支付货币的方式进行赔偿,只有在返还财产、恢复原状为适当时,才可以选择返还财产、恢复原状的方式。除金钱赔偿、返还财产、恢复原状几种方式外,《国家赔偿法》还规定了恢复名誉、赔礼道歉、消除影响等方式。

值得注意的是,国家赔偿法仅规定了财产损害的赔偿,没有规定精神损害赔偿。许多国家和地区的国家赔偿法中对精神损害赔偿已有明确的规定。可以说,在我国建立国家侵权精神损害赔偿制度已经成为学界的共识。[②] 建立这一制度意义重大。于国家而言,对公民人格权遭受国家侵权行为的侵害所引起的精神损害进行赔偿,乃法治国家的应有之义;于公民而言,对精神痛苦进行金钱慰抚,是对公民权利予以更高层次的救济,也是人权理论与实践取得重大发展的必然结果。

(二)行政赔偿的标准

《国家赔偿法》立法当时出于我国经济发展水平和国家财政负担能力的

---

① 参见应松年:《国家赔偿法修改中的几个问题》,载《国家行政学院学报》2006年第4期,第25页。

② 应松年:《国家赔偿法修改中的几个问题》,载《国家行政学院学报》2006年第4期,第23页;马怀德、张红:《论国家侵权精神损害赔偿》,载《天津行政学院学报》2005年第1期,第67页。

考虑,采取了抚慰性的直接的物质性损失赔偿原则[①],这个标准旨在保障公民最基本的生活和生存所需,而不是充分补偿受害人的损失。[②]《国家赔偿法》针对人身权损害和财产权损害规定了不同的计算标准。

1. 人身权损害的计算标准

人身权的损害包括侵犯公民自由和侵犯公民生命健康权两类,具体包括限制和剥夺人身自由、损害人格权、损害健康致人伤残、致人死亡。其损害赔偿计算标准分别为:

侵犯公民人身自由的,每日的赔偿金按照国家上年度职工日平均工资计算。国家上年度职工日平均工资数额,应当以职工年平均工资除以全年法定工作日数的方法计算。年平均工资以国家统计局公布的数字为准。[③]

侵犯公民生命健康权的,赔偿金按照下列规定计算:造成身体伤害的,应当支付医疗费,以及赔偿因误工减少的收入。减少的收入每日的赔偿金按照国家上年度职工日平均工资计算,最高额为国家上年度职工年平均工资的5倍;造成部分或者全部丧失劳动能力的,应当支付医疗费,以及残疾赔偿金,残疾赔偿金根据丧失劳动能力的程度确定,部分丧失劳动能力的最高额为国家上年度职工年平均工资的10倍,全部丧失劳动能力的为国家上年度职工年平均工资的20倍。造成全部丧失劳动能力的,对其扶养的无劳动能力的人,还应当支付生活费;造成死亡的,应当支付死亡赔偿金、丧葬费,总额为国家上年度职工年平均工资的20倍。对死者生前扶养的无劳动能力的人,还应当支付生活费。

---

① 从现代世界范围来看,由于各国情况的差异性,赔偿计算标准也有很大差别。但所确立的赔偿原则基本上可以归纳为三种:(1) 惩罚性原则。按照惩罚性原则来确定赔偿计算标准,即赔偿的数额对责任方具有惩罚性。因此这种赔偿数额除了使责任方付出足以弥补受害方所蒙受的损失费用外,还必须付出对侵害他人合法权益的行为负责任的惩罚性费用。从某种意义上来讲,这种原则一方面对受害方的损失予以补偿,另一方面又通过惩罚以达到对受害人的慰藉。美国就是如此。(2) 补偿性原则。按照补偿性原则确定赔偿即赔偿数额与受害人所受的损害损失基本等量。也就是说责任方应支付足以弥补受害人所受的实际损失。韩国即采用这种赔偿原则。(3) 抚慰性原则。即赔偿数额低于甚至远远低于实际损失的数额。国家赔偿只是向当事人承认错误,慰藉受到伤害的心灵,至于造成的损失的赔偿,只是象征性的。

② 参见肖峋:《中华人民共和国国家赔偿法的理论与实用指南》,中国民主法制出版社1994年版,第240页。

③ 参见《最高人民法院关于贯彻执行〈中华人民共和国国家赔偿法〉几个问题的解释》第6条的规定。

2. 财产权损害的计算标准

根据《国家赔偿法》第 28 条的规定,财产损失赔偿的计算标准如下:

处罚款、罚金、追缴、没收财产或者违反国家规定征收财物、摊派费用的,返还财产;查封、扣押、冻结财产的,解除对财产的查封、扣押、冻结,造成财产损坏或者灭失的,按照损害程度给付相应的赔偿金。所谓"相应的赔偿"是指赔偿的数额应以物的价值计算,严格掌握在实际损失范围内;应当返还的财产损坏的,能够恢复原状的恢复原状,不能恢复原状的,按照损害程度给付相应的赔偿金;应当返还的财产灭失的,给付相应的赔偿金;财产已经拍卖的,给付拍卖所得的价款;吊销许可证和执照、责令停产停业的,赔偿停产停业期间必要的经常性费用开支。经常性开支是指企业、商店等在停产停业期间用于维持其生存的基本开支,包括各种税费、水电费、仓储保管费、职工的基本工资等。至于停产停业期间损失的可得利益,国家不予赔偿;对财产权造成其他损害的,按照直接损失给予赔偿。除上述财产权损害外,还有其他损害财产权的情况,如对商标权、专利权造成损害等。所谓"直接损失",是指因遭受不法侵害而使现有财产的必然减少或消灭。

七、行政追偿

根据《国家赔偿法》第 14 条第 1 款的规定,赔偿义务机关赔偿损失后,应当责令有故意或者重大过失的工作人员或者受委托的组织或者个人承担部分或者全部赔偿费用。有关追偿的程序、方式以及公务员不服追偿决定的救济等问题,《国家赔偿法》均未涉及。因此,有学者提出,应当完善行政追偿制度。国家机关工作人员应当承担部分或者全部赔偿费用的,可以从工资中按月扣除,但必须留足工作人员维持基本生活的费用。有故意或者重大过失的工作人员依法应当承担的赔偿费用数额较大,本人无力支付的,有关机关可以依法给予行政处分。有故意或者重大过失的工作人员造成严重后果的,有关机关应当依法给予处分;构成犯罪的,应当依法追究刑事责任。①

① 应松年:《国家赔偿法修改中的几个问题》,载《国家行政学院学报》2006 年第 4 期,第 26 页。

第二节 行政补偿

行政补偿制度的产生要早于行政赔偿制度,但其发展速度和体系化程度远不及后者。我国目前并没有行政补偿的统一立法,有关行政补偿制度的内容散见于单行法律之中。因此,本节对行政赔偿的阐述属于对我国现有行政补偿制度和实践的初步总结,且带有一定的探讨性质。

一、行政补偿概述

(一)概念与特征

行政补偿是行政主体的合法行政行为给公民、法人或者其他组织的合法权益造成损害,或者公民、法人或者其他组织为了社会公共利益而遭受损失时,由国家给予补偿的一种活动。行政补偿具有以下几个方面的特征:

1. 行政补偿以合法行政行为为前提。这一点使得行政补偿区别于行政赔偿。虽然两者都是国家对行政机关及其工作人员在行政管理过程中损害公民、法人或者其他组织合法权益所采取的补救措施,但行政赔偿所针对的损害是行政机关及其工作人员的违法行为,而行政补偿针对的是行政机关的合法行为。

2. 行政补偿针对的是行政相对人遭受的特别损失。社会成员对国家和社会负有平等责任,如果社会成员的合法权益因国家的合法行为平等地受到损失或者限制,则不存在行政补偿的问题。例如,公民个人依法向国家纳税,属于社会成员平等地对国家和社会承担责任。只有当个别和少数公民、法人或者其他组织因国家合法行为受到额外或特别损失,而其他社会成员因此获益时,方才发生行政补偿。

3. 行政补偿的方式与标准具有多样性。由于实践中行政补偿种类繁多,行政机关在具体实施行政补偿时,采用的方式具有多样性。一般情况下,除金钱补偿外,还可采用实物补偿、劳务补偿以及就业安置、指导生产等方式。

4. 行政补偿往往是行政机关主动实施的行为。行政机关的行为使相对人的合法权益遭受损失,只要符合行政补偿的条件,行政机关就应当主动进行补偿。

（二）行政补偿与行政赔偿

行政赔偿和行政补偿都是国家对行政机关及其工作人员行使职权过程中给公民、法人或者其他组织合法权益造成的损害采取补救措施，二者之间存在着一些区别：

第一，原因不同。行政赔偿所针对的损害是行政机关及其工作人员的违法行为，而行政补偿针对的是合法行为。

第二，范围不同。行政赔偿的范围小于行政补偿的范围。行政赔偿受《国家赔偿法》的限制，国家并非对所有的行政侵权行为都承担赔偿责任，例如对国防、外交等国家行为，一般认为可以豁免国家赔偿责任。行政补偿的原因行为除了合法性这一限制之外，没有其他的限制。

第三，程度不同。行政赔偿对公民、法人或者其他组织合法权益的补救程度不如行政补偿充分。行政赔偿针对的损害限于人身权和财产权的损害，而行政补偿没有这种限制。

第四，程序不同。行政补偿可能是在损害发生之前由行政机关与公民协商解决，也可能是在损害发生之后由行政机关与协商解决。行政赔偿只能发生在侵权行为发生之后。

第五，性质不同。行政赔偿性质上属于行政法律责任，而行政补偿性质上属于具体行政行为。行政赔偿是国家对行政机关及其工作人员违法行使职权的行为而承担的一种法律责任，具有否定和谴责的含义；而行政补偿是国家对行政机关及其工作人员合法行为所造成的损害而采取的补救措施，行政机关达成作出的决定属于具体行政行为。

第六，依据不同。行政补偿的法律依据是有关的单行的部门法律法规，而行政赔偿的法律依据是《行政诉讼法》和《国家赔偿法》。

二、行政补偿的历史发展

行政补偿制度的产生确立，是一个国家文明进步的标志，是民主法治的产物。行政补偿制度是国家调整公共利益与私人或团体利益，全局利益与局部利益之间关系的必要制度。作为一种制度而言，自从有了国家机关，有了公权力的存在和行使，行政补偿便有可能偶然和不可预期地存在着。[①] 早在法国大革命时期和第一帝国时期就建立了公用征收补偿的原则，以后经过多次立法和判例补充，逐渐发展成为现行制度。法国《人权宣言》提出："财产是神圣不可侵犯的权利。除非当合法认定的公共需要显系必要时，且在公平而且预先补偿的条件下，任何人的财产不得受到剥夺。"本着这一精神，法国颁布了第一个行政机关对因实施公共事业而受到损失的人给予补偿的法律。在德国，1794 年的《普鲁士联邦法》第 75 条规定："对于因公共福利而牺牲其特别权利及利益之人，国家应予补偿"。德国《基本法》第 14 条第 3 款也规定："只有为社会福利才允许征用。"1946 年日本《宪法》第 29 条第 3 款规定："为了公共利益，在正当补偿之下，可使用私有财产。"作为一项完整的法律制度，行政补偿制度的产生早于国家赔偿制度，但却是在国家赔偿制度发展的基础上不断完善的，因而在历史上的一个较长时期里存在的情形是将国家补偿作为国家赔偿的一部分混合运用，国家补偿制度在一定意义上是依附于国家赔偿制度而发展的。直到 20 世纪以来，各国才逐渐倾向于将两者分离，在国家赔偿之外，单独确立有关行政补偿的概念、理论依据。

在我国，行政补偿制度较之于其他行政法制度有着较长的历史，半个多世纪以来的实践积累了大量丰富的经验。特别是在改革开放后，随着国家大规模经济建设的开始，国家基础设施建设的步伐加快，国家需要大量的建设用地，因此征收了大量的集体土地。为了规范政府的征收行为，保障相对人的合法权益，我国行政补偿制度建设也取得了较大的进步。初步形成了以宪法为统帅、以全国人大制定法（特别是土地管理法）为核心、以国务院相关条例为主体、以地方性法规规章为补充的多层次全方位的行政补偿法律制度。但总的说来，我国的行政补偿法律制度仍是不完善的。至今尚未有一部统一的行政补偿法，有关行政补偿的法律规定仍然散见于各种单行法律、法规中。

三、行政补偿的理论基础

行政补偿是平衡公共利益与私人利益的制度设计。行政补偿的理论基础要解决的问题是：国家为什么要对合法行政行为造成的损失给予补偿？对

① 司坡森：《论国家补偿》，中国法制出版社 2003 年版，第 20 页。

于这一问题的不同回答形成了各种观点,其中较有代表性观点如下[①]:

1. “特别牺牲说”。该说认为对行使所有权的内在社会限制是所有公民都平等承受的一定负担,不需要补偿。但当这种负担落到某个个别公民头上,它就变成一种牺牲,必须给予补偿。

2. “公共负担平等说”。认为政府的活动是为了公共利益而实施,其成本和费用应当全体社会成员平等分担。合法的行政行为给相对人的合法权益造成的损失,实际上是受害人在一般纳税负担以外的额外负担,这种负担应当平等分配于社会全体成员,其方式就是国家以全体纳税人缴纳的金钱补偿受害人所受的损失。

3. “既得权利保护说”认为,国家对合法行政行为造成的损失进行补偿,是因为宪法和法律保护人民的既得权利,这些权利如果由于公共利益之需要而蒙受损失,理应获得国家的补偿。实际上,“特别牺牲说”与“公共负担平等说”并无本质区别。前者立足于原因,后者则侧重于结果。因此,学界持这两种观点的学者占多数。

四、行政补偿范围

行政补偿的范围是指相对人能够获得行政补偿的具体情形,主要包括因合法行政行为引起的补偿和公法上的无因管理补偿两大类。

(一)因合法行政行为引起的补偿

因行政行为引起的补偿是指行政机关的合法行政行为给公民、法人或者其他组织的合法权益造成损害,由国家对行政相对人给予补偿的一种活动。这是狭义上的行政补偿。常见的因合法行政行为引起的补偿包括以下情况:

1. 公用征收补偿

公用征收补偿是指行政机关为了公共利益征用行政相对人的财产并给予补偿。常见的有下列几种情况:

(1)土地征收征用补偿。为了国家和社会公共利益的需要,在经济建设和社会发展过程中,为了修建道路、机场、公共设施等需要征用相对人所有或者使用的土地,并对土地所有权人或者使用人进行补偿。《物权法》第41条

① 参见王太高:《行政补偿制度研究》,北京大学出版社2004年版,第68—70页。

规定，为了公共利益的需要，依照法律规定的权限和程序可以征收集体所有的土地和单位、个人的房屋及其他不动产。征收集体所有的土地，应当依法足额支付土地补偿费、安置补助费、地上附着物和青苗的补偿费等费用，安排被征地农民的社会保障费用，保障被征地农民的生活，维护被征地农民的合法权益。《土地管理法》等有关法律、法规确认了国家出于公共利益的需要可以对土地实行征用的制度，同时规定应当向被征地的单位支付相应的补偿费。

(2) 房屋拆迁补偿。因市政建设、城市改造、道路建设、市容环保等方面的需要，根据法规、政策对相对人的房屋进行拆除，并对房屋所有者或使用者进行安置和给予相应的补偿金。例如，《物权法》第 41 条规定，征收单位、个人的房屋及其他不动产，应当依法给予拆迁补偿，维护被征收人的合法权益；征收个人住宅的，还应当保障被征收人的居住条件。

(3) 移民补偿。例如，1991 年《国家大中型水利水电工程建设征地补偿和移民安置条例》对国家大中型水利水电工程建设征地补偿和移民安置作了规定。

2. 对财产权进行限制引起的补偿

对财产权进行限制引起的补偿一般适用于行政机关间接地对相对人的财产权造成限制的情况，主要包括：

(1) 公共征调补偿。这是行政机关出于国家和社会公共利益的需要，在非常时期或者紧急状态下，依法强制取得相对人的财产或劳务，并对财产所有者和付出劳务者给予的补偿。如为了抢险救灾的需要，行政机关紧急调用公民、组织的车辆、船只等。

(2) 危险行为补偿。行政机关为了处置突发事件或紧急情况、消除紧急危险和避免重大损失，需要采取一定的应急措施和紧急处置行为，而这些行为可能会给相对人造成损失。一旦相对人因这些危险行为遭受损失，国家应当给予补偿。例如，《物权法》第 44 条规定，因抢险、救灾等紧急需要，依照法律规定的权限和程序可以征用单位、个人的不动产或者动产。被征用的不动产或者动产使用后，应当返还被征用人。单位、个人的不动产或者动产被征用或者征用后毁损、灭失的，应当给予补偿。《人民警察法》第 13 条第 2 款规定："公安机关因侦查犯罪的需要，必要时，按照国家有关规定，可以优先使用机关、团体、企业事业组织和个人的交通工具、通信工具、场地和建筑物，用后应当及时归还,并支付适当费用。”

(3) 行政许可变更、撤回引起的补偿。《行政许可法》第 8 条第 2 款规定:行政许可所依据的法律、法规、规章修改或者废止,或者准予行政许可所依据的客观情况发生重大变化的,为了公共利益的需要,行政机关可以依法变更或者撤回已经生效的行政许可。由此给公民、法人或者其他组织造成财产损失的,行政机关应当依法给予补偿。

(二) 公法上的无因管理补偿

公法上的无因管理概念来自于民法中的无因管理。民法中的无因管理是指没有法定或约定的义务,为避免他人利益受到损失而管理他人事务的行为。公法上的无因管理则是公民没有法定或约定义务,在紧急情况下,协助国家机关履行公务或主动代替国家机关执行公务,以维护公共利益的行为。公法上的无因管理补偿是在公民、法人或者其他组织为了社会公共利益而受到损失时,由国家对行政相对人给予补偿的一种活动。公法上的无因管理补偿大致包括以下两类:

1. 行政协助补偿

行政协助补偿是对没有法定或约定义务的公民协助行政机关履行公务而受损害的,行政机关应当补偿。我国关于行政协助的立法主要是《人民警察法》。该法第 34 条规定,公民和组织因协助人民警察执行职务,造成人身伤亡或者财产损失的,应当按照国家有关规定给予抚恤或者补偿。

2. 见义勇为补偿

见义勇为是没有法定或约定义务的公民在紧急情况下,主动代替国家机关履行公务,维护公共利益的行为。典型的见义勇为行为如公民抓捕行凶歹徒或参加扑救森林火灾等。我国对见义勇为补偿的规定有《消防法》和《森林法》等。《消防法》第 38 条规定:“对于因参加扑救森林火灾受伤、致残或者死亡的人员,按照国家有关规定给予医疗、抚恤。”《森林法》第 17 条第 4 款也有类似的规定。

五、行政补偿程序

行政补偿的程序是实施行政补偿行为的过程。目前尚无统一的法律规定,只有个别的法律、法规作出了一些较为原则的规定①。国外行政补偿程序一般分为行政程序与司法程序两种,行政程序的核心是协商补偿程序,如果协商不成,就要通过司法程序确定补偿金额。从理论上讲,行政补偿程序应当包括行政机关实施行政补偿行为的行政程序和司法机关提供救济的司法程序。

行政补偿的行政程序应当包括以下几个阶段:(1) 公告。行政机关将补偿的范围、标准和程序等有关事项通过一定的途径予以公布。(2) 登记。相对人认为自己符合行政补偿的条件,向行政机关提出补偿请求,行政机关应当以登记的形式予以受理。(3) 审查。行政机关对相对人的申请进行登记后,根据申请人提供的材料进行审查,可以综合采用书面审查和实地调查的方式,以确认申请材料的真实性。(4) 决定。行政机关在一定期限内对符合行政补偿条件的相对人作出给予补偿的决定,对不符合条件的申请人作出不予补偿的决定。(5) 执行。行政机关作出补偿决定后,应当通知申请人在一定期限内到指定的地点接受补偿。

行政补偿的司法程序并不是行政补偿的必经程序,只是在以下两种情况下方可适用:行政相对人不服行政机关作出的不予补偿决定;行政机关在一定期限内没有作出是否给予行政补偿的决定,行政相对人可以向法院起诉。

六、行政补偿的方式与标准

(一) 行政补偿的方式

行政补偿的方式是指行政机关通过何种方法和途径实现对行政相对人的损失进行补偿。目前,行政补偿主要有直接补偿和间接补偿两种形式。

直接补偿的方式主要有:(1) 金钱补偿,即以金钱的形式支付受害人,实践中一般表现为补偿金。(2) 实物补偿。如产权调换②、开发荒地滩涂、调剂土地等。(3) 返还财产。主要适用于征调相对人财产、物品等情况,能够返还财产的,应当返还财产。(4) 恢复原状,即行政机关将相对人的财产恢复到原来的状况。

① 如《土地管理法》中对土地征用补偿的程序作了一些规定。

② 产权调换是拆迁人以异地建设的房屋或原地建设的房屋补偿给被拆除房屋的所有人,使其继续对房屋持有所有权的形式。参见《城市房屋拆迁管理条例》第 23 条、第 25 条的规定。

间接补偿主要表现为提供政策性优惠,其方式主要有:其一,在人、财、物的调配上给予优惠。其二,减、免税费。例如,《长江三峡工程建设移民条例》中规定,对为安置农村移民而开发的土地和新办的企业,在征收农业税、农林特产税、企业所得税等方面,国家给予免税或者减税优惠。其三,在晋级晋职、增加工资、安排就业、分配住房和解决农转非的户口指标等问题上给予照顾。其四,给予医疗、抚恤。我国现有法律已有规定,对于公民非因履行职务而为保护国家利益、公共利益和公民人身、财产安全,不顾个人安危,积极同违法犯罪行为作斗争或者在灾害事故中勇于救助,因此受伤、致残或死亡的,国家按照有关规定给予医疗或抚恤。其五,提供其他政策性优惠和照顾。例如,《长江三峡工程建设移民条例》中规定,对移民安置区发展种植业、林业、畜牧业、渔业和乡镇企业以及旅游业的,国家在专项贷款、技术改造、科技开发等方面给予照顾和扶持等。

(二)行政补偿的标准

行政补偿的标准是一个存在较大争议的问题,当前有关行政补偿标准的观点,主要有二:一是“完全补偿说”。认为应当对受害人的损失予以全额补偿;一是“适当补偿说”,认为不一定要全额补偿,应当按照客观、公正、妥当的标准予以补偿。[①] 例如《城市房屋拆迁管理条例》第 22 条规定:“拆迁人应当依照本条例规定,对被拆迁人给予补偿。拆除违章建筑和超过批准期限的临时建筑,不予补偿;拆除未超过批准期限的临时建筑,应当给予适当补偿。”目前,我国的一些单行法律、法规中规定了某些种类的补偿范围和标准,如《土地管理法》、《城市房屋拆迁管理条例》等。但许多行政补偿活动仍处于无标准可依的状态。为切实保障相对人权益,行政补偿应以完全补偿为衡量标准,同时辅以一定条件下的合理补偿。具体补偿数额的确定,应包含当事人实际发生的所有损失。

---

① 方世荣主编:《行政法与行政诉讼法》,中国政法大学出版社 2007 年版,第 175 页。

附录：

一、相关案例

1. 深圳国土局赔偿案

1995年5月，百胜珠宝(深圳)有限公司(以下简称“百胜公司”)向深圳有色金属财务公司申请贷款870万元，期限3个月，月利率为9.08‰。百胜公司将其拥有的位于深圳上梅林的工业厂房第一、第二层及其使用范围内的土地使用权抵押给财务公司，房地产证书编号为“深房地字第0059524号”。双方到深圳市规划国土局(以下简称“国土局”)办妥了抵押登记手续，在房产证的“他项权利摘要”一栏内清楚地载明：“抵押权人为深圳有色金属财务公司”。这表明，该抵押物在此之前没有抵押给其他人。

深圳有色金属财务公司(以下简称“财务公司”)系大型国有企业中国有色金属总公司的下属机构，属于非银行性质的国有金融机构，根据央行和有关部门批准，该机构可以从事集团公司内部各成员单位之间的人民币存贷款业务、对特区内的企业提供中长期贷款业务。3个月货款期限届满后，百胜公司未能按期偿还贷款。多次催收未果，财务公司于1996年1月向深圳市中级法院提起民事诉讼。

在该案审理期间，百胜公司的另一债权人深圳发展银行突然向深圳中院申请百胜公司破产，使百胜公司债务纠纷案件全部转入破产程序。根据相关法律规定，在对破产企业进行清算时，对该企业所欠的债务，如有抵押的，则债权人依法享有优先受偿的权利；无抵押的普通债务，根据破产企业最后的拍卖所得，债权人按比例公平分配。据此，财务公司持百胜公司的抵押贷款合同，向法院申请了抵押优先受偿权。但是，又一个债权人中国农业银行嘉宾路支行却向深圳中院提出，财务公司不享有抵押优先受偿权，理由是，百胜公司抵押给财务公司的房地产，早在1982年8月就已经抵押给该银行。

随后，深圳中院发出民事裁定书，认定破产企业百胜公司所拥有的上述房地产的地上建筑物及土地使用权，在持有“深房地字第0059524号”房地产证之前，已持有“深房地字第0080978号”房地产证，并已将该证所记载的同一地块的上地使用权抵押给农业银行嘉宾路支行，这一抵押事项合法有效；而“0059524号”房地产证系重复办证，不符合法定条件，从而导致据此形成的抵押事项无效。

深圳中院做出了一项对财务公司近乎残酷的裁定;财务公司主张的有关上梅林工业大厦一、二层及相应土地使用权的抵押无效,所申报的870万元人民币为无抵押债权。同时,深圳中院还裁定,百胜公司破产案因“破产财产不足以支付破产费用”,终结破产程序。财务公司终于明白,百胜公司以“0059524号”房地产证项下的房地产作抵押贷款870万元血本无归似乎已成定局。

百胜公司破产后,财务公司于1998年6月对深圳市国土局提起行政诉讼,要求法院确认被告为同一房地产重复发证、重复抵押登记具体行政行为违法,并赔偿由此违法行为给原告带来的870万元贷款本金和290多万元的利息(截至诉讼时)的损失。

1999年5月10日,深圳中院做出一审行政判决,认为被告在百胜公司仅提交“建筑许可证”、“建筑工程开工许可证”,而未提交“土地使用权属证明”、“建筑竣工验收证”,其申请不符合法定要件,且未经法定公告程序的情况下,为百胜公司颁发的“0059524号”房地产证的行为不合法,建立在不合法的具体行政行为基础上的抵押登记手续亦不合法,且该房地产证所涉及的土地在此之前已经设立了抵押权,属重复抵押;判决撤销深圳市国土局颁“0059524号”房地产证,以及百胜公司以此房地产证向财务公司贷款的抵押登记手续。

1999年岁末,深圳中院开庭审理“财务公司诉深圳市国土局行政赔偿”一案由于相关联的行政诉讼的判决已经生效、因此,行政赔偿案件的焦点在于,被告的违法行为与原先的贷款损失之间是否有直接因果关系,如有,则是否负赔偿的义务以及赔偿的数额多少。

原告方出示的证据显示,由于百胜公司不属于房地产开发企业,国土局为其办理的“0059524号”房地产证上所记载的物业,其实是供自己使用的尚未竣工的厂房,而未竣工的厂房依法不能转让或抵押,被告发给百胜公司房地产证,并批准其可以转让和抵押,这种行为明显是违法的。

庭审进一步查明,根据相关法律法规的规定,百胜公司在申请建筑物所有权登记时,国土局应该查明的事实一个也没有查明,应该遵循的法定程序一个也没有遵循,却在1995年5月5日的一天时间内,完成了调查、审查、核准与办证等多个程序。

在历经一年的审理后,深圳中院于2000年11月24日做出一审判决,认定被告深圳市国土局违法为百胜公司办理房产证和抵押登记的具体行政行为,与原告财务公司的经济损失有着直接因果关系,应当赔偿原告870万元的贷款本金的损失。

双方均不服一审判决,向广东省高级法院提出上诉。2001年9月18日,广东高院终审判决,维持原判。

判决书在列举了大量的法律、法规条文,证明被告的具体行政行为违法后,详细阐述了赔偿理由:"国家实行房地产登记发证制度,目的在于保障权利人的合法权益。房地产证书是权利人享有房地产物权的法律凭证……正是由于这一合法的权利证书为本案的抵押贷款奠定了法律基础,加之房地产管理部门依法进行的抵押登记行为,为贷款的如期偿还提供了法律保障,上诉人财务公司正是基于这种对法律的信任才将870万元贷款贷给百胜公司。在当时的情形下,如果贷款到期不能偿还,财务公司作为抵押权人的优先受偿权是能够依法得到保障的。然而,由于百胜公司的不当行为和规划国土局的违法抵押登记行为两个因素,致使财务公司的贷款到期无法收回。百胜公司已被生效的判决宣告破产,财务公司对该项民事权利已经穷尽了通过民事程序实现的途径和可能性,即百胜公司已不可能承担偿还贷款的责任。那么,作为致使财务公司贷款无法收回的损失产生的另一个原因,就是规划国土局违法办理房产证和抵押登记行为,也就是说,规划国土局与财务公司的损失之间存在因果关系,依法应当承担行政赔偿责任……"。

2. 溆浦县中医院诉溆浦县邮电局不作为行政赔偿案

根据湖南省卫生厅、省邮电局(1997)15号《关于规范全省"120"医疗急救专用电话管理的通知》(以下简称"15号文件")规定,医疗机构申请开办急救中心、开通"120"急救电话的程序是:经当地卫生行政部门指定并提交书面报告,由地、市卫生行政部门审核批准后,到当地邮电部门办理"120"急救电话开通手续。1997年8月15日,湖南省卫生厅确认湖南省溆浦县中医院是一所功能较全、急诊科已达标的二级甲等综合医院,具备设置急救中心的条件。同年12月8日,溆浦县卫生局指定县中医院开办急救中心,开通"120"急救电话。同日,县中医院向县邮电局提交了《关于开通"120"急救专用电话的报告》,并经县长和主管副县长批示同意。同年12月13日,县邮电局为县中医院安装了“120”急救电话，但是该电话一直未开通。1998年7月20日，县邮电局为没有经过卫生行政主管部门指定和审批的溆浦县人民医院开通了“120”急救电话。7月24日，县中医院向怀化市卫生局提出《关于请求设置“120”医疗急救专用电话的报告》。7月25日，该报告得到市卫生局批准。7月27日，县中医院再次书面请求县邮电局开通“120”急救电话，县邮电局仍拒不开通。

溆浦县中医院以县邮电局为被告提起行政赔偿诉讼，认为根据上级文件的规定和主管部门批准，向被告申请开通“120”急救电话，被告拒不作为，致使原告购置的急救车辆和其他设施至今不能正常运转，损失惨重。请求法院判令被告立即履行开通“120”急救电话的职责，并赔偿原告的经济损失8万元。

法院经审理认为，长期以来，我国对邮电部门实行政企合一的管理模式。邮电部门既具有邮电行政主管机关的职权，又参与邮电市场经营。经过改革，目前虽然邮政和电信初步分离，一些电信部门逐渐成为企业法人，但是由于电信行业的特殊性，我国电信市场并未全面放开，国有电信企业仍然是有线通讯市场的单一主体，国家对电信方面的行政管理工作，仍然要通过国有电信企业实施。这些国有电信企业沿袭过去的作法行使行政管理职权时，应视为《中华人民共和国行政诉讼法》第25条第4款所指的“由法律、法规授权的组织”。人县邮电局在接到上诉人县中医院的申请后拒不开通“120”急救电话，是不履行职责的错误行政行为，应当纠正。县邮电局为推卸责任而提出的县中医院申办不符合文件规定、自己已经履行了开通“120”急救电话的义务、不具备行政诉讼被告资格等辩解理由，均不能成立。县中医院请求县邮电局赔偿购置的急救车辆和其他设施不能正常运转的损失问题，鉴于急救车辆和急救设备没有投入急救使用，这项损失不宜按《中华人民共和国国家赔偿法》第28条第(七)项规定的“直接损失”计算，因此依法不予支持。

3. 涂娅移民安置补偿案

原告父母涂国民和汪淑平原籍是双江镇双江村6组人，1992年生育一子名涂良久，1998年1月16日生育一女涂娅(本案原告)。原告是第二胎，未办准生证，属计划外生育人员，现已接受处理，并缴纳了计划外生育费，经云阳县公安局批准入户。由于三峡工程的修建，云阳县新县城的建设，原告家的承包地部分被水淹，其余土地被全部征用，原告一家属新县城建设占地移民。2002年12月31日，被告双江镇人民政府对原告家中其他人员安置销号完毕，未安置原告。原告请求被告双江镇人民政府安置。2005年7月20日，被告双江镇政府答复对原告等人不予安置。原告申请县政府复议，2006年3月11日，云阳县人民政府作出“云行复[2006]30号”《行政复议决定书》，维持被申请人双江镇人民政府的处理意见。原告仍不服，认为被告双江镇人民政府的行政行为适用的法律错误，不符合法律规定，被告应当依法对原告进行移民安置。2006年4月5日诉至法院，请求判令二被告对原告进行安置、给付移民安置补偿款16151.60元。

法院经审理认为，根据《长江三峡工程建设移民条例》第30条和《重庆市实施〈长江三峡工程建设移民条例〉办法》第34条的规定，三峡库区由国家负责搬迁安置的1992年4月4日后迁入的人口必须符合两个条件，一是符合《国务院办公厅关于严格控制三峡工程坝区和库区淹没线以下区域人口增长和基本建设的通知》的规定允许迁入，二是经县级以上人民政府公安机关批准入户。擅自迁入的人口，国家不负责搬迁安置。《长江三峡工程建设移民条例》第30条第3款规定因出生迁入的人口属允许迁入的人口，这里“因出生迁入的人口”应当指符合计划生育法规、政策出生的人口。由于涂娅是违反《计划生育管理条例》的计划外生育人口，所以即便经过有关机关处理，并经公安机关批准入户，根据上述法规和规范性文件的规定，仍不属于国家负责搬迁安置的对象。因此，涂娅获得安置补偿的主张不能成立。

4. 港资企业申请行政补偿案

2002年7月，某港资企业投资2.7亿元人民币与内地某市自来水公司签订合作合同，经营该市污水处理。享有规章制定权的该市政府为此还专门制定了《污水处理专营管理办法》，对港方作出一系列承诺，并规定政府承担污水处理费优先支付和差额补足的义务，该办法至合作期结束时废止。

2005年2月市政府以合作项目系国家明令禁止的变相对外融资举债的“固定回报”目，违反了《国务院办公厅关于妥善处理现有保证外方投资固定回报项目有关问题的通知》的精神，属于应清理、废止、撤销的范围为由，作出“关于废止《污水处理专营管理办法》的决定”，但并未将该决定告知合作公司和港方。港方认为市政府的做法不当，理由是：其一，国务院文件明确要求，各级政府对涉及固定回报的外商投资项目应“充分协商”、“妥善处理”,市政府事前不做充分论证,事后也不通知对方,违反了文件精神;其二,1998年9月国务院通知中已明令禁止审批新的“固定回报”项目,而污水处理合作项目是2002年经过市政府同意、省外经贸厅审批、原国家外经贸部备案后成立的手续齐全、程序合法的项目。港资企业提出市政府给予补偿。

二、重点推荐阅读材料

1. 肖峋:《中华人民共和国国家赔偿法理论与实用指南》,中国民主法制出版社1994年版。

2. 马怀德主编:《国家赔偿法学》,中国政法大学出版社2007年版。

3. 马怀德主编:《完善国家赔偿立法基本问题研究》,北京大学出版社2008年版。

4. 高家伟:《国家赔偿法学》,商务印书馆2005年版。

5. 司坡森:《论国家补偿》,中国法制出版社2003年版。

6. 沈开举主编:《行政补偿法研究》,法律出版社2004年版。

7. 方世荣主编:《行政法与行政诉讼法》,中国政法大学出版社2007年版。

后　记

本书为应松年教授担任主编的第二代新的 MPA 教材，力求在第一代 MPA 行政法教材的基础上，更加突出成人教育、非法学专业教育的特点，在内容、体例等方面有所创新，以更好地适应 MPA 教育的新发展。本教材将突出以下特点：

第一，紧密围绕 MPA 法学教育的目标，注重行政法学基本理念、原则和制度的传授，以及思考分析能力和实际操作能力的培养。在内容上，难度适中，以现行制度和通说为主。

第二，本教材在每章正文之后专设案例部分。选择具有代表性和典型意义的案例，帮助学生更好地理解相关教材内容或者引发进一步思考。

第三，各章设置推荐阅读材料部分，帮助学生拓展思维，深入对相关问题的理解和认识。

本教材各章撰写分工如下：

第一章　应松年

第二章　石佑启

第三章　刘　莘

第四章　莫于川

第五章　应松年

第六章　杨伟东

第七章　杨伟东

第八章　张　红

全书由应松年修改审定。

应松年

2009 年 9 月